KB046384

다시 읽는 막스 베버

다시 읽는 막스 베버

탄생 150주년 기념, 베버의 삶과 학문 연구

한국사회이론학회 /
한국인문사회과학회 엮음

문예출판사

머리말

한국사회이론학회와 한국인문사회과학회가 여기 뜻깊은 책 한 권을 세상에 내놓는다. 올해로 각기 32년과 38년의 역사와 전통을 자랑하는 두 학회는 막스 베버(Max Weber)의 탄생 150주년을 기념하는 학술 대회를 2014년 4월 19일 감리교신학대학교 백주년기념관에서 공동으로 개최했다. 막스 베버는 때로는 사회학자로, 때로는 역사학자와 경제학자, 혹은 정치학자와 종교학자 등으로 불릴 정도로 각 학문 영역에서 존재감과 영향력이 문자 그대로 혁혁한 사회과학자다. 때문에 대한민국 인문학과 사회과학계의 대표 격인 두 학회가 이 같은 학문의 큰 별에 주목하는 것은 그리 이상스럽지 않다. 하지만 그렇다고는 해도 막스 베버의 탄생 150주년을 기념하며 각별하게 의미를 되새기는 것은 한국은 물론 세계 어디에서도 찾아볼 수 있는 일이 아니다. 따라서 두 학회가 개최한 학술 대회는 무척 의미 깊은 학술사의 사건으로 기록될 것이다. 이제 잔치를 결산하며 헌정됐던 결과물을 정성스럽게 다듬어 거장 앞에 가지런히 바친다. 베버가 이 장면을 볼 수 있다면 자신의 업적과 사상을 동양의 어느 나라에서 이렇게 기려준다는 것에 자못 겸연쩍어 할지도 모르겠지만, 적어도 시대와 공간을 초월해 자신에 대한 관심이 지속된다는 것에 더욱 고마워할 것 같다.

사실, 이런 특별 기획과 출간이 두 학회로서는 처음이 아니다. 특히 한국사회이론학회는 2008년 사회학의 또 다른 거장인 에밀 뒤르켐(Emile Durkheim)의 탄생 150주년을 기념해 이번과 유사한 학술 대회를 개최해 사회과학계의 이목을 집중시킨 바 있다. 모두가 알고 있듯, 인문학과 사회과학의 가치가 점점 폄훼되고 설 자리가 사라져간다는 것은 부인할 수 없는 작금의 우리네 학문 풍토다. 이런 병리적 현상이 뚜렷한 와중에 양 학회가 보여준 특이한 행보는 잔뜩 쪼그라진 인문학과 사회과학계에 사기 진작책 그 이상의 함의를 준다고 확신한다. 혹자는 인문학과 사회과학 왜소화의 타개책으로 정부나 경제계의 재정적 지원과 특별한 관심을 요구할지도 모르지만 그것은 그간 인문학과 사회과학을 돈 안 되는 허섭스레기 학문쯤으로 푸대접해왔던 당사자들에게 되레 손을 벌리는 꼴이라 문제 해결에 아무런 도움이 되지 않을뿐더러 사태를 더욱 악화할 수 있는 악수(惡手)로 피해야 할 일이다.

이가 없으면 잇몸으로! 그것이 바로 학문의 정신이다. 자율성은 남에게 기대지 않는, 타협하지 않는, 즉 올곧은 얼을 갖고 무소의 뿔처럼 앞으로 나아갈 때 확보되는 것이라고 믿는다. 이런 점에 비춰볼 때 경제적 실용주의와 황금만능주의에 절어 돈이 되지 않는다며 아무도 거들떠보려 하지 않는 베버나 뒤르켐 같은 지적 선구자들에게 비판적이지만 예의를 잃지 않으며 경의를 표하는 것은 실로 녹록지 않는 일로, 척박한 지적 환경에서 인문학과 사회과학을 바로 살리고 후대에 제대로 전승하려는 값진 시도이자 노력이라고 자찬하지 않을 수 없다. 특별한 외부의 관심이나 후원 없이도 학회 자체의 인적·물적 자원을 갖고 소박하지만 반드시 해야만 하는 일을 우직하게 행하는 것, 그것이 바로 한국사회이론학회와 한국인문사회과학회가 한국의 학계에 던지는 묵직한 메시지다. 단언컨대, 이 같은 일을 벌임으로써 두 학회는 세계 지성사의 중요한 한 페이지를 담담하게 써내려간 것이다. 이 땅의 인문학과 사회과학을 살리는 일로 귀감이 될 것이라고 감히 자부한다.

흔히 이런 묶음 책의 머리말에는 각 장의 간략한 소개가 있는 것이 보통이지만 여기서는 생략하려 한다. 언론 매체의 이른바 '맛집 탐방'이 종종 미식가들에게 도움이 되기도 하지만 대개는 허탕을 치는 것이 다반사다. 해서, 진정한 미식가는 그런 것에 속된 말로 '팔랑 귀'가 되기보다는 발품을 부지런히 팔아 손수 자신만의 숨겨진 맛집을 발견하려 한다. 무엇이든 수고와 노력 없이는 값진 것을 얻기 힘들다는 이야기다. 이처럼, 독자들도 손수 시간과 정력을 들여 여기에 차려진 상찬을 직접 온전히 음미해보라는 뜻에서 세부 소개를 건너뛰겠다는 것이다.

대신 이 책이 실물의 탈을 쓰기까지 그 과정에 애쓴 분들을 위해 몇 마디 감사의 글을 남기고자 한다. 먼저 여기에 실린 글들은 위에 언급한 베버 탄생 150주년 기념 학술대회에 발표됐던 인문사회과학의 다양한 스펙트럼을 가진 글들을 모은 것이다. 그렇다고 거기서 발표됐던 모든 글이 여기에 묶인 것은 아니다. 동료들의 엄격한 심사 과정을 거쳐 《사회이론》과 《현상과 인식》에 나뉘어 정식으로 게재된 것들을 추려 다시 하나의 단행본으로 묶어내기 위해 적절한 손질을 거쳤다. 아쉽게도 이 과정에서 여러 편의 글들이 탈락됐다.

다음으로는 스테판 칼버그(Stephen Kalberg)의 참여다. 그는 사회학계에서는 이미 잘 알려진 세계적인 베버 사회학의 대가다. 이미 영어로 번역된 베버의 《프로테스탄티즘의 윤리와 자본주의 정신(Die Protestantische Etik und der Geist des Kapitalismus)》을 올바르게 개역한 번역자이자 베버를 주제로 한 다수의 연구서 및 논문을 집필한 보스턴대 사회학과의 교수인 그를 이번 작업에 끌어들였다는 것은 학회로서 매우 의미 있는 일이었다. 그를 섭외한 것은 필자였는데, 학술 대회의 성격에 대한 설명을 들은 그는 (섭외 당시까지) 세계적으로도 유례가 없는 뜻깊은 일이라며 흔쾌히 필자의 요청을 받아들였다. 그의 논문은 그가 1년간 안식년으로 체류하던 아르메니아에서 완성해 전자우편으로 필자에게 전달됐다. 그의 참여로 두 학회가 공동 개최한 학술 대회와 이번 저작이 더 빛을 발할 수 있게 되어 우리로서는 분명 행운이었다.

세 번째로 이번 기획이 학회의 원로이자 설립자 가운데 한 분인 박영신 연세대 명예교수의 주도로 시작되었다는 점이다. 이전의 뒤르켐에 대한 추념 역시 그의 제안으로 촉발됐는데 이번 일도 그의 언질과 독려가 없었다면 전혀 가능할 수 없었을 것이다. 모두들 각자의 일로 바쁜 일상을 보내는 와중에 꼼꼼히 중요한 역사의 순간들을 챙기며 학회 구성원들로 하여금 각성을 하게 하고 순간들을 헛되이 보내지 않게 채근하는 것을 보면 그의 나이를 잊은 학구열에 절로 고개가 숙여진다.

네 번째로 2014년 학술 대회를 가능하게 했던 실무진들이다. 두 학회의 당시 회장이던 경상대 김중섭 교수, 감신대 박충구 교수, 총무이사였던 숙명여대 김세훈 교수와 이황직 교수, 그리고 연세대 문상석

교수에게 감사한다. 편집이사인 국민대 신동준 교수의 노고는 말로서는 표현할 수 없을 정도로 지대하기에 사사가 필요하다. 그리고 칼버그의 영어 글을 우리말로 옮겨준 연세대 하홍규 교수에게도 고마움을 표한다.

끝으로 문예출판사 전병석 회장님과 전준배 대표님께 감사한다. 출판 빙하기라는 말이 나돌 정도로 상황이 열악한 요즘 같은 환경에서 뜻깊은 책이라며 두말 않고 출간을 결정해준 문예출판사의 배짱과 철학에 깊이 감사하면서 모쪼록 이 책이 대한민국의 베버 연구에 모퉁잇돌이 되기를 간절히 희망한다.

2015년 6월

사회이론 편집위원장 김광기

차례

제2부 베버와 우리 사회

서문

베버의 '쇠우리'
— '삶의 모순' 역사에서

박영신
(연세대 사회학과)

1. 머리말

베버는 삶을 '의미의 문제'에 이어 풀이했다. '의미'의 세계를 빼놓고서는 인간의 삶과 역사를 이해할 수 없기 때문이다. 베버가 위대한 생각의 사람으로 떠받들어지게 되는 까닭이 바로 이 점에 있다. 구약 예언자같이 그는 의미 문제를 뭉개 인간의 인간됨을 부수어온 오만한 생각뭉치에 압도되기를 거부하고 이의 도도함에 맞서왔다. 인간탐구는 생물학에 맡기거나 자연과학에 기댈 것이 아니었다. 현대 사상 풍토를 논박하는 똑똑하면서도 우아한 미국 소설가 로빈슨(Marilynne Robinson)의 말을 빌려온다면(Robinson, 2011), 이것은 사람에 대한 논의는 감지하는 경험으로서의 '마음'이라는 내면세계를 주목해야 한다는 논지에 이어지는 것이었다. 요즘 들어 사회(과)학 쪽 사람들은 이 의미 문제에 둔감하다. 이들이 의미의 문제를 가볍게 여기는 자들과 짝하는 동안 이 문제는 오늘날 제법 요란한 소리를 내기 시작한 이른바 인문학에 위임되는 형편이 됐다. 그러나 삶의 의미 문제는 어느 분화된 학문의 전유물일 수 없다. 의미 문제는 베버가 세운 사회(과)학의 전제 조건이다. 이 문제에 등을 돌리고서는 그의 학문을 이해하지 못할뿐더러 인간의 인간됨 그것을 알아내지 못한다.

하지만 이 글은 베버의 학문 세계가 터하는 의미의 문제 일반을 논하지 않는다. 초월 영역에서 '궁극의 의미'를 찾고자 한 삶의 지향성이 마침내 다른 모든 현실 영역을 부정과 변화의 대상으로 만든 역동 과정에 분석 초점을 맞추고자 한다. 두말할 나위도 없이 이 과정은 간단하지 않았다. 현실 영역은 자기 긍정과 존속을 위해 현실 부정과 변화에 대항하고 나왔다. 삶의 역사는 이 두 영역이 서로 잡아당기는 줄다리기 과정으로 나타났다. 초월 지향성이 강할수록 변혁 가능성이 높고 현실 지향성이 강할수록 고착 가능성이 높았다. 베버가 말하는 '합리화'는 이 같은 삶의 역학이 낳는 모순 역사의 과정이었다. '프로테스탄트 윤리'의 강력한 초월 지향성과 그것이 낳은 합리화 체제 밑에서 초월 지향성이 쇠잔해진 '쇠우리' 상황은 합리화의 긴 역사 끝자락에서 나타난 모순의 보기일 따름이다. 나는 이러한 삶의 모순이 전개되어온 과정을 다시 살펴 오늘의 삶과 의미를 풀이해보고자 한다.

이를 위해, 베버가 남긴 글 가운데 가장 격렬한 논쟁을 자아낸《프로테스탄티즘의 윤리와 자본주의 정신》의 마지막에 나오는 '쇠우리'라는 낱말에 뒤얽힌 이야기를 먼저 적은 다음, 그가 세상을 떠난 지 60돌이 되던 해 학술 계간지《현상과 인식》이 계획한 학술 모임 때 내가 발표한 〈'프로테스탄트 윤리'의 재인식〉(박영신, 1980~1981)에서 강조했던 '쇠우리' 문제로 돌아가, 삶의 끌어올림(초월 지향성)과 삶의 끌어내림(체제의 압력) 사이의 모순된 상항에서 살아가는 삶의 의미 문제를 따져보고자 한다. 그러할 때 오늘 상황과 그 속에서 우리가 살아가는 삶의 모습이 더욱 온전히 드러날 것이기 때문이다. 이 글에서 나는 서양의 합리화 과정에서 만나게 된 '쇠우리' 상황으로 동양 문명권에서 살아가는 우리 삶을 적절히 풀이할 수 있을 것인지를 따져보고, 이 풀이에 더 어울리도록 '대(竹)우리'의 개념을 더해보고자 한다.

2. '쇠우리' 관심

우리 시대와 대학의 제 모습이기도 하지만 내가 베버의 글을 읽게 된 것은 대학을 졸업한 다음이었다. 병역의무를 져야 했던 만큼 나도 군대에 들어가 군인이 됐다. 마침 상당한 시간 여유를 가질 수 있던 교육기관에서 장교로 복무할 수 있었다. 이때였다. 나는《프로테스탄티즘의 윤리와 자본주의 정신》이라는 책 제목에서 어떤 친근감을 느끼며 이 책을 손에 넣었다. 그런데도 그 알맹이와 뒤에 달아둔 해박한 달음과 풀이의 난해함에 내가 여지없이 짓눌려버렸던 기억이 아직도 생생하다. 이어 내가 영어판《중국의 종교》(Weber, 1963)를 읽게 된 것은 제대한 다음 대학원에 복학해서였다. 책 뒤에 붙은 봉투에는 법학과 교수가 첫 대출자였다는 기록 카드가 들어 있었다. 내가 이 대학 도서관에서 두 번째 빌린 사람이었다. 이 책 역시 무척 난해했지만 우리 사회를 이해하는 데 도움을 주는 것 같아 베버의 생각으로 한 걸음 더 다가가고 싶어졌다. 하지만 내가 베버의 학문 세계에 본격으로 들어서게 된 것은 미국 대학에서였다. 베버에 대한 관심을 지켜온 선생을 그곳에서 만난 것이다. 왈츠(Michael Walzer, 1965)의 관심과는 달리 사회학자 파슨스(Talcott Parsons)와 벨라(Robert N. Bellah), 그리고 법학자 버만(Harold Joseph Berman)의[1] 가르침을 받으면서 베버의 생각에 이어 영국 종교 전통과 법 관계를 밝혀보고자 한 리틀(David Little) 교수를 만나며 베버의 학문 세계에 대한 나의 친근 정도를 높이고, 이어 그의 선생 벨라 교수의 지도를 직접 받을 수 있는 기회를 얻게 되면서 베버에 대한 이해 지형을 넓혀갈 수 있었다.[2] 두 선생은 모두 파슨스의 지도를 받았기에 파슨스는 나의 베버 이해에도 중요하게 작용한 셈이 됐다.[3] 이런 과정을 거치면서 나는 베버의 학문 세계에 사로잡히고야 말았다. 그리하여 내가 걷게 된 이 공부 길에서 그의 생각과 쉼 없이 대화할 수밖에

---

1 버만의 법학을 중요하게 보고 그의 학문을 우리 학계에 소개한 사람은 김철이다. 그가 옮긴 버만(1992 ; 1913)을 참조할 것.

2 나는 '베버 읽기'라는 주제로 벨라 교수의 허락을 받아 연 '개인 지도 연구' 과목에서 '유일신의 생성 과정'을 살펴 이를 '합리화' 이해의 뼈대로 삼고자 한 기말 보고서를 낸 바 있고, 이어 카리스마 개념을 사회운동의 분석 개념으로 확장하고자 한 글도 쓸 수 있었다. 이 뒤의 것은 우리글로 옮겨 발표했다(박영신, 1976 ; 1978). 아무튼 이로써 나는 베버 이해에 관한 한 '의미 있는 학생'이 됐다. 어느 날이었다. 일본 유학생이 나를 찾아온 적이 있었다. 벨라 교수 밑에서 베버를 연구하겠다며 버클리로 온 학생이었다. 벨라 교수가 먼저 나를 만나보라고 그에게 말했다는 것이다. 그는 일본 대학의 박사과정을 밟다가 온 학생답게 베버에 관한 많은 정보를 가지고 있었지만 얼마나 자기다운 생각을 할 수 있을 지에 대해서는 불확실하게 보였다. 그는 공부를 계속 이어가지 못하고 한 해만에 일본으로 돌아가야 했다.

3 이들의 학문 관계는 리틀(Little, 1984)[1969]의 〈Preface〉, 벨라(Bellah, 1957 ; 1970 ; 벨라, 1981), 파슨스(Parsons, 1937 ; 1966), 그리고 박영신(1992 : 142~154, 369~419 ; 2013 : 172~181)도 참조할 것. 벨라 교수는 균형을 지키고자 한 열린 학자였다. 그와 함께한 '베버 읽기' 과목에서 베버의 저서 목록에 더해진 이차 자료는 벤딕스(Reinhard Bendix)의 베버 연구(Bendix, 1960)가 유일했다. 미국 학계의 '베버 연구' 역사와 줄기에 대해서는 Scaff(2011, 2부)를 참조할 것.

없는 처지에 놓이게 됐다.

나는 이런 공부 배경을 가진 사회학도다. 1975년부터 대학에서 가르치기 시작하면서 베버가 관심을 지켜온 삶의 의미와 거기에서 나온 윤리 지향성, 지배와 정치, 카리스마 현상, 방법론의 문제를 빼놓지 않고 이야기해주고자 했다. 오랫동안 우리나라의 사회(과)학계에서는 베버에 대한 논의가 주로 물질 조건에 맞서는 종교, 의식의 자율성에 쏠려 있었다. 마르크스 이론을 전면에 드러내든 않든 일제 강탈기에서부터 커다란 연구 줄기를 이루었던 사회 경제사 쪽의 이론 지향성에 맞서는 대항 이론으로 베버의 사회(과)학이 이해되고 있었다. 이 언저리의 모든 논의가 역사 변동의 동인이 물질이냐 이념이냐, 마르크스 식으로 말해 하부구조냐 상부구조냐 하는 거칠고 단순한 인과관계에 대한 관심 틀에 갇혀 있었다. 그렇다고 해서 미묘하고 까다로운 베버의 생각에 깊이 파고들어가 이것을 우리 역사 현실에 대한 논의로 끌어들여 사회경제사의 접근 방식에 버금갈 어떤 의미 있는 대안의 연구가 시도된 것도 아니었다.[4]

이럴 때 나는 베버의 역사사회학이 던지는 해석 방법과 그 실행 과제를 강조하고 그것을 우리 역사 체험에 비춰보는 한편(박영신, 1977~1978, 1978, 1978~1996)—이 문제는 다른 글에서 다루고자 한다—당시 사회학이론에서 문제가 됐던 논의 주제에 베버의 생각을 이어놓고자 했다.[5] 그리고 베버의 개념을 분석 도구로 삼을 수도 있다는 이론의

4 우리나라의 베버 연구 상황을 알아보기 위해서는 김중섭(1980 : 207~219)을 참조할 것. 이 글은 1980년까지 발표된 베버 관련 논문의 성격을 검토할 뿐 아니라 발표 논문 목록까지 달아두고 있다.

재구성(박영신, 1976~1978 : 7~36)과 함께 베버 논의에서 가볍게 다뤄진 그의 현대사회에 대한 생각을 다시금 논쟁거리로 올려놓고 싶었다. 어쩌면 사회학이론 일반과 현대사회의 인식 문제에 또 다른 사회학 창건자 뒤르켐을 끌어들여 베버와 맞붙이고자 하는 나의 관심(박영신, 1978 : 228~259, 특히 250~258)과 무관하지 않겠지만, 나는 베버 자신이 평생 씨름해온 '합리화 문제'에 점차 기울어졌다. 그 어느 지점에서 나는 《프로테스탄티즘의 윤리와 자본주의 정신》 끝에 담긴 베버의 생각에 맞닥뜨려야 했다. 그가 말하는 합리화 과정을 논하려면, 그리고 '프로테스탄트 윤리' 논지를 그의 생각 전체와 연결해 이해하려면 끄트머리에 나오는 삶의 상황을 논의 마당으로 끌어들이지 않으면 안 됐다. 비록 짧게 적혀 있지만 피해갈 수 없는 주요한 주제였다. 베버는 이것을 '쇠우리'의 상황이라고 했다.

이 말은 베버의 글 가운데서 가장 인상 깊은 글귀라고도 할 수 있는 대목에 나온다. 《프로테스탄티즘의 윤리와 자본주의 정신》 2부에 들어 있는 두 논문은 그가 1904년 석 달 가까이 방문했던 미국 사회에 대한 관찰과 성찰이 녹아 있다(Scaff, 2011 : 1부). 여기서 베버는 퓨리턴이 그가 개념화하는 '금욕주의 윤리'에 따라 '소명 의식'으로 일하고자 했으나 현대인은 일하도록 강요되고 있다고 한 다음, "오늘날 기계(를 통한 대량) 생산은 다만 직접 경제 영역에 관여하는 이들뿐 아니라 이 기제에서 태어난 모든 개인의 삶을, 저항할 수 없는 힘을 갖고 규제하고 있다"고 했다. 그러면서 "백스터가 본 대로 물건에 대한 관심은 '어느 순

5 사회학이론에서 논쟁이 됐던 균형론과 갈등론 문제를 베버 이론에 이어놓았던 정갑영(1980 : 178~216)의 논문은 이런 나의 관심과 맞닿아 있었다.

간이건 벗어 던져버릴 수 있는 가벼운 외투처럼 성도(the saints)'의 어깨에 걸쳐져야 할 뿐이다. 그러나 운명은 그 외투를 쇠우리가 되게 했다"(Weber, 1958 : 181)고 적었다. 이러한 삶의 상황을 이야기하려고 베버는 '(쇠)우리'라는 말을 세 번씩이나 썼다.

'쇠우리'는 독일어 원본이 아니라 영어 번역본에 따라 내가 옮겨놓은 말이다. 우리나라에서 나온 번역본에는 이 말이 '쇠우리'로 옮겨져 있지 않았다. 처음 나온 번역본에는 베버가 쓴 말(ein stahlhartes Gehäuse)(Weber, 1920 : 203) 그대로 "강철(鋼鐵)같이 견고(堅固)한 질곡(桎梏, Gehäuse)"(권세원·강병규, 1958 : 160)이라고 옮겨져 있었다.[6] 나는 이것이 너무 긴 데다 한문자로 옮겨져 있다는 데서 유쾌할 수가 없었다. 내가 이 책을 다시 우리말로 옮겨놓고자 한 마음이 없던 것은 아니었지만—물론 나는 그 뜻을 이루지 못하고 말았다—우선 이 말만이라도 쉬운 표현이었으면 했다. 아래에서 보겠지만 종교 및 문화 전통이 다르기 때문에 이해의 분위기가 다를 수밖에 없다고 하더라도, 영어권 사람이라면 누구라도 쉽게 읽을 수 있게 베버의 독일어 표현을 "an iron cage"로 옮겨놓았던 파슨스처럼(Weber, 1930/1958 : 181), 한글을 아는 우리나라 사람이라면 누구라도 쉽게 읽을 수 있게 나 또한 '쇠우리'라는 한글로 옮겨놓고자 했다(박영신, 1978 : 254). 이 말이 나오는 글을 발표하기에 앞서 나는 강의실에서 기회 있을 때마다 '쇠우리'라는 말뜻을 풀이해줄 뿐만 아니라 쪽지시험 문제 가운데 '쇠우리' 또는

---

6 참고로 베버의 이 책이 일본어로 처음 옮겨 나온 것은 1938년이었는데, 여기서 번역자 카지야마 츠토무(梶山力)는 이 말을 "철로 만든 딱딱한 족쇄"로 옮겨놓고 있다(ヴェーバー, 1944[1938] : 244). 일본 글을 이렇게 우리말로 옮겨준 김응교의 도움에 감사한다.

'쇠우리와 현대사회'라는 것을 넣어두어 이를 두고 학생들과 함께 생각을 나누며 그들의 생각을 북돋고자 했다.

뒤이어 이 책을 우리 말로 옮긴 여러 번역본이 나왔다. '쇠우리'라는 말이 제각각 옮겨졌다. 몇 가지 보기를 들면, 이 말은 "철 같은 각(殼)"(양회수, 1980 : 216)으로, 묶음표에 영어 표현을 넣어둔 "철장(iron cage)"(박종선, 1987 : 246)으로, "강철 같은 겉껍질"(박성수, 1988 : 145)로 옮겨 나왔다. 이 책의 표준판으로 받아들여질 가능성이 높은 최근 번역본에서 번역자 김덕영은 누구보다 독일에서 교육을 잘 받은 베버 학자임에도 이 말을 "쇠우리"로 옮겨놓고 있다(베버, 2010 : 365).

얼마 전 나는 전혀 다른 줄기에서 '쇠우리'라는 말을 만나게 됐다. 기독교 집안에서 자란 나는 철도 채 들기 전부터 어머니에게서 성경 이야기를 들으며 자랐다. 존 번연(John Bunyan)의 《천로역정》[7] 이야기도 듣게 됐는데, 게일 선교사가 옮긴 그 책을 나도 만져볼 수 있었다. 그로부터 껑충 세월의 담을 뛰어넘어 2005년에는 내가 직접 《천로역정》(1678)을 읽게 됐다. 이번에는 집도 학교도 아닌, 내가 출석하는 교회에서였다. 기독교 고전을 함께 읽고 생각을 나누는 시간에 이 책이 선정됐던 것이다. 나는 영어판 《The Pilgrim's Progress》(Bunyan, 1957)로 읽기로 했다. 여기에 마음을 끈 놀라운 사실 하나가 있었다. 책 앞부분에 '쇠우리(iron cage)'라는 말이 잇달아 네 번이나 나온 것이다(윗글 : 33~34). 이것을 읽는 순간 베버의 책 끄트머리에 나오는 '쇠우리'와 마주 겹쳐지게 됐다. 나는 곧장 베버의 책으로 돌아갔다. 그는 '쇠우리'라

7 존 번연이 쓴 비유 소설이다. 1895년 게일 선교사가 《텬로력뎡(천로역정)》으로 옮긴 다음 여러 번역본이 나왔다(박영신, 2007). 이 책은 우리 집 아버지의 책장에 꽂혀 있었다.

는 말을 쓰기에 앞서 퓨리턴의 윤리 지향성을 논하려고 번연의 이름을 세 차례나 썼고, 그 가운데 한 차례는 번연이 쓴《천로역정》의 책 이름까지 적어두고는 이것은 퓨리턴 작품 가운데 단연 가장 넓은 독자층을 가진 책이라고도 했다. 그는 자신의 독일어 논문에서 번연의 책 제목을 독일어로 옮기지 않고 영어 그대로 적어두기도 했다(Weber, 1920 : 97). 그리고 이 논문의 '달음'에서는 번연의 이름을 일곱 차례나 적고 있을 만큼 베버는 그의 책을 익히 잘 알고 있었다.

번연의 책에서 '쇠우리'가 나오는 이야기의 마디는 이렇다. 순례의 길을 가는 주인공 크리스천이 '쇠우리' 안에 앉아 있는 사람을 만나게 된다. 크리스천은 "전에는 자타가 인정하는 아주 훌륭하고 화려한 신자(信者)"였지만 자신에 대해 "경계와 주의를 게을리"하게 되면서 "이 쇠창살로 된 감방에 갇힌" 형편이 됐다는 이야기를 듣는다. 번역본마다 번연이 쓴 '쇠우리(iron cage)'를 각각 다르게 옮겨놓을 수 있겠지만 최근에 나온 한 번역본은 이 말을 '쇠창살'과 함께 '쇠로 된 우리' 또는 '쇠우리'로 옮겨놓았고(번연, 2003 : 41~43), 한 해설서는 '쇠 철장'이라고 옮겨놓기도 했다(김홍만, 2005 : 112~113).

다시 베버의 책으로 돌아가 원본을 보면, 과연 '쇠우리'로 옮겨놓는 것이 적절한가에 물음을 던지게 된다. 앞서 적었듯 베버는 그저 퓨리턴 번연의 영어 책을 잘 알고 있는 정도가 아니라 자신의 독일어 논문에 번연의 책 이름을 영어로 표시해둘 만큼 그 책에 담긴 생각을 중요하게 여기고 있었다. 그런데도 그는 번연이 쓴 '쇠우리(iron cage)'라는 말을 독일어로 직역해 '쇠우리'로 옮겨놓지 않고 자신의 생각을 넣어 "ein stahlhartes Gehäuse(강철같이 단단한 우리)"라고 했다. 후대 사람들은 '강철 같다'고 한 이 표현이 단순히 '쇠'라는 말보다 더욱 강력하고 심지어는 인간의 공정 과정이 더해진 것을 드러내기 위한 것이라고 추정해보기까지 했다.

이쯤에서 나는 이 말을 조금 더 살펴보고 싶었다. 한문 투로 옮겨진 베버의 말을 순수한 한글로 표현하고자 했던 뜻에서 끝낼 간단한 문제가 아니었다. 번연의 책을 읽으면서 '쇠우리' 문제를 가까운 시일에 한 번 다뤄봐야겠다고 했던 마음의 다짐을 떠올리며, 이 말 옮김에 대한 조사를 더 해보고자 했다. 베버의 원래 독일어 표현을 문자 그대로 옮겨놓지 않고 왜 파슨스는 구태여 번연이 쓴 'iron cage(쇠우리)'로 옮겨놓고자 했는지도 찾아봐야 했다. 하지만 내가 추적하고자 한 이 문제가 실망스럽게도 혹은 다행스럽게도 다른 사람에 의해 벌써 추적이 되어 글로 나와 있었다. 공부하는 사람은 나의 뒤늦은 다짐을 기다려주지 않았다. 이 일을 앞서 눈여겨본 사람은 일찍이 소로킨(Pitirim A. Sorokin)과 함께 파슨스의 가르침을 받은 티랴키안(Edward A. Tiryakian)이다(Tiryakian, 1981 ; 1991). 그는 "사회학자들이 쓰는 가장 강력한 메타포"가 됐다고 할 수 있는 베버의 '쇠우리'가 어디서 나온 것인지를 찾아보고자 했다.

티랴키안은 정신분석학으로 베버의 심리 세계를 분석한 미츠만(Arthur Mitzman)의 연구(Mitzman, 1970)로 돌아갔다. 미츠만은 베버와 그의 아버지 사이에서 생긴 불편한 관계와 아버지에 대한 아들의 반감과 증오 경력을 들춰 그것 때문에 베버가 정신 쇠약증에 시달리게 됐다고 풀이하기도 했다. 여기서 미츠만은 파슨스가 '쇠우리'로 옮겨놓은 것 이상의 의미를 지니는 독일어 원문에 따라 베버의 말을 '강철같이 견고한 집(a housing hard as steel)'으로 옮긴다고 하면서, 베버는 자기 아버지 세대의 '견고한 집'에 들어가기를 완강히 거절했고, 나아가 베버의 어머니 가문에서 물려받은 칼뱅주의의 금욕주의가 낳은 행위 윤리가 이제 '강철처럼 견고한 집'처럼 됐다고 느껴진다고 했다. 그리고 베버는 이 모든 것들에서 벗어나 스스로 자유와 자율성을 찾아가고자 했다고 분석했다(Mitzman, 1970 : 172~174 ; Tiryakian, 1981/1991 : 111~112).

'쇠우리'에 대한 미츠만의 풀이가 이처럼 개인 심리 분석에 멈춰진 동안, 티랴키안은 베버 사상의 계보를 이에 덧붙여보고자 한다. 번연의 《천로역정》으로 돌아가 '쇠우리'가 나오는 소설 구절을 길게 따오기까지 하면서 베버가 한편으로는 '쇠우리' 안에 앉아 있는 그 '사람'과 자신을 동일시하고, 다른 한편으로는 멸망의 도성에서 벗어나 천성 자유를 향해 순례 길을 가는 주인공 크리스천과 자신을 동일화했다고 한다(Tiryakian, 1981/1991 : 114). 그는 여기에 베버의 아픔이 있었다고 보았다. 넓게는 서구 사회에, 좁게는 독일 역사에 자유를 선사한 종교개혁 전통과 개신교의 금욕주의 윤리 정신이 쇠퇴하는 상황에서 자유가 얼마나 존속할 것인지에 대해 베버는 괴로워했다는 것이다.

사회학 고전 가운데 고전이 된 《프로테스탄티즘의 윤리와 자본주의 정신》을 영어로 옮기면서 파슨스가 베버의 표현을 문자 그대로 옮기지 않고 '쇠우리'라는 말을 택한 것은, 번연이 반드시 이 말을 썼기 때문이 아니라 퓨리턴 윤리에 관심을 쏟던 베버 생각을 이 말이 적절히 전해줄 것이라고 보았기 때문이라고 한다. 파슨스 이후 이 책을 다시 영어로 옮긴 번역자들이 이 말을 독일어 표현에 더욱 가깝게 표현하고

자 했지만(Swedberg, 2005 : 132~133),[8] 번역에는 번역의 힘이 있다는 현실을 어찌하지 못했다. 오늘날 '쇠우리'라는 말이 널리 쓰이게 된 것은 번역자 파슨스의 위력이 발휘된 때문이고, 그 위력을 누구도 섣불리 꺾을 수가 없게 됐기 때문이다. 베버 연구에 평생을 바친 벤딕스가 티랴키안에게 한 말처럼, 베버가 쓴 'Gehäuse'라는 낱말은 여러 뜻을 가지기 때문에 미츠만이 '강철같이 견고한' "집"이라고 옮긴 것도 괜찮지만 '강철같이 견고한' "상자(casing)"로 옮기는 것이 더 적절할 수 있을지 모른다. 하지만 그가 독일 말로 다시 옮기면 'eiserner Käfig(쇠우리)'가 되는 파슨스의 이 말이 베버 논지의 큰 뜻을 살려 의역하고 있는데 이것도 나쁜 번역은 아니라고 했듯이(윗글 : 112, 특히 117 달음 4), 80년도 더 된 '쇠우리(iron cage)' 메타포는 더는 그것이 적절한 번역인가를 따지는 논의를 벗어나 그것이 뿜어내는 의미를 새기는 논의를 자극할 것만 같다. 그만큼 '쇠우리'는 계속 강렬한 생명력을 이어갈 메타포로 남아 있을 것이다(Baehr, 2001).

---

8 이에 관해 김광기의 책은 작지만 매우 흥미로운 사실이 들어 있다(김광기, 2007 : 151). 그는 칼버그가 2002년 베버의 책을 새로 옮기면서 파슨스가 독일어 원전에 충실하게 "쇠우리"라고 한 것을 "강철 외피(껍데기, 鋼鐵外皮, steel casing)"로 번역해 놓았다고 소개하고는, 이에 대해 호감이 깃든 해석과 평가를 덧붙인다. "어느 순간이건 벗어던져 버릴 수 있는 가벼운 외투처럼" 성도 어깨 위에 걸쳐 있는 것과 어울리기 위해서는 "외피"가 더 적절하다는 것이다. 물론, 이것을 정반대로 해석하는 것 역시 설득력이 없다고 할 수는 없다. '외투'와 '쇠우리'의 간격을 극대화하는 것이 베버가 표현하고자 한 의미이고 의도일 수 있기 때문이다.

3. 합리화 과정과 삶의 모순

앞서 잠깐 비추어본 바같이 '쇠우리' 문제는 베버의 거대한 연구 관심에 연결될 때 비로소 본래 뜻이 선명해진다. 미츠만의 저작과 티랴키안의 논문이 나름으로 흥미진진한 이야기를 파헤치지만 두 사람 글은 베버 개인의 사사로운 삶을 파고드는 수준에 묶여 있다. 베버가 씨름해온 문제의 정수와 이어놓기는 해도 분석 출발점은 어디까지나 베버 개인의 삶이었다. 심하게 말하면 이들의 접근은 개인 일화를 바탕으로 개인 삶에 모든 것을 되돌린다고 할 수 있다. 이 지점에서 나는 이들의 관심에서 떨어져나오고자 한다. 거의 4반세기 전 내가 발표한 〈'프로테스탄트 윤리'의 재인식〉으로 돌아가 거기서 논했던 '쇠우리' 문제를 되새겨 그것을 합리화라는 커다란 문명사 과정을 이해하는 계기로 삼고자 한다.

베버를 들먹이는 사람들은 흔히 '종교'라는 요인을 따로 떼어 다른 사회 영역에 영향을 주는 변수로 이해하고자 한다. 오늘날 '종교사회학'이라는 이름으로 분과 학문의 독립성을 주장하고 지키려는 이들과 종교 영역을 아예 제거해버리고 어느 특정 분과 학문에 연구 관심을 매달아두는 이들 모두가 여기에 해당된다고 할 수 있다. 이런 관심에 따라 '프로테스탄트 윤리' 논지를 둘러싼 논쟁도 끊이지 않고 이어져 오고 있다(Hamilton, 2001 : 165~176). 베버 논지가 속류 마르크스주의자들의 경제주의에 대응 논리로 중요성을 지니지만 베버가 탐구하려 한 종교는 그렇게 단순하지 않고 그런 관심 수준에 놓여 있지 않다. 그가 말하는 종교는 분화된 삶의 어느 특정 영역이 아니라 의미를 추구하고 지향하는 인간 존재 성격과 인간 행위에 속한다.

이 점에서 인간은 특별한 존재다. 현실 세계를 무작정 받아들이지도 않고 기계처럼 반응하지도 않는다. 삶에서 겪는 고통은 무엇 때문이며 죽음이란 또 무엇인지, 무엇을 위해 왜 살아야 하고 어떻게 살아야 하는지에 물음을 던진다. 그리고 물음으로 파고들어 해답을 캐내고자 한다. 그렇게 하여 세계 질서는 "의미 있는 '우주'가 되고, 될 수 있고, 그리고 되어야 한다"(Weber, 1913/1946 : 281). 우주가 '의미 있게' 되는 과정은 간단치 않다. 그러나 이런 의미의 세계를 제공해주는 것이 베버가 뜻하는 종교다. 그가 사회학이란 의미 있게 지향되는 인간 행위를 풀이하는 것이라고 정의 내렸을 때(Weber, 1947 : 88~115) 이미 그의 사회학은 자신이 이해하려는 '종교'와 분리될 수 없었다. 베버가 헌신할 수밖에 없었던 종교 연구는 그가 정의 내리는 사회학 그 자체이고 사회학 본령을 말하는 것이었다. 이런 점에서, 인간 행위를 탐구하는 자신의 사회학에서는 종교라는 것이 사회학 하부 분과로 떨어져나갈 수 없는 인간 존재의 존재됨을 규정하는 삶의 본질과 성격을 뜻했다.

베버 학문의 핵심 개념이 되는 합리화 문제도 이런 학문 세계와 이어진다. 인간의 삶이란 아무렇게나 전개되는 것이 아니라 의미 세계에서 적절성을 얻고 방향을 찾게 된다. 이 의미의 물줄기가 솟구쳐나오는 가장 깊은 곳에 종교가 자리한다. 의미는 종교라는 우물에 잇대어 있다. 모든 종교가 의미의 원천인 것이다. 베버가 분석하는 대로, 유교는 사변 세계를 물리치고 인간 삶에 도움이 되지 않는 것이라면 모두 일축한다는 점에서 '합리스럽다'(Weber, 1946 : 293)고 할 수 있으며, 유교를 믿고 따르는 사람이 이 종교를 의미 있는 것이라고 여겨 거기에 맞춰 삶을 일관되게 이끌어가는 것을 또 합리스럽다고 할 수 있다. 마찬가지로, 개신교는 자체 세계관에 따라 삶을 이해하고 거기에 따라 엄격한 자기통제의 삶을 살아가기를 요구한다는 점에서 '합리스럽다'. 이처럼 합리화는 전혀 다른 종교 관점에서 나오고 다른 방향으로 전개된다. 합리화를 강력히 밀어붙인 힘은 '합리성'의 이름으로 편 논리나 철학이 아니었다. 그것은 흔히 말하는 합리성 차원 저편에 자리한 몰합리성의 극치를 이루는 '믿음'의 힘에서 우러나온 것이었다. 심원한 변혁 원동력은 차원을 같이하는 데서 나오는 것이 아니라 차원을 달리하는 데서 솟아나온다.

'합리스럽다'거나 '비합리스럽다'고 하는 것 자체는 어떤 객관 잣대로 판가름할 수 없다. 그것은 모든 종교 문화 전통을 성격 짓는 각각의 잣대에 따라 규정된다. 바꿔 말해, '몰합리스러운' 각각의 궁극 가치에 따라 삶의 의미가 만들어지고 삶의 지향성이 주어진다. 따라서 이 가치의 눈으로 보면 이 가치가 합리스럽고 저 가치는 합리스럽지 않게 보이고, 저 가치의 눈으로 보면 저 가치가 합리스럽고 이 가치는 합리스럽지 않게 보일 수 있다. 삶의 의미는 각각의 궁극 가치에 터하여 만들어지고 다스려진다. 이 전제 위에서, 이쪽에서 보면 비합리스럽지만 저쪽에서 보면 합리스러울 수 있다. 그만큼 의미 세계를 자아내는 우물은 하나둘이 아니고 여럿이다.

이런 이해 위에서 베버는 서양 문명의 의미 세계를 파헤쳐보고자 했다. '프로테스탄트 윤리' 논지를 펼치기에 앞서 그는 이 점을 명쾌히 한다. "지금까지 그리고 오늘날에도 자본주의 문화 성격을 가장 뚜렷이 규정하는 소명의 생각과 소명 의식으로 노동에 헌신"하게 된 이 '합리스러운 생각'이 어디에서 온 것인지 발원지를 밝혀내는 것이 그의 연구 과제였다(Weber, 1958 : 78). 이것은 '프로테스탄트 윤리'를 논하게 된 동기와 이어지면서도, 서양에서만 나타난 근대의 '합리스러운' 변동과 조직을 낳은 '합리화' 과정에 대한 탐구로 나타났다. 그는 소명 의식에 이끌려 자기를 통제하며 살아가는 합리스러운 금욕주의가 나오게 된 것은 종교개혁 정신 때문이며, 여기에서 합리스러운 자본주의가 나오게 됐다는 논지를 펼 수 있었던 것이다.

나는 합리화를 정의하는 데 긴 시간을 바치고자 하지 않는다. 베버 자신이 이에 대해 어느 한 글에서 명쾌하고도 간결하게 정의내리지 않고 여러 글에서 두루 논하고 있기 때문에 이 개념을 몇 줄로 간단하게 적어두는 것은 무례하다. 베버의 연구물은 모두 합리화에 대해 긴 지면을 할애하고 있다. 그러나 베버를 논하는 글이라면 합리화의 문제를 빼놓거나 지나치지 못한다. 나 역시도 베버를 다룬 몇몇 글에서 이를 직접 또는 간접으로 살펴본 바 있다. '프로테스탄트 윤리' 논제를 다시 살피고자 한 글(박영신, 1980)과 앞서 발표한 '카리스마 글'(박영신, 1976/1978)에서, 이에 더해 도시 문제를 두고 마르크스와 베버의 이론을 견주면서(박영신, 1986/1987), 베버 서클에 속했던 루카치 물상화 개념을 논하면서(박영신, 1987/1987), 오늘날 정신 세계를 새기면서(박영신, 2008), 그리고 칼뱅주의를 '친화력' 개념으로 다시 풀이하면서(박영신, 2009/2010), 나는 합리화 문제와 마주해야 했다. 이런 까닭에 합리화 과정이 인간이 살아가는 삶에서 모순된 상황을 낳는다는 나의 논제에 집중해 이와 곧바로 이어지는 한에서 합리화 의미를 여기서 짤막하게 논하고 넘어가고자 한다.

삶의 모순은 인간이 추구하는 가치 이념을 현실에서 구현할 수 없다는 데 있다. 이념과 현실 사이의 거리가 멀수록 모순은 더욱 첨예하게 된다. 이것은 야스퍼스(Karl Jaspers)가 말한 기원전 천 년 그 중간 어디쯤에 나타난 '굴대 시대' 문명(Jaspers, 1965) 안에서 살아가게 된 인간의 피할 수 없는 삶의 조건이며 운명이다. 이 문명이 이 역사를 관통해 삶의 방향을 제시해주고 그것을 떠받치고 다스려온 축이었다. 그렇다면 '굴대의 문명'의 중심이 되는 뜻과 힘은 무엇인가? 이것은 초월 영역에 대한 감수성이다. 이 문명에 와서야 비로소 인간이 초월에 눈을 뜨게 됐다는 것이다(Schwartz, 1975 ; Eisenstadt, 1986ㄱ ; Bellah, 2011 ; Bellah · Joas, 2012).[9] 본보기가 되는 것이 히브리 종교 전통에서 찾게 되는 하나님에 대한 생각이다. 예언자들이 대변한 이 하나님은 현실을 완전히 넘어서는 '초월의 존재'다. 때문에 히브리 전통에서는 권력 정점에 앉은 왕도 절대화될 수 없었다. 어떤 것이든 모두가 이 초월의 빛 아래 있어야 했고 그 빛의 비춤을 받아야 했다(Weber, 1952).

이 점에서 계몽주의 사상을 좁게 이해해온 이들에게 공화국 정신을 구약에서 찾는 젊은 정치학자 넬슨(Benjamin Nelson)의 연구는 특별한 깨우침을 준다(Nelson, 2010). 그는 초월의 차원을 강조해온 히브리 역사에 공화주의가 뿌리내리고 있었음을 밝히고 그것이 종교개혁을 거쳐 영국의 공화주의운동으로도 뻗어나갔다는 점을 논증한다. 이처럼 초월의 힘을 드러낸 굴대 문명이 전개되면서 현존하는 권력은 더는 자기 절대화를 지켜갈 수 없게 됐다. 인간은 현존하는 영역과 다르고 그것을 넘어서는 초월의 영역을 보고, 이 두 영역 사이의 간격을 의식했

9 '굴대'라는 낱말에서부터 굴대 시대의 성격과 그것이 담는 의미를 다른 맥락에서 논하는 나의 몇몇 글(박영신, 2013ㄷ, 2013ㄹ, 2013ㅁ)을 참조할 것.

던 것이다. 이 문명이 낳은 초월 영역이 현존 질서를 그대로 받아들이지 않고 끊임없이 질문하고 돌파해가도록 인간을 몰아붙인 힘으로 작용했다. 이런 뜻에서 굴대 문명은 이전 문명에서는 찾아볼 수 없었던 초월 영역에 눈뜨게 해 현실과 그 너머의 초월 사이에서 일어나는 모순을 경험하게 하는 삶의 복잡성을 불어오고, 이런 상황에서 인간이 삶에 대해 던지게 된 '물음'의 성격도 바꿔놓게 된, 역사의 새로운 전기이자 혁명이었다(박영신, 2013ㄷ).

위에서 본 바와 같이, 하나로 뭉뚱그려진 현실과 초월의 두 영역이 날카롭게 갈라지게 된 삶의 상황에서, 의미의 문제를 저버리지 못하는 인간으로 남은 한 인간은 심원한 분열과 대립의 모순을 회피하지 못하고 맞닥뜨릴 수밖에 없는 긴장의 삶을 살아간다. 아우구스티누스는 이런 삶을 누구보다 명쾌히 논술한 총 22권 1,200쪽 분량의 웅장한 저작 《하나님의 도성》을 남겼다(Augustine, 2002). 그는 이 책만 쓴 것이 아니었다. 야스퍼스의 말대로(Jaspers, 1962 : 65~66) 아우구스티누스가 평생에 걸쳐 집필한 것처럼 그의 글을 읽는데도 그만한 시간을 바쳐야 할 만큼 그는 하루도 거르지 않고 '날마다' 글을 써온 위대한 저술가였다. 그러나 그의 모든 저술 가운데서 압권으로 평가되는 것은 이 책이다. 방대한 책이라 때로는 지루하게 읽히다가도 그의 해박한 지식에 압도되어 끝까지 읽게 되는 고전 중의 고전이다. 아우구스티누스는 하나님의 도성과 인간의 도성, 또는 하늘의 도성과 땅의 도성이라고 이름 붙인 두 도시를 설정하고 기독교인이라면 모름지기 앞의 도성을 향해 순례의 길을 걸어가야 한다고 한다. 때문에 기독교인은 이 땅에서 살아가면서도 이 땅에 갇혀 있지 않고 이 땅 그 너머 초월의 도시를 향해 걸어가는 '긴장'의 삶을 살아가지 않으면 안 된다. 순례자로 살아가는 사람은 이 땅의 도성을 최종 것으로 보고 그것을 절대화해 그 도성 안에 진을 치고 살아가려 하지 않는다. 하나님의 도성을 향해 살아가는 사람들에게 땅의 도시 바빌론이나 인간의 도성 로마는 결코 영구히 머무를 곳이 아니어야 하듯, 현실 체제란 머물러야 할 정주의 공간이 아니라 떠나야 할 잠정의 공간이다. 아무리 인간이 이룩한 업적이 화려하고 장대하다 하더라도 그것은 언제나 상대화해야 할 이 땅의 것이다.

이런 까닭에 순례의 길은 평탄할 수 없다. 이 점은 번연의《천로역정》에서도 잘 드러난다. 번연은 엄청나게 크고 무거운《하나님의 도성》을 모두가 쉽게 읽을 수 있도록 새로 적어놓고 싶어했다는 듯 꼭 같은 순례 주제를 소설 형태로 풀어놓았다. 이 땅은 순례자에게 언제나 걸림돌이다. 그의 길을 헤살놓는 것들이 이 땅 곳곳에 자리를 차지하고 있고 그가 빠져들기 십상인 유혹의 덫이 모퉁이마다 숨어 있다. 그러나 하늘의 도성을 바라보고 걸어가는 순례자는 그 모든 것에도 그 모든 것을 뚫고 꿋꿋이 나아간다. 그가 그렇게 앞으로 나아갈 수 있는 것은 그가 지닌 초월의 감수성이 자신의 삶을 '끌어올리기' 때문이다. 현실 체제가 온갖 구실을 달아 이런 삶을 '끌어내린다' 하더라도 그는 일어서서 가야 할 길을 걸어간다. 순례의 길을 멈추고 체제의 어느 지점에 자리를 잡아 주저앉게 되는 것은 이 '끌어내림'에 무릎 꿇었기 때문이다.

서양의 합리화 과정에 결정의 계기를 마련해준 프로테스탄트 윤리는 삶을 '끌어내리는' 틀에 맞서 삶을 '끌어올리는' 초월 요구에 헌신해 온 막강한 변혁 에너지원이었다. 그것은 수도원 감방에 머물던 금욕주의가 수도원 담벼락을 허문 다음 일상의 삶 한 가운데로 들어서서 자체 활동 범위를 넓혀간 금욕주의 일반화를 뜻했다. 금욕주의는 자체 확장 계획에 방해가 되는 것이라면 무엇이든 돌파할 튼튼한 변혁의 힘을 과시해왔다. 어떤 것도 그 기세를 꺾지 못했다. 경제든 정치든 법이든 모든 것이 돌파 대상이었다. 하지만 금욕주의는 그것이 이룩해놓은 체제에 안겨 체제와 주거니 받거니 하다가 그만 체제에 내려 앉아버리고 말았다. 순례자가 순례를 멈춘 격이다. 금욕주의 갑옷을 벗어던지고는 체제가 주는 제복을 입은 것이다. 옷을 바꿔 입은 것은 자기 참모습의 포기를 뜻했다. 《천로역정》 주인공이 만난 '쇠우리' 안에 앉은 그 인물처럼 순례의 삶을 멈추는 순간 그는 체제의 창살에 갇혀버리고 만다. 이전에는 아주 당당한 금욕주의의 순례자였다 하더라도 현실 체제가 '끌어내리는' 힘에 경계를 게을리하게 되면서 그만 '쇠창살로 된 감방 안에 갇힌' 꼴이 된 것이다.

앞서 적었듯, 베버의 저 유명한 은유 표현을 파슨스가 '쇠우리'로 옮겨놓으며 본래 표현을 충실히 따르지 않고 의역에 치우쳤다는 비난을 받은 것이 전혀 근거 없는 것은 아니다. 어찌 보면 베버의 원래 독일어 표현보다 파슨스가 채택한 '쇠우리'라는 표현이 오늘날 영어라는 날개를 달고 높은 언어 장벽을 넘어 이렇듯 널리 퍼져, 그야말로 번역이 '반역'이 되고 말았다고도 할 수 있다. 그러나 긴 역사 흐름에서 나타나는 합리화 과정을 초월과 현실 체제 사이의 '끌어올림'과 '끌어내림'의 가치 갈등 그리고 거기서 비롯하는 긴장과 대립의 연속으로 읽게 되면, 파슨스가 받아들인 《천로역정》의 '순례 주제'는 이 상황을 이해하는 데 적절성을 더해주었다고도 할 수 있다. 현재라는 속세의 삶이 힘과 돈이 주는 쾌적함에 홀리고 드디어는 속세가 제공하는 논리에 길들여져 그것이 자신의 삶에 어울리고 마음에 든다고 하여 순례의 길을 포기하고 거기에 자리 잡고 머무를 수 있다. 마치 칼뱅주의자가 그러할 수 있었던 것처럼(박영신, 2009/2010), 자신의 관심 세계에 와 닿는다고 하여 특정 관심 영역을 '친화성 무대'로 삼아 그것을 넘어서지 못하고 정착해버리는 모순된 상황을 낳는 것이다.

이 친화력은 현실 체제 쪽에서 끊임없이 쏘아대는 현실 안주의 유혹에 사로잡혀 그것에서의 해방과 자유를 향한 순례의 뜻을 팽개치고는 순례의 길을 숫제 멈춰버리게 할 수도 있다. 이것은 순례자로 살아가는 삶의 포기이며 패배다. 자기 돌파의 끝없는 가능성을 향한 길을 멈추고는 안주와 정착의 '쇠우리'에 들어가 그 체제와 한통속을 이루기 때문이다. 다른 말로, 삶이 지켜가야 하는 변혁 가능성은 체제화의 정지 상태에 빠져들고, 지극히 좁은 제한된 금욕주의 관심의 절대화로 떨어진다. 순례자는 모든 것을 부정하고 넘어설 능력을 지켜가야 한다. 베버가 말하는 '현세 거부'는 그런 것이다. 그것은 답답한 오늘날 체제 자체를 거부하는 삶을 요구하고, 모든 것을 부정하고 이웃 일반으로 뻗어 나아가는 '현세 거부의 사랑'을 요구한다(Weber, 1915/1958 ; Bellah, 2006). 그가 〈프로테스탄티즘의 윤리와 자본주의 정신〉이라는 논문을 발표한 다음 10년이 지난 1915년에 내놓은 〈중간 고찰(Zwischenbetrachtung)〉은 그의 모든 글 가운데서 가장 핵심이 된다고 벨라는 평가한 바 있다(Bellah, 2006 : 124). 그는 이어 베버가 이 글에서 프로테스탄트 종교의 지향성이 특정 직업윤리에만 한정될 만큼 좁지 않다는 점을 밝혀두었고, 무엇보다 '형제(자매)애'와 '이웃됨'에 대한 논의를 주목해볼 필요가 있다고 했다. 벨라에 따르면, "이것은 자기 직업에 대한 소명 의식보다 훨씬 넓은 삶의 지평을 가리킨다. 나아가 구원의 종교가 친족 집단 중심의 윤리 관심과 그 틀을 부수고 더욱 보편스러운 윤리 지향성을 제공해주었던 돌파의 연장선상에서, 종교 지향성은 오늘날 세속 문화에서 자기 충족성에 빠져 좁다란 의식 세계를 넘어서지 못하는 인간을 향해 이웃 일반에 관심을 가지도록 북돋아줄 가능성"을 자아낸다는 것이다.

이런 벨라의 논지에 앞서 나는 오늘에 와서 내쫓김을 당한 초월성 상황에 주목해 아래와 같이 적어두었다.

"(이것은) 지난날 초월 영역에 자신을 잇댐으로써 온갖 마술 세계를 부수고 삶의 의식에 깊이 뿌리내린 친족 집단의 질서까지도 질문하고 그것을 돌파할 수 있었던 것처럼, 오늘에 와서도 바로 그 추방된 초월성을 끌어들여 거기에 잇대 세속 문화의 차꼬를 풀어볼 수 있다는 뜻이다.

초월 세계는 특정한 역사 상황에서 특정 윤리 의식에 따라 직업에 가졌던 어떠한 의무 의식보다도 훨씬 높은 데 자리한다. 프로테스탄트 윤리 지향성이 초월의 권위에 헌신으로부터 친족 관계에 얽매인 좁은 관계 테두리를 돌파해갈 강한 동력을 뿜어냈듯이, 헌신의 동원으로 다시 세속 문화의 비좁은 이익 관심을 뛰어넘어 '형제(자매)애'와 '이웃됨'이라는 넓은 삶의 지평으로 나아갈 힘을 자아낼 수 있다는 것이다. 세속 시대의 인간이 세속 지평에서 자신의 관심을 좁은 테두리에 고착하기 때문에 그 테두리를 넘어서려면 지평 바깥의 다른 지평을 볼 초월 영역에 대한 감수성이 요청된다는 것이다." (박영신, 2008 : 25~26)

4. 역사의 역학

굴대 문명 특성이 초월성에 있다고 했을 때 그것은 서양 역사를 틀 지어온 고대 그리스와 히브리 전통뿐 아니라 중국 전통 밑바탕에도 자리해 각각 문명을 일구고 이끌어왔다고 할 수 있다. 이런 뜻에서 모든 위대한 세계 문명은 초월성을 지닌 세계 종교와 뗄 수 없다. 세계 종교 모두는 자체 초월성 때문에 현존하는 질서를 가만히 내버려둘 수가 없었다. 초월 기준에 기대 세속 질서를 비판하고 돌파해 질서 자체를 변혁해야 했다(Bellah, 2012). 합리화는 바로 이런 비판과 돌파와 변화를 제도화해온 역사 과정이었다. 이 과정에서 굴대 문명의 초월 가치는 원형 그대로 존속해오지 않았다. 위에서 보았듯 초월의 '끌어올림'과 현세의 '끌어내림'이 맞부딪치는 역동 과정에서 끊임없는 대립과 갈등과 긴장이 일었다. 이 과정 어느 지점에서 초월 영역이 현세 영역에 의해 자체 능력을 가동하지 못해 쇠약하게도 됐다. 이것은 인간이 일궈온 역사에서 예외를 낳지 않았다.

베버가 밝힌 '쇠우리' 현상은 서양 문명 역사에서 일어난 초월 영역의 가동 중지를 드러낸 역사의 가장 가까운 보기일 따름이다. 그는 이것을 퓨리턴 윤리 의식과 이어 "퓨리턴은 소명감으로 일하기를 원했고, 우리는 그렇게 하도록 강요된다"고 했다. "왜냐하면 금욕주의가 수도원 감방에서 일상의 삶으로 옮아가 세상에서의 도덕을 지배하기 시작하면서, 그것은 근대 경제 질서를" 만드는 데 주요한 역할을 수행했기 때문이다. 나아가, 그는 "이 질서는 이제 기계에 의한 생산 기술 및 경제 조건에 얽매여 있는데, 이것은 다만 직접 경제 영리의 획득에 관여하는 이들뿐 아니라 이 기제 속에 태어난 모든 개인의 삶을 저항할 수 없는 힘을 갖고 결정한다"고 했다. 이어 그는 다음 같은 말을 했다. 내가 앞서 쇠우리에 대해 이야기할 때 적었던 글귀가 이 속에 들어 있다.

> "(…) 아마도 그것은 화석화된 석탄이 마지막으로 다 타버릴 때까지 그렇게 이들을 결정해갈 것이다. 백스터가 본 대로 물건에 대한 관심은 "어느 순간이건 벗어던져버릴 가벼운 외투처럼 성도"의 어깨에 걸쳐져야 할 뿐이다. 그러나 운명은 그 외투를 쇠우리가 되게 했다.
>
> 금욕주의가 세계를 개조하고 그 안에서 그 이상을 실현하려 했던 때부터, 물질 재화는 일찍이 역사 그 어느 시기에서도 전례를 찾을 수 없게 점차 커져 드디어 움직일 수 없는 힘이 됐다. 오늘날 종교의 금욕주의 정신—마지막인지 누가 아는가?—은 (쇠)우리에서 새나가버렸다. 그러나 의기양양한 자본주의는 기계 체제 바탕 위에 놓여 있기 때문에 더는 이를 지탱해줄 것을 필요로 하지 않는다. 금욕주의의 행복한 후계인인 계몽주의의 발그레한 장미색마저도 회복할 수 없게 시들어버린 듯하고, (부름받았다고 믿는) 인간 직업에서 느끼는 의무 의식은 죽은 종교 신앙의 망령처럼 우리 삶을 배회한다." (Weber, 1958 : 181~182 ; 박영신, 198/1981 : 270~271)

베버는 쇠우리의 운명을 진, 또다시 그의 말로 하여 전례 없는 문명을 성취했다는 듯 우쭐대는 "영혼 없는 전문가, 가슴 없는 감각주의자" (Weber, 1958 : 182)가 오늘날 기고만장하게 행세한다고 했다. 서양이 빠져들게 된 이 삶의 앞날은 밝지 않았다. 오히려 섬뜩했다. 말년의 베버에게 이것은 꽃이 활짝 핀 황홀한 여름날이 아니라 얼음으로 얼어붙은 "차디찬 암흑과 고난으로 뒤덮인 극지의 밤"으로 다가왔다(Weber, 1919/1958ㄱ : 128). 이것은 마르크스가 그토록 붙잡고 싸운 계급 문제 영역을 넘어서는 문명 전체의 문제이고 삶의 밑뿌리 문제이다. 베버와 루카치의 관계를 논하는 글에서 내가 적었듯, 이 상황에서는 임금 노동자든 자본가든 모두 '인간다움'을 잃고 "생각 없는 삶의 주인공"으로, 삶의 "자기 파산자"로 살아가야 할 따름이다(박영신, 1987 : 100~111, 특히 110).

이 상황을 낳은 과정을 베버의 다른 말로 표현해보면 카리스마의 '통상화'라고 할 수 있다. 카리스마 개념은 물론 특정한 인물만을 가리키지는 않는다. 그것은 앞서 내가 강조해두고자 했던 것처럼(박영신, 1976/1978) 초월성 같은 어떤 변혁 능력을 지닌 상징의 힘을 말한다. 베버는 이런 카리스마와 그것이 맞는 통상화 과정 사이에서 벌어지는, 몸젠(Wolfgang J. Mommsen)이 쓰는 말로 "끝없는 투쟁" 문제를 중심 과제로 삼았고(Mommsen, 1974 : 20), 위에서 보았듯 이 과정 마지막 판에 이르러서는 카리스마의 초월 능력을 잃게 되어 변혁 가치에 어떤 틈도 주지 않는 막강한 관료 체제 밑에서 쇠우리라는 '새로운 농노제'의 노예로 살아가게 된(윗글 : 54~58) 인간 운명을 자신의 관심 대상으로 삼았다.

쇠우리의 상황이 서양 문명 특유의 합리화 과정 그 마지막 어느 지점의 상황을 가리키기는 하지만 반드시 지구 반쪽만을 그리는 것이라고는 할 수 없다. 지난 한두 세기에 걸쳐 서양 문명의 파고가 거세지면서 모든 문명권이 그 물결을 뒤집어쓰게 된 나머지 쇠우리 현상도 더는 서양 문명권에만 적용된다고 말할 수가 없게 됐다. 이것은 온 세계가 빠져든 어두운 삶의 상황이다. 세계 모든 도시에 대규모 고층 건물이 들어서고 그 안에 자리 잡은 사무실 전자 기계 앞에 앉아 있는 직장인 모습이나 분주스레 움직이는 전문 기술자들의 모양새는 여느 서양 문화권 조직체에서 일하는 자들의 자태와 조금도 다를 바 없다. 이들은 엄격한 규율과 통솔 체계를 갖춘 현대 지배 기제에서 자그마한 오차도 허용하지 않는 어마어마한 기계 부속품처럼 작동한다. 인류 역사에서 보기를 찾을 수 없을 만큼 막강한 지배력을 행사하는 물질 재화 권력과 행정 통제 권력에 이들 모두가 매달려 있다. 오늘날 범세계화 상황은 쇠우리의 동시성을 범세계 수준으로 확장한다.

그러나 이것으로 모든 문명권의 삶을 다 그려놓을 수는 없다. 서양 이쪽의 동양 도시 한 가운데 들어선 각종 작동 체제가 얼핏 쇠우리의 상항에 들어서는 것같이 보일 수 있다. 하지만 그것은 겉으로 드러난 것으로 실체를 판가름하는 서툰 지식의 사람들에게만 그렇게 보일 뿐이다. 베버의 쇠우리는 자체 역사를 가진다. 이 역사를 갖지 않는 쇠우리는 정확히 쇠우리가 아니다. 기껏 '모방 쇠우리'에 지나지 않는다. 아무리 같아 보인다고 해도 동양 문명권에 자리한 쇠우리는 서양 문명이 거쳐온 합리화 과정 끝에서 만들어진 것이 아니다. 이것은 서양 문화 역사에서 일어난 합리화 과정의 중요한 계기를 준 종교개혁 경험 위에서 있지 않으며, 프로테스탄트 윤리가 자아낸 금욕주의 내면화를 전제하지도 않는다. 이런 이유 때문에 동양 문명권을 뒤덮는 오늘날 쇠우리는 구조에서 베버가 말한 쇠우리 같을 수 없고, 아래서 보겠지만 실제로 같지 않다. 따라서 베버가 "금욕주의가 수도원 감방에서 일상의 삶으로 옮아가 세상에서 도덕을 지배하기 시작"했다고 하고, "오늘날 종교의 금욕주의 정신—마지막인지 누가 아는가?—은 (쇠)우리에서 새나가버렸다"고 한 것은 서구 문명 상황을 두고 외친 말이다. 그가 말하는 이 금욕주의는 서양 어느 시대 어느 종파의 삶을 이끌어간 습속 유형이었고, 그것이 베버가 쓴 독특한 뜻에서의 엄격한 '금욕 지향'의 합리스러운 근대 자본주의 정신(spirit of capitalism)을 낳은 것이며, 그것이 그가 그리는 '쇠우리에서 새나가'버렸던 것이다. 강력한 변화 동인으로 기능했던 금욕주의 윤리가 특정 체제 힘에 의해 무력화되어 합리화 과정이 끊임과 멈춤이 없이 이어지지 못하고 정지한 것이다.

그렇게 새나간 금욕주의 씨앗은 서양 특유의 역사에 뿌려진 것이었다. 그것은 세계 온 사방에 다 뿌려지지 않았다. 베버가 비장하게 부르짖은 말은 서양 맞은쪽에서 살아가는 우리를 향해 쏟아낸 것이 아니었다. 다시 말해, 그가 말하는 바 철장 밖으로 새나가게 된 쇠우리 이전의 금욕주의를 우리는 갖지 않았다. 구태여 우리도 쇠우리에 갇히게 됐다고 말한다면 그것은 베버가 말한 서양 문명 특유의 금욕주의를 갖지 않은 우리 식의 어떤 쇠우리일 것이다.

우리의 쇠우리 창살 안 세계는 어떤 것인가? 쇠우리는 어떤 습속 위에 터 잡고, 뒤바꾸어 자체 안에는 어떤 의미의 세계가 도사리는 것인가? 이 물음에 대한 해답의 실마리는 여러 곳에서 찾아볼 수 있을 것이다. 하지만 나는 이것을 베버 연구에서 찾는다. 그의 학문 관심은 프로테스탄트 윤리에 대한 연구 주제 하나에 머물러 있지 않고 광범위한 비교 연구를 통해 문명의 전개 과정을 비교 역사의 눈으로 살피고 알아보고자 한 실로 광대한 연구 주제로 나아갔다(Tenbruck, 1980 ; Schluchter, 1991 ; Li, 1999 : 17~75). 이 때문에 그는 프로테스탄트 윤리를 넘어 동양과 인도의 종교 전통에까지 나아갔으며 마땅히 고대 유대교로도 들어서야 했다. 여기서 우리가 기대어볼 곳은 중국 종교에 대한 베버의 분석 내용이다. 위에서 말했듯 유교는 굴대 시대에서 움터 나온 세계종교다. 벨라는 유교 전통에 대한 한 베버의 생각을 수정한다고 할 만큼 이 동양 종교를 긍정의 눈으로 봤다. 이 점에서 벨라는 아이젠슈타트(S. N. Eisenstadt)와 함께한다. 아이젠슈타트도 유교에 우주 질서의 이상과 인간의 현실 세계 사이에서 생기는 '긴장'에 대한 이해가 있고 현존하는 속세의 문제를 비판할 자원이 들어 있다고 했다. 그는 유교를 현세 '적응' 종교로 본 베버를 "바로잡고"자 했다고도 할 수 있다(Bellah, 2011 : 478~479에서 Eisenstadt, 1980 되따옴). 벨라는 통치자가 아닌 '도(道)'를 따르라고 하고 부친이 아닌 의를 따르라고 한 순자(荀子)의 가르침이 중국 전통에서 이어져 내려왔다는 점을 들어, 유교의 보편주의를 강조했다(Bellah, 2011 : 479). 그는 유교의 인(仁)과 예(禮)를 보편주의 핵심 원리로 보고, '인'은 '인간다움'을 뜻했으며, 그것은 인간이 서로를 사람으로 대하는 보편 윤리의 이상을 가리켰다고 했다. 유교에서는 일반 원리로서 '인'이 '예'와 떨어질 수 없었다. '예'의 보기를 여러 가지로 들 수 있지만 그 핵심은 '인'이 세계와 동료 인간들에 이어져야 한다는 데 있었다. 이렇게 보면, '예'는 '인'에게 맥락을 제공해주면서 '인'을 일반화해놓은 것이었다고 할 수 있다.[10] 하지만 공자

10 벨라와 아이젠슈타트는 굴대 문명이 변혁 능력을 공통으로 가진다는 점에서 출발하기 때문에, 베버의 유교 이해가 한쪽으로 치우친다고 볼 수밖에 없었을 것이다(Eisenstadt, 1986ㄴ ; Eisenstadt ; Johann P. Arnason ; Björn Wittrock, 2005). 베버의 생각에 벨라를 견주어 비판의 눈으로 논하는 글(Turner, 2013 : 164~165, 174~177)을 참조할 것.

가르침에 뿌리내리는 이 보편주의가 역사 전개 과정 전체를 다스려오지는 못했다. 자기 집안에 대한 의무 의식을 강조하는 효(孝)가 강력한 영향을 행사했기 때문이다. 초기에는 '효'가 두드러지지 않았지만 점차 이 가치가 강조되어 확고한 자리를 굳히게 되면서 모든 의무 관계의 바탕이 됐다(Bellah 2011 : 411~418, 430~431).

이것을 나의 논의 줄기에 이어보면, 굴대의 종교 문명을 표상한 초월 관심이 유교의 보편주의에 들어 있었지만 현실에서 구현되는 제도화 과정에서 '효' 같은 특수주의 의무 관계 밑으로 떨어지게 됐다고 할 수 있다. 삶의 지향성이 보편주의로 나아가는 대신 사사로운 의무 윤리를 강조하는 관계 망으로 끌려들어가고 말았던 것이다. 베버가 중국 도시의 구조를 분석하면서 썼던 말로 하면, 모두가 "친족 사슬"에 묶여 있어야 했다. 도시민의 빈번한 반란에도 이 사슬은 "결코 부서지지 않았다"(Weber, 1951 : 14 ; 박영신, 1986/1987). 그것을 분쇄하지 않고 유지해갈 의례와 사사로운 친분 관계가 단단히 힘을 쓰고 있었기 때문이다. 타고난 '자연스러운' 인륜 관계에 대한 의무 윤리가 강조되어 이것은 인간 모두를 '신의 피조물'로 보아 "인간 의무를 객관화"할 수 있는 퓨리턴 윤리와 대비되게 됐다(Weber, 1951 : 236). 때문에 좁다란 자기 세계를 넘어서고자 한 유교 초월 지향성이 인간들이 만들어놓게 된 친족 관계 망에서 '새나가 버리게' 됐던 것이다.

유교의 제도화 과정에서 나타난 초월 지향성 문제는 중국 윤리 전통을 이어받은 우리 역사와 동떨어져 있지 않다.[11] 고려 말기에 이미

11 중국과 일본 그리고 우리 사회를 견주어보기 위해서는 여러 글 가운데 일본 사회의 가치 지향성을 논하는 Bellah(1970 : 116~119), 박영신(2006), 중국과 조선의 유교 지향성을

《주자가례》에 바탕을 둔 관혼상제 예법과 제도가 상층부 지식 세력을 중심으로 널리 받아들여지게 됐지만, 유교를 국가 이념으로 한 조선이 개국하게 되면서 유교화(Deuchler, 1992)의 과정은 국가권력을 등에 업고 모든 영역으로 침투해들어갔고, 백성 일반으로도 널리 퍼졌다. 이 유교화 핵심은 '효'를 뿌리와 줄기로 하는 가족 중심 의례와 인륜 관계에 있었다(박영신, 1978 : 5장 ; 이희덕, 1984 : 303~323). 조선 개국공신이자 유학자인 정도전이 《불씨잡변(佛氏雜辯)》(1398)에서 불교에 대해 퍼부은 비판 근거는 인간이 지켜가야 할 인륜마저도 불교가 '헛된 잠정 관계(假合)'로 본다는 데 놓여 있었다(정도전, 1972 : 480). 그는 이 점을 들어 조롱과 조소를 섞어가면서 가차 없이 불교를 비판했다. 이것은 단순히 부패한 현실 불교를 비판한 것이 아니었다. 인륜 관계에 지극히 '자연스러운' 의무 의식마저도 허문다고 하여 불교 자체의 가르침을 신랄하게 비판하고 나온 것이었다. 불교에 대한 그의 공박은 한마디로 삼강과 오륜의 '근본을 잊었다'는 데 있었다. 베버가 중국의 종교를 두고 말했던 것처럼(Weber, 윗글 : 같은 곳), '산 사람이든 죽은 사람이든' 가깝고 구체스러운 인륜 관계를 초월하는 보편주의 지향 의식이 조선 사회에서도 여지없이 쪼그라들고 말았던 것이다. 조선 사회에서 그토록 귀히 여겨온 조상에 대한 제사는 조선의 유교가 강조해온 인륜 관계 일반과 함께 '효' 윤리를 효과 있게 구현해가는 의례 장치였다(최길성, 1986 : 91~112).

'효'의 전통은 지난날 윤리 의식이 아니다. 그것은 살아 있는 우리

견주는 박영신(1995ㄴ), 일본에 조선을 맞대어 보는 박정신(1983, 1986)을 참조할 것.

윤리 전통이다. 대가족이 핵가족이 되고 가족이 파괴되는 수많은 위기 담론에도, 그 담론은 근본 수준에서는 현실과 거리가 멀다. 실제로 가족 위기 담론은 다른 것이 아니라 전래하는 인륜 관계에 대한 동경이자 강화 기제다. 첨단 과학기술로 제품을 만드는 재벌 기업을 비롯해 모든 집단이 (유사)가족주의 원리로, 그리고 가족 관계를 중심으로 하는 작은 '포함 단위'로 작동되지 않는다는 증거는 찾아보기 어렵다(송재룡, 2004 ; 이황직, 2004 ; 정재영, 2004 ; 문은희, 2004/2011). 우리나라 기업 문화를 연구한 한 보고서에서도 이 점이 확인된다. 기업이 형식상으로는 "서구의 합리스러운 관료제 모형"과 별반 다르지 않지만 운영 방식에서는 친족 조직과 구분하기가 어려울 정도이다(Kim 1992 : 205~206). 달리 표현해, '외관' 모습과 '내면' 속내가 같지 않은 것이다(김철, 2000). 세계 대학과 경쟁하겠다는 지식 조직체도 그러하고 초월 지향성을 존재 이유로 삼는 종교 조직도 그러하다. 전래하는 사사로운 인륜 의무 관계를 벗어나지 못하고 울타리 안에 모든 것이 포획되어 있다. 대학은 사사로운 친분 관계를 좀처럼 넘어서지 못하고 교회는 '세습' 관행을 떨쳐내지 못한다(박영신, 1987/1995, 1995ㄱ, 2013ㄱ ; Park, 2012). 유교와 기독교 같은 세계 종교에 들어 있는 초월 지향성과 거기서 비롯되는 보편주의는 복잡한 역학 관계에서 각각 그 나름의 합리화 과정을 밟는다. 유교를 받아들이는 신분 계층과 권력관계에 따라 전개 방식이 다르게 나타나기도 했다. 보기를 들어, 무사 계급이 받아들인 일본 유교와 양반 문사 계급이 받아들인 조선 유교는 성격과 제도화 과정이 서로 달랐다(박정신, 1983/1986). 권력관계와 경제 제도 특성 그리고 시대 상황에 따라 종교 지향성 자체가 영향을 받기도 한다(김광기, 2010). 그렇게 하여, 합리화의 역사 과정은 어느 좁은 공식으로 풀이될 수 없게 매우 복잡한 역동 관계를 불러온다. 그것의 역동성은 앞에서 말한 것같이 삶을 '끌어올리는' 힘과 삶을 '끌어내리는' 힘 사이에서 일어나는 모순의 역학 관계를 만들어낸다. 이 과정에서 삶을 '끌어올리는' 초월 지향성 힘이 클 경우는 굳어진 합리화 체제 틀조차도 돌파하게 되고, 삶을 '끌어내리는' 체제 힘이 클 경우에는 초월 능력이 약화되어 체제 틀은 더욱 굳어진다.

우리의 경우 유교—불교는 물론 기독교까지도—가 지닌 초월 능력은 오래전에 가까운 인륜 관계의 의무 수준으로 축소되어 삶이 '친족의 사슬' 안에 갇히게 됐다. 그것을 넘어설 상징 자원은 이 사슬에서 '새나가'버렸다. 서양의 합리화 과정이 최근 들어 '쇠우리' 상황으로 굳어졌다면 우리의 경우는 그보다 앞서 동양 문명이 낳은 '우릿간' 상황으로 경화됐다고 할 수 있다. 범세계화 과정에서 삶의 상황이 겉으로 보면 서구의 쇠우리인 것 같으나 단지 겉모습일 뿐 그 안에는 동양 가치에 의해 만들어진 인륜 관계 족쇄가 들어서 있다. 이것은 서양의 쇠우리와 내면구조에서 구별되는 동양 특유의 속박 구조다. 말하자면 인륜 관계를 일차 헌신 대상으로 치받들어온 우리나라는 쇠우리의 겉 사슬에 싸인 우리 식의 또 다른 '우리' 안에 들어앉아 있다고 할 수 있다. 삶이 유교가 담는 본래 초월 지향성이 '끌어올리는' 그 힘을 줄기차게 지켜오는 대신 눈에 보이는 가까운 인륜 관계가 '끌어내리는' 현실 압력에 쓰러져, 결국에는 좁다란 인륜 관계의 부자유한 '우리'에 갇혀버리게 된 것이다. 오래전부터 이 땅에서 자라온 굳센 대나무로 촘촘하게 짜 엮어진 '대우리'에 우리가 편안하다는 듯 들어서 있게 된 것이다.

그리하여, 오늘날 우리 삶은 '이중의 우리'에 들고 말았다. 강철처럼 견고한 '쇠우리'와 대쪽처럼 강고한 '대우리'로 겹겹이 둘러싸여 더 부자유스럽게 된 잉여의 억압 구조에서 우리가 살아간다.

5. 맺음말

'쇠우리'는 서양 사회의 합리화가 낳은 근대의 "어두운 쪽"을 그리며 더없이 강렬한 은유의 몫을 맡아왔다(Alexander, 2013). 범세계화가 가속화되면서 이것은 더 이상 서양 문제가 아니라 지구촌 전체 문제로 번지게 됐다. 그러나 이 개념에만 기대게 되면 우리 문화 습속과 전통 구조를 무의미하게 할뿐더러 그것과 단절해 우리의 자기 이해를 서구 학문과 그 종사자들에게 맡기는 꼴이 된다. 이것은 손쉬운 마음가짐이다. 베버가 넓게는 서양 일반과 좁게는 자기 사회 문제와 씨름했듯 우리도 우리 문제와 씨름해야 한다. 베버의 생각과 만나 그와 대화하면서 우리가 배워야 할 그의 학문 정신이 여기에 있다. 이 정신을 귀히 여기며 이 땅에서 학인으로 살아가는 사람이라면 모든 문명 모든 역사의 삶에 일률로 적용될 법칙을 추구할 것이 아니다. 역사의 삶 그 현실을 깊이 파고들어가야 한다. 우리가 '쇠우리'를 살펴보면서도 그것으로 다 풀이될 수 없는 우리 모습을 찾아나서야 했던 것도 이 때문이다. 우리는 '쇠우리'와 '대우리' 안에 겹으로 갇혀 살아가는 삶의 모순을 겪는다. 이 '대나무 우리'는 서양과 공간상으로 떨어져 있다는 것을 강조하려는 개념이 아니다. 공간상으로는 매우 가까워졌지만 문화 습속으로 보면 우리는 '우리'다. 여기 우리가 탐구해야 할 일이 있고 감당해야 할 삶이 있다.

그렇다고 해서 속 좁은 문화 배타주의를 제창하려는 것이 아니다. 우리는 범세계 상황을 알아야 하고 그 안에서 우리 삶을 읽을 수 있어야 한다. 뒤바꿔 우리를 알기 위해서도 세상을 넓고 깊게 알아야 한다. 여기에는 '탈아(脫亞)'도 없고 '귀아(歸亞)'나 '환아(還亞)'도 없다. 굴대 문명의 변혁 가능성 밖에, 더 높은 다른 삶의 척도를 이후 문명이 만들어낸 것이 없기에 그 초월 가능성의 잣대에 따라 현존하는 모든 것을 뚫고 나아가 그것을 벗어나는 길, 그것을 함께 생각해보고 그 길로 함께 들어서자고 할 뿐이다. 따라서 우리가 갈 길은 어떤 '우릿간'에도 갇히지 않고 모두에서 헤어나는 것이어야 한다. '입구(入歐)'의 길도 아니고 '입아(入亜)'의 길도 아니며 '입한(入韓)'의 길도 아니다. 인간 역사에는 어디든 인간이 만들어놓은 나름의 족쇄가 있기 때문이다. 우리는 이곳저곳에 진치고 있는 쇠우리와 대우리를 모두 돌파하는 '영구한 초탈(超脫)'을 살아갈 뿐이다.

이 점에서 우리는 또다시 베버의 학문 관심과 만난다. 베버가 〈프로테스탄티즘의 윤리와 자본주의 정신〉 논문을 발표한 다음 한참 지나 중국을 비롯한 다른 세계종교 논의로 나아갈 연구 계획을 세우고는, 이의 "머리말"(Weber, 1913/1915/1958)이 될 내용을 1913년에 미리 써두었다. 텐브룩(Friedrich Tenbruck)이 풀이한 바(Tenbruck, 1980/1991 : 255), 베버는 괴테의 말을 자신의 붓으로 바꿔 "3천년 역사를 인식하지 못하는 사람은 세계를 이해하지 못한다"는 글귀를 달아 이 머리글을 마무리할 수 있었을 것이다. 베버는 분명 서양 사회 특유의 합리화 현상과 씨름한 서양 사람이고 독일 사람이었다(Scaff, 1989). 그러나 그의 학문 관심은 반드시 서양 문명과 독일 역사의 테두리에 머무르지 않았으며 그 문제를 필생 과제로 삼은 것도 아니었다. 서양인이고 독일인이었지만 그는 세계인이었다. 인류 문명에 나타난 합리화 문제와 집요하게 씨름해온 보기 드문 심오한 사상가였다. 우리가 부닥치는 문제는 이 시대 문제지만 한 백년 문제나 한 문명권 문제로 한정할 것이 아니다. 그 문제는 긴 문명 역사에 들어서 있을 때에만 적절히 이해할 수 있고, 그럴 때만 삶의 깊은 의미도 새겨볼 수 있는 문명사 문제다. 3천년 굴대 문명사에 우리 자신이 들어서면, 우리 문제는 자국만의 것도 특정 문명권만의 것도 아니며, 나아가 아직 깨지 못한 몽매한 자들의 혼을 빼앗는 좁다란 호구지책의 관심사도 아니라는 것을 간파하게 된다. 우리가 '초탈'의 삶을 말할 수 있는 것도 이 때문이다.

이 삶은 다른 것이 아니다. 이것은 순례의 길이다. 이 삶의 길은 지상 어디에도 집착하지 않는, 카프카가 말하는 바 "지상으로 가려고 하면 천상 목줄이 그의 목을 죄고, 그가 천상으로 가려고 하면 지상 목줄이 그의 목을 죈다"고(카프카, 2014 ; 편영수, 2014) 한 이 어쩌지 못하는 어두운 삶의 계곡을 뚫고, 아우구스티누스가 그리는 '신의 도성'을 향해 걸어가는 삶이다. 그가 바울의 가르침을 받아 현존하는 '세상을 본받지 말라'고 하고 '신의 형상으로 창조된' 그 뜻에 맞춰 가라고 한 것은(Augustine, XXII, 16), 초월 지향성이 '끌어올리는' 가능의 세계를 단념하고 현실이 '끌어내리는' 힘 앞에 무릎을 구부리고는 순례 자체를 포기하는 삶에 대한 경고다. 이 현실 세계 체제에서 살아가야 하지만 그것을 넘어서는 초월 소리에 귀를 기울여 이 세계 유혹에 맞서 체제 삶을 돌파해가는 길, 이것은 결단코 편안할 수 없고 평온할 수 없는 길이다. 이 길은 어느 시인이 말한 것처럼 '아름다운 소풍' 나들이가 될 수 없다. 차라리 거친 광야의 삶이고 살벌한 쟁투의 삶이다. 이 삶을 단념하는 순간 쇠우리에 갇히고 대우리에 에워싸여 타율의 삶을 살아가야 하는 종복이 된다.

지난 1980년, 베버가 세상을 떠난 지 60해가 되어 우리가 서울에서 열었던 학술 모임에서 내가 써 발표한 〈'프로테스탄트 윤리'의 재인식〉에 대해, 한 논평자는 '설교를 잘 들었다'고 말한 바 있다. 아마도 그렇게 들렸을 것이다. 계산기를 두드리는 그렇고 그런 사회학도로 살아가고자 하지 않는다면 베버가 말하는 신념과 책임 두 윤리 문제를 담담하게 떼어놓지 못하고 가벼이 떨쳐내지 못한다. 나는 그렇고 그런 사회학도로 살아가고자 하지 않는다. 그러기에 여기에 적은 이 글 또한 '설교'처럼 들릴 것이다. 그렇다 해도 이것은 특정 종파 공동체를 위한 것이 아니라 동시대 시민을 향한 공공 설교일 터이다.

현재를 지켜가고자 하는 욕망 타성과 그것을 더욱 효율성 넘치게 굳혀놓고자 하는 욕망 강화는 현재라는 견고한 체제를 만들어놓고, 현재를 살아가는 모든 사람들에게 체제의 삶은 선택 없는 최선이자 대안 없는 최종 역사라고 그 '객관성'과 '과학성'을 역설하는 현실을 우리는 간파한다. 이 체제에 대한 수용 태도에서만큼은 상층부도 하층부도 없다는 것도 안다. 그리고 모두가 체제 사람이 되어 있다는 것도 안다. 우리가 돌파해가야 할 이 삶이 거의 불가능에 가깝다는 것도 넉넉히 헤아려볼 수 있다. 이런 점에서 우리는 공허한 꿈에 속아 넘어가는 몽상가가 아니라 베버처럼 꿋꿋한 현실론자로 서 있다. 야스퍼스의 '초자아(superego)'로 자리했던 베버의 형상은 사라질 수밖에 없다고 하더라도(Radkau, 2011 : 559~560), 베버는 여전히 철학자이자 사회학자이며 사회학자이자 철학자로 이 도성에서 쟁투의 삶을 산 지성의 사람이다(Jaspers, 1989). 이 삶은 하나의 거울이다. 현존 체제의 힘에 몸을 내맡기고 엎드려 살기보다는 차라리 현실과 대결하며 살아가고자 하는 투쟁의 사람에게는 그렇다. 현실 압박은 어쩔 수 없다고 주저앉아버리는 절대다수의 통상화 세력에 맞서, 카리스마의 상징을 그리며 당당히 맞서 싸우고, 저 불가능이라는 괴물과 맞붙어 싸우고자 하는 결의에 찬 전사에게는 기필코 그러하다. 초월의 삶을 표상하는 하늘의 도성과 통상화 체제를 지키려는 이 땅의 도성은 끝내 타협할 수 없는 삶의 모순 가치를 말하기에, 진정한 삶을 살아간다는 것은 마지막 순간까지 싸우며 살아가는 쟁투일 수밖에 없다(Weber, 1919/1958ㄴ : 152).[12] 이것이 진정한 자유이며, 책임 있는 삶이다.

이 삶은 모두에게 열려 있지 않다. 모두가 이 도성의 '쇠우리', '대우리'에 갇혀 있기 때문이다. 그러나 이 '우리'에 한사코 대결하도록 부름받은 사람이 있다. 이 부름에 답하고 나서는 그 소수에게 주어진 삶, 그것이 다름 아닌 자유의 삶이자 책임의 삶이다.

---

12 이런 삶을 염두에 두고 베버의 인간 이해와 그가 말하는 자유와 책임을 논하는 뢰비트(Löwith Karl)의 글(Löwith, 1960, 970)을 참조할 것.

| 참고 문헌 |

• 베버의 글

베버, 막스, 《프로테스탄티즘의 倫理와 資本主義의 精神》, 권세원·강병규 옮김, 일조각, 1958.

——, 《프로테스탄티즘의 倫理와 資本主義의 精神》, 양회수 옮김, 을유문화사, 1980.

——, 《프로테스탄티즘의 윤리와 자본주의 정신》, 박종선 옮김, 고려원, 1987.

——, 《프로테스탄티즘의 윤리와 자본주의 정신》, 박성수 옮김, 문예출판사, 1988.

——, 《프로테스탄티즘의 윤리와 자본주의 정신》, 김덕영 옮김, 길, 2010.

ヴェーバー, マックス, 《プロテスタンティズムの倫理と資本主義の精神》, 梶山力 (옮김) (東京 : 有斐閣, 1944[1938]).

Weber, Max, *Gesammelte Aufsätze zur Religionssoziologie* (Tübingen : J. C. B. Mohr, 1920).

——, *The Protestant Ethic and the Spirit of Capitalism*, Talcott Parsons (옮김) (New York : Charles Scribner's Sons, 1904~1905/1930/1958).

——, *The Theory of Social and Economic Organization*, Talcott Parsons (엮고 옮김) (New York : Free Press, 1947).

——, *Ancient Judaism*, Hans H. Gerth and Don Martindale (엮고 옮김) (New York : Free Press, 1952).

——, *The Religion of China : Confucianism and Taoism* (Boston : Beacon Press, 1963).

——, "The Social Psychology of the World Religions"(1913/1915), Max Weber,

From Max Weber : Essays in Sociology, Hans H. Gerth and C. Wright Mills (엮고 옮김) (New York : Oxford University Press, 1958).

——, "Religious Rejections of the World and Their Directions"(1915), Max Weber, *From Max Weber : Essays in Sociology*, Hans H. Gerth and C. Wright Mills (엮고 옮김) (New York : Oxford University Press, 1946).

——, "Politics as a Vocation"(1918/1919), Max Weber, *From Max Weber : Essays in Sociology*, Hans H. Gerth and C. Wright Mills (엮고 옮김) (New York : Oxford University Press, 1946ㄱ/1966).

——, "Science as a Vocation"(1918/1919), Max Weber, *From Max Weber : Essays in Sociology*, Hans H. Gerth and C. Wright Mills (엮고 옮김) (New York : Oxford University Press, 1946ㄴ/1966).

——, *The Sociology of Religion* (Boston : Beacon Press, 1963).

• 베버에 관한 글

김광기,《뒤르켐 & 베버》, 김영사, 2007.

——,〈칼뱅, 베버, 파슨스, 그리고 미국 자본주의의 위기〉,《현상과인식》, 33권 3호 가을, 2009 ; 또는 한국인문사회과학회 엮음,《칼뱅주의 논쟁 : 인문사회과학에서》, 북코리아, 2010.

김중섭,〈한국에서의 막스 베버 연구〉,《현상과인식》, 4권 4호 겨울 1980.

박영신,〈막스 베버의 카리스마 : 사회 운동 연구의 분석적 개념으로서〉,《人文科學》, 35집, 1976 ; 박영신,《현대 사회의 구조와 이론》, 일지사, 1978.

——,〈"프로테스탄트 윤리"의 재인식〉,《현상과인식》, 4권 4호 겨울 1980 ; 박영신,《현대 사회의 구조와 이론》, 일지사, 1981.

——,〈도시와 사회 변동 : 맑스에서 베버로〉,《사회학연구》, 넷째 책 1986 ;《역

사와 사회 변동》, 한국사회학연구소, 민영사, 1987.
――, 〈자본주의 사회와 문화 : 베버와 루카치〉, 사회학연구 87' 가을철 학술모임 (발표 논문) ; 《역사와 사회 변동》, 한국사회학연구소, 민영사, 1987.
――, 〈'초월'의 추방, 그 문화의 정황〉, 《현상과인식》, 32권 3호 가을 2008.
――, 〈칼뱅주의 해석의 '오류 지점' : 친화력의 논리와 축소의 원리〉, 《현상과인식》, 33권 3호 가을, 2009 ; 한국인문사회과학회 엮음, 《칼뱅주의 논쟁 : 인문사회과학에서》, 북코리아, 2010.
벨라, 로버트, 〈의미 체계와 근대적 사회 변동〉(1965), 로버트 벨라, 《사회 변동의 상징 구조》, 박영신 옮김, 삼영사, 1981.
정갑영, 〈갈등과 변동에 대한 이론적 틀의 비교—베버, 파아슨스, 다렌도르프를 중심으로〉, 《현상과인식》, 4권 2/3호 여름/가을, 1980.
Alexander, Jeffrey C., "Autonomy and Domination : Weber's Cage", Jeffrey C. Alexander, *The Dark Side of Modernity* (Cambridge : Polity, 2013).
Baehr, Peter, "The 'Iron Cage' and the 'Shell as Hard as Steel' : Parsons, Weber, and the Stahlhartes Gehäuse Metaphor in The Protestant Ethic and the Spirit of Capitalism", *History and Theory*, 40권 2호 2001. 5.
Bellah, Robert N., "Reflections on the Protestant Ethic Analogy in Asia"(1962), Robert N. Bellah, *Beyond Belief* (New York : Harper & Row, 1970).
――, "Max Weber and World-Denying Love", Robert N. Bellah and Steven M. Tipton (엮음), *The Robert Bellah Reader* (Durham, North Carolina : Duke University Press, 2006).
Bendix, Reinhard, *Max Weber : An Intellectual Portrait* (New York : Anchor Books, 1960).
Breuer, Stefan, "The Illusion of Politics : Politics and Rationalization in Max

Weber and George Likács"(1982), Peter Hamilton (엮음), *Max Weber : Critical Assessments I* (London : Routledge, 1991).

Hennis, Wilhelm, "Max Weber's 'Central Questions'"(1983), Peter Hamilton (엮음), *Max Weber : Critical Assessments I* (London : Routledge, 1991).

Honigsheim, Paul, *The Unknown Max Weber*, Alan Sica (엮음) (New Brunswick : Transaction, 2000).

Jaspers, Karl, *On Max Weber*, John Dreijmanis (엮음) (New York : Paragon House, 1989).

Loewith, Karl, "Weber's Interpretation of the Bourgeois—Capitalistic World in Terms of the Guiding Principle of 'Rationalization'"(1960), Dennis Wrong (엮음), *Max Weber* (Englewood Cliffs : Prentice-Hall, 1970).

Maley, Terry, *Democracy and the Political in Max Weber's Thought* (Toronto : University of Toronto Press, 2011).

Mitzman, Arthur, *The Iron Cage : An Historical Interpretation of Max Weber* (New York : Alfred A. Knopf, 1970).

Mommsen, Wolfgang J., *The Age of Bureaucracy : Perspectives on the Political Sociology of Max Weber* (Oxford : Blackwell, 1974).

Nelson, Eric, *The Hebrew Republic : Jewish Sources and the Transformation of European Political Thought* (Cambridge : Harvard University Press, 2010).

Radkau, Joachim, *Max Weber : A Biography* (Cambridge : Polity, 2011).

Scaff, Lawrence A., *Fleeing the Iron Cage : Culture, Politics, and Modernity in the Thought of Max Weber* (Berkeley : University of California Press, 1989).

——, *Max Weber in Amercia* (Princeton : Princeton University Press, 2011).

Schluchter, Wolfgang, "Weber's Sociology of Rationalism and Typology of

Religious Rejections of the World", Scott Lash and Sam Whimster (엮음), *Max Weber, Rationality and Modernity* (London : Allen & UnwinRoutledge, 1987).

Swedberg, Richard, *The Max Weber Dictionary* (Standford : Stanford University Press, 2005).

Tenbruck, Friedrich, "The Problem of Thematic Unity in the works of Max Weber", *British Journal of Sociology*, 31권(1980년) ; 또는 Max Weber : Critical Assessments I (London : Routledge, 1991).

Tiryakian, Edward A., "The Sociological Import of a Metaphor : Taking the Source of Max Weber's 'Iron Cage'"(1981), Peter Hamilton (엮음), *Max Weber : Critical Assessments II* (London : Routledge, 1991).

• 그 밖의 글

김철, 〈현대 한국 문화에 대한 법철학적 접근〉, 《현상과인식》, 24권 1/2호 봄/여름, 2000.

김홍만, 《해설 철로역정》, 생명의말씀사, 2005.

문은희, "우리의 문화 현상과 행동 특성", 《현상과인식》, 18권 2호, 1994 ; 또는 문은희, 《한국여성의 심리구조—포함이라는 행동단위로 보다》, 니, 9장, 2011.

문은희, 《한국여성의 심리구조—포함이라는 행동단위로 보다》, 니, 2011.

박영신, 〈한국 전통 사회의 구조적 인식〉, 《延世論叢》, 14집, 1977 ; 박영신, 《현대 사회의 구조와 이론》, 일지사, 1978.

——, 〈조선 시대 말기의 사회 변동과 사회 운동〉, 《현상과인식》, 2권 1호 봄, 1978 ; 박영신, 윗글, 1978.

——, 〈독립협회 지도 세력의 상징적 의식 구조〉, 《東方學志》, 20집, 1978 ; 《새로 쓴 변동의 사회학》, 학문과 사상사, 1996.
——, 《사회학 이론과 현실 인식》, 한국사회학연구소, 민영사, 1992.
——, 〈한국의 전통 종교 윤리와 자본주의〉, 한국사회사연구회 엮음, 《한국의 종교와 사회 변동》, 문학과지성사, 1987 ; 또는 박영신, 《우리 사회의 성찰적 인식》, 현상과인식, 1995.
——, 〈가족주의 전통과 한국의 자본주의 구조〉, 박영신, 《우리 사회의 성찰적 인식》, 현상과인식, 1995ㄱ.
——, 〈종교적 물질주의 : 우리의 전통과 사회 구조〉, 《사회 이론》, 13집, 1995ㄴ.
——, 〈일본에 맞선 일본인, 이에나가 사부로〉, 《현상과인식》, 30권 1/2호 봄/여름, 2006.
——, 〈《천로역정》—하늘나라로 가는 순례자의 길〉, 《아름다운 동행》, 4호, 2007. 1. 21~2. 3.
——, 〈우리 사회의 구조와 '교회 세습'〉, 교회세습반대운동연대 2차 심포지엄, 2013ㄱ년 2월 19일, 청어람.
——, 〈로버트 벨라(1927~2013), 나의 선생을 기림〉, 《현상과인식》, 37권 3호 가을, 2013ㄴ년.
——, 〈삶의 이론 : '물음 행위'의 풀이〉 (한국사회이론학회 창립 30주년기념 학술대회 주제 발표, 주제 : 삶의 이론, 2013년 6월 1일, 감리교신학대학교 백주년기념관 국제회의실) ; 또는 《사회 이론》, 통권 44호 가을/겨울 2013ㄷ년.
——, 〈초월의 정신과 범세계화의 상황—구약의 상징 구조에 대한 사회학도의 생각 하나〉, 한국구약학회 춘계학술대회 주제 논문 발표, 주제 : 구약성서와 세계화, 2013년 4월 19일, 한영신학대학교 ; 또는 《구약논단》, 19권 4호, 통권 50집, 2013ㄹ. 12.

——,〈'굴대 시대' 이후의 문명사에 대한 학제 간 연구 관심〉, 한국인문사회과학회 창립 15주년 기념 학술모임, 주제 : '학문 담론의 성찰', 배재대학교 역사박물관, 2013ㅁ. 11. 23.
박정신,〈도꾸가와 시대의 유교와 산업화〉,《현상과인식》, 7권 3호 가을, 1983 ; 케네스 B. 파일,《근대 일본의 사회사》, 박영신·박정신 옮김, 현상과인식, 1986.
버만, 해롤드,《종교의 제도—문명과 역사적 법이론》, 김철 옮김, 민영사, 1992.
——,《법과 혁명 1》, 김철 옮김, 한국학술정보, 2013.
벨라, 로버트,〈사회 변동과 종교적 진화〉(1963), 로버트 벨라,《사회 변동의 상징 구조》, 박영신 옮김, 삼영사, 1981.
——,《도쿠가와 종교—일본 근대화와 종교 윤리》, 박영신 옮김, 현상과인식, 1994.
번연, 존,《천로역정》, 이상현 옮김, 청목, 2003[1989].
송재룡,〈한국 사회의 삶의 정치학과 아버지〉,《현상과인식》, 28권 4호 겨울, 2004.
이황직,〈한국 사회 운동 참여자의 문화적 습속 : 가족, 민중, 시민〉,《현상과인식》, 28권 4호 겨울, 2004.
이희덕,《高麗儒敎政治思想의 硏究》, 일조각, 1984.
정도전(鄭道傳),《三峯集》, 동화출판공사, 1972.
정재영,〈한국 가족의 자녀 교육〉,《현상과인식》, 28권 4호 겨울, 2004.
최길성,《韓國의 祖上崇拜》, 예전사, 1986.
카프카, 프란츠.《잠언》(죄, 고통, 희망 그리고 진실의 길에 관한 성찰), 자료, 2014.
편영수,〈오병이어의 기적〉, 2014. 4. 6. (http://yeramchurch.org/zboard/view.php?id=bible&no=554)

Augustine, *The City of God against the Pagans*, R. W. Dyson (옮고 옮김) (Cambridge : Cambridge University Press, 2002).

Bellah, Robert N., *Religion in Human Evolution : From the Paleolithic to the Axial Age* (Cambridge : Harvard University Press, 2011).

——, "The Heritage of The Axial Age : Resource or Burden?", Robert N. Bellah and Hans Joas (엮음), *The Axial Age and Its Consequences* (Cambridge : Belknap Press of Harvard University Press, 2012).

Bellah, Robert N. and Hans Joas (엮음), *The Axial Age and Its Consequences* (Cambridge : Harvard University Press, 2012).

Bunyan, John, *The Pilgrim's Progress* (New York : Pocket Library, 1957).

Deuchler, Martina, *The Confucian Transformation of Korea* (Cambrdige : Coulcil on East Asian Studies and Harvard University Press, 1992).

Eisenstadt, S. N., "Introduction : The Axial Age Breakthroughs — Their Characteristics and Origins", S. N. Eisenstadt (엮음), *The Origins and Diversity of Axial Age Civilizations* (Albany : State University of New York Press, 1986ㄱ).

Eisenstadt, S. N., "The Axial Age Breakthrough in China and India", S. N. Eisenstadt (엮음), *The Origins and Diversity of Axial Age Civilizations* (Albany: State University of New York Press, 1986ㄴ).

Eisenstadt, S. N., Johann P. Arnason and Björn Wittrock, "General Introduction", S. N. Eisenstadt, Johann P. Arnason and Björn Wittrock (엮음), *Axial Civilizations and World History* (Leiden : Brill, 2005).

Hamilton, Malcolm, *The Sociology of Religion* (London : Routledge, 2001).

Jaspers, Karl, *Plato and Augustine*, Hannah Arendt (엮음) (New York : Harcourt

Brace Jovanovich, 1962)[1957].

Jaspers, Karl, *The Origin and Goal of History* (New Haven : Yale University Press, 1965)[1949].

Joas, Hans. "The Axial Age Debate as Religious Discourse", Robert N. Bellah and Hans Joas (엮음), *The Axial Age and Its Consequences* (Cambridge : Belknap Press of Harvard University Press, 2012).

Little, David, *Religion, Order, and Law : A Study in Pre-Revolutionary England* (Chicago : University of Chicago Press, 1984)[1969].

Park, Yong-Shin, "Heredity in Korean Churches" (Presented for Shorenstein APARC Seminar Series, Stanford University, California, on May 4, 2012).

Parsons, Talcott, *The Structure of Social Action* (New York : Free Press, 1937/1966).

Robinson, Marilynne, *Absence of Mind : The Dispelling of Inwardness from the Modern Myth of the Self* (New Haven : Yale University Press, 2011).

Schwartz, Benjamin I., "The Age of Transcendence", *Daedalus*, 104권 2호 봄, 1975.

Turner, Stephen P., *The Religious and the Political* (Cambridge : Cambridge Univerity Press, 2013).

Walzer, Michael, *The Revolution of the Saints : A Study in the Origins of Radical Politics* (Cambridge, Massachusetts : Harvard University Press, 1965).

| 필자 소개 |

연세대 교육학과를 나와 미국 버클리 캘리포니아대에서 사회학 박사 학위를 받았다. 연세대 사회학과 명예교수이며 지은 책으로《현대사회의 구조와 이론》(일지사, 1989),《사회학이론과 현실인식》(민영사, 1990),《역사와 사회변동》(한국사회학연구소, 1987),《우리 사회의 성찰적 인식》(현상과인식, 1995),《실천도덕으로서의 정치》(연세대학교출판부, 2000),《겨레 학문의 선구자 외솔과 한결의 사상》(연세대학교출판부, 2002) 등이 있다. 시민운동체인 녹색교육 센터, 핵 없는 세상, 녹색연합에 적극 참여하고 있다.
E-mail : parkphen@chol.com

1부

막스 베버의 삶과 학문

베버의 '이념형'과 슈츠의 '전형'

김광기
(경북대 일반사회교육과)

1. 들어가는 말

이번 장에서는 '개념'을 다루기로 한다. 주지하다시피, 사회학에서 개념은 매우 중요한 탐구 주제 가운데 하나다.[1] 개념은 사회학이 인간 정신을 다룬다는 의미심장한 사실을 간접적으로 반영한다. 이 사실로 인해 사회(과)학은 자연과학과 분명히 구분된다. 때문에 사회학에서는 개념에 대한 논의들이 이런저런 방식으로 전개됐다. 어떤 것은 개념 자체에 초점을 맞춘 것들도 있고 또 그 개념들로 사회학을 어떻게 실질적으로 연구할 것인가 하는 방법론에 초점을 맞춘 것도 있다.

---

1 매키니(J. C. Mckinney)는 사회학에서 개념의 중요성을 다음과 같이 지적한다. "일상 사회생활과 사회과학 용어에서 유형들과 범주들(개념을 의미함)은 어디에나 편재한다고 단언할 수 있다. 모든 이가 그것을 사용하지만 그것의 본성에 주의를 기울이는 이는 거의 없는 게 사실이다. 사회적 탐구에서 개념화의 편재성은 존재하지만 일반적으로 볼 때 그것은 방법론에서 아직 미개척된 측면이 다분하다."(McKinney, 1970 : 253)

본 연구는 이 모두를 포괄해 개념이라는 주제가 어떻게 막스 베버와 알프레드 슈츠(Alfred Schutz)에 의해 다루어졌는가를 탐색하려 한다. 본 연구가 이들에 초점을 맞춘 이유는 단순하다. 익히 알려졌듯 베버와 슈츠는 인간 '정신'과 떼려야 뗄 수 없는 논의를 제시했기 때문이다. 베버는 '이해의 사회학(interpretive sociology)'에서 사회적 행위의 의미를 파악하는 것이 사회학의 요체라고 주장하며 그러했고, 슈츠는 인간 의식이 사물이나 문화를 구성하는 데 어떻게 능동적으로 참여하는지를 집요하게 파헤치면서 그런 평가를 받는다. 그런데 우리가 초점을 맞추는 '개념'은 인간 '정신'과 밀접한 관련을 갖는다. 왜냐하면 정신이 없다면 개념도 있을 수 없기 때문이다. 그것들은 마치 동전의 양면처럼 상호 보완적이다.

주지하듯 베버와 슈츠는 이 개념의 주제를 '이념형' 또는 '전형(type)'으로 에둘러 다뤘다. 구체적으로, 본 연구는 베버의 '이념형'과 슈츠의 '전형' 비교를 시도할 것이다. 이를 통해 세 가지 목적을 달성하고자 한다. 첫째, 이제껏 이 두 개념은 두루뭉술하게 비슷한 것으로 취급됐을 뿐 차이를 규명한 연구는 없었다. 본 연구는 두 사상가의 개념을 철저히 도해 분석하면서 양자 간 차이를 극명히 드러내고자 한다. 둘째, 두 학자가 개념을 중시하고 다뤘다는 점에서 그들을 '관념론자'로 칭하는 경향이 존재한다. 그러나 이것은 순전히 오해에서 비롯한 것이다. 본 연구는 두 학자의 개념을 철저히 비교·분석하면서 오해를 불식하고자 한다. 마지막으로 본 연구는 최근 현상학적 사회학 진영에서 이는 그들의 지적 선구자로서의 슈츠 거부 움직임에 엄중한 경고를 하고자 한다. 최근 슈츠의 후학들은 슈츠가 실제적 행위에 초점을 맞추기보다는 '이념형'이나 '전형' 같은 추상적 개념 연구에 주력했다는 점에서 그의 현상학적 유산에 심한 의문을 제기함과 동시에 그에 대한 공격을 감행하는 추세다. 본 연구는 이런 경향이 슈츠에 대한 그들의 오해에서 비롯됐다는 점을 지적하고 슈츠가 현상학적 사회학의 엄연한 지적 선구자임을 재확인하려 한다.

2. '이념형' : 베버와 슈츠 — 방법론으로서의 개념

그렇다면 베버와 슈츠에게 개념이란 무엇인가? 그들 눈에 개념이란 사회과학에서 어떤 위치를 차지하는가? 그것의 효용은 무엇인가? 우선 베버를 보자.

1) 막스 베버

베버의 경우, 개념은 '이념형'을 말한다. 그렇다면 이념형(ideal type)이란 무엇인가? 그가 내린 정의는 다음과 같다.

"하나의 개념적 구성물(혹은 사고 도구 : conceptual construct, Gedankenbild)로서 역사적 현실이 아니며, 진정한 현실은 더더구나 아니고, 특히 이념형은 실제 상황이나 행위가 하나의 사례로 귀속해야 할 도식은 더욱 아니다. 이념형은 하나의 순수하게 이념적인 한계개념(purely ideal limiting concept)으로 기능하는데 우리는 현실의 경험적 내용 가운데 특정하게 중요한 구성 요소를 명확히 하려고 실제 상황이나 행위를 이 개념에 준거해 측정하고 비교하는 것이다. 이런 개념들은 우리가 현실에 준거한 그리고 현실에서 훈련한 우리의 상상력이 적합하다고 판단하는 연관 맥락을 객관적 가능성이라는 범주를 이용해 구성해내는 형상들이다."(Weber, 1949 : 93)

그가 내린 또 다른 이념형의 정의다.

"이념형은 하나의 관점이나 몇 가지 관점을 일면적으로 강조하고, 일면적으로 강조된 관점들에 부응하는 일련의 개별 현상들, 다시 말해 곳에 따라 더 많이 혹은 더 적게 분산되어 불명료하게 존재하거나 어떤 곳에는 전혀 존재하지 않는 개별 현상들을 하나의 일관된 사유상(a unified analytical construct)으로 종합하며 얻어진다. 이 사유상은 그 개념적 순수성에서는 현실 어느 곳에도 경험적으로 존재하지 않기 때문에 일종의 유토피아다." (Weber, 1949 : 90)

그런데 사회과학에서 개념은 다양한 방식으로 지칭된다. 그중 몇 가지를 베버가 말하는 개념인 이념형과 대비해 어떻게 다른지 간략히 살펴보기로 하자.[2] 먼저 사회과학에서 '기술적 개념(descriptive concepts)'을 지칭하는 개념들이 있다. 이른바 '질적 방법론'에서 흔히 채택하는 것으로 경험적 사례를 상세히 묘사할 때 적용하려고 고안한 개념이다. 이 개념들은 통계적 방법을 사용하는 '양적 방법론'이 추구하는 '경험적 일반화(empirical generalization)'를 목적으로 하지 않는다.

2 자세한 논의는 Psathas(2005 : 144~148) 참조.

두 번째 개념은 앞서 언급한 '경험적 일반화'다. 이 개념은 통계적 방법을 사용해 도출한 어떤 사건들의 제 특성들, 이를테면 사건 빈도, 범위, 분포 등을 통해 전체 모집단에 미루어 추정을 할 수 있게 하는, 즉 일반화할 수 있는 개념들을 말한다.

세 번째, 사회과학에서 지칭하는 개념으로 '평균 유형(average type)'이 있다. 칼버그가 "경험적인 현상에서 공통 성분들의 총합"(Kalberg, 1994 : 86)으로 요약한 이 개념은 특정 핵심적 경향을 묘사하거나 표현하려고 고안한 것이다. 다음으로 '법칙(laws)'이다. 이는 "보편적이고 일반적인 명제"(Psathas, 2005 : 145)로 일절 어떤 예외도 용인하지 않는다. '한계효용의 법칙' 같은 것이 그 예가 된다. 다섯 번째, '분류 유형(classificatory type)' 개념으로 제 현상을 수집해 특정한 측면의 공유 여부에 따라 분류하는 것이다. 마지막으로 베버의 '이념형'이다. 그런데 베버의 '이념형'은 앞서 언급한 나머지 다섯 개념과는 확연히 구분되는 완전히 다른 성격의 개념이다.

그러면 어떤 점에서 차이가 나는 것일까? 먼저 '기술적 개념'의 경우와 베버의 '이념형'을 비교해보자. 이 개념은 계량적 분석을 지양해 이른바 "행위자의 주관적 의미의 이해"라는 행위자 관점에서 사태를 파악하는 것을 돕는 개념이라는 점에서 베버의 '이념형'과 공유하는 부분이 있다(Weber, 1949 : 105). 그럼에도 베버가 내린 '이념형' 정의를 면밀히 살펴보면, '기술적 개념'은 '이념형'과 확연한 차이가 있다. 왜냐하면, 질적 방법론에서 차용하는 '기술적 개념'의 목표는 구체적 현실의 정확한 모사나 복제를 의미하지만, 베버의 '이념형'은 "현실을 적확히 포착하는 것이라기보다는 단지 연구하는 데 도움을 주어 기여하는 것"이 주된 목적이기 때문이다(Kalberg, 1994 : 85). 한술 더 떠서 칼버그는 다음과 같이 말한다.

> "이념형은 외부 세계의 '복제'나 특정 현상을 규정하는 능력이라기보다는 경험적 탐구를 용이하게 하는 것만을 목표로 하는 개념적 '유토피아'다."(Kalberg, 윗글)

매우 흥미로운 점은 칼버그가 지적한 이념형의 독특한 측면이 질적 방법론이 채택한 '기술적 개념' 외에 반대편에 위치한 양적 방법론에서 해당하는 개념들, 이를테면 '경험적 일반화', '평균 유형', '법칙', 그리고 '분류 유형'에서도 동일하게 적용된다는 사실이다. 왜냐하면, 비록 그 방식과 내용은 이런저런 차이를 보이지만, 양적 방법론이 채택 가능한 개념들 모두가 목표하는 바는 역시 "그것들이 얼마나 현실을 적확히 모사할 수 있는가"에 맞추어져 있기 때문이다. 예를 들어 실증주의가 목표로 하는 과학적 탐구 제1원칙은 자신들의 이론이 얼마나 현실을 그대로 반영하느냐에 맞추어져 있다.[3] 그러나 베버가 '이념형'을 이용해 추구하고자 하는 것은 이것들과는 아무런 관련이 없다.[4] 비록 그가 인과적 법칙을 지향하지만 여기서 '법칙'은 실증주의에서 금과옥조로 여기는 철칙이 아니며 인과적 관계 역시 일차원적이 아니라

---

3 이런 점에서 질적 방법론과 양적 방법론 사이의 분명한 차이는 희석된다.

4 베버의 '이념형'을 자기 식으로 견강부회해 오해한 양적·질적 방법론자 모두는 당황할 수 있다.

다차원적이다.[5] 그의 '이념형'은 현상의 평균 이름도 아니고, 분류적인 유형을 말하는 것도 아니다(Kalberg, 윗글 : 86). 베버는 이를 두고 다음과 같이 직접 표명한다.

"이념형이 목표로 하는 것은 분류나 평균적 속성을 규명하는 것이 아니고 문화 현상의 독특한 개별적 특징을 늘 규명하는 것이다."(Weber, 1949 : 101)

베버에게 '이념형'은 한마디로 사회(과)학을 하는 사회학자에게 필수 불가결한 무기이자 수단이다(Kalberg, 윗글 : 88).[6] 베버에게 개념은 다양하고 복잡다단한 현실 세계를 의미 있게, 그리고 인과적으로 이해하려면 반드시 고안해내야 할 지적 도구인 것이다(Weber, 1975 : 189 ; cf. Kalberg, 윗글 : 90, Psathas, 윗글 : 155). 그리고 '이념형'은 이론과 경험세계 모두에 관심을 두었던 베버에게 반드시 필요한 고안물이었음이 분명하다. 왜냐하면 그가 제창한 '이념형'은 "추상적이고, 일반적이고,

---

5 베버에게 '이념형'은 경험 세계와 관련 맺는 것이지만 "그것이 해석적 도식에서 사용될 때, 결과는 '법칙'이 될 수 없다"(Psathas, 2005 : 153). 유사하게 본 마이스(Von L. Mises)도 사회학에서 법칙은 "이념형으로나 평균 유형으로나 어떤 것으로든 특징되지 않는다"고 밝힌다(von Mises, 1981 : 90~91).

6 칼버그는 '탐색적 도구(heuristic tool)'라는 용어로 이를 잘 표현한다. 그리고 "현실을 그대로 적확히 모사하는 것보다는 유형화된 행위임을 증거해주는 하나의 논리적 사유로서의 이념형"을 강조하고, 나아가 '이념형' 자체보다는 '이념형의 잣대적 사용(yardstick utilization of ideal types)'이라는 표현을 사용하며 이념형 '사용'에 더 강세를 둔다. 즉 이념형이 현실을 그대로 모사하는 것이 아닌 이상 "특별한 가정의 기초에서 표명한 유형화된 행위의 이념형적 묘사를 실제로 관찰 중인 행위와 비교할 때" 이념형의 잣대적 사용이 작동하는 것이다(Kalberg, 1994 : 87~88).

이론적이며 혹은 법칙 정립적인 것"이 아니었으며, 동시에 "구체적이고 기술적인 개체 기술적인 것"도 아니었기 때문이다.[7] '이념형'을 통해 그가 목표로 한 "우리가 처한, 그리고 우리의 삶을 둘러싼 현실의 독특한 특징을 이해하는 것"이 가능할 수 있다고 베버는 믿었다(Weber, 1949 : 72 ; Cf. Kalberg, 1999 : 82의 새 번역 참조).

2) 알프레드 슈츠

각설하고 개념에 대한 접근이라는 측면에서 슈츠를 베버와 비교해 볼 때, 유사한 면이 있기도 하고 또 아닌 부분도 있다. 우선 비슷한 것부터 살펴보기로 하자. 그것은 방법론을 보는 두 학자의 시각에서 현저히 두드러진다.

먼저, 슈츠에게서도 베버의 '이념형'에서 보이는 개념의 중요성이 쉽사리 엿보인다. 앞서 밝혔듯 베버의 '이념형'은 특정한 목적을 위해 분석가가 개발한 개념적 구성물이다. 그런데 슈츠도 매우 유사한 언급을 한 바 있다. 다름 아닌 '사적 이념형 · 사적-이상적 전형(personal ideal type)' 묘사에서 그 점을 목격할 수 있다(Psathas, 윗글 : 147).

> "사적 이념형 자체는 항상 해석자의 관점에서 결정된다. 그것은 답을 구하는 그 질문의 기능이다. 의미의 객관적 맥락에 의존하며 주관적 용어로 단순히 번역되고 구현된다."(Schutz, 1970 : 284)

---

7 링거(F. Ringer)에 따르면, 베버의 '이념형'은 양대 시각과 관점 모두를 거부하고 중간에서 접점을 찾으려는 일종의 해결책을 제시한 것으로 멩거(Carl Menger)와 옐리네크(Georg Jelinek)의 영향을 받았을 것으로 추정된다(Ringer, 1977 : 110~111).

슈츠가 말하는 '사적 이념형'은 특정인이 특정 목적을 위해 고안한 사유상인 개념적 구성물이다. 이는 베버가 말하는 '이념형'의 일상적 버전(version)이다. 베버가 '이념형'을 사회과학을 하는 이들이 사용하는 일종의 개념적 도구로 봤다면, 슈츠는 그 범위를 넘어 일상인의 그것으로 확장한 것일 뿐 '이념형'을 보는 시각은 베버와 슈츠에서 거의 대동소이함을 엿볼 수 있다.[8]

두 번째로, 슈츠는 방법론 측면에서 베버의 '이념형' 구성 제청에 적극 동의한다. 왜냐하면 슈츠는 베버가 주창한 '이해의 사회학'이라는 이념을 수용하기 때문이다(Psathas, 윗글 : 157 ; Wagner, 1983 : 131). 그런데 베버의 '이해의 사회학'을 실현하려면 슈츠는 다음 사실에 유의할 필요가 있음을 역설한다. 그것은 앞서 살핀 바 있는 사회과학자들뿐 아니라 일상인들도 나름의 일상적 '이념형'을 갖고 삶을 영위한다는 사실이다. 슈츠는 이를 '사적 이념형 · 사적-이상적 전형' 혹은 '전형'으로 명명한다. 그에 의하면 이것은 일상인이 구성한 개념인 것으로 '1차적 구성물(first order constructs)'이다. 다시 말해, 일상인들도 사회생활에서는 일종의 과학자, 즉 세속적 과학자인 셈이다. 그리고 이들이 구성한 사유상에 근거해 사회과학자들이 이른바 '2차적 구성물(second order constructs)'을 다시 구성해 현실 세계를 이해해야 하는데, 바로 이 '2차적 구성물'이 베버가 말하는 '이념형'과 등치한다. 나아가 슈츠는

8 주의해야 할 것은 이것이 단순히 공적이고 객관적이며 간주관적인(intersubjective) 전형이 아니라 단순한 사적 전형임을 명심하는 것이다. 그리고 사적 전형이든 간주관적 전형이든 상관없이 베버의 '이념형'과 유사한 점을 보인다고 하더라도 거기에는 차이점이 분명하다는 사실도 인식해야 한다. 이에 대해서는 후반부에서 다루기로 한다.

다음의 사실을 우리에게 주지하려 한다.

> "각 구성물은 그것이 배태된 바로 그 문제를 지시하는 기호를 수반한다(Each constructs carries along a subscript referring to the problem for the sake of which it has been established)."(Schutz, 1962 : 38)

그런데, 이 언명은 '1차적 구성물'과 '2차적 구성물' 모두에 해당해야만 한다고 슈츠는 주장한다. 다시 말해, 현실과 사회적 행위의 의미를 이해하려는 모든 개념들은 배태된 곳과 긴밀히 연결되어야 함을 강조하는 것이다. 이때 유념해야 할 것을 슈츠는 따로 정해놓고 있다. 그것은 '논리적 일관성', '주관적 해석' 그리고 '의미의 적합성' 가정이다(Schutz, 1962 : 43~44). 슈츠는 가정에 입각해 관찰자, 즉 사회과학자는 개인적 이해에서 거리를 지닌 '몰이해적 태도'를 견지해야 한다고 주장한다(Schutz, 1964 : 81). 이는 베버의 '가치 자유(value free)'의 입장과 상통한다.

나아가 슈츠는 일견 들으면 매우 이상하게 받아들일 수 있는 주장까지 한다. 그는 사회과학자는 앞서 언급한 가정들을 충족하는 가정 아래에서 현실 세계 이해를 위해 살과 뼈가 있는 살아 있는 인간들 대신, 과학자가 마음대로 좌지우지할 수 있는 일종의 "꼭두각시나 인형(puppets or homunculus)"을 상정할 필요가 있다고 이야기한다(Schutz, 1964 : 81 ; Schutz, 1962 : 41). 그리고 꼭두각시가 베버가 말하는 '이념형'에 훌륭한 등가물이 된다는 주장을 피력한다(Schutz, 1964 : 81).

이런 주장을 자세히 들여다 보면, 슈츠 자신은 방법론에서 베버와 별반 다른 견해를 보이지 않는 것으로 간주한 듯하다. 이것은 타당해 보이기도 한다. 개념의 중요성 그리고 개념을 이용해 사회적 행위와 사회적 현실을 면밀히 검토해보려는 베버와 슈츠의 야심이 유사한 점을 보이는 것은 사실이기 때문이다. 그러나 그런 유사점에도 슈츠가 인식했든 못했든 상관없이 슈츠와 베버는 방법론에서 몇 가지 분명한 차이를 보인다. 그렇다면 그 차이에는 어떤 것이 있을까?

먼저, 두 사람의 견해를 훑어보면 차이점이 명확해진다. 슈츠가 '꼭두각시나 인형'을 상정할 필요가 있음을 역설한 데 반해 베버는 그럴 필요를 직접적으로 요청하지 않은 점이다. 따라서 슈츠가 '꼭두각시나 인형'이 베버가 제시한 '이념형'의 일종으로 간주한 것을 베버가 받아들이지 않을 것이란 추정이 가능하다.

그 외에 또 어떤 차이점이 있는지를 살피려면 쌔사스(Goerge Psathas)를 참고할 필요가 있다. 쌔사스는 경험적 일반화와 방법론, 그리고 인식론 측면에서 두 사람이 차이를 보인다고 매우 예리하게 지적한다. 먼저, 인식론적 측면이다. '이념형'의 사용 등을 수반한 베버의 방법론은 다분히 "거시-역사적인 사회현상" 이해에 동원하려는 것이었다. 다시 말해 베버의 관심은 1차적으로 방법론이 아니었다는 것이다. 반면, 슈츠는 베버의 '이해의 사회학'에 깊은 공감을 갖고 거기서 시작했음에도 주된 관심은 그것을 위한 "확고한 인식론적과 방법론적 기초를 제공"하는 데 있었다(Psathas, 2005 : 156~157). 즉 슈츠가 보인 인식론적 혹은 방법론에 대한 주된 관심이 베버에게서는 현격히 결여된다. 따라서 베버가 보인 이런 인식론적 관심의 결여나 소홀을 슈츠가 메워주고 싶어했을 수도 있다는 주장(Psathas, 윗글 : 157)도 일리가 있다. 실제로 슈츠는 베버 사회학을 그 출발은 옳은 것이라고 긍정하면서도 인식론적 측면에서 깊이 파고들어가지는 못해 아쉽다는 비판적 견해를 피력한 바 있다.

> "나는 베버의 접근이 옳고 그의 방법이 사회과학과 철학에서 매우 결정적 출발을 했다는 사실을 받아들인다. 하지만 그의 분석은 인간에 관한 과학의 매우 많은 중대한 문제들을 해결할 수 있는 초석을 놓기 위해 더 깊숙이 파고 들어가는 데는 역부족이었다고 생각한다."(Schutz, 1967 : xxxi)

둘째로, 베버가 '이념형' 등의 사용으로 도달하려고 한 지점은 결단코 '경험적 일반화'나 '법칙'의 정립이 아니었다. 그의 '이념형' 목표는 단지 "제한적 분석적 일반화(limited analytic generalization)"였다(Kalberg, 1994 : 116). 이는 베버가 제안했던 '이념형'이 이른바 "하나의 순수하게 이념적인 한계개념"이기에 당연한 귀결일 수밖에 없다. 시작이 한계적인데 그 끝이 한계일 수밖에 없는 것은 자연스러운 것이다. 따라서 베버가 도달하고자 한 '일반화'는 다분히 '제한적'인 것이었다. 그것은 실증주의가 종국적으로 다다르기를 원하는 지점인 모든 것을 포괄하는 것이 가능한 '경험적 일반화'와는 성격이 완전히 달랐다. 왜냐하면 실증주의의 '경험적 일반화'는 주어진 현실 세계의 특징에 정보를 제공하길 원하지만 베버의 '이념형'은 그럴 의도를 전혀 갖지 않기 때문이다. 칼버그에 의하면 '이념형'은 단지 다음에 언급하는 방법으로 사용할 때만 효력이 발생한다.

① 한정되고 경험적으로 검증 가능한 인과관계의 가정

② 의미 있는 인과적 행위-지향의 분리 및 규정

③ 탐구 중인 행위의 상호작용에 질서를 부여하고 개념화하기를 원하는 비교-역사 사회학자들을 위한 이론적 틀 제공

④ 사회학적으로 의미 있는 분야와 구체적 분야를 지닌 이념형에 의해 정초된 이론적 틀에서의 상호작용 발견.(Kalberg, 1994 : 116)

확실히 이런 제한적 관점에서 '이념형'의 '일반화' 가능성은 시공간을 가로질러 모든 상황에 적용 가능한 '보편적 타당성(universal validity)'과는 거리가 먼 것이다. 하지만 슈츠는 자신이 설립하려 한 현상학적 사회학의 이론 틀에서 베버의 '이념형'이 그런 '보편성'을 확보할 수 있다고 믿었다(Schutz, 1967 : 243~244). 다시 말해 '이념형'을 다룰 때 방법론에서 인식론적으로 더 파고들어가고 '이념형'을 앞서 언급한 세 가지 원칙에 부합해 더 철저히 적용만 한다면, 슈츠는 '이념형'이 인간 행위의 이해에서 시공간을 가로질러 그 어떤 것에도 적용되는 '보편적 타당성'을 확보할 것이라고 굳게 믿은 것이다.

즉 "어떤 특정 개인이나 시공간에 위치한 개인들의 집합체를 지시하지 않는" 더 광범위하고, 공식화된 그리고 일반화된 유형을 개발하는 것이 가능하다고 보았다. 슈츠가 상정하는 보편적 이념형은 사회학자가 잘 고안만 한다면 그 틀에서는 어떤 행위자건 가릴 것 없이, 누구든 행위자의 주관적 의미가 전형성과 불변성을 확보하게 되는 일, 즉 그의 주관적 의미가 곧 객관적 의미상을 확보하는 것이 가능해진다. 그렇게 되면 그 틀에서 어떤 행위는 자주 혹은 평균적으로 일어나는

것이 아니라 "반드시 일어나야만 하는 것"이 된다. 이런 시각에서 슈츠는 향후 사회과학에서 사회 세계의 "순수 형태 이론(pure theories of the form)"과 "실제-존재론적 내용(real-ontological content)"을 다루는 두 개의 사회학 유형이 전개될 것으로 전망했다(Schutz, 1967 : 248).

물론, 슈츠가 상정한 이런 보편타당한 '이념형'은 실증주의가 목적으로 하는 이른바 보편타당한 '경험적 일반화'와는 하늘과 땅 차이이다. 왜냐하면 슈츠의 그것은 비록 '이념형'의 보편타당성 가능성을 엿본다 할지라도 어디까지나 인간 행위와 사회 세계의 "구성적 과정(the constitutive processes of the social world and social action)"을 전제로 하는 데 반해 실증주의의 그것에는 전혀 해당 사항이 없기 때문이다.[9] 그러나 이런 사실에도 베버의 '이념형'은 슈츠가 상정하는 '보편타당성'과는 아무런 상관이 없는 것도 엄연한 사실이다. 슈츠와 베버가 '이념형'을 두고 서로 공유하는 바가 있지만 바로 이 점에서 서로가 나뉘는 중요한 분수령이 되는 것이다.

3. '이념형' 대 '전형' : 베버와 슈츠 — 내용으로서의 개념

이제까지 우리는 방법론적 차원에서 개념의 중요성이 베버와 슈츠에게서 어떻게 묘사되는지 살펴봤다. 지금까지는 '이념형'이 베버와

9 쎄사스가 정확히 지적하듯, 슈츠의 이런 아이디어는 그에게 영향을 받은 가핑켈(Harold Garfinkel)의 사회학에서 꽃을 피운다. 왜냐하면 가핑켈에 의해 창안된 민간방법론(ethnomethodology)은 사회 세계가 유형화되고 조직되는 것이 어떻게 성취되는가 하는 구성적 절차와 과정에 지대한 관심을 갖기 때문이다(Psathas, 2005 : 161 참조).

슈츠에게서 공히 사용됐다. 앞으로는 내용 면에서 개념이 베버와 슈츠에게 어떻게 비교되는지 검토해보기로 한다. 그러나 이를 위해 앞서 논의한 '이념형'의 '보편타당성' 가능성의 유무 문제를 조금 더 논의할 필요가 있다.

쌔사스가 지적한 바같이, '이념형'이 '보편타당성'을 확보하는 것이 가능하다는 점을 슈츠가 주장한 것을 기반으로 가핑켈 같은 이가 민간방법론을 전개할 수 있었던 것은 사실이다. 그러나 민간방법론이 출발 시점을 넘어 확장, 발전하면서 씨앗의 역할을 한 선조(founding father)를 부정하는 괴이한 현상이 벌어진다. 그런데 이런 현상은 이미 예견된 것이나 다름없다. 왜냐하면, 민간방법론이 실증주의와 체계 이론 등을 비판과 극복의 대상으로 삼은 주된 이유가 그것들이 경험적 일반화를 목표로 하기 때문이었다. 경험적 일반화는 '보편타당성'을 전제로 했고 결국 이들 사회학은 모두 추상적 이론 수준에 머무는 모습을 보인다는 것이 민간방법론자들(ethnomethodologists)이 맹공을 퍼부은 주요한 이유였다. 해서 민간방법론자들은 이들 진영과는 판이한 길을 걷게 된다. 한마디로 그들은 "실제적 경험 세계와 실제적인 행위"의 분석과 이해에 사활을 건다(Kim, 2002).

흥미로운 것은 시간이 지나 민간방법론자들이 세를 불려나가면서 "실제적 경험 세계와 실제적 행위" 분석에 너무 집중한 나머지 그들의 선조격인 슈츠도 탐탁지 않은 것으로 비춘다는 점이다. 심지어 슈츠의 이런 생각은 실증주의자들의 그것만큼이나 혐오스러운 것으로 치부되기에 이른다. 해서 슈츠의 사상에 빚을 많이 진 민간방법론자들에게 슈츠는 뭇매를 맞는 꼴이 된다. 그리고 그것은 실증주의에 가하는 것보다 더한 집중포화 형식을 띈다. 쉽게 말해 패륜이 벌어진 것이다. 슈츠를 향한 맹공은 과학적 지식사회학(sociology of scientific knowledge)을 하는 민간방법론자들이 주로 퍼부었다.[10] 이와 관련한 민간방법론과 현상학적 사회학의 대부격인 쌔사스의 비판을 참고해보자.

> "특정한 역사-사회적 발전과 사회적 행위 조직의 유형 이해에 관심을 둔 베버는 실제적 사건들에 초점 맞출 것을 요구했다. 베버는 특정 사건들을 설명하는 데 보편성과 법칙이 아무런 도움이 되지 않는다고 굳게 믿었고 그래서 그것들을 거부했다. (그러나) 슈츠가 그의 현상학적 배경에도 특정의 구체적 상황과 행위, 그리고 사회적 관계의 구체적인 맥락 연구로 방향을 틀지 않은 것은 매우 흥미롭다. 아마도 이념형적 사유상의 명확성이 점점 더 공식적이고 일반화된 형식의 가능성을 슈츠가 견지하도록 유도했기 때문인 것 같다."(Psathas, 2005 : 162)

쌔사스의 비판을 요약하면 이렇다. 베버보다 슈츠가 '이념형'에 더 심취한 것같이 보인다는 것이다. 좀 더 구체적으로 베버는 그나마 자신이 주창한 '이념형'에 한계가 있음을 직시했지만, 슈츠는 베버가 상정한 '이념형'의 한계를 아예 소거해버리려 한 것이다. 나아가 베버는 '이념형'을 특정의 것, 구체적인 것들(한계성을 띈다는 측면에서)을 이해하기 위해 필요한 것으로 봤던 반면, 슈츠는 그런 것들은 거들떠보지도 않고 '이념형'을 통해 어떤 보편적이고 공식적인 불편의 것을 발견

10 Lynch(1993), Psathas(2004) 참조.

하길 원했다는 것이다. 단적인 예로 슈츠의 이방인 연구, 귀향자 연구, 그리고 정보화가 잘된 시민 연구[11]가 거론된다. 따라서 결론적으로는 특정 상황과 그것의 구체성, 그리고 그 구성의 묘사에 집중하는 현상학자들에게는 슈츠가 진정한 현상학적 분석을 하지 못한 것으로 비치기 때문에 그에 대한 비판이 가해지는 것이다.

즉 베버는 '이념형'을 통해 보편적 법칙을 구성하려는 데 아무런 관심이 없었던 것에 비해, 슈츠는 그것을 통해 일종의 불변의 법칙을 발견할 가능성을 본 것으로 간주한다는 것이다. 다시 말해 특정 상황을 관통하는 통시대적·통사회적으로 구성되는 일종의 "꼭두각시" 같은 인물의 구성 가능성에 매료됐다는 것이다(Psathas, 2005 : 162). 이로 인해 현상학자들과 민간방법론자들에게서 슈츠는 진정한 현상학자가 아니라고 비판받는다. 그들은 슈츠가 베버의 '이념형'에 (잘못) 경도되면서 현상학이 원래 모토로 삼는 실제 경험 세계나 실제적 행위 분석과 이해를 등한히 했다는 비판을 하는 것이다.

그러나 필자는 이런 주장이 일면 이해가 되기는 하지만, 그렇다고 전적으로 받아들일 수 없다. 슈츠가 방법론에서 베버의 '이념형'에 매료됐고 그것을 취해서 사회과학을 해야 한다고 인식한 것은 사실이나 '개념'—여기서는 '전형'—을 보는 시각이 베버와 슈츠가 현격히 차이가 난다는 것을 우리는 인식해야 한다. 그런 인식이 중요한 이유는 그것을 통해, 슈츠가 현상학적 통찰을 그 진영의 후학들에게 전혀 남겨주지 못했다는 식의 곡해를 피할 수 있기 때문이다.

11 Schutz(1964) 참조.

그러면 일단 '개념'을 둘러싼 베버와 슈츠의 관점을 비교해보기로 한다. 물론 여기서 비교하는 것은 베버의 '이념형'과 슈츠의 '전형'이다.[12] 이 비교를 통해 슈츠에게 쏟아진 후학들(민간방법론자들과 현상학적 사회학자들)의 비판이 어떤 점에서 타당하고 어떤 점에서 근거가 없는지를 명확히 할 수 있을 것이다.

먼저, '이념형'과 '전형'은 그것을 보유하고 구사하는 주체에서 차별이 된다. '이념형'은 사회(과)학자 같은 전문가들의 전유물인데 반해, 슈츠의 '전형'은 전문가는 물론 일반인들의 그것이다. 이에 대해서는 앞서 잠시 언급한 바 있다. 베버의 '이념형'이 슈츠가 구성하고자 한 '2차적 구성물'에 해당한다면, 슈츠의 '전형'은 그것에 덧붙여 일상인들이 구성하는 모든 개념들, 즉 '1차적 구성물'들까지 포괄한다. 슈츠의 '전형'은 일상인들이 보유한 "다소 표준화된 추상화 형식"이다(Schutz, 1962 : 323). 바버(Michael D. Barber) 같은 이는 이를 가리켜 "규격화된 도식(regularized schemes)"으로 다시 표현했다(Barber, 1988 : 36).

그렇다면, 왜 슈츠는 사회과학자 같은 전문가 말고도 일상인들에게 이런 추상화되고 규격화된 개념들이 필요하다고 본 것일까? 한마디로 요약하면, 그것들 없이는 사회 세계가 성립할 수 없다고 봤기 때문이다.[13] 그렇다면 슈츠가 개념을 사회 세계에 반드시 필요한 것으로 간주한 이유는 무엇일까? 그것은 일상인들이 세계를 있는 그대로 마구잡이로 대하지 않는다는 데 있다. 그들은 외부 세계를 나름대로 질서정

12 사회과학 방법론으로서 '이념형'에 대한 그들 시각의 유사점과 차이점은 위에서 이미 상술한 바 있다.

13 자세한 논의로 김광기(2002) 참조.

연하게 받아들인다(Schutz, 1962 : 7~8). 그리고 그렇게 우리 바깥 세계를 질서정연하게 받아들이는 것이 가능한 것은 일상인들이 일종의 "의심되지 않는 전-경험(unquestioned pre-experiences)"(Schutz, 1962 : 7)이나 "비유적 판단(judgement by analogy)" 혹은 "선-술어적 경험(prepredicative experiences)"(Schutz, 1964 : 24) 등을 갖고 세계를 대하기 때문인데, 이런 것들이 '전형'이다. '전형'은 일상인들이 "대면적 상황에서 구체적인 사회적 관계 구조를 명확히 해주는 하나의 공식적 개념" 역할을 수행한다(Schutz, 윗글 : 28). 다시 말해, 슈츠에 의하면 일상인들도 합리성을 추구하는 일종의 과학자이며, 그들의 무기는 '전형'이다.

두 번째로, 베버의 '이념형'은 주체와 대상을 연결하는 것이 불가능하다. 반면, 슈츠가 개진한 '전형'은 주체와 객체 연결이 가능하다. 단적으로 베버는 주체가 설정한 개념으로 현실을 구성하거나 변형하는 일—베버는 이를 "이념의 실체화"라고 표현했다—프로크루스테스의 침대 비유까지 거론하며 피해야만 할 매우 위험한 사태로 지적했을 정도다(Weber, 1949 : 94).

슈츠의 '전형'은 인간이 외부 세계 대상과 자신을 연결하는 것을 보여주고자 고안한 개념이고 실제로 인간은 자신들과 외부 세계를 분리하지 않고 격리됨 없이 하나의 세계를 이루면서 존재한다. '전형'을 통해 일상인들은 외부 대상을 하나의 '구성된 객체(intentional object, noema)'로 인식하는 것이다. 슈츠는 이 '전형' 개념에 천착하면서 당시 학계를 풍미한 실증주의에 타격을 가할 수 있으리라 믿었다. 왜냐하면 실증주의는 철저하게 주체와 객체를 분리하는 이분법적 도식을 견지했기 때문이다(김광기, 2003ㄴ : 257~258). 물론, 실증주의를 배격하고 사회과학의 인간 정신과 의미를 부각하길 원했던 베버가 '이해의 사회학'을 구축하고자 한 것은 명백한 사실이나 그럼에도 그가 개진한 '이념형'이 슈츠가 주체와 객체를 연결하려는 시도에서 야심차게 기획한 '전형'의 이념을 함께 공유했다고는 볼 수 없다. 설사 베버의 '이념형'을 슈츠의 야심에 속하는 것으로 포괄적으로 분류하더라도 그것은 기껏해야 슈츠의 이상에는 턱없이 부족한 미완으로 보는 것이 타당하다. 이는 베버의 '이념형'이 현실 세계에서는 찾을 수 없는, 진정한 현실이 아니라는 그의 주장을 통해 방증된다(Weber, 1949 : 93). 그리고 이 점은 바로 다음에 우리가 살펴볼 베버와 슈츠의 차이점과 긴밀히 연결된다.

세 번째 차이점은 베버의 '이념형'이 현실 세계에서 찾으면 발견할 수 없는 순수한 '개념'인 데 반해, 슈츠의 '전형'은 현실 세계에서 찾을 경우 대응돼 발견되는 것들이 다수라는 점이다. 슈츠의 '전형'은 현실 세계 사물과 "꿰어 맞춤"(김광기, 2002 : 67)이 시도되는데 슈츠는 이를 "전형 일치(typical conformity)"라 표현한다(Schutz, 1962 : 8). 이것은 '경험의 구조화' 혹은 '전형화' 과정의 한순간으로 풀이한다. 그러나 이런 시도는 성공할 수도 있고 그렇지 않을 수도 있다(Schutz, 윗글). 반면, 베버의 '이념형'은 애초부터 실제 경험 세계의 모사,[14] 혹은 경험세계의 어떤 특징에 관한 정보를 우리에게 전달하려 한 것이 아니기에(Kalberg, 1994 : 116), 현실 세계와 "유리"된 것이고(Weber, 1949 : 100),

---

14 베버는 이 사항을 다음과 같이 표명한다. "역사적 현실을 인식한다는 것은 객관적 사실의 전제 없는 모사이어야 하며 그것이 가능하다고 믿는 사람들이라면 이념형이 지닌 어떤 가치도 부인할 것이다."(Weber, 1949 : 92)

엄격히 "구별"해야 한다(Weber, 윗글 : 102).

정리하면 이렇다. 베버의 '이념형'은 현실 세계에서 도저히 찾을 수 없는 개념이고, 슈츠의 '전형'은 현실 세계에서 찾을 수 있는, 즉 그 개념과 현실 세계의 어떤 대상들을 대응하는 것이 가능한 개념이다. 그러나 이런 사실을 베버와 슈츠가 견지하는 '진리관'으로 보는 우를 범해서는 결코 안 된다. 왜냐하면 그들이 품은 '진리관'은 그들이 보여주는 개념과는 상반되는 측면이 있기 때문이다. 이를 잠시 언급하고 다음의 차이점 논의로 돌아가기로 한다.

압축적으로 서술하면, 베버나 슈츠가 그들의 개념에 관한 이해를 바탕으로 진리에 이르는 차원에서는 그들이 견지한 개념 이해와는 사뭇 다른 방향을 노정한다. 쌔사스는 베버의 '이념형'이 현실 세계에서는 발견할 수 없는, 즉 일대일대응할 수 없는 개념임에도 그것을 통해 도달한 현실 이해는 경험적 현실과 일치(혹은 대응)되기를 희망했다는 점에서 '진리관'에서 '진리 대응성(correspondence theory of reality)'에 속한다고 주장한다. 반면 슈츠는 또 다른 진리관인 '진리 정합설(congruence theory of reality)'에 속한다고 본다. '진리 대응성'이 어떤 명제와 그것이 가리키는 대상 간의 일치가 일어날 때 그것을 진리로 보는데 반해, '진리 정합설'은 명제 진위를 사상이나 관념의 체계적이고 논리적 일관성으로 확인한다는 점에서 슈츠의 진리관은 후자에 속한다는 것이다(Psathas, 2005 : 163~164).[15]

---

15 이런 쌔사스의 주장은 가핑켈이 1953년 슈츠에게 보낸 편지에 기반한 것이다. 당시 가핑켈은 하버드대에서 파슨스의 지도로 박사 학위논문을 쓰고 있었지만 후설(Edmund Husserl)과 슈츠에게서 더 많은 영향을 받았다. 그리고 이들 사상을 통해 지도 교수

네 번째 차이점은 첫 번째 차이점과 연결된다. 베버의 '이념형'은 연구자의 현실 세계 이해를 목적으로 고안, 동원된 것으로 순전히 전문가를 위한 개념이다. 그러나 슈츠의 '전형'은 타인과의 교류를 위해 절대적으로 필요하다. '전형'이 타인과 자신의 행동을 이해하고 이해받기 위해 반드시 필요한 것이기에 일상인을 위한 개념임에 분명한 것이다. 그러나 공히, '이념형'이든 '전형'이든 모두 그 자체가 목적이 아닌 '수단'으로 이해되어야 한다(Weber, 1949 : 94 ; Schutz, 1949 : 97 ; 김광기, 2003ㄱ : 258 ; 김광기, 2003ㄴ : 10). 이 때문에, 칼버그는 베버의 '이념형'을 표현할 때 그것 자체보다는 "이념형의 잣대적 사용"을(Kalberg, 1994: 88), 그리고 김광기는 슈츠의 '전형'보다는 "전형의 사용(typification use)"을 더 선호하는 것이다(김광기, 2003ㄴ : 9).

한 가지 더 중요한 것은 베버의 '이념형'은 전문가용으로 전문가들이 고안한 개념들이지만, 슈츠의 '전형'은 일상인용으로 일상인들이 고안한 일상인들의 개념이다.

다섯 번째 차이점은 다음과 같다. 베버의 '이념형'은 그것과 현실이 결합할 경우, 현실은 아무런 영향을 받지 않는다. 즉 현실은 '이념형'에 의해 변형되지 않는다. 반면, 슈츠의 '전형'은 그것과 현실이 결합할 경

인 파슨스의 사회학이론을 비판하기 원했다. 그 시도로 그는 〈네 가지 전이론적 문제에 관한 파슨스와 슈츠의 비교(A Comparison of Four 'Pre-Theoretical' Problems by Talcott Parsons and Aflred Schutz)〉라는 논문을 썼는데, 이 논문에서 가핑켈은 베버 학풍의 파슨스의 진리관을 '진리 대응설'로 그리고 슈츠를 '진리 정합설'로 분류했다. 이 논문 내용을 담은 편지를 슈츠에게 보낸 가핑켈은 슈츠에게서 온 답장을 보고 매우 당황했는데, 왜냐하면 슈츠는 가핑켈의 논문에서 주장하려는 요지를 파악하지 못하겠다고 답했으며, 나아가 자신과 파슨스에게서 어떠한 의미심장한 차이도 찾지 못하겠노라고 했기 때문이다(Wagner, 1983 : 241 ; Grathoff, 1978 참조).

우 기존의 현실 왜곡(변형)을 가져오는 결과를 낳는다. 현실이 베버가 주창한 '이념형'에 의해 꿈쩍도 하지 않는 이유는 무엇일까? 그 답은 베버의 다음 언명으로 짐작이 가능하다.

> "우리가 표현하려는 연관 관계들이 포괄적일수록, 그리고 이 연관 관계의 문화적 유의미성이 다면적일수록 이들을 하나의 개념 체계에서 종합적이고 체계적으로 서술하는 것은 더욱더 이념형의 성격을 띠고, 그럴수록 단 하나의 개념으로 그 관계를 포착할 가능성은 감소한다. 이런 상황에서 문화적 유의미성의 새로운 측면을 새로운 이념형 구성으로 규명하려는 끊임없는 시도가 반복되는 것은 당연한 것이며 불가피한 것이다."(Weber, 1949 : 97)

'이념형'과 '현실'이 결합될 경우, 영향을 받는 것은 후자가 아닌 전자일 뿐이다. 해서 그것이 결합될 때 '현실'의 복잡성 때문에 끊임없이 새로 개발되는 것은 '이념형'이다. 나아가 이런 상황에서 혼돈을 일으키는 것은 '현실'이 아닌 '이념형'을 구사하는 사람인 전문가들이다. 혼돈이 '현실'을 정확히 직시하는 것이 아닐 진데 혹여 연구자들이 그 혼돈으로 '이념형'과 '현실'을 "서로 혼동해 뒤섞어버리는 유혹의 우(...a great temptation for the theorist... to mix theory with history and indeed to confuse them with each other)"(Weber, 윗글 : 102)를 범하기 쉽다고 베버는 지적한다. 이것만 보더라도 베버의 '이념형'은 '현실'에 어떠한 영향을 미칠 수 없는 그야말로 괴리된 독립적 '개념'일 뿐이다.

이에 반해, 슈츠가 개진한 일상인의 '전형'은 기존 '현실'과 변증법적 관계를 유지하면서 '전형' 자체[16]는 물론 '현실' 세계의 변형을 가져온다. 주된 이유는 앞서 살펴본 바 있듯, '전형'이 주체와 객체의 연관을 시도하기 때문이다. 주체와 객체 일원화 때문에 주체가 사용하는 '전형'으로 그것에 조응하는 것이 기대되는 '현실'은 주체에 의해 주조되고 구성되는 과정을 거친다. 또 인간들이 만든 '전형'으로 세계의 '현실'이 만들어지는 일도 발생한다(김광기, 2003ㄴ : 18).

여섯 번째로, '이념형'은 불변(고착)된 데 반해, '전형'은 변화무쌍하다는 차이다. '현실'의 제 측면이 특정 '이념형'으로 드러나지 않을 경우, 다양한 측면들을 포착할 또 다른 '이념형'을 고안할 필요성이 증대한다. 이 말의 뜻은 무엇일까? 이는 연구자가 어떤 시점에 고안한(혹은 고안된) '이념형'은 변형하지 않고 그대로 놔둔 채 또 다른 '이념형'을 찾아나선다는 것을 말한다.

하지만 '전형'은 다르다. '전형'은 일상인이 사용하는 것이므로 변화무쌍한 과정을 겪는다. '전형'은 고정적이지 않고 가변적이며 융통성을 지닌다(Schutz, 1962 : 8 ; Bernstein, 1976 : 147 ; Kim and Berard, 2009). '전형'은 '하위 전형'을 만드는 등 끊임없이 "타협되고, 수정되고, 확장되고, 변형된다"(김광기, 2002 : 70). 바로 이 점이 '전형'과 '이념형'의 분명한 차이를 만드는 것이다.

일곱 번째 차이점은 '이념형'은 그 자체로 논리적이라는 것이다. 그래서 "무모순적(completely self-consistent)"이다(Weber, 윗글 : 91). 그것은 현실의 특정 측면을 이해하려고 연구자가 논리적으로 구성한 논리적

16 이에 대해서는 다음번 차이에서 더 상세히 알아보기로 한다.

개념이다. 그러나 '전형'은 특정 연구자나 전문가가 구성한 개념이 아니라 일상인들이 일상생활을 영위하기 위해 어느 순간 만들어내 사용하고 변형하는 것들이라 다분히 비논리적이다. 그래서 '전형'은 그만큼 애매모호하다(Schutz, 윗글 : 323 ; 김광기, 윗글 : 68).

그러나 그것들이 이용되고 난 후의 사태는 사뭇 다른 모습을 보여준다. 이 말의 뜻은 간단히 풀이된다. '이념형'은 논리성에서 배태되지만 그것이 사용되고 난 후 현실 세계는 더욱더 혼란에 파묻힌다. '이념형'이 논리적이고 명료한 만큼 그런 논리성과 명료성을 보장해줄 듯싶던 세계의 현실은 전혀 다른 모습으로 연구자 앞에 드러난다. 베버는 이를 다음과 같이 표현했다.

> "이념형은 하나의 순수한 논리적 완벽성 이외의 그 어떤 유형의 완벽성과도 아무런 관계가 없다."(Weber, 윗글 : 98~99)

반면, 비논리적이고 애매모호한 '전형'으로 이해되는 세계와 타인은 그것이 적용되고 사용되는 순간 특별한 기능을 발휘한다. 그것은 그 순간의 명료성을 확보해준다는 것이다. 어차피 애매모호한 세계와 타인을 그대로 놔두지 않은 채, 한 세계 내의 일상인들이 공유하는 '전형'을 사용하는 순간, 세계와 타인은 그가 이해하고 판독할 수 있는 명료성을 지닌 존재들로 변한다. 그래서 일상인은 삶을 계속해서 유지해나갈 수 있는 것이다(김광기, 2003ㄴ : 11).[17] 물론 그 세계와 타인의 명료성

---

17 앤 롤스(Anne Rawls)는 이를 '애매모호성의 극대화'라는 용어로 설명했다(A. Rawls, 1989 : 161 참조).

은 그 상황 속 시간과 장소를 벗어나면, 곧 어두운 심연으로 사라지고 만다. 그러나 어쨌든, '전형' 자체가 비논리적이고 애매모호함에도 사용하고 난 후에 논리성과 명료성이 짧은 순간일지라도 담보된다는 점은 '이념형'과 명확히 구분되는 것으로 흥미로운 사실임에 분명하다. 이처럼 우리는 '이념형'과 '전형'에서 전혀 예상치 못한 결과를 포착하게 되는 것이다.

여덟 번째 차이점은 상황 구속성이다. 주지하다시피, 베버의 '이념형'과 슈츠의 '전형' 모두 그것을 사용하는 주체가 전문가이든 일상인이든 상관없이 제 현상들의 특징 가운데 일면성만을 강조한 개념들인 것은 분명하다. '이념형'은 "하나의 관점이나 몇 가지 관점을 일면적으로 강조"한 것이며(Weber, 윗글 : 90), 슈츠의 '전형'도 그것을 통해 사물과 일치하려 들 때 일상인들은 "전형화 된 몇몇 측면에만 관심을 둘 뿐... (나머지는) 생략"하기 때문이다(Schutz, 1962 : 8~9).

그러나 이런 공유에도 그것들은 상황 구속성에서 명확한 차이를 보인다. 먼저 슈츠의 '전형'은 사용에서 "특정 상황" 고려를 제일주의로 한다. 그의 이야기를 보자.

> "만일 내가 당연시 여기는 것으로 세계의 어떤 요소와 관련해 'S는 p이다'라는 주장을 한다면, 나는 그 특정 상황에서 S의 p-존재에 관심을 두고, 기타 q와 r 존재에 대해서는 무관한 것으로 무시했기 때문에 그렇게 하는 것이다."(Schutz, 윗글)

일상인이 '전형'을 사용해 어떤 대상을 일치하려 했을 때 그것은 다분히 "특정 상황(the prevailing circumstances)"을 고려했기 때문이다. 그러나 베버의 '이념형'은 그런 상황을 전혀 고려하지 않은 채 탈맥락적으로 만들어진 개념(이념형)을 특정 상황 사태에 사용하는 것이다. 베버의 '이념형' 일면성은 어떤 특정 상황을 고려하지 않은 채 연구자의 머릿속에서 단순히 논리적으로 구성한 탈맥락적 개념이다. 그리고 그 개념은 어떤 상황에 적용돼 그 상황을 분석하는 데 이용된다. 베버는 이를 다음과 같이 표현했다.

> "이 개념은 경험적 현실에서 유리되며, 그래서 경험적 현실은 이제 이 개념과 비교될 수 있게 되고, 또 이 개념은 경험적 현실 분석의 준거가 될 수 있다."(Weber, 윗글 : 100)

바로 이 점이 베버와 슈츠의 개념들에서 분기점으로 작용한다.

아홉 번째, 규모 면에서의 차이다. '이념형' 수보다 '전형' 수가 훨씬 많다. '이념형'은 전문가들에 의한 것이며 '전형'은 일상인에 의한 것이기 때문에 그러하다. 규모면에서도 전문가는 일상인에 비할 바가 못 된다. 해서 '전형'은 '이념형'을 포괄한다.

마지막 열 번째 차이점은 이것이다. '이념형' 없이 사회 세계는 존재할 수 있다. 그러나 '전형' 없이는 세계 자체가 존재할 수 없다. '이념형'이 순전히 전문가들의 전유물이기 때문에 당연한 결과다. 그리고 그것이 현실 세계의 모사가 아니고 또 그것에 대한 정보를 주는 것도 아니기에 가능한 추론이다. 한마디로 '이념형'과 현실 세계는 별개로 존재한다. 단, 전문가가 복잡한 현실 세계를 이해하려고 나름의 논리적 사고를 갖고 구성한 도구일 뿐이다. 베버가 "이념형(적발전 구도)과 역사(경험 세계)는 서로 날카롭게 구분되어야 할 것들"(Weber, 윗글 : 102)이라고 주장한 것만을 봐도 '이념형'과 현실 세계는 별개의 것이며, 서로가 존재함에 아무런 구속을 행사하지 않는다.

이에 반해, 슈츠의 '전형'은 현실 세계의 존립을 위해서는 반드시 있어야 한다. 특히 사회 세계는 이것 없이는 절대로 존재할 수 없다(Natanson, 1978 : 67~68 ; Barber, 1988 : 62 ; Cox, 1978 : 8). 그것들 없이는 사회 세계의 인간은 외부 세계와 타인의 행위를 전혀 이해하지 못하는 암담한 사태에 놓인다. 애초에 어두운 암흑세계를 밝은 빛으로 인도해 결국 세계 질서를 부여하는 것이 '전형'이라는 것이다(Berger and Kellner, 1981 : 44).

결론적으로 지금까지 살펴본 '이념형'과 '전형'의 차이에 염두를 둔다면, 작금에 벌어지는 현상학 진영 후학들의 슈츠에 대한 맹공은 정도가 지나친 감이 크다. 물론 그들의 비판에도 수긍할 점이 아주 없는 것은 아니다. 베버가 '이념형'을 통해 아예 상정하지 않았던 어떤 보편타당성을 슈츠가 '전형'이나 '이념형'으로 확보 가능하다고 믿었다는 점, 그리고 슈츠가 '꼭두각시'를 '이념형'으로 등치할 수 있다고 믿었던 점 등은 특정 상황의 실제적 인간 행위와 신념 이해를 목적으로 하는 민간 방법론자나 현상학적 사회학을 하는 이들에게는 거침돌로 간주된다는 것이 충분히 이해가 된다.

그럼에도 그들의 맹공이 지나쳐 보이는 것은 그들이 그런 점에만 주목을 할 뿐, 슈츠의 '전형'이 지닌 현상학적 함의를 충분히 인식하지 못한다는 점 때문이다. 필자가 앞서 슈츠의 '전형'과 베버의 '이념형'의 대비에서 철저히 규명한 바같이 슈츠의 '전형'은 주체와 객체의 이분법적 설정을 하지 않다는 점, 충분히 상황 구속적이라는 점, 그리고 사회 세계 존립을 위해서는 반드시 필요하다는 점 등을 슈츠가 역설한다는 점에서 충분히 현상학적이다. 그것이 바로 슈츠가 닦아놓은 현상학을 위한 초석이자 슈츠의 현상학이라는 말이다.[18]

따라서 그의 '전형' 분석이 현상학에 근거한 민간방법론과 현상학적 사회학, 그리고 대화 분석의 중요한 지적 유산을 지대하게 제공한다는 점은 결코 부인할 수 없는 사실이다. 현상학적 사회학의 족보는 슈츠에서 시작하는 것이 옳다. 왜냐하면 슈츠는 '전형' 개념을 통해 그의 후학들에게 일상생활 세계의 "자연적 태도에 관한 구성적 현상학(constitutive phenomenology of the natural attitude)"[19]에 관한 중요한 유산을 물려줬기 때문이다.

18 이런 점에서 현상학은 하나의 고정된 것이 아님이 분명하다. 그것이 추구하는 이념이 같다면 거기에 도달하는 길은 다양하다. 예를 들면, 현상학의 "현상학적 환원"도 그것을 보는 학자만큼 다양하다 (이남인, 2012).

19 Embree(1988 : 257) 참조할 것.

〈이념형과 전형의 차이〉

	이념형	전형
1	전문가	일반인 + 전문가
2	주체와 대상의 비연계	주체와 객체의 연계
3	현실 세계에 없다	현실 세계에 대응하는 것 다수
4	연구자의 현실 세계 이해를 위해 고안 및 동원된 것	타인과의 교류를 위해 필요 : 타인과 자신의 행동 이해를 위해 필요
5	이념형과 현실이 결합할 경우 : 현실에는 무영향	전형과 현실이 결합할 경우 : 기존 현실의 왜곡을 가져오는 결과를 낳음
6	불변(고착)	변화무쌍
7	무모순성(논리적, 명료) : (종착점은 비논리적, 비명료)	모순성(비논리적, 애매모호) : (종착점은 일시적으로 논리적, 명료)
8	특정적인 것 부각(일면성) : 비상황 구속성, 탈맥락성	특정적인 것 부각(나머지 생략, 일면성) : 상황구속성, 맥락성
9	이념형 ⊂ 전형	
10	이념형 없이 사회 가능	전형 없이 사회 불가능

근대화(modernization) : '전형'에서 '이념형'으로

1) 합리화

2) 추상화

3) 끊임없는 반성

4) 포용과 포괄, 그리고 가치의 일반화

5) 분석적 인간들의 탄생 : 일상인을 전문가적 자리에 위치시킴

6) 중립적 인간들의 양산

4. 결론에 대신해 : 현대—'전형'에서 '이념형'으로

이제까지 베버의 '이념형'과 슈츠의 '전형'이 어떤 점에서 유사하고 또 어떤 점에서 차이를 보이는지 자세히 살펴봤다. 이를 통해 우리는 '개념'을 중시했다는 이유만으로 그들을 관념론자로 몰아붙이는 것이 얼마나 허무맹랑한 일인지를 간파할 수 있었다. 단적으로 베버의 '이념형'은 현실을 부인한 것이 전혀 아니며, 나아가 현실의 모사도 아니었고 현실을 변형할 수 있는 것도 아니었다. 이 점에서 베버의 '이념형'은 구체적 현실과 엄격히 구별된다. 슈츠는 '전형'을 일상인들이 외부 대상을 그것을 통해 이해하고 구성하고 교류하고자 하는 하나의 수단으로 간주했다. 그에게 객체(대상, 혹은 현실)는 주체와 '전형'으로 긴밀히 연결되는 것이었다. 그가 외부 객체를 비현실적인, 비존재로 받아들인 것이 결코 아니라는 점을 감안하면 슈츠를 관념론자로 칭하는 것은 어불성설이다. 베버와 슈츠는 인간이 만든 세계에서 '개념'이 얼마나 중요한지를 우리에게 제시하려 했을 뿐이다. 이 점을 인식한다면 이 장에서 꾀하고자 했던 첫 번째 목적은 달성한 셈이다.

그리고 본 연구에서는 슈츠의 후학들이 지적 원천을 거부하는 일에 거부감을 피력함과 동시에 경고를 감행했다. 그 전략으로 이 장은 슈츠의 '전형'과 베버의 '이념형' 비교로 슈츠가 '전형'을 통해 도달하려 했던 목적지가 민간방법론자, 현상학적 사회학자, 그리고 대화 분석가 등 현상학의 은전을 입은 일군의 사회학 진영이 도달하려는 곳과 다르지 않음을 주지시키려 애썼다. 단, 가는 길에서는 슈츠와 후학들 간에 약간의 차이를 보였을 뿐이라는 점을 강조했다. 슈츠의 후학들이 주장하는 일상인의 실제적 행위와 그 행위로 구성된 세계에 주목하는 것을 슈츠도 행한 것은 분명한 사실이다. 그러나 그는 그것에는 통시대적으로, 통사회적으로도 관통하는 어떤 보편적이고 추상적인 형식이 있다고 믿었고 그것을 현상학적으로 규명하려 노력했을 뿐이다. 이런 점을 가핑켈 역시 수용했다. 비록 시간이 지나면서 이들 후학들이 다른 쪽—구체적인 실제적 행위만을 강조하는 방향—으로 선회했지만, 현상학적 사회학에는 슈츠가 추구한 지향성이 존재했고, 지금도 엄연히 존재하는 것을 결코 부인할 수 없다. 이를 본 연구에서 철저히 규명하려고 했다.

끝으로 '이념형'과 '전형'이 지닌 근대성에 대한 함의를 잠시 언급하고 글을 맺기로 한다.[20] 필자 시각에서 현대는 '전형'이 점점 '이념형'적으로 변형하는 것으로 보인다. 이 말의 의미는 간단하다. '전형'은 현실세계와 긴밀히 연결된 것이고, '이념형'은 아니다. '이념형'은 현실과는 철저히 괴리된 단지 분석가의 추상적이고 논리적인 이념적 구성물일 뿐이었다. 그렇다면 '전형'이 점점 '이념형'적으로 바뀌어간다는 말은 무엇일까? 현대인들에게는 사회가 점점 괴리되어가며, 삶 자체가 더 논리적으로 구성된다는 것을 의미한다. 현대인이 점점 더 분석가의 위치에 선다는 것을 말한다. 세계를 당연히 여기며 그저 살아가는 게 아닌 분석가의 입장에서 끊임없이 회의하는 자가 된다는 것을 의미한다. 이는 근대를 논한 사상가들의 분석과 정확히 수렴한다. 즉 베버가 논한 세계 합리화(Weber, 1946), 지더벨트(Anton C. Ziderveld)가 거론한 세계 추상화(Zijderveld, 1970 ; 1979), 파슨스와 하버마스(Jürgen Habermas)

20 '전형'을 통해 '근대성' 문제를 다룬 연구로는 김광기(2003ㄱ ; 2003ㄴ)를 참조할 것.

가 말한 포용과 가치의 일반화 과정(Parsons, 1977 ; Habermas : 1981 ; 1987), 그리고 쉘스키(Helmut Schelsky)와 버거(Peter Berger)가 이야기한 영원한 반성과 이로 인한 분석하는 인간의 탄생(Schelsky, 1965 ; Berger, 1974), 즉 가치중립적 인간의 양산 등이 바로 시간이 갈수록 '전형'이 '이념형'으로 바뀌는 현대 구도와 정확히 일치하는 것이다. 이로써 '전형'과 '이념형'을 통해 근대성의 본질이 재차 드러나는 것이 가능해짐을 보게 된다.

| 참고 문헌 |

김광기, 〈왜 사회 세계엔 '전형'이 반드시 필요할까? : 알프레드 슈츠의 '전형성' 개념을 중심으로〉, 《한국사회학》, 36집 5호, 2002, 59~85쪽.

——, 〈익명성, 추상성, 그리고 근대성 : 일상생활세계의 익명성과 현대사회의 익명성〉, 《철학과 현상학 연구》, 21집, 2003ㄱ, 249~272쪽.

——, 〈양가성, 애매모호성, 그리고 근대성 : 알프레드 슈츠의 '전형성' 개념의 응용 연구〉, 《한국사회학》, 37집 6호, 2003ㄴ, 1~32쪽.

이남인, 〈현상학적 환원과 현상학의 미래〉, 《철학과 현상학 연구》, 54, 2012, 89~121쪽,

Barber, Michael D., *Social Typifications and The Elusive Other* (Lewisburg, PA : Bucknell University Press, 1988).

Berger, Peter, "Modern Identity : Crisis and Continuity", Winton S. Dillon (엮음), *The Cultural Drama : Modern Identities and Social Ferment* (Washington D. C. : Smithonion Institute Press, 1974).

Berger, Peter and Hansfried Kellner, *Sociology Reinterpreted : An Essay on Method and Vocation* (Garden City, NY : Doubleday, 1981).

Bernstein, Richard J., *The Restructuring of Social and Political Theory* (Philadelphia, PA : University of Pennsylvania Press, 1976).

Cox, Ronal R., *Schutz's Theory of Relevance : A Phenomenological Critique* (The Hague : Marinus Nijhoff, 1978).

Embree, L., "Schutz on Science", L. Embree (엮음), *Worldly Phenomenology* (Washington D. C. : Center for Advanced Research in Phenomenology and University Press of America, 1988), pp. 251~271.

Grathoff, Richard (엮음), *Theory of Social Action : Correspondence of Alfred Schutz and Talcott Parsons* (Studies in phenomenology and existential philosophy), (Bloomington, IN : Indiana University Press, 1978).

Habermas, Jurgen, "Modernity versus Postmodernity", *New German Critique*, 22(1981), pp. 3~14.

——, *The Philosophical Discourse of Modernity* (Cambridge, UK : Politiy Press, 1987).

Kalberg, Stephen, *Max Weber's Comparative-Historical Sociology* (Chicago, IL : The University of Chicago Press, 1994).

——, "Max Weber", G. Ritzer (엮음), *Blackwell Companion to Major Social Theorists* (Oxford : Balckwell, 1999), pp. 132~192.

Kim, Kwang-ki, *Order and Agency in Modernity : Talcott Parsons, Erving Goffman, and Harold Gafinkel* (Albany, NY : SUNY Press, 2002).

Kim, Kwang-ki and Berard, Tim, "Typification in Society and Social Science : The Continuing Relevance of Schutz's Social Phenomenology", *Human Studies*, Vol. 32, No. 3, (2009), pp. 263~289.

Lynch, Michael, *Scientific Practice and Ordinary Action : Ethnomethodology and Social Studies of Science* (Cambridge : Cambridge University Press, 1993).

McKinney, J. C., "Sociological Theory and the Process of Typification", J. C. McKinney and E. A. Tiryakinan (엮음), *Theoretical Sociology* (New York, NY : New York University Press, 1970), pp. 235~270.

Mises, L. von, *Epistemological Problems of Economics* (New York, NY : New York University Press, 1981).

Natanson, Maurice, "The Problem of Anonymity in the Thought of Alfred

Schutz", Joseph Bien (엮음), *Phenomenology and the Social Sciences : A Dialogue* (The Hague : Martinus Nijhoff, 1978).

Parsons, Talcott, *Social Systems and The Evolution of Action Theory* (New York : The Free Press, 1977)

Psathas, Goerge, "Alfred Schutz's Influence on American Sociologists and Sociology", *Human Studies*, Vol. 27, No. 1(2004), pp. 1~35.

——, "The Ideal Type in Weber and Schutz", M. Endress, G. Psathas and H. Nasu(엮음), *Explorations of the Life-World : Continuing Dialogues with Alfred Schutz* (Dordrecht : Springer, 2005), pp. 143~169.

Rawls, Anne, "Language, Self, and Social Order", *Human Studies* (Special Issue : Erving Goffman's Sociology), 12(1~2), pp. 147~172.

Ringer, F., *Max Weber's Methodology : The Unification of the Cultural and Social Sciences* (Cambridge, MA : Harvard University Press, 1997).

Schelsky, Helmut, "Ist die Dauerreflexion institutionalisierbar?", *Auf der Suche nach Wirklichkeit* (Duesseldorf : Diederichs, 1965).

Schutz, Alfred, *Collected Papers I* (The Hague : Nijhoff, 1962).

——, *Collected Papers II* (The Hague : Nijhoff, 1964).

——, *The Phenomenology of the Social World* (Evanston, IL : Northwestern University Press, 1967).

——, *On Phenomenology and Social Relations*, H. R. Wagner (엮음) (Chicago, IL : Chicago University Press, 1970).

Wagner, H. R., *Phenomenology of Consciosness and Sociology of the Life-World* (Edmonton, Canada : University of Alberta Press, 1983).

Weber, Max, "Science as a Vocation", *From Max Weber : Essays in Sociology*, H.

Gerth and C. Wright Mills (엮고 옮김) (New York : Oxford University Press, 1946), pp. 129~156.
——, *The Methodology of the Social Sciences*, E. A. Shils and H. A. Finch (엮고 옮김) (Glencoe, IL : Free Press, 1949).
——, *Roscher and Knies : The Logical Problems of Historical Economics*, Guy Oakes (엮고 옮김) (New York, NY : Free Press, 1975).
Zijderveld, Anton, *The Abstract Society* (Garden City, NY : Doubleday and Anchor Books, 1970).
——, *On Ckiché : The Supersedure of Meaning by Function in Modernity* (London : Routledge and Kegan Paul, 1979).

| 필자 소개 |

성균관대 사회학과를 나와 미국 보스턴대학에서 사회학 박사 학위를 받았다. 전공은 사회학이론, 현상학, 지식사회학 등이며 현재 경북대 일반사회교육과 교수로 재직 중이다. 주요 저서로는 *Order and Agency in Modernity : Talcott Parsons, Erving Goffman, Harold Garfinkel*(State University of New York Press, 2002), 《뒤르켐 & 베버 : 사회는 무엇으로 사는가?》(김영사, 2007), 《우리가 아는 미국은 없다》(동아시아, 2011), 《정신 차려 대한민국》(랜덤하우스코리아, 2012), *Interaction and Everyday Life : Phenomenological and Ethnomethodological Essays in Honor of George Psathas*(공저, Lexington Books, 2012), 《이방인의 사회학》(글항아리, 2014) 등이 있다.
E-mail : ingan1113@hanmail.net

베버의 실제 방법론
— 체계적인 문명사회학을 위하여

스테판 칼버그(Stephen Kalberg)
(보스턴대 사회학과)

1960년대까지 미국에서 막스 베버 사회학 저작들의 수용은 대개 세 가지 축을 따라 이뤄졌다. 첫째, 그의 "프로테스탄트 윤리 테제"(1930)는 지속적 관심과 논쟁의 주제였다. 이 테제는 종교사회학 분야에 걸쳐 광범위한 관심의 뿌리를 내렸으며, 베버를 "관념주의자"로 주조(鑄造)하는 근거가 됐다. 둘째, 지위 집단, 관료제, 권력, 권위, 카리스마같이 정밀하고 설득력 있는 용어로 정식화됐던 그의 일련의 개념들은 젊은 미국 사회학에 기꺼이 수용됐다. 이것은 광범위하고 매우 성공적이었던 선집(Weber, 1946ㄱ)이 출판되고, 파슨스(Parsons, 1947)가 베버의 거대한 분석적 연구인《경제와 사회(Wirtschaft und Gesellschaft)》(1968) 1부를 번역한 이후에 일어났다(Zaret, 1980). 셋째, 미국 사회학은 엄밀한 과학이 되기를 추구하면서 베버의 "객관성"과 "가치중립성" 정의를 널리 받아들였다(Weber, 1949).

1970년 이후 베버 저작들의 수용은 중대한 변화를 겪는다. 그 시대 정신에 따라 베버의 '권력'과 '권위' 정의는 관료제와 관료제화에 대한 그의 비판이 그랬던 것처럼 사회학에 더욱 철저히 침투했다. 베버는 이전보다 훨씬 더 널리 지배, 불평등, 그리고 갈등에 대한 비마르크스주의(non-Marxist) 이론가로 이해됐다(Bendix, 1962, 1977 ; Bendix and Roth, 1971 ; Collins, 1968, 1975, 1981). 이런 베버 읽기는 칼 마르크스와 다양한 네오 마르크스주의 접근들에 대한 강한 흥미가 그리 오래지 않아 사라진 후 70년대 후반과 80년대 초반에 정점에 이르렀다.

'새로운' 베버를 소개했던 독일의 베버 수용이 미국 사회학자들 사이에서는 등한시됐던 것은 아마도 이 기간 동안 '갈등의 베버'가 강하게 받아들여졌기 때문일 것이다. 텐브룩(Tenbruck, 1975)과 쉴룩터(Schluchter Wolfgang)(1979[1976], 1981)의 연구들에서는, 베버의 저작을 통틀어 두루 나타나지만 이전까지 그다지 관심을 받지 못했던 한 주제가 폭넓은 토론을 끌어냈다. 이 저자들과 함께 다른 학자들은(Riesebrodt, 1980 ; Winckelmann, 1980 ; Seyfarth and Sprondel, 1981 ; Hennis, 1983, 1987ㄱ, 1987ㄴ ; Habermas, 1984) 베버의 비교사회학적 취지, 곧 '서구 합리주의'의 독특성을 정의하고자 하는 그의 오랜 시도들과 서구에서 근대기로 이행하게 했던 특정한 경로 이면에 있는 여러 원인들에 포괄적인 조사 연구를 강조했다. 사실 어떤 학자들은 여기서 베버의 '주요 테마'를 발견했다고 주장했다(Tenbruck, 1975). 이제는 중국(1951), 인도(1958), 고대 유대교(1952)에 대한 거대한 저작들과 그의 중요한 논문들인 〈세계종교의 경제 윤리 : 비교종교학적 시도, 서론〉(2008)과 〈세계종교의 경제 윤리 : 비교종교학적 시도, 중간 고찰〉

(2008), 그리고 《경제와 사회》의 폭넓은 비교사회학적 풍부함이 주목을 받게 됐다.[1]

이런 새로운 논쟁이 '개념' 수용과 '갈등' 수용에서 멀리 벗어나는 발걸음이 됐지만, 불행히도 그다음의 '논리적' 발걸음을 내딛는 데는 실패했다. 곧 베버의 경험적 비교 연구가 엄밀한 분석 방식에 근거하는 체계적 문명사회학에 어떤 길을 제시하는지는 결코 다뤄지지 않았다. 사실상 베버의 비교역사적 방법론은 지금까지도 거의 탐구되지 않고 있다(Kalberg, 1994 ; Fulbrook, 1978).

이 글에서는 하나의 예비적 연구로 베버의 거대한 경험 연구 저작들을 통틀어 발견되는 기본 조사 전략들, 절차들, 전제들, 즉 실제 비교 방법론의 개요를 보여주고자 한다. 여기서 주장하고자 하는 바는 그 전략, 절차, 전제들이 그것들과 **연관된 개념들과 함께** 베버 문명 사회학의 근거를 마련하고 지탱하는 데 기초적 요소들로 기여할 수 있다는 것이다. 이 폭넓은 비교 방법론에 핵심이 되는 것들은 다음과 같다.

— 유기체론에 대한 반대

— 주관적 의미의 개념

— 폭넓은 다인과성(multi-casuality)

— 유형화된 행위의 맥락 배태성

1 벤자민 넬슨은 아마도 미국에서 이런 "거대 주제" 수용을 주창한 유일한 학자였을 것이다(1974, 198x/Huff Vol. ; Kalberg, 1979, 1980 볼 것). 흥미롭게도, 1980년대에 영국, 네덜란드, 독일에서 널리 주목받던 게오르크 지멜(Georg Simmel)과 노버트 엘리아스(Nobert Elias)도 미국 지형에서는 거의 반향을 일으키지 못했다.

— 과거와 현재의 긴밀한 연결

— '사회적 담지자'와 잔여(caput mortuum)* 개념이 과거와 현재를 연결하는 방식 강조

— 행위의 다양한 강도(variable intensity)에 대한 관심

당연히 베버 분석 양식에서 이런 측면들은 그의 경험 연구 전반에 걸친 기본적인 것이다. 이 연구는 기본적 측면들이 강조되고 적절히 조정되면 문명 연구에 대한 그의 체계적 접근을 위한 방법론적 기초를 명확히 할 수 있다고 주장한다. 나아가서 베버의 비교 방법론 요소들이 종합될 때, 오늘날 문명에 대해 글을 쓰는 다른 이들이 제시한 것보다 더 큰 분석 범위를 보여준다고 주장한다.[2] 각 요소는 짧게만 논의할 것이다.

1. 유기체론에 대한 반대

먼저 베버의 사회학이 콩트, 뒤르켐, 래드클리프-브라운(Alfred R. Radcliffe-Brown), 파슨스에 빚지는 많은 유기체적 전체론 접근들의 특

---

* 'caput mortuum'은 라틴어로 '사체의 머리', '쓸모없는 유해'라는 뜻이며, 연금술에서 '앙금', '증류 찌꺼기'라는 뜻으로 쓰였다. 베버는 과거의 것이 마치 찌꺼기처럼 남아서 현재에 영향을 미친다는 점을 강조하기 위해 이 용어를 사용했다. 이 글에서는 '잔여'로 옮겼다—옮긴이

2 이 주요 특징들이 베버의 분석 양식의 주된 측면들이지만, 모든 요소들을 포괄했다고 주장할 수는 없다. 모든 요소들을 포괄한다는 주장을 정당화하기 위해서는 이 짧은 글에서 가능한 범위를 넘어서는 논의가 필요할 것이다. 그래서 본 연구는 하나의 **예비적** 연구로 이해되어야 한다.

징인 사회적 통일성의 가정에 근본적으로 반대하는 방식 검토에서 시작하자. 베버의 사회학은 '사회' 대신에 **의미 있는 행위**의 다양한 **유형들 또는 규칙성**에 근거한다.

> 사회적 행위 내부에서는 사실상 규칙성이 관찰될 수 있다. 동일한 행위자에게 전형적으로 같은 종류의 생각된 의미에 반복되거나 (경우에 따라서는 또는 동시에) 수많은 행위자들에게 만연된 행위 경과가 그것이다. 사회학은 행위 경과의 유형을 연구하는 일에 종사(한다) (베버, 1997 : 139~143, 153 ; Weber, 1949ㄴ : 67 참조).

이런 규칙성은 베버의 주요 발견적 구성물인 이념형에 의해 포착된다.[3] 그에게 가장 중요한 것, 곧 집단 안에 지배적 '의미 복합체(meaning clusters)'가 바로 이 경험적으로 기반한 개념적 도구에서 뚜렷해진다.[4] 집단들은 가지런히 정렬되어 내적으로 통일된 '체계'를 구성하는 것이 아니라, 다양한 방식으로 연합 관계에 있기도 하고 적대 관계에 있기도 한다. 집단들은 끊임없이 변해가면서 흔히 지배, 갈등 그리고 권력 행사의 주된 역할을 감당한다. 베버에 따르면, 특정 집단들에서 발견되는 유형화된 행위는 다른 집단들에서 유형화된 행위들과 반대 방향으로, 심지어 협상이나 타협이 어려운 심각한 적대 관계가 장기간 지

---

3 이념형의 형성과 용법에 대해서는 Kalberg(1994, 81~91), Albrow(1990), Burger(1976)를 볼 것.

4 각 이념형에 의해 시사된 '주관적 의미 복합체(subjective meaning complex)'는 특정한 상황에서 특정한 방식으로 행동하는 행위자들에게 왜 의미 있는지에 대한 물음에 답해준다. 베버(1997, 122~138)를 참조할 것.

속될 정도까지 흐를 수 있다. 특히 전통 지향적 행위와 가치 지향적 행위는 연합과 사회 '통합'을 거스르는 것이 될 수 있다.

그래서 '견고하고 닫힌' '사회'의 경계에 대한 모든 가정은 베버의 사회학과 양립하지 않는다. 그에게 어느 정도로 '양극화'가 존재하느냐 못지않게 어느 정도로 '통일성'이 존재하느냐는 단지 연구의 의제를 형성할 뿐이다. 게다가 유기적 관점과 반대로, 베버 사회학에서 집단들은 결코 사람들을 완전히 통합할 정도의 권능을 갖지 않는다. 대신, 사람들이 특정한 주관적 의미와 특정한 집단에 갖는 지향과 그들이 속한 집단들이 '사회화'하는 영향력 사이에서 다양한 정도의 긴장이 존재한다고 주장한다(아래를 볼 것).

또한 베버의 사회학에서 다수의 사회 영역들(gesellschaftliche Sphäre, societal domains)이 두드러지는 점은 그의 사회학이 유기적 전체론 학파들에 반대하고 있음을 보여준다. 그는《경제와 사회》에서 종교, 법, 경제, 지배, 지위 집단들, 그리고 보편적 조직(가족, 친족) 영역 등 각각의 주요 장(場, arena)이 인과적 자율성을 가질 수 있음을 강조하며, 모든 영역들이 전체를 아우르는 '사회'에 원칙적으로 통합된 것으로 인식하는 관점들에 반대한다(2011ㄴ : 97). 그가 복수의 장들과 그 장들의 이념형 다양성에 근본적으로 초점을 둔다는 점은 그의 기본적 견해, 곧 모든 '사회'의 경험적 실재는 평화로운 연합과 무수한 갈등과 변화무쌍한 긴장들이 다양하게 결합되어 구성된다는 것을 입증해준다.

규칙적 행위와 그 행위의 **다양한** 상호작용들뿐 아니라 각 영역의 특유한 발전에 대한 베버의 강조는 그의 사회학을 유기적 전체론이 흔히 참조했던 포괄적 이분법들(공동사회와 이익사회, 전통과 근대, 특수와 보편)과 사회의 합의 또는 갈등 정도에 대한 일반적 공리들, 그리고 일반적 법칙 상정(想定)들에서 멀어지게 한다. 그는 이런 개념들의 고도의 추상성이 경험 연구에 기초한 이념형들과 달리 역사적 특수성과 복잡성을 포착하는 데 실패한다고 주장했다.

요약하자면, 이념형에 의해 포착되는 주관적 의미의 복합체 유형들은 베버의 경험 연구에서 기본적 분석 수준을 이룬다. 문명들에 의해 취해진 다양한 경로와 방향들, 특히 서구 문명이 걸어온 독특한 경로를 설명하고자 하는 베버의 시도는 유기적 전체론을 거부하고, 이념형과 《경제와 사회》에서 보여준 사회 영역들에 대한 광범위한 분석적 접근을 지지한다. '합리화', '탈주술화' 또는 '보편화' 과정이 경험적 실재에서 일어나는가 하는 것은 그에게 항상 단선적이고 '일반적 진화' 또는 '진보의 전진' 과정이라기보다 조사 연구되어야 하는 열린, 경험적인, 다인과적 난제다. 역사적 순환 또한 거부된다(Weber, 1976 : 357). 그는 포괄적이고 통합적인 '가치 일반화' 과정이 부재하다면 점증하는 '사회 분화'는 무질서와 혼란을 가져올 것이라는 파슨스의 근대화 이론에 의해 주창된 주요 전체론적 가정에도 역시 반대할 것이다(Parsons, 1966 ; 1971). 마지막으로, 베버는 처음부터 (원시, 고대, 역사, 근대 같은) 범세계적 문명 분류를 발견적 도구 수준에 한정지었다. 왜냐하면 그가 주장하기로, 그 분류들은 오로지 조사 연구 도구로서만 유용하기 때문이다. 그 분류들은 베버가 정확히 정의하려고 한 것, 곧 각 문명의 독특성과 특정한 발전을 적절히 포착하는 데 실패한다. 행위의 주관적 의미에 관한 베버의 강조는 그의 유기적 전체론에 대한 반대와 밀접하게 연결된다.

2. 주관적 의미의 중심성

베버의 사회학은 "어떤 객관적으로 '올바른' 의미나 형이상학적으로 규명된 '참된' 의미"(베버, 1997 : 119)가 아니라 '주관적 의미-복합체'에 관심이 있다. 해석적 이해(verstehen)와 심층 조사 연구를 통해, 베버주의 사회학자들은 어떻게 주관적 의미가 특정 집단에 있는 사람들을 구체적이고 유형화된 방식으로 동기부여하는지 포착하려고 한다. 이 연구자들은 이런 행위의 유형들이 일어나는 다양한 행위의 **맥락들**을 최대한 재구성하면서 작업을 수행한다. 그들은 개별적 집단 기반 환경에 있는 행위자들이 상황에 주관적 의미를 부여하고 그에 따라 행위하는 방식을 **이해**하고자 노력한다. 베버는 사회과학자들이 동기들을, 심지어 오랜 과거와 지정학적으로 먼 문명들에 있는 의미의 유형들도 철저히 경험적 연구의 기초 위에서 이해할 **수 있다**고 주장한다.

아마도 가장 잘 알려진 보기인 《프로테스탄티즘의 윤리와 자본주의 정신》(2011ㄴ)에서 베버는 17세기 청교도들이 구체적 행위에 주관적 의미를 부여한 방식들을 명확히 하려고 했다. 이 '현세적(inner-worldly) 금욕주의자'는 베버를 다소 당황케 했다.[5] 다양한 세속적 쾌락에서 즐거움을 추구하는 삶에 대한 '자연스러운' 태도의 관점에서 볼 때, 청교도의 엄격한 금욕주의는 이상하게 보일 수밖에 없다. 먹고, 마시고, 휴식을 향유하는 것이 신도들에게는 허락되지 않았다. 게다가 그들의 에너지를 바칠 만한 유일한 활동들, 곧 직업 안에서 규칙적이고 체계적

5 '현세적'이라는 의미는 **이** 신자가 개인적 구원에 관련 있는 것으로 인식하는 행위가 (수도원에 은둔한 수도사의 '내세적' 행위같이) 그 세계에서 분리되기보다는 그 세계 **안에서** 이루어지는 행위라는 것이다.

노동을 하고 부와 이익을 결연히 추구하는 것은 순전한 고단함과 고통을 내포했다. 심지어 우정과 친밀함을 키우는 것도 이 신자에게는 금지됐다. 우정과 친밀함 모두 신자가 신에게만 배타적 헌신을 드리는 데 위협이 됐던 것이다. 그래서 '삶의 향락'이라는 관점에서 볼 때, 금욕적 열성 신자들의 행위는 '비합리적(irrational)'인 것으로 판단되어야 한다(Weber, 2011ㄴ : 80, 92~94, 98, 130~131).

그러나 주관적 의미를 '해석적으로 이해'하고자 하는 방법론은 결코 이런 결론을 인정할 수 없으며, '이상하다'는 것을 최종 설명으로 받아들일 수도 없다. 대신에 베버는 청교도들의 의미-복합체가 엄밀한 조사 연구를 통해 재구성된다면, 그들의 행위가 주관적으로 의미 있는 것으로 인식될 것이라고 주장한다. 그는 일기, 설교, 자서전 등 여러 문서에 대한 세밀한 연구를 통해 신자들의 신앙을 재구성하고, 그들이 무엇보다 중요하게 여긴 구원을 추구하기 위해 확실한 노력을 기울이게 한 '심리학적 보상(psychological premiums)'을 이해하는 것을 목표로 했다. 그는 그러면 겉으로는 이상해 보이지만, 신자들의 행위 **의의**(意義, meaningfulness)가 사회과학자에게 그럴듯한 것 그리고 이해할 수 있는 것이 될 것이라고 주장한다.

베버는 반복해서 그런 비교-문화적인 그리고 비교-시대적인 탐구는 복잡하며 심지어 확고하지 못하다는 것을 인정해야 한다고 강조했다. '우리 근대인들'은 청교도인들의 헌신의 강렬함과 개인적 구원의 문제에 대한 집중, 그리고 "종교적 믿음에 뿌리를 둔 우리의 의식 내용들이 문화와 (…) 생활양식에 실제로 얼마나 큰 중요성을 갖는지" (Weber, 2011ㄴ : 178) 상상하기 힘들 것이다. 1904년과 1905년에 쓴《프로테스탄티즘의 윤리와 자본주의 정신》은 베버가 청교도, 가톨릭교도, 루터교도의 다양한 주관적 동기들이 어떻게 각기 다른 방식으로 활동에 영향을 미쳤는지 가장 강력히 보여주는 내용으로 이루어져 있다.

이 주관적 의미에 대한 지향은 이후에 많은 경험적 연구를 이끌었다. 보기를 들어, 세 권으로 이루어진 《세계 종교의 경제 윤리(The Economic Ethics of the World Religious)》에서, 그는 여러 종교들 가운데 유교, 도교, 힌두교, 불교 그리고 유대교 신자들에게서 특징적 신앙과 행위의 기원을 탐구했다. 심지어 불교 신비주의자들의 극단적 현세 도피도 (의인화된 전능한 신성이 아니라 내재적이고 비인간적 존재에 의해 지배되는) 초월적 영역에 대한 인식, (끊임없는 윤회로부터 해탈하는) 구원의 목표에 대한 정의, 그리고 (인격을 넘어서는 전일자(全一者) 안으로 몰입하게 하는 것을 유일하게 가능하게 하는 명상과 '영혼의 침묵'같이) 그것을 얻으려는 적절한 수단에 대한 **그들의** 인식 틀 안에 놓여지면 **의미 있는 것으로 이해될** 수 있다. 베버는 나아가 보기를 들어, 왜 학문이 유교 문인에게 의미 있었는지 그리고 왜 의인화된 신의 계명이 구약 예언자들에게 의미 있었는지 물음을 던졌다.

주관적 의미와 그 의미의 경험적 맥락에 대한 이런 핵심적 강조는—외적 구조가 사회학 연구의 주요 주제가 되어야 한다는—마르크시즘, 네오-마르크시즘, 유기체론 그리고 구조주의의 핵심인 주요 공리(公理)에 대한 거부를 의미한다. 베버에게는 항상 계급, 지위 집단, 조직 같은 '외적인 형식들'과 개인들의 주관적 동기화 사이에 원칙적 괴리가 있다. 그런 괴리는 단일한 계급, 지위 집단 또는 조직에 행위를 지향하는 사람들 사이에서도 모든 종류의 동기들이 발견될 수 있다는 사실에까지 이른다(베버, 1997 : 153~166).

보기를 들어, 권위의 정당화 추구는 (지배자에 대한 감정적 굴복 같은) 감정적 동기, (관례와 관습에 대한) 전통적 지향, (편의성의 이유로 관례에 순응하거나 법을 따르는) 수단-목적 합리적 계산, (충성과 의무, 그리고 지배 그 자체에 대한 신념 같은) 가치들에 대한 지향, 또는 이 모든 행위 지향들의 조합에 기반을 둘 수 있다(베버, 1997 : 156).[6] 구조적으로 동일한 관료제들의 작동이 당연히 문화들 사이에서 비교될 수 있듯, '관료적 에토스'는 다양한 정도로 공무원들을 동기부여한다. 비슷하게, 베버에게 한 관료제에서 공무원이 과업을 수행하는 동기가 가치인지 수단-목적 합리적 계산인지, 일을 해오던 방식에 대한 존중인지 하는 문제는—이 조직이 형식적으로 비슷한 특징을 가지고 있음에도 여러 가지 방식으로 대답될 수 있는—경험적 조사의 연구 문제로 남아 있다(베버, 1997 : 154~156). 베버는 심지어 종파(religious sect)같이 극단적으로 견고한 조직 구조도 신도들의 주관적 의미를 결정하지 않을 것이라고 주장한다.[7]

집단 내 사람들의 주관적 의미에 대한 평가는 일반적으로 그의 사회학뿐 아니라 그의 문명사회학의 기초를 이룬다. 베버는 관찰된 행위

---

6 지배 조직의 순전한 '외적 형식'이 아니라 정당화의 다양한 근거가 권위, 지배와 관련된 주요 이슈들을 구성한다는 베버의 확신이 지배 주제에 대한 그의 관심 바탕에 있다. 베버(Weber, 1968 : 952~954, 1068~1069, 1104~1109)를 보라. 베버는 사람들이 왜 명령에 복종하는가 라고 묻는다.

7 "또한 겉으로 보기에는 힌두교의 수많은 종교적 공동체도 서구의 것들과 다를 바 없는 **종파**인 것 같다. 그러나 구원 내용과 구원 중재 방식은 이 두 경우 극단적으로 반대되는 방향을 취하고 있었다."(베버, 2008 : 178~179)

'이면에' 있는 동기들이 집단과 문명에 따라 상당히 다르다고 확신한다. 그래서 주관적 의미와 해석적 이해에 기반한 방법론이 필수적임이 드러난다. 여기서 **집단 내 사람들에게 의미 있는** 특정한 행위가 무대 중앙으로 나오며, 연구자들은 이제 '타자'를 그 타자 **자신의** 측면에서 연구할 수 있다. 베버의 동료들 사이에서 격렬히 토론됐던, 베버의 고정된 구조적 판단 기준의 포기는 그에게 분명한 결론을 의미했다. 곧 과거와 현재뿐 아니라 동양 문화와 서양 문화에서 주관적 의미가 어떻게 나타나는지 드러내고 정의하는 실행 가능한 경험적 탐구가 행해질 수 있다는 것이다.

본질적으로 베버의 문명사회학은 서구 중심적 가정들을 옆으로 밀쳐내고, 심지어 서구 학자들에게 친숙한 집단들과 근본적으로 다른 집단들에 대한 연구도 심층 연구를 통해 '안으로부터' 이해하는 것을 지지하는 방법론이다. 경험 연구에 기반한 베버의 주관적 의미의 사회학은 ① 그와 동시대 사회과학자들이 다른 문화를 평가하려고 흔히 사용했던 '보편적 기준들'을 떨쳐버리고, ② 서구 지상주의의 권위를 실추하는 결과를 낳았다. 베버는 아무리 동떨어진 집단이어도, 집단 내 사람들의 주관적 의미가 언뜻 보면 '이상해' 보일 수 있지만 그 의미 **자체**의 동학(dynamics)에 의해 연구되어야 한다고 주장한다. 그럴 때에만 문명들의 내적 작동이 이해될 수 있을 것이다.

3. 다인과성 I : '안식처는 없다'

베버의 문명사회학 전반에 걸친 중요한 전제는 인과성과 관련되어 있다. 곧 광범위한 원인들을 참작해야만 유형화된 행위의 기원들을 설명할 수 있다는 것이다. 베버의 사회학에서 무수히 많은 규칙적 행위 묶음들이 집단에서 발전하면, 유형화된 행위의 '강력한 담지자(carriers)'가 될 수 있다(아래를 볼 것).[8] 그의 방법론의 이런 측면을 짧게 살펴보는 것이 이 절의 과제다.

베버는 역사를 통틀어 볼 때 권력과 '정당한' 것으로서의 합법적 행위의 추구는 새로운 유형화된 행위의 보편적 원인이었다고 주장한다(베버, 1997 : 156~166). 또한 그에게 중요한 것은 보기를 들어 기술혁신, 중요한 역사적 사건, 경제적·정치적 이해관계, 그리고 이념이다(Kalberg, 1994 : 68~78). 카리스마가 있는 위대한 지도자들은 순전히 그들의 인격적 힘으로 사명을 위해 많은 사람들을 동원할 수 있으며, 새로운 행위 규칙성을 시작할 수 있다. 또한 종교적·세속적 가치 체계(value constellations)는 비범하고 영웅적 인물에 의해 주창되지 않았다 하더라도 유형화된 행위에 새롭고 영향력 있는 방향 제시가 가능하다.

정말로 가치는—특히 응집된 계층, 조직, 또는 계급이 그 가치의 담지자로 확고해진다면—정치적·경제적 이해관계에 의해 추동된 사회적 행위 유형을 방향 전환하거나 심지어는 억제할 만큼 강력할 수 있다고 베버는 주장한다. 종교적 신념은 일단 확립되고 나면, 경제적·정치적 발전에 강력한 영향을 미칠 수 있으며, 심지어 한 시대의 정당화 논리와 세계관을 형성할 수도 있다. 베버에게 "종교적 사상의 내용은 (…) 전적으로 내적인 독자적 법칙성과 강제력을 지니기도 한다"(베버,

8 베버에 따르면, 가치, 전통, 수단-목적, 감정적 행위는 그 담지자로서 특정 집단을 필요로 한다. 그렇지 않다면 그 행위들은 인과적 효력을 갖지 못한 채 남는다.

2010 : 405). 경제적 이해관계에만 초점을 두는 인과적 분석은, 보기를 들어 중국에서의 전통 권위가 마법적 힘과 유교에 의해 강화됐을 때 수세기 동안 경제적 이해관계 추구를 저지했던 방식을 이해하지 못한다(Weber, 1951 : 227~229). 베버는 "**경제적으로** 합리적인 생활 자세의 발전은 주술적 그리고 종교적 힘들에 의해 이런 능력과 성향이 저지된 곳에서는 심각한 내적 저항에 부닥치게 됐다"고 주장한다(베버, 2008 : 301). 확고한 전통의 절대적 무게는 모든 혁신적 충동들을—그 충동들의 근원에 관계없이, 심지어 카리스마적 인격에 의해 지지된다 할지라도—억누른다.

베버는 자주 종교적 교리와 구원의 길에 주의를 기울이도록 요청한다. 종교적 교리와 구원의 길은—"가령 인도의 업보론, 칼뱅교의 예정론, 루터교의 신앙을 통한 정당화, 가톨릭의 성사론"(베버, 2008 : 166)은—각각 독립적으로 신자들의 실천적 행동에 영향을 줄 수 있다. 그리고 "종교적 합리화는 자체 동학을 가지며 경제적 조건은 단지 그것을 흘러가게 할 뿐이다. 무엇보다도 종교적 합리화는 사제 교육의 등장과 관련되어 있다"(Weber, 1968 : 1179). 그러나 베버는 반대의 인과경로를 강조하며, 그럼에도 다시 역인과관계를 역설한다.

> "한 종교에서 추구하는 구원재의 성격은 지배 계층의 외적 이해 상황의 성격 및 이에 상응하는 생활양식 성격에 의해, 다시 말해 사회적 계층구조에 의해 강하게 영향을 받았다. 그러나 역으로 생활양식 전체는 다시금, 이것이 계획적으로 합리화된 곳이면 어디서나 이 합리화가 준거로 삼았던 궁극적 가치들에 의해 지극히 깊은 영향을 받았다."(베버,

2008 : 126~130, 166, 174~176, 286~287 볼 것)

그러나 베버는 다시 그 역이—가치 구성(value configuration) 내용과 형태가 정치적·경제적 이해관계에 의해 강하게 영향받을 수 있다—흔히 일어난다고 강조한다(베버, 2008 : 123~133 ; Weber, 1968 : 341).[9] 베버는 이해관계는 그것이 정치적이든 지위-지향적이든 경제적이든 간에 항상 사람들을 동기부여한다고 주장한다. 보기를 들어, 자본주의 발전은, 특히 결정적 시점에서 주요 집단들의 경제적 이해관계와 순전한 권력 추구에 의해 영향을 받았음에 틀림없다. 베버는 길드에 기반한 자본주의든, 선대제도(先貸制度)든, 상업주의든, '경제 형식'은 근대 자본주의 기원과 확장에 대한 인과적 분석에서 언제나 중요했으며, 결코 생략되어서는 안 된다고 강조한다.

그럼에도 위의 인용문이 가리키듯, 이해관계의 무진장한 영향력 바깥에는 늘 다양한 원인들이 존재한다. 게다가 베버는 반복해서 행위유형들 사이, 집단들 사이, 그리고 집단들 내에 분열과 융합뿐 아니라 긴장과 갈등이 있어서 변화와 재구성을 일으킨다는 것을 발견한다. 가치와 이해관계는 복잡한 방식으로 통합하고 분기한다. 새로운 사회적 행위의 규칙성이 새로운 집합체에서 시작된다. 새로운 담지자 집단이 구성되지만 흔히 불안정하며 취약하다. 언급한 대로 구조적으로 동일한 조직이라 하더라도—자본주의 기업, 관료제, 심지어 종파들도—이

9 "이 종교적 요인 자체는 다시금 주어진 지리적 경계 내에, 그리고 정치-사회적·국가적 경계 내에 존재하는 경제적·정치적 조건들에 의해 깊은 영향을 받는다."(베버, 2008 : 125)

동일성에 의해 동일한 가치를 담지하는 것이 아니다(베버, 2008 : 178~179).

《경제와 사회》에서 제시된 베버의 분석틀—영역들과 영역-한정적(domain-specific) 이념형들—의 주요한 역할이 이제 명백해진다. 게다가 잠재적인 인과적 지위가 부여되는 **다양한** 영역-한정적 이념형들을 명시하면서 베버는 **모든** 인과 분석에서 유형화된 행위의 광범위한 다원성이 분명히 드러나야 한다고 공언한다. 사실상, 다양한 사회적 영역들과 영역-한정적 이념형들에 호소하는 이 절차는 보기를 들어 원칙적으로 문화적 힘(cultural forces)을 인정하며, 연구자들이 하나의 요인 또는 몇 개의 요인들에 일반적인 인과적 우선성을 부여하는 것에 방어기제를 제공한다. 보기를 들어, 베버는 오래 지속되는 경제조직들과 지배 형식들에 대한 인과 분석은 권력과 국가적 이해관계뿐 아니라 이 '구조들'에 배경적 정당화를 제공하는 가치와 전통들을 참고해야 한다고 주장한다(베버, 1997 : 156~164, 408~414 ; Weber, 1968 : 952~954).

'안식처(resting place)', 곧 하나의 인과적 힘을 찾아내고자 하는 모든 시도는 헛된 노력으로 여겨져야 한다(베버, 2008 : 125 ; Weber, 1968 : 341). 베버가 여러 곳에서 반복하듯, "어떤 특별한 일반화도 이루어질 수 없으며", 어떤 '일반 정식'도 인과적으로 '선행하거나' '지배적' 사회 행위의 유형을 설정할 수 없다(Weber, 1968 : 341, 577, 1179 ; Weber, 2011ㄴ : 178~179). 그는 유형화된 행위의 기원은 다양하다고 주장한다. "만약 우리가 이런 상호의존성들을 전부 아주 상세히 제시하려고 한다면, 그것은 끝이 보이지 않는 작업이 될 것이다."(베버, 2008 : 125) 베버의 주요 개념인 '사회 영역'은 그의 광범위한 다인과성을 더 잘 밝혀준다.

사회 영역들

《경제와 사회》는 유형화된 사회 행위를 매우 다양한 맥락 가운데서 연구한다. 베버는 영역들, 곧 법, 종교, 경제, 지배, 보편적 조직들, 그리고 지위 집단들에 특유한 문제들과 딜레마들을 언급하면서도 어떻게 의미 있는 행위가 확고하게 되어 다양한 '내적(가치와 이념)' 그리고 외적(정치적 이해관계와 경제적 이해관계) 구성의 결과로 유형화**될 수** 있는지 목록을 제시한다. 곧 각 영역에서 규칙적 행위는 '자연적' 반응 흐름에서 분리되어 다른 모든 영역에서 유형화된 행위와 구별되는 **의미 있는** 양상이 부여될 수 있다. 베버는 사람들이 "각기 다른 법칙에 의해 좌우되는 다양한 삶의 영역에 놓여 있다"(Weber, 2005 : 267 ; 베버, 2008 : 205~206)고 주장한다.

각 영역은 연구자에게 사회 행위에—더 가능성 있는 것은 사회 행위 유형들에—대한 **개연성 있는** 경험적 지향을 제시한다. 게다가 이 영역들은 딜레마, 주제, 문제, 질문들에서 **분석적으로** 구별되지만 경험적으로 보면 어떤 시기, 지역에서는 경계들이 거의 보이지 않을 정도로 겹치기도 하고 뒤얽힐 수도 있으며 그와 다른 시기, 다른 지역에서는 더 '자율적으로' 발전할 수도 있다. 그러나 이런 경험 사례들에서도 그 영역들은 같은 속도로 발전하거나 병행해 발전하지 않는다(Weber, 2011ㄴ : 97). 《경제와 사회》에서 이 영역들에 대한 베버의 논의는 어떤 영역들이 어떻게 광범위하게 영향을 미치는지 개념화하는 데 도움을 준다.

베버는 많은 사례를 제공한다. 보기를 들어, 지배에 대한 그의 분석은 한 유형의 행위가 갖는 '발전 기회(developmental chances)'가 어느 정도로 '경제적 · 정치적 또는 다른 외적 결정 요인'에 의해 제한되는지 평가한다. 그러나 그 분석은 지배 유형들이 어느 정도로 "그 유형들의 기술적 구조에 내재한 '자율적 논리'"(Weber, 1968 : 578, 654~655, 1002)를 따르는지도 평가한다. 베버는, 특히 특정 집단의 사람들이 경험적으로 지배에 정당성을 귀착하는 것이 어떻게—매우 높은 확률로—이 영역에 독립적 모습(profile)을 부여하는지 인식한다. 보기를 들어, 고대 인도에서 브라만의 **권력**만으로는 카스트제도가 지속해온 것과 그것이 평등한 권리를 가진 '시민들'의 발전을 저해해온 것을 설명할 수 없다. 오히려, 브라만이 합법적으로 위세와 권위를 소유한다는 믿음이 중요했음이 판명됐다(Weber, 1958 : 90~91, 113~114, 127~129).

요약하자면,《경제와 사회》의 다양한 사회 영역들은 여러 구성물을 이룬다. 그것들은 결합해 베버의 폭넓은 다인과성에 강력히 기여한다. 이념형들의 집합으로 이루어진 각 영역은 고유한 딜레마를 보여준다. 각 영역은 경제적 사례들 외의 것들에 의해 함께 결정되는 것으로 볼 수 있다(Weber, 1968 : 341, 935 참조).[10]

이런 간단한 보기들만으로도 베버 사회학의 핵심에 있는 폭넓은 다인과성이 이념형들과 사회 영역들에 자리하고 있음을 보여주는 데 충분할 것이다. 이념형들과 사회 영역들의 중요성은 결코 전체를 아우르는 실체인 '사회'나 범세계적 · 진화적 · 분화 역사적 경향에서 비롯되는 것이 아니다. 베버에 따르면, 오히려 그것들은 항상 규칙적 행위-지향들의 **집합에** 깊이 **배태되어** 있다. 우리는 이제 바로 이 주제, 곧 베버의

10 이 주제에 대한 베버의 더 깊은 논의를 위해서는 Kalberg(1994, 50~78)와 Kalberg(2011, 341~343)를 볼 것.

문명사회학에서 **맥락**의 중심성으로 넘어가야 한다.

4. 다인과성 II : 사회 행위의 맥락 배태성과 베버의 이해사회학

베버는 유형화된 행위의 원인이 다양함을 강조하면서 매우 복잡한 분석을 시도한다. 사실상 그는 새로운 행위의 규칙성 바탕에 있는 복합적 상호작용들뿐 아니라 역동적인—또는 접합적인—상호 작용들도 발견한다. 유형화된 행위가 행위의 맥락 가운데 확고해지고, 규칙적 행위의 **새로운 맥락 안에 배태되는** 다인과적 방식이 강조된다. 언급한 대로, 위대한 카리스마적 인물들에 의한 역사 움직임도 베버 사회학에서는 유형화된 행위의 맥락에서 일어난다(Kalberg, 1994 : 50~78 볼 것).

그의 비교 연구 저작들은 규칙적 행위의 기원과 확대에 대한 맥락-지향적 분석의 많은 보기들을 제공한다. 짧지만, 우리는 그의 체계적 문명 연구에서 이 근본적 요소에 직접적 주의를 기울여야 한다. 이 요소를 인식하는 것은 ㄱ) 인과성의 이슈와 관련해 인과의 복잡성을 이해하는 도움을 주며, ㄴ) 도처 집단들에 있는 사람들의 사회 행위를 해석적으로 이해하고자 하는 베버주의 사회학자들의 탐구를 수월하게 한다.

베버의 비교 조사 연구는 사회 행위 맥락에 깊은 주의를 기울인다. 그에게 유형화된 행위가—보기를 들어 카리스마적 지배자를 향한 행위, 내세적 금욕주의의 구원의 길, 역사적 사건, 또는 법이나 경제의 특정한 유형—인과적으로 중요한지 증명하는 여부는 단지 그 행위 범위의 확고함이나 권력 또는 담지자 집단 영향에만 의존하는 것이 아니다. 중요한 것은 유형화된 행위의 **집합들**이 상호작용하는 방식이다. 규칙적 행위의 개별 **환경**은 새롭고 지속적인 규칙적 행위에 특정한 각인을 남긴다. 그 규칙적 행위는 내용뿐 아니라 효과에서도 영향을 받는다.

그래서 베버의 사례 분석들은 행위-지향 자체나 행위-지향의 외양에는 초점을 두지 않는다. 대신 베버는 새로운 규칙적 행위가 생기고, 확대되고 그리고 사회학적 중요성을 얻고자 한다면 행위를 명백히 해주는 행위의 다양한 유형들이 결정적인 것으로 남는다고 주장한다. 집단들은 항상 하나의 무대배경을 형성하는 무수한 집단들 내에 '위치한다'. 베버는 보기를 들어 한 문명의 종교에 기반한 '경제적 에토스'는 교리와 종교 조직과 관련해서뿐 아니라 법, 가족, 경제 '형태', 정치조직 그리고 지배 유형과 관련해 연구되어야 한다고 주장한다.

베버는 다양한 행위 유형들의 **복잡한** 상호작용이—그리고 결과로서 각 행위의 변화가—경험적 실재를 특징짓는다고 확신한다. 그는 여러 행위들이 병치되어 독특한 유형으로 확고해지는 다양한 방식들에 지속적으로 주의를 기울인다. 원칙적으로 주어진 결과는 다양한 행위-지향들뿐 아니라 그 행위-지향들의 가변적 배치에서 비롯된다. 그에 따르면, "다름 아닌 바로 그 구체적 결과가 나오려면 **모든** 조건들 전체는 (…) 다름 아닌 바로 그 특정한 방식으로 '함께 작용(zusammen wirken)'해야 한다"(Weber, 1949ㄴ : 187). 그래서 베버는 "실제 인과 요인으로서의 '특정한 사실'을 실제의 그래서 구체적인 맥락"(Weber, 1949ㄴ : 135 ; Weber, 1975 : 197 참조)과 통합하려고 한다. 유형화된 행위의 원인들이 적절한 인과 수준에서 설명되려면 '올바른' 역학에서 상호작용이 일어나야 한다. 이 상호작용은 결코 단선적이지 않으며, 여태껏 연결되지 않던 행위 유형들을 융합해 질적으로 새로운 인과적 자극을 불러일으킨다. 접합적 상호작용들이 규칙적 행위를 크게 강화하거나 약화할 수 있으며, 전혀 본 적 없는 행위 규칙성을 불러일으킬 수 있다는 것이 인정된다.

요약하자면, 유기적 통일성을 결여한 그리고 대신에 끊임없이 서로 융합하고 갈등하며 겨루는 행위 유형들에게서 구성된 '사회들(societies)'을 개념화한 바탕 위에서, 베버는 **상호작용적** 영향이 자주 효과적 원인이 됨을 주장한다. **다양한** 행위 유형들의 역동적 상호작용이 정확히 독립적인 인과적 힘으로 작동하게 하는 방식들에 특별한 주의를 기울여야 한다. 베버는 다인과성과 접합적 상호작용을 **강조하는** 복잡하고 인과-지향적인 방법론만이 가치, 관례, 관습, 법, 경제적·정치적 이해관계, 권력, 그리고 지배의 복잡하고 끊임없는 뒤섞임과 그들 사이의 피할 수 없는 긴장들 모두를 잡아낼 수 있다고 주장한다.[11]

베버의 비교-역사 연구 저작들은 반복적으로 하나의 구체적 질문을 던진다. 행위가 유형화된 행위의 맥락에 배태된다는 견지에서 "어떤 사회 행위가 **가능한가**?" 경제, 종교, 법, 지배, 지위, 그리고 보편적 조직들에 지향된 유형화된 행위의 집합들과 관련해 행위가 일어나는

11 이 점에 대한 논의와 이 절의 나머지 논의는 보다 깊이 분석하는 Kalberg(1994, 30~46, 98~101, 168~176)에 빚진다. 여기에는 베버의 맥락적이고 접합적인 방법론이 훨씬 더 자세히 검토되어 있다. 그 방법론은 인도의 카스트 도, 고대 이스라엘의 유일신, 그리고 고대 중국의 유교 등장에 대한 베버의 분석들을 재구성하는 데 적용됐다. Kalberg(2012, 145~192)를 볼 것.

특정한 환경에서 "추가적 행위 유형에 의해 담지되는, 어떤 주관적 의미가 생겨날 **수 있는가**?" 능력 있는 소명 예언자들의 영향력조차도 "어떤 최소한의 지적 문화"(Weber, 1968 : 486)의 존재에 의존했다. 베버는 보기를 들어 관료 조직들이 정치 영역을 포함해 한 특정 문명에 가득하게 된다면, 어떤 사회 행위의 규칙성이 지배적인 것이 될 가능성이 있는가 라고 묻는다. 그의 문명사회학은 구체적 행위 유형들이 나타나는 범위들을 발견하고자 하는 시도들로 가득 차 있다. 그는 체계적 비교 연구는 서로 경쟁하는 가치들이 한 특정 문명에 도입되고 그 안에서 확대될 **수 있는가** 하는 문제에도 명확성과 통찰을 제공할 것이라고 확신한다.

이념형은 이런 맥락에 주안점을 두는 방법론에 핵심적이다. 논의한 바대로, 이념형은 집단에 기술해줄 수 있는 유형화된 의미 있는 행위를 규명한다. 그렇게 함으로써, 이념형은 새로이 생겨나는 행위 규칙성의 가능성과 그 규칙성이 사회학적으로 중요한 것이 되는 개연성을 개념화하는 데 도움을 준다. 곧 어떤 이념형 집합은 특정의 새로운 유형화된 행위를 허용하고 이용하며 심지어 집중적으로 배양하는 맥락을 명확히해주는 반면, 어떤 이념형의 집합은 그 맥락을 제한하고 배제한다(Kalberg, 1994 : 39~46, 98~102, 168~176). 게다가 베버에 따르면 행위 규칙성들은 결코 단일한 방식으로 문명들에 퍼져가지 않는다. 왜냐하면 그 규칙성들은 끊임없이 새로 유형화된 행위 무리와 마주치기 때문이다. 각각은 행위가 확고해지고 그 확고해진 행위 효과에 실제로 독특한 방식으로 영향을 준다.

보기를 들어, 소명 예언에 대한 행위 지향은 고대 이스라엘에서는 비옥한 땅을 찾았지만, 그 혁명적 힘도 고대 인도, 중국, 그리고 이집트에서는 견고한 장벽을 만났다(Weber, 1968 : 418~419, 447~450). 비슷하게, 규칙적 행위의 구성들은 중세 서구에서 쁘띠 부르주아지가 형성되고 강력해지는 길을 예비했다. 인도와 중국에서는 다른 규칙적 행위가 이들 문명에서 쁘띠 부르주아지가 광범위하게 발전하는 데 분명한 장벽이 됐다(Weber, 1968 : 508). 베버는 "그런데 자본주의적 이해관계가 중국이나 인도에서는 왜 같은 역할(법률가 집단의 지배를 조장하는 역할)을 하지 않았는가?"(베버, 2008 : 299)라고 묻는다. 마찬가지로 시장경제가 확산되느냐 여부는 부분적으로는 그 확산을 위한 법적 맥락—보장된 계약적 자유 정도와 거래에 폭넓은 법적 승인 형식으로—이 안정화 되느냐 또는 법률이 배타적으로 "다른 사람들과 관련해 한 사람의 비경제적 관계와 특권을 제한"(Weber, 1968 : 668)하느냐에 의존한다.[12] 그러면 유형화된 행위와 집단들 사이에 어떤 배열이 각기 다른 유형의 법률 교육의 등장을 도왔는가?

"법률 훈련 효과는 법률 실행과의 관계가 전문적인 명사(名士, honoratiores)들의 손에 있는 곳에서는 달라지게 마련이다. 일반적으로 말해서 명사들 같은 특별한 계급 존재는 법률 실행이 신성(神聖)하게 좌우되고,

12 전체 문단이 베버의 주장을 잘 설명해준다. "물론 시장 확대와 계약적 자유의 정도 확대, 곧 다른 말로 해서 법적 질서에 의해 유효한 것으로 보장되는 배열(arrangements)의 범위, 또는 그런 거래적 성향을 승인해주는 규칙들의 전체 법적 질서에서 가지는 상대적 중요성 사이에는 밀접한 연관이 존재한다. 자급자족이 위주이고 교환이 부족한 경제에서는 법의 기능이 자연히 다를 것이다. 그 법은 다른 사람들과 관련해 한 사람의 비경제적 관계와 특권을 경제적 고려가 아니라 그 사람의 출신, 교육 또는 사회적 지위에 따라 정의하고 제한할 것이다."(Weber, 1968 : 688)

법률 실행이 아직 도시 상인의 필요와 관련되지 않은 곳에서만 가능하다."(Weber, 1968 : 792~793)

마찬가지로 베버에 따르면 여러 유형의 법률과 관련된 새로운 기술 확장은 '경제적 상황'이 이를 받아들일 수 있을 때 일어난다.

"법률 체계에서 사용되는 특별한 유형의 기술은 어떤 법 제도가 그 맥락에서 발명될 가능성에서 상식적으로 여겨지는 것보다 훨씬 더 큰 중요성을 갖는다. 경제적 상황만이 자동적으로 새로운 법률 형태를 등장하게 하지 않는다. 경제적 상황은 단지 법적 기술이 발명됐을 때 실제로 확산되는 기회를 제공할 뿐이다."(Weber, 1968 : 687)

마지막으로 고대와 중세에는 기업가와 사업가의 지위가 상당히 낮았지만, 이런 평가에 대한 이유는 사회 맥락에 따라 다양하다고 베버는 강조한다. 고대 세계에서는 상인에 대한 지대 생활자 유한계급의 경멸 결과였다면, 중세에는 가톨릭교회의 상업 관계들에 대한 비판에서 비롯됐다(Weber, 1976 : 66~67 ; 베버, 2008 : 221~222 ; Weber, 1968 : 353, 583~588, 709).[13] 우호적 환경이 존재하느냐 여부에 따라 유형화된 행위들이 집단들—독특한 집단들의 구성들—안으로 병치되고 결정화되는 다양한 방식들이 반복적으로 그의 관심을 이룬다.

베버의 중요한 개념인 해석적 이해는 그의 문명사회학을 유형화된

13 베버에게 사회 맥락의 중요성을 보여주는 추가적 보기를 보려면 Kalberg(1994 : 38~46, 168~192)를 볼 것.

행위가 나타나고 확대되는 행위 맥락에 가장 우선성을 부여하는 것으로 정의하는 데 강력히 기여한다. 그에게 규칙적 행위의 구성들에서 주관적 의미가 차지하는 **위치**는 행위를 이해하는 데 필수불가결하다. 그의 사회 영역들과 영역-한정적 이념형들은 행위의 맥락적 위치 짓기를 용이하게 하는 발견적 지향 기제로 역할한다. 이는 오로지 그것들이, 주관적으로 의미 있는 행위의 거대한 스펙트럼을 나열하는 가운데 광범위한 경험 행위를 개연성 있는 것으로, 의미 있는 것으로, 그리고 원인이 되는 것으로 이해하는 것을 용이하게 하기 때문이다. 베버는 해석적 이해의 방법론을 고수하면서 사회학자들이 이전까지 사실상 '비합리적인' 것으로 여겨졌던 행위가 맥락적으로 위치 지워지면 '합리적인' 것으로 인지할 수 있도록 돕는다.

마지막으로, 베버 행위의 해석적 이해에 대한 지향은 추가적으로 그의 문명사회학에서 행위의 맥락 배태성이 차지하는 중요성을 시사한다. 그런 지향은 사회학자들이 그들 자신의 시대 독특성을 자각하는 데 도움이 되기도 하고, 심지어는 도전하게도 한다. 그는 사회과학에 만연한 근대 시기를 신성하고 봉건적인 과거에서 해방된 것으로 정의하는 경향을 한탄한다. 베버는 그렇게 정의하는 한, 과거에 대한 해석이 과거와는 근본적으로 다른 현재 가정들에 의해 이루어질 가능성이 높다고 주장한다. '우리 근대인'은 과거 시기의 주요 질문들과 딜레마들의 실제 특징을 제대로 이해하지 못한다고 반복적으로 주장하며, 베버는 현재의 가정들이 알지 못하는 사이에 과거에 **부과되는** 것을 두려워한다.

오늘날 사회과학자들이 사회 행위를 해석적 이해를 통해 그 행위의

고유한 맥락에서 이해하려는 노력으로 도움을 얻어야만 베버 문명사회학의 모든 약속은 실현될 수 있다. 그럴 경우, 베버는 연구자들이 다른 시기와 문명의 개인들이 주관적으로 의미 있게 행위하는 엄청나게 다양한 방식을 더 지각하게 될 것이라고 확신한다. 결과적으로 경시되거나 묵살될 수 있었던 행위를 의미 있는 것으로 주의를 기울이며《경제와 사회》의 사회 영역들과 영역-한정적 이념형들에 대한 방대한 분석을 하는 것은 행위의—심지어 근본적으로 다른 문명들에서 일어나는 행위의—주관적 의의를 **이해**하는 데 도움을 주는 사회과학 방법론의 역량을 **확대해**준다. 개별 문명들에서 유형화된 행위를 그 행위의 맥락에 위치 지움으로써 행위의 의의가—이 무대 안에서—이해 가능해진다. 그러면서 사회학자의 지평과 비교 문화적 이해가 확장된다.

규칙적인 행위의 배태성과 그 행위의 맥락적 · 조합적 · 접합적 상호작용들에 대한 베버의 인지는 그가 왜 그토록 강한 어조로 모든 문화의 확산 이론들에 경고를 했는지 설명해준다. 베버는 모든 문명 상호 간의 그리고 시대 상호 간의 유비(analogies)에도 주의를 준다(Weber, 1976 : 39~43 ; Kalberg, 1994 : 83). 흔히 그럴듯해 보이지만, 유사성들은 "매우 오도하기 쉬우며" 유비들은 "대부분의 경우 거의 믿을 만하지 못하고, 실제로 자주 명료성과 이해에 장애물이 된다"(Weber, 1976 : 39~40 ; 베버, 1997 : 138~153 참조). 대신 그는 각 문명의 '합리주의'는 '특징적 개별성(characteristic individuality)'을 이룬다고 강조한다. 각각의 사회 행위의 독특한 구성은 다른 것과 구별되는 역학을 의미한다. 그리고 각각은 독특한 방식으로 새로운 행위-지향을 형성할 수 있다. 이 공리(axiom)가 베버의 문명사회학을 세우는 체계적 방법론에서 초석

같은 요소다.

5. 다인과성 III : 과거와 현재의 연결

논의한 바대로, 베버의 문명사회학에는 이념형에 의해 포착되는 복합적이고 복잡한 유형화된 행위의 집합들과 수많은 집단들이 편재한다. 경험에 기반한 규칙적 행위의 다인과적이고 맥락적인 기원에 대한 그의 강조는 그의 사회학에서 과거와 현재를 엮어내는 일과 연결된다. 어떤 집단들은 적절한 맥락에서 다음 시대에까지 깊은 영향을 미칠 수 있다. 그에게 "어디서나 사실상 전래된 관례적인 것은 타당한 것의 아버지다"(베버, 1997 : 154). 심지어 '새로운 것'의 갑작스러운 등장도—카리스마의 '초자연적' 능력도—과거와 연결을 완전히 끊지는 못한다(Weber, 1968 : 577 ; 베버, 2008 : 139). 베버는 심지어 산업화에 의해 초래된 엄청난 전환도 과거를 일소하는 데는 실패했다고 주장한다. 그에게는 생명력 있는 유산들(Überbleibsel, Überreste, Vermächtnisse)이 계속 존재한다.

《경제와 사회》에서 사회 영역들과 이념형에 대한 그의 지향은 인과성에 대한 역동적이고 맥락적 접근뿐 아니라 과거가 현재와 서로 맞물리는 수많은 미묘한 방식들을 분석하는 능력의 토대를 이룬다. 언급한 바같이, 그는 다양한 사회 영역들이 잠재적으로 독립적인 능력을 지닌다고 주장한다. 그 영역들은 때때로 동일하지 않은 방식으로 또 각자의 페이스대로 발전할 수 있다. 그리고 의미 있는 행위의 유형을 기록하는 데 각 이념형은 자율적으로 지속하는 요소—그 행위가 기원한 시대를 넘어서까지 영향을 미칠 수 있는 요소—의 가능성을 의미한다. 주석가들이 흔히 베버의 '역사관'을 포착한 것으로 주창했던 이분법, 곧 안정적이고 반복적인 전통 특성과 카리스마의 혁명적 특성의 대조는 그의 사회학에서 보여지는 과거와 현재 사이의 복잡한 관계를 나타내는 데 실패한다.

《경제와 사회》에서 명료히 설명되는 엄청나게 다양한 행위 유형과 그 유형들의 '열린' 상호작용, 그리고 다양한 정도의 종결, 이 모두는 하나의 단일한 결론으로 이끈다. 과거는 현재와 긴밀히 연결된다. 어떤 집단의 행위 규칙성은 집단 고유의 문제들에 의해 발전해 다음 시대까지 깊이 영향을 미치는 정도로 확고해지는 것으로 인식될 수 있다. 집단들에서 나타나는 바같이 인과적으로 유효하고, 경쟁하며, 호혜적으로 상호작용하는 수많은 행위 유형에서 구성된 체계적 저작들로부터 우러나오는 반-유기체적 '사회관'은 어떤 행위의 규칙성들이 과거에서 '존속'해, 마치 유산처럼 현재 행위 유형에 영향을 미치는 것을 쉽게 인정할 수 있다. 대규모 구조적 변동—관료제화, 도시화, 세속화—에 직면해서도, 경험에 기초한 그의 개념들과 절차들은 과거가 항시적으로 현재에 영향을 미치는 다양하고, 복합적이며, 실질적 방식들을 인식할 수 있게 해준다.

베버는 유형화된 행위와 집단 형성 원인을 맥락적이고 다원적이며, '열려 있는' 것으로 개념화하고, 경험적으로 볼 때 사회 영역들이 '각자'의 경로를 따라 동일하지 않은 방식으로 발전할 수 있다고 강조하면서 진화 이론들을 거부한다(Weber, 1976 : 366). 역사를 단선적 라인을 따르며 불가피한 '진보적' 경로를 추구하는 것으로 보는 모든 서술은 그의 근본적 신조와 정반대 입장이다. 규칙적 행위와 집단들이 '필연적'이고, 방향지어지고, 예측된 역사 발전 안에서 침륜되는 것이 아니라 지그재그, 반전, 역설, 예기치 않은 연합, 기대하지 않은 결과들이 베버 연구를 특징짓는다. 그에게는 항상 어떤 행위 유형들이 과거에서부터 '존속'해, 현재 행위 유형에 중대한 영향을 미친다. 유산들이 핵심적이다(Kalberg, 1994 : 159~164 ; Kalberg, 2012 : 65~72 참조). 게다가 합리화, 탈주술화, 관료제화의 경로들이 베버의 개념들과 절차들에 의해서 개념화될 수 있겠지만, 그의 전체 사회학은 이런 전면적 '과정들'이 **경험적으로** 펼쳐지기 위해서 규칙적 행위의 적절한 맥락의 결정화(結晶化)뿐 아니라 수많은 유형화된 행위들의 연속에 의존한다는 것을 강조한다.[14]

베버는 자주 종교 영역에서 유산들을 찾아낸다. 미국에서 프로테스탄트 금욕주의의 핵심적 가치들—직업에서 절제되고 일상적 노동, 자선단체에 정기적 기부, 사람들의 지속적인 목적 설정, 미래에 대한 지향과 세상의 도전을 굴복시키려는 시도, 개인이 운명을 형성하는 능력에 대한 낙관주의, '악'에 대한 강한 불관용—은 이를 지지하는 대부분의 사람들이 이 가치들을 종교적 유산과 밀접한 관계가 있다는 것을 의식하지 못하고 있음에도 미국인의 삶에 필수적인 부분으로 남아 있다(Weber, 1968 : 1187). 게다가 종파 구성원들이 세속적 권위에 외경의

14 베버의 저작들을 통틀어 재현되는 두 개의 통시적 상호작용의 양식은 구별될 수 있는데 각각은 과거의 유형화된 사회 행위가 현재의 규칙적 행위에 영향을 미치는 방식을 보여준다. '유산(legacy)' 상호작용과 '선행조건' 상호작용. 이에 대한 자세한 논의는 Kalberg(1994, 158~167)와 Kalberg(2011, 343~344)에서 찾아볼 수 있으며, 여기서는 반복할 필요가 없겠다.

후광을 부여하기를 거부했던 것처럼, 미국의 프로테스탄트 종파들에서 있었던 것 같은 신도들에 의한 '직접 민주적 통치'는 정부의 민주적 형태를 건설하는 데 중요한 유산을 남겼다(Weber, 2005 : 277~290 ; Kalberg, 2012 : 68~72 ; Kalberg, 2014).[15]

유산들에 대한 베버의 관심은 그의 저작 전체에 흐른다. 피상적 방식이지만, 여기서 몇 가지 보기들을 짧게 언급하는 것은 장기적 유산들이 그의 문명사회학 구석구석에 배어 있는 방식들을 강조하는 데 도움을 줄 것이다.[16]

- 〈구약성서〉의 예언자들은 "수천 년을 지나서 현재로 그들의 그림자를 드리운다"(Weber, 1952 : 334)라는 보기를 들어, 유대법의 법적 윤리는 "청교도 윤리에 의해 흡수되어 근대 부르주아지의 경제적 도덕성 맥락에 표현됐다"(Weber, 1968 : 1204).
- '로마법의 합리적 전통'은 교회법(828)뿐 아니라, 근대 형식법(Weber, 1968 : 843~855)에도 영향을 미쳤으며, 교회법은 "합리화에 이르는 길에서 세속법을 위한 지침 가운데 하나가 됐다"(Weber, 1968 : 829).

15 프로테스탄트 종파들이 미국 정치 문화에 끼친 영향과 관련해, 17세기 청교도주의의 오랜 유산에 대해서는 Kalberg(2014)에 분석되어 있다. 이 책은 특별히 미국의 시민 결사체들을 청교도 종파의 직접적 유산으로 볼 수 있는 방식들을 강조한다. 여기서 미국의 시민 영역은 청교도 윤리 공동체의 세속화되고 약화된 형태로 이해된다.

16 주로 Kalberg(1994, 160~161)에서 가져온 것이다. 보기들을 더 보려면, Kalberg(162~168)를 볼 것. 관련된 개념인 '선행조건'에 대해서는 여기서 살펴볼 수가 없겠다. Kalberg(1994, 158~164)를 참조할 것.

- 개인적 명예와 기사도의 기본적 태도에 뿌리를 둔 봉건제의 고귀한 존엄성은 후대까지 존속해서 서구의 가신(ministerales), 영국 신사도의 이상, 청교도 신사의 이상에까지 영향을 미쳤다. 이 모든 계층에게 "봉건 기사도는 원형적이면서도 특별한 중세적 지향의 중심이었다"(Weber, 1968 : 1068~1069).
- 중국에서 고대의 "정치적 봉건제"는 고전 시대와 고전 이후의 시대에 유교의 지위 윤리 발전을 도우면서 광범위한 그림자를 드리웠다(Weber, 1951 : 46).
- 로마 시대의 '냉철한 실천적 합리주의'는 신앙의 교조적인 윤리적 체계화를 위한 틀을 주조해내는 데 "기독교 교회에 대한 로마의 가장 중요한 유산"이 됐다(Weber, 1968 : 554~555).
- 17세기 프로테스탄트 윤리는 18세기에 자본주의 정신 탄생에 영향을 줬다.
- 서구 중세의 종교적 교구(congregation)는, 이전에 적대적이었던 집단들의 조합화가 퍼져가고 그래서 중세도시들에서 길드가 나타나고 무역이 성장하는 것을 도왔던 보편적 가치들을 향한 하나의 두드러진 문화적 지향을 확립했다.
- "하나의 합리적 제도로서 가톨릭교회의 독특한 조직"—합리적 법제정기구들(위원회, 교구, 교황청 법정, 교황 권력)—은 "합리화에 이르는 길에서 세속법을 위한 지침 중 하나가 됐다"(Weber, 1968 : 792, 828 참조).
- 고대 유대교와 고대 기독교의 마법과 다신에 대한 대립은 중세 서구 도시들에서 이전까지 고유한 신들을 갖고 배제적인 마법적 실

천을 행했던 각기 다른 인종 집단들이 조합화되는 것을 수월하게 했다.

- 세습적 관료제, 자연법, 가톨릭교회의 교권 정치는 근대 관료제의 등장을 도왔던 유산들을 남겼다.
- 서구 봉건적 지배의 '계약' 개념은 근대 국가의 등장을 촉진한 다양한 발전들과 융합됐던 유산을 만들어냈다.
- 고대 유대교가 신에 대한 신자의 복종을 엄정히 공식화했던 것은 칼뱅 예정 교리의 선례를 이뤘다.

과거에서부터 현재에 영향을 주는 유산들에 헤아릴 수 없이 많은 보기들이 베버의 비교 저작들을 통틀어 나타난다. 모든 기능주의적 분석 방식들의 현재 중심적 지향은 이 점에서 베버의 저작들과 전적으로 대립한다. 그에게 과거는 항상 현재의 핵심 형태들과 맞물리면서 어느 정도 그것들을 형성하고 현재로 깊이 침투해온다. 유형화된 행위, 이념형, 사회 영역들은 광범위한 다인과 방법론과 사회적 맥락에 대한 철저한 지향과 나란히 놓일 때, 과거와 현재를 끊임없이 밀접하게 관련시키는 독특하게 베버적인 '역사관'을 분명히 드러낸다.

베버의 문명사회학의 토대에 있는 이런 방법론의 핵심 측면은 두 개의 짧은 논의를 통해서 더 명백히 보일 것이다. 첫째는 사회적 담지자에 대한 논의고, 둘째는 과거와 현재의 잔여 연결이다.

사회적 담지자, 그리고 과거와 현재의 잔여 연결

베버는 유형화된 행위와 집단 형성의 기원들에 다중적 원인 규명을 덧붙여 새로운 행위 유형이 집단 맥락과 관련해야만 안정적이 된다고 강조하면서, 그의 비교 연구 저작들에서 어떤 집단들이 유형화된 행위의 강력한 사회적 담지자들이 돼서, '자율성'을 발전하게 되는지 그 방식을 조사한다. 그에게 가치, 전통, 이해관계는 모든 문명들에 응결되어 있다. 그러나 영향력 있는 담지자들에 의해 유지되는 사회 행위만이 사회학적으로 유의미해지며 형적(形迹)을 남긴다. 베버의 저작들에서 지위 집단, 계급, 다양한 조직들은 가장 중요한 행위의 담지자로서 역할을 한다.

베버에게 두드러진 것은 집단 내적인 응집성만이 아니다. 그는 집단들의 권력이나 권위의 소유 또한 핵심적이라고 주장한다. 그래야 집단들이 담지하는 유형화된 행위가 성공적으로 다른 집단들에 의해 수행되는 유형화된 행위에 맞설 수 있을 것이다. 사실 규칙적 행위가 확고해지고 행위가 담지자들을 얻으면서 역사적 발전을 일으키고 그 발전을 이어가는 것이 가능해지는 것에 대한 그의 많은 논의에서 권력과 권위는 중요한 역할을 한다. 역사는 끊임없이 움직이는 영역이라고 베버는 주장한다. 유형화된 행위는 사라질 수 있으며, 그 이후에 **맥락적** 힘들의 변화로 담지자들을 얻어 집단 안에서 재활성화될 수도 있다. 강력한 담지자들이 나타나서 집단의 연합을 이루어낸다면 — 보기를 들어, 종교 교리, 법이나 지배의 유형, 사회적 명예, 이익과 재화의 축적, 구원의 길, 보편적 조직에 지향된 행위들 — 유형화된 행위는 그 행위가 형성된 시대를 넘어서 영향력을 미칠 수도 있다.

한 문명의 형성에서 가치에 기반한 세계관 '트랙'은 강력한 담지자 집단에 의해 확고해진다면 세기를 넘어서 형적을 남길 수 있다. 보기를 들어, 베버는 사제든, 수도승이든, 목사든, 신학자든, 평신도든지 간에 종교와 종교 조직들(교회, 종파, 회당 등)에 **지향된** 사람들이 결속된 집단의 존재는 종교적 세계관이 확고해져서 신도들을 묶어주는 일관된 가치들로 펼쳐지고, 세속적 이해관계, 수단-목적 합리적 계산, 관습 그리고 관례에 보통 지향되는 사회 행위를 효과적으로 바꾸는 데 중요한 요소가 된다고 주장한다(보기를 들어 베버, 2008 : 127~130 참조). 그가 말하듯 "만약 '자율성' 개념을 가장 정확히 정의하고자 한다면, 그것은 멤버십이 변할 수 있을지라도 확정할 수 있는 경계가 뚜렷한 사람들의 집단 존재를 전제해야 한다"(Weber, 1968 : 699).

어떤 문명들에서는 시대를 거슬러 사회적 담지자들의 지속적 존재가 특징적이었다. 보기를 들어, 중국에서 세습적 관료제와 문인 계층은 이천 년 이상 유교의 핵심적 담지자였다. 인도에서 브라만들은 천 년 이상 힌두교를 이끌었다. 일본에서는 "사회 문제에 가장 무게 있는 것들은 전사(戰士) 계층에 의해서 수행됐다. 실천적 삶은 무사도(武士道)와 무사도 정신을 위한 교육에 의해 좌우됐다"(Weber, 1958 : 275, 300). 그에 따르면, 미국에서 프로테스탄트 윤리의 주요 담지자였던 청교도주의는 어떻게 해서 유형화된 사회 행위가 그 행위의 담지자 지위 집단이나 조직을 변화시키는지 보여준다. 그렇게 함으로써, 그 사회 행위는 영향력을 행사하면서 다음 세대에까지 존속했다.

베버는 《프로테스탄티즘의 윤리와 자본주의 정신》에서 **종교적** 기원을 가진 윤리적 **가치들**이 원래의 담지자들인 금욕적 프로테스탄트 교회와 종파들로부터 다른 담지자 조직, 곧 가족으로 '이동했다'고 주장한다. 상당한 세속화가 일어났지만, 이 가치들은 초기 사회화에서 뚜렷하게 남아 있었다. 보기를 들어, 아이들은 개인적 성취, 자립, 금욕적 개인 습관, 체계적 노동, 그리고 힘든 경쟁을 높이 평가하도록 배웠다. 청소년으로서 그들은 세속적 권위에 반대하고, 모든 허식(虛飾)을 피하고, 국가를 신뢰하지 않도록 사회화됐다. 그들이 점차로 명백하게 종교적 차원을 잃어갔음에도 이런 가치들은 가족 내에 견고하게 뿌리내리고 있었으며, 아이들과의 친밀하고 개인적 관계에서 가르쳐졌다.

다른 말로 그 가치들은 가족에 의해 구속력 있는 윤리적 가치로서 함양됐고—또는 **담지됐고**—지속적으로 사회 행위에 영향을 줬다. 이런 식으로, 원래 프로테스탄트 종파와 교회 안에서 함양됐던 유형화된 행위는 그 이후 시대까지 그리고 이런 조직들이 담지자로서 약해진 이후에도 지속됐다. 베버는 이런 변화를 잔여 변화라고 일컫는다. 이 경우에 먼 과거에 기원을 가진 유형화된 행위가 강력한 담지자 집단을 얻을 때 변형된 형태로 이후 시대까지 존속한다.

베버는 프로테스탄트 윤리를 구성했던 가치들이 공리주의적 외양 안에서 존속했다고 주장한다. 그가 말하는 바같이, 17·18세기에 신자들에 의해 신실하게 옹호됐고, 종교 지향적 가치들에 의해 정당성이 부여됐던, "'직업 의무' 사상도 옛 종교적 신앙 내용의 망령이 되어 우리 삶을 배회한다"(베버, 2010 : 365~366). "승리를 거둔 자본주의는 기계적 토대 위에 존립하게 된 이래로 금욕주의 정신이라는 버팀목을 더는 필요로 하지 않는다."(베버, 2010 : 365 ; Weber, 1968 : 575 참조) 사실상, 근대 자본주의는 "확고한 토대 위에 서 있으며, 그렇기에 내세적 보상 없이도 노동자들의 노동 의욕을 강제할 수 있다"(베버, 2010 : 413).[17] 그

---

17 또는 베버가 《프로테스탄티즘의 윤리와 자본주의 정신》에서 말하듯, "종교적 뿌리

리고 "종교적·윤리적 의미를 박탈당한 영리 추구 행위는 그것이 가장 자유로운 지역인 미국에서 순수한 경쟁적 열정과 결합하는 경향이 있다"(베버, 2010 : 366). 과거와 현재의 잔여 연결에 대한 보기들은 베버의 문명사회학 도처에서 발견될 수 있다(Weber, 1968 : 1150, 1154 ; 2010ㄴ : 93~94, 달음 395, 달음 122 ; 1927 : 313~314 참조).[18]

베버의 문명사회학은 그의 근본적 방법론의 또 다른 요소, 곧 행위의 '다양한 강도'에 의해 수행된다.

6. 행위의 다양한 강도

베버의 사회학은 유형화된 행위가 가치에서뿐 아니라 감정적 행위와 전통적인 행위에서부터도 확고해진다고 주장한다. 정치적·경제적 이해관계를 위한 수단-목적 합리적 행위도 역시 행위의 규칙성을 낳을 수 있다. 이런 점에서 **사회 행위**의 네 가지 **유형**[19]은 동등한 위치에 있다. 이는 모두 경험적 행위를 이끌 수 있는 가능성을 의미한다.

베버의 사회학은 오늘날 학계에서 널리 받아들여지는 견해, 곧 수단-목적 합리적 행위는 일반적으로 가치와 전통에 대한 지향을 제거한다는 것에 단호히 반대한다. 그에게 수단-목적 합리적 행위는 그렇게 하는 데 자주 실패한다. 그래서 베버는 ㄱ) 네 가지 행위 유형과 사

가 말라죽어감에 따라 암암리에 사고의 공리주의적 전환이 일어났다"(베버, 2010 : 358~359).

18 사회적 담지자에 대한 보다 자세한 논의를 위해서는 Kalberg(1994, 58~62) 참조.

19 전통적 행위, 감정적 행위, 가치-합리적 행위, 수단-목적 합리적 행위 유형을 말한다. 베버(1997, 146~148) 참조.

람들이 그 유형들로 자신들의 행위에 의미를 부여하고 그에 따라 행위를 정향 짓는 방식들, 그리고 ㄴ) 의미 있는 행위의 **강도**가 다양해지는 방식을 조사한다. 베버의 문명사회학에서 이것이 어떻게 다양한 방식으로 일어나는가 하는 것이 이 절의 주제다.[20] 우리는 그의 《경제와 사회》의 '사회학적 기본 개념' 장으로 가서 시작해, 그가 만든 합리성의 네 가지 유형과 관련해 이 주제를 검토하겠다.

베버는 경제적 이해관계에 지향된 행위를 구속적인 것으로 여겨지는 "규범과 의무에 지향되는 경우보다 훨씬 안정적인" "행위의 규칙성과 연속성을"(베버, 1997 : 155) 생겨나게 할 수 있는 것으로 보지만, 더 나아가서 일반적으로 가치에 뿌리를 두는 유형화된 행위가 수단-목적 합리적 행위나 전통적 행위에 뿌리를 둔 유형화된 행위보다 더 안정적이라고 주장한다.

> "목적 합리적 동기에서**만** 지켜지는 질서는 단지 관례에 의해, 어느 행동의 익숙성 때문에 이루어지는 지향보다 일반적으로 훨씬 불안정하다. 그러나 이런 관례적 지향은 모범성이나 구속성의, 말하자면 '**정당성**'의 위세와 함께 등장하는 질서보다는 비교가 안 될 정도로 더 불안정하다."(베버, 1997 : 157)

베버의 사회학에서 사회 행위의 네 가지 유형에 대한 근본적 강조는 행위 규칙성들의 결합이 행위 강도에 미치는 영향의 정도를 평가하

20 합리적 선택이론에 대한 베버의 반대에 대해서는 Kalberg(1994, 62~64) 참조.

는 데 도움을 준다. 베버는 행위 안정성은 물질적 이해관계에 대한 지향이 가치 지향과 결합될 때 증가한다고 주장한다. 가치 지향적 행위와 양립할 수 있던 경제적 이해관계를 지향한 청교도들의 유형화된 행위는 한 보기가 된다(Weber, 1958 : 228~229 ; 베버, 1997 : 155 참조). 그리고 시간 엄수 규칙들은 공무원들이 수단-목적적 계산(지각으로 인해 해고될 수 있다)에 따라 그 규칙들을 지키면서 시간 엄수를 하나의 가치로 볼 때 강화된다.

베버의 **합리성 네 가지 유형**을 살펴보면 그가 그의 문명사회학 도처에서 행위 강도의 다양성에 얼마나 중요성을 부여했는지 명확해질 것이다.

합리성의 네 가지 유형들[21]

실천 합리성, 이론 합리성, 형식 합리성, 실질 합리성 유형들은 모든 문명에서 각기 다른 방식으로 사건들과 일들의 이질적 흐름과 부딪치며, 각각 다른 강도와 범위를 갖고 행위의 규칙성들을 도입한다. 실천 합리성과 실질 합리성 유형만이 행위의 체계적 조직화를 가능하게 만든다. 그러나 이 유형들은 체계성과 지속성에서 현저히 구분된다. 베버는 오로지 가치—특히 통합된 가치 형태—만이 행위의 체계-합리적 조직화를 가능하게 한다고 주장한다.

실천적 합리성은 보기를 들어 윤리적 공준(公準)이나 추상적 규칙과 규약들 아래 '외부' 상황을 질서 지우기보다는, 행위자의 이해관계에

21 저자는 이전에 합리성의 네 가지 유형을 구분하여 정의한 바 있다. Kalberg(1980) 참조. 여기서는 이 정의들이 부분적인 형식으로만 되풀이된다.

근거해 지속적으로 그 상황에 반응한다. 그럼에도 베버에게 가장 실행 가능한 수단-목적 합리적 방식으로 외적 장애에 유형화된 적응을 하는 것은 지속성의 요소를 의미한다. 여기서 실용적 이해관계들은 **규칙적으로** 행위를 인도하고 유형화된 행동을 확고하게 한다. 그는 '실천-합리적 생활양식'은 보기에 분명하다고 강조한다(베버, 2008 : 181~183 참조).

거꾸로, 이론 합리성의 다양한 인지 과정은 주어진 실재들에 적극적으로 반대하고 추상적으로 그것들을 조정하려고 한다. 그 과정들은 개별적이고 서로 연결되어보이지 않는 사건들과 일들 사이에서 상호관계를 찾으면서 그렇게 한다. 그럼에도 이 합리성 유형은 삶의 조직화된 유형화를 도입하거나 실천 합리성을 억누르는 능력이 위축된다. 근대 과학자가 가설을 만들고 조사하는 것이 실험실 안이나 바깥의 그의 실천 행위에 영향을 끼치는 일은 드물다. 그리고 악과 고통의 기원에 대한 마법사, 사제, 수도승, 지식인, 신학자 들의 추론은 오로지 '공허한' 인지 과정의 특성을 사라지게 하기 위해 가치가 생겨날 때만 그들의 일상 행위에 반응을 일으키게 된다.

형식 합리성은 삶을 조직화하는 데 실천 합리성보다 단지 조금 더 성공적이다. 공무원, 변호사, 사업가가 업무를 수행하는 한 추상적 규칙, 규약, 코드 그리고 법에 대한 그들의 지향은 일상적 문제들과의 실천-합리적 조우에서뿐 아니라 파편적 사건들의 무작위적 흐름에서부터 그들을 분리해준다. 그러나 이 합리성은 개인적 관계, 부모로서의 역할, 여가 시간, 취미의 선택에서 그들의 행위를 특징짓는 데 실패한다. 그래서 이 유형의 합리성 형적은 제한적이다. 보기를 들어, 공무원들은 그들의 사무실을 떠나자마자 실천-합리적—또는 다른—방식으로 행위할 수 있다. 행위의 조직화된 유형화를 가능하게 하는 일관된 행동으로 확고해지지 않는다.

베버에게 가치들에 지향된 행위—실질 합리성—만이, 다양한 방식으로 이해관계에 대한 실천-합리적 지향, 규칙에 대한 형식-합리적 지향, 그리고 경험적 사건들의 끊임없는 흐름들을 예속할 수 있는 엄격히 정리되고 '체계적으로 완성된 합리적 생활양식'을 도입할 수 있는 가능성을 가진다. 이런 성취는 제한된 범위의 가치 구성이 모든 삶의 측면들을 **포괄적으로** 다루고 질서 지우는 내적으로 통합된 가치 체계들로 합리화된 이후에 일어난다. 이런 가치-합리화 과정[22]들의 **방향**을 결정하는 실질 합리성들의 **가치 내용**은 광범위한 세속적·종교적 스펙트럼에 걸쳐 다양하다. 체계-합리적 행위 양식의 도입과 관련해 베버에게 가장 중요한 것은 하나의 핵심 공리다. 오로지 실질 합리성들만이 **윤리적** 행위에 포괄적으로 심리학적 보상을 부여한다. 어떻게 해서 이런 일이 일어나는가? 우리는 단계적으로 살펴봐야 한다.

그에 따르면, '윤리적' 척도란 다음과 같다.

> "인간의 특별한 종류의 가치 합리적 **믿음**으로, '관례적으로 옳다'는 평점을 요구하는 인간 행위를 평가하는 규범 같은 것이다. 이와 마찬가지로 미학적 척도란 '아름답다'는 평점을 요구하는 행위를 평가하는 규범이다."(베버, 1997 : 163)

---

22 이 경우에 가치들이 이론적 합리화 과정들을 위한 준거점으로 존재하기 때문에, '가치-합리화 과정'은 '이론 합리화 과정'과 동의어로 사용될 수 있다.

무수히 많은 믿음이 실용적 평가 기준에 이렇듯 순수하게 형식적 정의를 부여할 수 있다. 가치 구성에 대한 지향을 포함하는 믿음들은 윤리적 척도들을 **윤리·실질적 합리성**의 지위로 고양한다. 그것들에 대한 믿음이 신실히 보유된 가치들에 기반을 두고 있을 때, 베버는 가장 원시적인 종교들을 제외한 모든 윤리—유일신교의 신이나 다신교 신들이나 관계없이 벌하고 상주는—를 윤리-합리적[23]인 것으로 규정하며, (공산주의 같은) 세속적 가치 공준의 윤리도 마찬가지로 적용한다(Weber, 1968 : 325, 429, 518).

베버에게 윤리 합리성의 토대에 있는 윤리적 행위는 과거 세대들의 누적적 지혜를 담은 것으로 추정되는 적절한 행동 규칙을 암기하는 것을 의미하지 않는다. 대신 윤리 합리성은 첫째, 그 합리성을 주시하는 자가 **내적으로** 구속력이 있다고—또는 의무감으로—느끼는 도덕적 선에 순응하도록 하는 명령(imperative)을 둘째, 윤리적 지위를 주장하는 유효하게 여겨지는 규율들과 파편화된 행위의 실천-합리적 흐름 사이의 분리를 포함한다(베버, 2008 : 181~183). 베버에 따르면, 가치에 지향된 사람들의 일상 행위는 '외적' 지지가 없을지라도, 그리고 때때로 서로 반대되는 실용적 이해관계에도 윤리적 합리성들에 의해 결정적으로 영향받을 **수 있다**. 게다가 윤리 합리성이 실천-합리적 행위에 침투하는 정도로, 윤리 합리성은 '실천-윤리적' 행위 유형을 불러일으킨다(Weber, 1968 : 36, 528 ; 베버, 2008 : 164~165, 181~183, 152~153,

23 윤리 합리성은 그 자체로 실질 합리성의 단지 하나의 유형이기 때문에 '윤리-실질적 합리성'이라고 적절하게 불릴 수 있다. 그러나 나는 이러한 어색한 어법을 피하기 위해 자주 '윤리 합리성'이라는 표현을 사용할 것이다.

206~207). 가치를 지지하는 사회적 담지자들에 더해, 이런 행위의 도입과 확장을 위해 가장 중요한 것은 상응하는 윤리 합리성을 구성하는 가치들이다. 그 가치들은 내용뿐 아니라 포괄성과 내적 통일성, 그리고 강도에서도 다양하다.

베버는 '가치 합리화'가 윤리적이든 그렇지 않든 가치 구성의 체계화를 함축한다고 주장한다. 곧 그 가치의 포괄성과 내적 통일성의 증가가 일어나며, 그래서 **모든** 행위를 질서 지운다고 주장하는 정도도 증가한다. 이런 합리화가 진행되면서, 이 가치들은 서로 일관된 관계 안에 그리고 하나의 궁극적 가치 아래 위계적으로 위치하게 된다. 보기를 들어, 종교 영역에서 가치 합리화는 (각 신들이 특정한 희생과 충성을 요구하는) 만신전(萬神殿)에서 행해지는 별개의 의례적 실천들, 이질적인 마법적 의식들에 터하는 개별적 가치들이 허물어지고, 이 원자적(atomistic) 가치들이 더 포괄적이고 통일된 가치 체계와 세계관을 형성하는 것을 의미한다. 그 가치들이 일관된 종교적 교리로 나타날 때마다 이 세계관들은 신앙에 '진리'로 받아들여지는 옳고 그름의 원리에 의거해 **모든** 부정의와 고통에 대한 그럴듯한 설명을 제공한다.

윤리적 행동을 위한 광범위한 기준이 확고해진다. 일상생활의 파편적 일들, 실용적 이해관계에 지향된 실천-합리적 생활양식 그리고 행위의 형식-합리적 유형들은 행위 유형들이 이 기준에 가치-합리적으로 지향되는 정도로 윤리적 주장에 의해 대체된다. 그래서 베버에 따르면, 행위가 주어진 구원 윤리(또는 다른 윤리적-실질적 합리성)를 따르도록 합리화되는 가능성은 적대적 **이해관계** 강도뿐 아니라 신자들의 동기와 윤리 가치 합리화에도 의존한다. 게다가 사제들과 신학자들에 의해 수행되면서 윤리가 포괄성과 내적 통일성에 접근하도록 합리화될수록 그리고 가치-합리적 행위가 우세하고 신성화될수록, 윤리적 목적에 체계적으로 지향된 행위에 부가되는 심리학적 보상은 더 강렬해지고 긴박해진다. 베버에 따르면, 자신들의 행위를 내적으로 통일되고 포괄적인 윤리-실질적 합리성에 가치-합리적으로 지향하는 이런 사람들은 **확신 윤리**에 의해 체계적으로 행위한다. 그들은 삶의 **모든** 영역에서 '안에서부터' 내적으로 구속력 있는 가치들을 따르도록 행위를 합리화한다(Weber, 1968 : 424, 450~451, 578~579 ; Weber, 1951 : 244). 이 '신성화 방법론'의 강렬함은 '원초적 인간 본질의 감정들'을 완전히 억누른다.

> "신성화 방법론들이 확신의 윤리 수준에 도달할 때, 이는 이제까지 종교에 의해서 통제되지 않았던 원초적 인간 본질의 특정한 욕망이나 감정들이 실천적으로 극복되는 것을 의미한다. 이것이 비겁함, 야만성, 이기적임, 관능 또는 다른 어떤 자연적 욕망이든지 신자의 관심을 그의 카리스마적 종교 무드에서부터 전환할 수 있는 것으로 관련되는지 여부는 각 특정 종교에 따라 평가되어야 한다."(Weber, 1968 : 540)

확신의 윤리는 절제, 성실, 신자들의 행위의 다양한 조직, 목적의 체계적 추구, 그리고 과업에 대한 헌신을 들여오고 신성시하는 비범한 능력을 갖는다. 베버는 이런 윤리의 '방향'이 중요한 역할을 한다고 강조한다. 베버는 가치-합리화 과정의 방향 결정인자로서 가치 구성 내용은 행위를 다른 방향들이 아니라 특정한 방향으로 이끄는 효과를 가진다고 주장한다(베버, 2008 : 168~169). 보기를 들어, 종교 영역에서 가치 체계들은 신자들의 실용적 행위와 관련해 특별히 중요해질 수 있다(베버, 2008 : 173). 신자들이 그들의 종교적 행위를 (인격화된 신의 세계관이 아니라) 구원에 이르는 불교의 팔정도(八正道) 교리에 의해 함축된 바와 같이 내재적 세계관을 지향할 때, '세상을 향한' 다른 모든 행위-지향들 뿐 아니라 실천-합리적 행위도 급격히 '무의미한' 것으로 폄하되고 일반적으로 억제된다. 다른 한편, 많은 구원의 길이 '실천적 윤리'를 들여온다(베버, 2008 : 183). 루터교와 가톨릭 평신도 윤리는 윤리적 보상을 행위의 실천-합리적 규칙성에 부과했으나 일관된 방식으로 그렇게 하는 데는 실패했다. 포괄적 실천-윤리적 행위에 변화가 일어날 수 없었던 것이다. 가톨릭에서 수도사들을 위한 대가성(大家性, virtuoso) 구원의 길(내세적 금욕주의)과 청교도주의(현세적 금욕주의)만이 실천-합리적 행위 유형에 **일관되게** 심리학적 보상을 부여했다. 이 구원의 길들은 절제되고 체계-합리적 행동의 양식을 신성시하고, 그럼으로써 수도원에서든 '이 세상에서든' 실천-합리적 행위를 **실천-윤리적** 행위로 **광범위하게 승화**했다(Weber, 1968 : 551; Weber, 1951 : 247). 청교도주의에서 발견되는 현세적 행위 양식의 고조된 강렬함은 근대의 삶에 커다란 운명적 결과를 내포하고 있었다고 베버는 강조했다(Weber, 2011ㄱ : 244~246 ; Weber, 1968 : 556 ; 베버, 2008 : 174~175).

베버에 따르면, 세속적 영역에서도 실질 합리성은 가치 내용, 포괄성의 정도, 내적인 통일성, 그리고 강도에서 매우 다르다. 사건들과 일들의 파편화된 경험적 흐름은, 보기를 들어 사람들이 우정 이상을 윤리적 척도 수준까지 고양해서 스스로를 형제애의 모든 기준을 지지하도록 내적으로 구속된 것으로 여기게 될 때, 세속적 가치 규준에 순응하도록 가치-합리화된다. 가치-합리화된 세속적인 윤리적 합리성들은 더 광범위하게 사회 행위에 영향을 주는 보다 일반적인 적용성을 보일 수 있다. 이성에 대한 계몽주의 믿음과 고전적 자유주의의 인간 권리와 양심의 자유에 대한 신조가 그랬던 것처럼(Weber, 1968 : 1209), 르네상스의 전통적 구속 거부와 자연 이성(naturalis ratio)에 대한 믿음의 거부(베버, 2008 : 182)는 다양한 삶의 영역에 침투했다. 비슷하게, 평등주의 지지는 그 지지자들의 행위들, 곧 정치적·법적·사회적, 심지어는 경제적 노력들에 광범위하게 영향을 미친다.

윤리 합리성들은 가치들이 합리화될 때마다 더 광범위하고 내적으로 통일된 윤리 합리성 안의 요소들이 된다. 이것은 보기를 들어 윤리적 이상으로서 사회 정의를 향한 행위 지향이 과거, 현재, 미래의 모든 인간 고통에 대한 설명을 의미하는 닫힌 세계관이 발생하는 정도까지 가치-합리화될 때 일어난다. 이런 극단적 정도의 광범위함과 내적 일관성을 가진 세속적인 정치적·사회적·철학적 운동들이 19세기 유럽에서 꽃을 피웠다. 보기를 들어 마르크스 사회주의, 형제애의 이상, 평등주의, 사회 정의는 더는 동떨어진 윤리적 원칙이나 모호한 희망에 머물지 않았다. 오히려 그것들은 과거와 현재의 인간 종(種)의 역경을 설명하는 체계적으로 통일된 세계관으로 융합됐다. 정해진 신조들이 올바르게 시행된다면, 그것은 지상에서의 모든 어려움을 사라지게 만들 것이라고 약속했다. 절대적 진리를 주창한 통일된 신념 체계로서 마르크스주의는 가치-합리적으로 믿어질 때, 윤리적으로 모든 삶의 영역들을 '안에서부터' 질서 지웠다.

그래서 베버에 따르면, 세속적 확신의 윤리와 종교적 확신의 윤리 모두 가치 체계와 관련해 광범위하게 사회 행위를 합리화한다. 그리고 둘 다 체계적으로 완성된 합리적 생활양식을 들여오고 실천적 합리성을 철저히 억누름으로써 행위를 강화한다. 두 경우에서 진정으로 중요한 것은 **의심 없는** 윤리와 그 안의 **믿음**을 모든 **타협**을 넘어서는 절대적인 것으로 받아들이는 일이다.

실질 합리성 유형만이 이러한 능력을 위한 기반을 갖는다. 논의한 바대로, 이론 합리성과 형식 합리성 유형은 무작위적인 행위의 경험적 흐름을 직간접으로 통제할 수는 있지만, 행위를 향한 일관된 태도를 불러일으키지는 못한다. 실천 합리적인 행위 유형은 그러한 능력을 가지지만, 다른 여러 종류의 일과 사건에 실용적이고도 이해관계에 기반한 반응을 보이는 데 머무른다. 그래서 이 합리성 유형들은 행위를 명백하고 광범위한 가치 체계와 일관된 유형으로 체계적으로 조직하면서, 가치가 '안에서부터' 행위를 합리화할 때 도입되는 **체계적인**(methodical) 요소를 결여한다. 행위의 강도와 관련해 틀림없는 결과로서, 행위는 윤리적인 것에서부터 전통적 또는 수단-합리적 행위로 '일상화' 될 수 있으며, 심지어 이 행위에 강도와 통일성과 체계성을 부여했던 윤리 합리성으로 재합리화할 수도 있다.

베버에 따르면, 주어진 현실을 일관된 방식으로 변화하고자 천명하는 사회적 · 철학적 · 또는 종교적 운동들의 발단이 되는 추동력은 결코 실천 합리성 하나에서부터 확고해지는 것이 아니다(Weber, 2011ㄴ: 96~98). 형식 합리성이 스스로 발아하려고 씨를 뿌릴 수 있는 여지는 훨씬 덜하다. 베버는 이런 합리성 유형들에 뿌리내리는 수단-목적 합리적 행위의 규칙성은 윤리-실질적 합리성과 가치-합리화 과정을 낳을 가능성이 없다고 주장한다. 그리고 그는 제한된 윤리 합리성을 포함하든지 다양한 확신의 윤리를 포함하든지 상관없이, 내면화된 기준에 의해 준수되는 윤리적 행위는 결코 수단-목적 합리성 하나에서부터 확고해지지 않는다고 주장한다.

요약하자면, 이런 윤리 합리성의 성취는 그의 문명사회학 전체를 뒷받침하는 방법론 저작들에서부터 추출하는 하나의 원리에서 비롯된다. 곧 행위는 일상적 일들, 시장, 정치적 장(場), 또는 관료적 법령 등 어디에서부터 유래하든지 간에 '주어진' 압력, 이해관계, 또는 '구조'에 대한 적응으로서만 이해될 수는 없다. 그리고 실용적 행동과 적응적 행동 범위 밖에 있는 유형화된 행위 요소에 잔여적 지위만 부여할 수 없다. 대신에, 베버에 따르면 가치에 의해 동기 부여된—그리고 이해관계와 전통에 의한 행위 형성에 저항하거나 대항하는—행위는 매우 중대한 역사적 결과를 낳았다. 그의 윤리 합리성 개념과 가치에 뿌리를 둔 여러 합리화 과정들에 의해 뒤따르는 **다양한** 방향들에 대한 강조는 이 과정들을 주어진 현실에 대한 적응, 순전한 이해관계의 갈등, 또는 포괄적 진화와 '분화' 발전이 드러난 것으로 보는 모든 설명들에 대한 그의 반대를 설명해준다. 베버는 어떤 행위 조직 방식들은 강력한 외적 권력이 아니라 윤리-합리적 영향력 때문에 보기를 들어 특정한 경제·정치적 행위 유형과 더 친화성을 보여왔다고 주장한다.[24]

베버 방법론의 이런 전제들을 아는 것은 '프로테스탄트 윤리 테제'

24 윤리 합리성들의 기원이 경제와 지배에 지향된 행위 유형들에서 유래하는 것으로 이해되어야 한다는 사실을 인정함에도 이 입장을 고수한다(Weber, 2011ㄱ: 244~245).

를 이해하는 데 도움을 준다. "르네상스 시대의 위대한 보편 천재" 레온 바티스타 알베르티(Leon Battista Alberti)의 세속적 지혜와 공리주의적 상식에서는 근대 자본주의가 탄생할 수 없었다(Weber, 2011ㄴ : 292~296, 달음 12 ; 301~302, 달음 32 참조). 청교도주의와 함께 종교적 보상에 의해 영향받은 새로운 수단-목적 합리적 행위 도입은 여기서 두드러진 이슈가 되지 못한다. 대신 베버에게 결정적이었던 것은, 가치-합리적 행위 안에서 '선택'의 **증표**를 추구함으로 인해 청교도들의 유형화된 행위가 경제 영역에 닻을 내린 일이었다. 논의한 바같이, 오로지 이 유형의 행위만이 체계적으로 완성된 합리적 생활양식을 들여올 수 있다. 베버는 청교도들의 행위 조직화가 갖는 극단적으로 체계적인 특징에 더해 경제 영역을 은총의 상태와 그에 따른 성화(聖化)의 증거를 위한 영역으로 지칭하는 것이 결합될 때, 이 종교의 철저한 '세계 통치'를 설명해준다고 주장한다. 그에게 중요한 것은 이해관계가 결합된 추진력이 아니라, 이 **강렬한** 윤리-합리적 행위만이 '전통적 경제 윤리'를 파괴하고 사라지게 할 수 있는 유일한 지속적 힘을 갖는다는 사실이다(Weber, 2011ㄴ : 101~105). 규율 잡힌 체계적 노동을 가치 있게 여기도록 종교적으로 고무된 신자들은 심지어 카리스마적인 '모험 자본가들'의 공리주의적 지향보다도 '경제적 전통주의'를 파열하는 데 훨씬 더 효과적이었던 체계적인 경제활동 요소를 제공했다(Weber, 2011ㄴ : 76~98).

이 짧은 논의는 행위의 세기 다양성이 베버 사회학에서 중요한 방법론적 요소, 곧 그의 문명사회학의 기초가 되는 요소가 된다는 것을 보여주는 데 충분할 것이다. 훨씬 더 많은 보기들이 탐구될 수 있었다.

당연히 윤리적 행위가 영향력을 가지려면 강한 집단들에 의해 담지되어야 한다. 청교도 종파들은, 특히 이런 점에서 철저했다.

7. 결론

베버의 비교 방법론 주요 요소들은 모두 합쳐져 그의 체계적 문명사회학의 엄밀한 토대를 이룬다. 그 방법론들은 이 큰 규모의 실체들이 주관적 의미의 다양한 '복합체'에 대한 철저한 연구 없이는 이해될 수 없고, 행위의 유형들과 그것들의 규칙적 행위 맥락 속의 배태성이 인식되어야 하며, 과거에 배태된 규칙적 행위가 현재에 영향을 주는 행위 유형까지 지속되고 그 행위 유형을 위한 맥락을 형성하며, 결속된 사회적 담지자들의 강도에 대한 평가는 체계적 방식으로 이루어져야 한다는 것을 강조한다. 마지막으로 베버의 방법론은 행위 동기가 얼마나 강한지가 문명의 윤곽과 발전 경로에 중요한 영향을 미칠 수 있다고 주장한다.

일련의 사회 영역에 대한 인식뿐 아니라 수많은 이념형과 그 이념형들이 지속적인 연합과 갈등을 개념화하는 데 도움을 주는 방식을 베버의 지향에 비춰볼 때, 유기적 전체론에 대한 그의 반대는 명백하다. (윗글 참조) 유형화된 행위를 조화와 항상성 또는 지시되고 예측 가능한 흐름으로 통일하기보다는 예측하기 힘든 연합, 갈등과 결과들뿐 아니라 지그재그와 역전이 베버의 문명사회학에서 흔히 발견된다. 그의 방법론은 역설과 아이러니에도 주의를 기울인다.

언급한 대로 유형화된 행위를 복수 집단들에서 맥락적으로 경계 짓고 위치 지우는 베버의 기본적 강조점은 그의 문명 분석을 진화, 가치 일반화, 사회분화 같은 범세계적 테마들에게서 멀어지게 한다. 그는 같은 이유로 한편으로는 이념, 가치 또는 이해관계의 진보적이거나 순환적 발전에 의해, 다른 한편으로는 확산 과정의 확대에 의해 문명을 연구하는 모든 일반적 명제와 이론을 거부한다. 논의한 대로, 시대 교차적이고 문명 교차적인 유비와 병행 역시 거부된다. 왜냐하면 그것들도 집단들의 독특하고 복합적인 배태성을 이해하는 데 실패하기 때문이다.

게다가 유비와 병행은 베버의 기본적 방법론이 집단들의 흔한 분열과 결합 가운데서 인식하는 것처럼, 예측하기 힘든 결과들과 '운명적 사건들'이 중요한 역할을 한다는 사실을 제대로 인식하지 못한다. 그는 역사를 진보적 단계나 가끔의 급격한 변동이 아니라 끊임없이 적대적이기도 하고 연합하기도 하는—심지어 변화무쌍하게 섞이고 분열하는—상호작용 가운데 변동하는 집단들의 다채로운 그물망으로 본다. 이 역동적 태피스트리(tapestry) 위에서 독특한 짜임들이, 비록 각기 다른 속도겠지만 확고해진다. 그리고 일상화와 쇠퇴가 일어날 수 있다. 역으로, 한 문명에서 잦은 퇴보에도 확대된 형식적·실천적·실질적, 그리고 윤리적인 합리성을 향한 지속적 발전과 '합리화'와 '관료제화'가 일어날 수 있다.

그러나 이런 모든 발전들은 **경험적** 집단들과 그 집단들의 용이한 접합들이 인식할 수 있고 도움이 되게 배열되는 결과로서만 일어날 수 있다. 베버에 따르면, 결합된 사회변동은 기술적 혁신과 단일 사회 영역의 발전과 관련해서만 '진보'를 수반할 수 있다.

문명 연구에 대한 그의 접근은 최근에 큰 규모의 실체를 조사하고 비교하고자 애썼던 모든 이들의 접근과는 뚜렷이 구분되는 연구 절차들과 전략들의 결합에 터하는 것으로 봐야 한다. 오늘날 많은 학자들이 주관적 의미에 대한 지향과 같은 베버의 방법론에 중요한 분석 방식을 소홀히 한다(Huntington, 1996 ; Parsons, 1966, 1971 ; Wallerstein, 1980, 1984, 1989 ; Fukuyama, 2006 ; Pomeranz, 2000 참조). 다른 학자들도 유기적 전체론과 모호한 비경험적 구성물들(Parsons 참조)같이 베버가 거부한 전제들에 터한다. 여전히 학자들은 베버가 유형화된 행위를 유형화된 행위의 깊은 맥락 안에 배태하는 것에 반대한다(Huntington, Fukuyama, Parsons 참조). 다양한 이론가들이 베버가 사회적 담지자, 현재와 과거의 긴밀한 연결, 행위의 다양한 강도에 주의를 기울이는 것을 거부한다. 그의 다층적 연구 전략과 절차는 함께 묶일 때 문명사회학에 독특하고 복합적인 기여가 된다. 이것만이 유일하게 엄정한 방식으로 문명들을 조사하는 데 잘 갖추어진 방법론이다.

여기서 베버의 문명사회학 기초에 있는 분석 방식의 비범한 범위와 체계적 특성에 대한 지속적인 지향에도 이 글이 단지 예비적 수준에서 이뤄졌다는 것이 다시 한 번 강조되어야겠다. 무엇보다 《경제와 사회》에서부터 유래하는 선택적 친화성, 발전적(합리화) 모델과 '혼합 유형' 모델을 포함하는 문명사회학의 정교한 모델 구성은 빠져 있다. 그 모델에 주의를 기울일 필요가 있다. 이 요소가 추가되면 베버 문명사회학의 폭넓은 범위와 문명 연구자들에게 안내와 방향을 제공하는 비범한 능력을 더 잘 보여줄 것이다. 그 모델은 그의 방법론을 순순히 내러티브한 모든 모델들(Braudel, 1992ㄱ, 1992ㄴ ; McNeill, 1992 ; Tilly, 2008)

과 지리학파들(Diamond, 1999)에서부터 분명하게 구분해줄 것이다.

마지막으로, 예비적인 것임에도 이 짧은 연구는 베버의 ‘개념’ 수용과 ‘갈등’ 수용을 넘어선다. 베버의 이해방법론의 주요 요소들에 깊이 뿌리내리는 문명사회학이 문명들의 윤곽을 분명히 하고, 문명들의 발전을 이해하고, 보다 격렬하건 조화롭건 문명들 사이의 상호작용을 이해하는 데 유용한 통찰을 제공할 수 있다는 것을 보여주고자 했다.

| 참고 문헌 |

베버, 막스,《경제와 사회 I》, 박성환 옮김, 문학과지성사, 1997.

——,《막스 베버 종교 사회학 선집》, 전성우 옮김, 나남, 2008.

——,《프로테스탄티즘의 윤리와 자본주의 정신》, 김덕영 옮김, 길, 2010.

Albrow, Martin, *Max Weber's Construction of Social Theory* (New York : St. Martin's Press, 1990).

Bendix, Reinhard, *Max Weber : An Intellectual Portrait* (New York : Doubleday Anchor, 1962).

——, *Nation-Building and Citizenship, enlarged edition* (Berkeley : The University of California Press, 1977).

Bendix, Reinhard and Guenther Roth, *Scholarship and Partisanship* (Berkeley : The University of California Press, 1971).

Braudel, Ferdinand, *Civilization and Capitalism* (New York : Harper & Row, 1992ㄱ).

——, *The Wheels of Commerce* (Baltimore : Johns Hopkins University Press, 1992ㄴ).

Burger, Thomas, *Max Weber's Theory of Concept Formation* (Notre Dame : Notre Dame University Press, 1976).

Collins, Randall, "A Comparative Approach to Political Sociology", Reinhard Bendix (엮음), *State and Society* (Berkeley : The University of California Press, 1968), pp. 42~68.

——, *Conflict Sociology* (New York : Academic Press, 1975).

——, "Weber's Last Theory of Capitalism : A Systematization", *American Sociological Review*, 10권 6호(1981), pp. 925~942.

Diamond, Jared, *Guns, Germans and Steel* (New York : W. W. Norton, 1999).

Eisenstadt, S. N. (엮음), *The Protestant Ethic and Modernization* (New York : Basic Books, 1968).

Fukuyama, Francis, *The End of History* (New York : Harper Collins, 2006).

Fulbrook, Mary, "Max Weber's 'Interpretive Sociology' : A Comparison of Conception and Practice", *British Journal of Sociology*, 29권 1호(1978), pp. 71~82.

Habermas, Juergen, *Theorie des kommunikativen Handeln* (Suhrkamp : Frankfurt, 1984).

Hennis, Wilhelm, "Max Weber's 'Central Question'", *Economy and Society*, 12권 2호(1983), pp. 136~180.

Hennis, Wilhelm, *Max Weber : Essays in Reconstruction* (London : Allen & Unwin, 1987ㄱ).

——, "Personality and Life Orders : Max Weber's Theme", Sam Whimster and Scott Lash (엮음), *Max Weber, Rationality and Modernity* (London : Allen & Unwin, 1987ㄴ), pp. 52~74.

Huntington, Samuel, *The Clash of Civilizations* (New York : Simon and Schuster, 1996).

Kalberg, Stephen, "The Search for Thematic Orientations in a Fragmented Oeuvre : the Discussion of Max Weber in Recent German Sociological Literature", *Sociology*, 13권 1호(1979), pp. 127~139.

——, "Max Weber's Types of Rationality : Cornerstones for the Analysis of Rationalization Processes in History", *The American Journal of Sociology*, 85권 3호(1980), pp. 1145~1179.

——, *Max Weber's Comparative—Historical Sociology* (Chicago : The University of Chicago Press, 1994).

——, "Max Weber", George Ritzer and Jeffrey Stepnisky (엮음), *The Wiley-Blackwell Companion to Major Social Theorists* (Malden, MA : Wiley-Blackwell, 2011), pp. 305~372.

——, *Max Weber's Comparative-Historical Sociology Today : Major Themes, Modes of Analysis, and Applications* (Farnham, Surrey, UK : Ashgate Publishers, 2012).

——, *Searching for the Spirit of American Democracy : Max Weber on a Unique Political Culture, Past, Present, and Future* (Boulder, CO : Paradigm Publishers, 2014).

McNeill, William H., *The Rise of the West* (Chicago : The University of Chicago Press, 1992).

Nelson, Benjamin, "Max Weber's 'Author's Introduction'(1920) : a Master Clue to His Main Aims", *Sociological Inquiry*, 44권 4호(1974), pp. 269~278.

——, *On the Roads to Modernity*, Toby E. Huff (엮음) (Totowa, NJ : Rowman & Littlefield, 1981).

Parsons, Talcott, *Societies : evolutionary and comparative perspectives* (Englewood Cliffs, NJ : Prentice-Hall, 1966).

——, *The Evolution of Societies*, Jackson Toby (엮음) (Englewood Cliffs, NJ : Prentice-Hall, 1971).

Pomeranz, Kenneth, *The Great Divergence : China, Europe and the Making of the Modern World Economy* (New York : W. W. Norton, 2000).

Riesebrodt, Martin, "Ideen, Interessen, Rationalisierung", *Koelner Zeitschrift fuer Soziologie und Sozialpsychologie*, 32권 1호(1980), pp. 111~129.

Roth, Guenther, "Sociological Typology and Historical Explanation", Reinhard Bendix and Guenther Roth, *Scholarship and Partisanship* (Berkeley : The University of California Press, 1971ㄴ), pp. 109~128.

——, "Max Weber's Comparative Approach and Historical Typology", Ivan Vallier (엮음), *Comparative Methods in Sociology* (Berkeley : The University of California Press, 1971ㄷ), pp. 75~93.

——, "History and Sociology in the Works of Max Weber", *The British Journal of Sociology*, 27권 3호(1976), pp. 306~318.

Schluchter, Wolfgang, "The Paradox of Rationalization", Guenther Roth and Schluchter (엮음), *Max Weber's Vision of History* (Berkeley : The University of California Press, 1979[1976]), pp. 11~64.

——, *The Rise of Western Rationalism* (Berkeley : The University of California Press, 1981).

Seyfarth, Constans and Walter M. Sprondel (엮음), *Die Dynamik der gesellschaftlichen Rationalisierung* (Stuttgart : Enke Verlag, 1981).

Tenbruck, F. H., "Das Werk Max Webers", *Koelner Zeitschrift fuer Soziologie und Sozialpsychologie*, 27권 3호(1975), pp. 663~702 ["The Problem of Thematic Unity in the Works of Max Weber", *The British Journal of Sociology*, 31권 3호(1980), pp. 316~351].

Tilly, Charles, *Contentious Performances* (New York : Wiley-Blackwell, 2008).

Wallerstein, Immanuel, *The Modern World System II* (New York : Academic Press, 1980).

——, *The Politics of the World Economy* (Cambridge : Cambridge University Press, 1984).

——, *The Modern World System III* (New York : Academic Press, 1989).

Weber, Max, *General Economic History* (New York : Free Press, 1927).

——, *From Max Weber : Essays in Sociology*, H. H. Gerth and C. Wright Mills (엮고 옮김) (New York : Oxford University Press, 1946ㄱ).

Weber, Max, *The Theory of Social and Economic Organization*, Talcott Parsons (옮김) (New York : The Free Press, 1947).

——, "Critical Studies in the Logic of the Cultural Sciences", Edward A. Shils and Henry A. Finch (엮고 옮김), *The Methodology of the Social Sciences* (New York : Free Press, 1949ㄱ), pp. 113~188.

——, "'Objectivity' in Social Science and Social Policy", Edward A. Shils and Henry A. Finch (엮고 옮김), *The Methodology of the Social Sciences* (New York : Free Press, 1949ㄴ), pp. 50~112.

——, *The Religion of China*, Hans H. Gerth (엮고 옮김) (New York : The Free Press, 1951).

——, *Ancient Judaism*, Hans H, Gerth and Don Martindale (엮고 옮김) (New York : Free Press, 1952).

——, *The Religion of India*, Hans H. Gerth and Don Martindale (엮고 옮김) (New York : The Free Press, 1958).

——, *Economy and Society*, Guenther Roth and Claus Wittich (엮음) (New York : Bedminster Press, 1968).

——, *Roscher and Knies*, Guy Oakes (옮김) (New York : The Free Press, 1975).

——, *The Agrarian Sociology of Ancient Civilizations*, R. I. Frank (옮김) (London : NLB, 1976).

——, *Max Weber : Readings and Commentary on Modernity*, Stephen Kalberg (엮

음) (New York : Wiley-Blackwell, 2005).
——, "Prefatory Remarks", *Max Weber, The Protestant Ethic and the Spirit of Capitalism*, Stephen Kalberg (옮김) (Oxford : Blackwell, 2011ㄱ), pp. 233~249.
——, *The Protestant Ethic and the Spirit of Capitalism*, Stephen Kalberg (옮김) (Oxford : Blackwell, 2011ㄴ).
Winckelmann, Johannes, "Die Herkunft von Max Webers 'Enzauberungs-Konzeption'", *Koelner Zeitschrift fuer Soziologie und Sozialpsychologie*, 32권 1호(1980), pp. 12~53.
Zaret, David, "From Weber to Parsons and Schutz : the Eclipse of History in Modern Social Theory", *American Journal of Sociology*, 80권 5호(1980), pp. 1180~1201.

| 필자 소개 |

미국 스토니부룩 뉴욕주립대학교 사회학 박사이자 보스턴대학교 사회학과 교수 및 하버드대학 유럽연구소(Center for European Studies) 겸임 교수다. 전공은 사회학이론과 비교정치문화 등으로 세계적인 베버 전문가로 알려져 있다. 저서로 *Max Weber's Comparative Historical Sociology*(University of Chicago Press, 1994), *Max Weber's Comparative Historical Sociology Today*(Ashgate, 2012), *Searching for the Spirit of American Democracy : Max Weber's Analysis of a Unique Political Culture, Past, Present, and Future*(Paradigm Publishers, 2014)가 있으며, 엮은 책으로는 *Max Weber : Readings and Commentary on Modernity*(Wiley

Blackwell, 2005)가 있다. 막스 베버의 *The Protestant Ethic and the Spirit of Capitalism*(Oxford University Press, 2011)을 영어로 새로 옮겼다.
E-mail : kalberg@bu.edu

베버의 삶과 에로틱

정갑영
(안양대 교양대학)

1. 머리말

오늘날 가장 위대한 사회학자 그리고 사회사상가 가운데 한 사람으로 꼽히는 막스 베버는 150년 전인 19세기 중·후반부터 20세기를 20년 정도 살았던 인물이다. 그는 프라이부르크와 하이델베르크에서 짧은 교수 생활을 한 것을 제외하고는—세상을 뜨기 전 세 학기 정도 뮌헨대학에서 교수 생활을 다시 하기는 했으나—대부분의 시간을 자유로운 여행과 저술 등을 하며 학문적 활동을 했다. 비록 학문 활동의 거점이던 대학에서 교직을 오랜 시간 떠나 있었으나 당시에 독일 지식인들의 학문적인 활동 중심지였던 하이델베르크 자신의 집에서 정기적으로 열린 일요 모임과 '사회과학 및 사회정책 논총(Archiv für Sozial-wissenschaft und Sozialpolitik)'을 주도하면서 끊임없이 학문 활동을 전개한 것은 물론 전 독일에 그의 지적 영향력을 행사했음은 잘 알려진 사실이다. 전후 세계 질서 재편 과정에서 베버의 학문적 명성은 확고해졌으며 여기에는 여러 사람의 노력과 이유들이 있었다. 베버 서클에 참여했던 학자들의 역할이 컸으며, 특히 뢰벤슈타인(Karl Löwenstein)이나 야스퍼스 같은 사람들은 베버를 전설적 인물로 소개하는 데 커다란 역할을 했다. 사회학에서 전후 미국 사회학이론을 주도한 파슨스의 역할이 중요했음은 아무리 강조해도 지나치지 않을 것이다. 전후 냉전 체제에서 체제 경쟁에 《프로테스탄티즘의 윤리와 자본주의 정신》은 베버의 의도와 전혀 관계없이 근대화에 이르는 모델을 제시하는 지침서로 알려지기도 했으며 이런 맥락에서 현재 자본주의의 수호자로 이해되기도 했다. 뿐만 아니라 독일에 출현한 나치 체제에 베버를 관련시키는 평가를 비롯해 그에 대한 실망어린 회상도 없는 것은 아니다(Mommsen, 1990).[1] 베버의 주장에 대한 다양한 해석 및 평가와 더불어 그에 대한 논의는 오늘날에도 여전히 마르지 않는 샘으로 남았으며, 그가 세상을 떠난 지 90여 년이 지났음에도 그의 문제 제기는 여전히 생생하게 우리에게 다가온다.

오늘날에도 여전히 베버가 의미 있게 다루어진다는 사실은 그의 학문적 관심이 워낙 다양한 것에도 이유가 있겠지만 그가 제기한 문제가 단순히 사회과학 연구 자체에 머무른 것이 아니라 의미 있는 인간의

---

1 1964년 튀빙겐에서 개최됐던 '베버 탄생 100주년 기념 심포지엄'에서 호르크하이머(M. Horkheimer)가 표현한 1920년 베버의 뮌헨 강연에서 느낀 실망감 등이 그것이다. 이런 에피소드 외에도 베버는 독일에서의 나치 출현에 대한 지성사적 맥락에서의 긍정적·부정적 측면의 다양한 해석을 피해갈 수는 없을 것이다. 최근에 베버의 생애사를 연구하는 요하임 라트카우(Joachim Radkau)는 전후 독일 정치 질서의 안내자로 베버를 택했으며 여기에는 초대 대통령인 테오도르 호이스(Theodor Heuss)와 칼 슈미트(Carl Schmitt)가 관련된다는 뒷이야기를 전한다(2011 ; 독일어판 2005).

삶을 찾고자 하는 끝없는 열정에서 기인한다.《프로테스탄티즘의 윤리와 자본주의 정신》에서 보듯 그가 제기한 문제는 단순한 자본주의 발생에 관한 이론이나 찬미가 아니라 근대 세계에서 살아야만 하는 인간의 의미 있는 삶에 대한 성찰과 관련한 것이다. 물론 베버는 인간의 의미 있는 삶에 이르는 길에 대한 어떤 분명한 지침을 제시한 적은 없었으며 또 그래서도 안 된다고 생각했다. 그것으로 인해 베버는 대안 없는 회의주의자나 관념론자로 비판받을 여지가 있을 수 있다. 그러나 그런 그의 학문적 태도는 그가 말하고자 하는 것을 더 깊이 알고자 하는 연구자들에게 더욱 다양한 해석을 가능하도록 했으며 그에 대한 연구가 끊이지 않도록 하는 한 이유가 됐다.

잘 알려진 사회과학 방법론과 이론에서는 물론 정치, 경제, 종교, 문화 등을 넘어 그 어느 영역의 사회학에서도 베버는 간과되지 않을 정도로 많은 연구들을 했으며 그를 통해 베버 연구는 풍요로워졌다. 다만 그런 연구 대부분은 베버의 연구물 자체에서 시작된 것들이었고 그의 연구 관심에 대한 개인적 배경에는 크게 주목하지 않았다. 거기에는 그의 개인 생애사에 대한 자료의 철저한 제한이라는 현실적 이유가 있었을 것이다. 그러나 지난 20여 년간 계속되는 그의 저술, 강연, 그리고 개인적 편지 등에 대한 모든 자료의 출판은 베버 연구를 보다 심도 있고 다양한 차원에서 바라보도록 한다.

그렇게 알려지기 시작한 생애사적 사실들 가운데 몇몇은 새롭기도 하고 또 놀랍고 의아한 것들이기도 하다. 특히 베버의 몇몇 여성들과의 연인 관계 및 그 관계에서 파생된 여러 내용들은 그의 학문적 문제 제기와 관련해 많은 호기심을 자아내기도 하고 새로운 학문적 관심을 일깨우기도 한다. 에로틱(Erotik)[2]에 관한 그의 관심도 그런 것 가운데 하나다. 베버가 부인 마리안네 베버와 워낙 돈독한 관계를 가진 것으로 알려졌고, 그 관계가 동지적 관계로까지 표현되어 다른 여성들과 염문이 있었을 것임은 상상하기 어려운 것이기도 했다. 물론 바움가르텐(Eduard Baumgarten)이 일찍이 베버에 대한 책에서 스쳐지나가듯 그런 문제를 언급하거나 베버를 소개하는 책들에서 일부 언급했다 하더라도 크게 주목받지는 못했다.[3]

---

2 이 글에서 다루는 에로틱(Erotik)은 베버가 1915년 '사회과학 및 사회정책논총'에 발표한 〈중간고찰〉에서 다룬 내용을 그대로 옮긴 것이다. 에로틱은 그 자체로서 여러 의미로 다루어질 수 있으며 개념적 규정도 다양할 수 있다. 〈중간고찰〉에서 가치의 한 영역으로 다루고 있는 에로틱에 대해 그 역사적으로 의미가 변화해온 것으로 이해하고 있다. 베버가 주목하는 것은 성적 활동 그 자체가 아니라 자연적 존재로서의 성이 성애로의 변화와—일종의 승화로서—그 과정이다. 〈중간고찰〉이외에 《경제와 사회》에서도 이 과정의 결정적 중요성에 대해 언급하고 있다. "성 영역(Geschlechtssphaere)이 특별한 느낌(Sensation)인 에로틱으로 승화되어 비일상적이고 진가로 충만해지는(eigenwertgesaettigt) 결정적 발전이 우리의 문제제기인 것이다"라는 구절을 통해 베버는 에로틱을 자연적인 상태의 성을 인간이 느낌으로 다가오도록 승화시킨 것으로 이해하고 있음을 알 수 있다. 따라서 이러한 내용을 담은 적합한 우리말을 찾는 것은 쉽지 않았으며 이 글에서는 베버가 사용했던 '에로틱'을 그가 지향했던 의미의 범주에서 그대로 사용한다.

3 Baumgarten(1964)과 Green(1974) 같은 책들에서 베버의 여성 관계가 스치듯 혹은 구체적으로 다루어졌다. 많은 베버의 개인적 편지를 소장했던 바움가르텐은 그러나 오늘날 밝혀지는 사실들을 언급하지는 않았다. 그린(M. Green)은 전기 작가적 관점에서 서술한 것임에도 베버와 엘제의 관계 및 당시 광풍처럼 독일 사회에 퍼졌던 에로틱운동에 대한 베버의 관여 등을 상세히 서술한다. 그린의 저술은 1998년부터 막스 베버 전집(Gesammtausgabe)과 더불어 베버의 편지가 출판되기 시작하면서 생애사와 관련된 여러 연구들에 반드시 인용되고 있으나 상당 기간 흥미거리로 머물렀던 것이 사실이다. 베버의 에로틱에 대한 학문적·개인적 관심, 그리고 베버의 여성 관계 등은 결코 새로운 사실이 아니었음에도 학문적 연구 차원에서 크게 다루어지지 않았다. 오히려 이런 부분은 은폐된 측면도 있는데 베버를 개인적으로도 잘 아는 야스퍼스 같은 경우 그런 사실을 충분히 인지했음도 전혀 알리지 않았을 뿐 아니라 오히려 전설적 인물로

베버의 여성 관계가 주목받는 것은 그 자체가 흥미로울 뿐 아니라 그가 종교사회학 연구를 하면서 '에로틱'을 매우 중요하고 심도 있게 다뤘기 때문이다. 잘 알려진 것처럼 1915년 발표된 〈중간 고찰〉에서 에로틱은 다소 예외적으로 자세하고 비중 있게 다루어진다. 베버는 그의 인생 후반부에 《세계 종교의 경제 윤리》에 대한 연구의 접근 틀을 제시하는 과정에서 잘 알려진 〈서론(Einleitung)〉과 함께 〈중간 고찰〉을 쓴다. 이 두 논문은 《프로테스탄티즘의 윤리와 자본주의 정신》에서 시작되어 중국 종교 및 인도 종교 연구를 통해 세계 종교의 경제 윤리를 파악하려는 일련의 학문적 시도의 기본 분석 개념과 틀을 마련하는 데 결정적으로 중요한 의미를 지닌다. 특히 〈중간 고찰〉에서는 현세의 삶을 거부하는 두 유형인 금욕주의와 신비주의를 중심으로 현세내적 금욕주의인 개신교 윤리에서 어떻게 근대의 합리적 삶의 양식이 발전되어왔는지를 다룬다.

그런 중요한 의미를 갖는 〈중간 고찰〉에서 베버는 비합리적 영역에 속하는 에로틱이나 심미성 같은 주제를 심도 있게 다뤄 합리성이 극도로 증대해가는 근대 문제를 해결할 수 있는 하나의 가능성을 보고자한 것이 아닌가 하는 생각이 들게 한다.[4] 그래서 《프로테스탄티즘의 윤리

알리려 노력했음도 알려진 사실이다.

4 미국의 종교사회학자 로버트 벨라(Bellah, 1999)도 베버가 〈중간 고찰〉에서 언급한 형제애에 근거한 현세 부정의 사랑(world-denying Love)에 관심을 보인다. 다만 벨라의 관심은 기독교적 전통에서 생겨난 형제애 개념을 오늘날 세계에 적용하고 대안을 모색하는 차원에서 미학적, 에로틱, 그리고 주지주의적 영역은 다루지 않는다고 하면서 경제적·정치적 차원과의 관련성과 형제애를 다룬다. 그는 냉혹한 현대자본주의적 세계에서의 문제해결에 형제애의 가능성을 연결하려는 것으로 보인다. 그러나 이 글은 그런 벨라의 시도와는 다르게 베버가 〈중간 고찰〉에서 특별히 에로틱을 길고도 자세

와 자본주의 정신》에서 '쇠 둥우리(stahlhates Gehäuse)' 같은 표현을 통해 그가 생각하는 바를 함축적으로 보여줬듯이 〈중간 고찰〉에서는 '합리적 질서의 차가운 해골 손(kalten Skelettenhönde rationaler Ordnung)' 같은 표현을 통해 상징적으로 보여주는 만큼 인간 삶과 관련해 증가하는 합리성에 맞서 대안을 모색하는 베버에게 〈중간 고찰〉에서 나타나는 에로틱의 의미는 심상하지 않아 보인다. 다시 말해 에로틱이라는 주제를 통해 베버가 그의 깊은 내면을 표현하고자 하는 것이 아닌가 하는 의문이 들도록 한다. 이런 의문과 관련해 몇몇 여성들과 연관된 베버 개인의 경험은 어떤 연관성을 갖는 것으로 보인다. 더욱이 최근에 출간되기 시작한 그의 과거 편지에서 밝혀지는 지금까지 알려지지 않은 내용들은 추론에 대한 타당성을 높여준다.

따라서 이 글에서는 베버가 〈중간 고찰〉에서 다룬 에로틱의 내용을 알아보고 그의 에로틱에 대한 개인적 경험과 알려진 내용을 통해 그의 내면과 관련한 연관성을 추론해보고자 한다.[5] 왜냐하면 베버의 개인적

하게 언급하는—이 점은 벨라도 인정한다—배경과 목적을 그의 삶의 궤적 및 당대의 지적 배경과의 관련성에서 알아보고자 하는 것이다.

5 베버의 여성 관계에 대한 문제 제기는 새로운 것이 아니지만 우리나라에서 소개되고 다루어지지는 않았다. 다만 2013년에 전성우 교수가 그의 저서인 《막스 베버의 사회학》에서 〈인간 베버 재조명〉이라는 제목으로 독일에서 발간된 베버의 논문집을 논평하는 글에서 일부 다루고 있다. 이 글은 원래 독일어로 1995년에 발표됐다. 따라서 당시까지 밝혀진 사실들의 범위에서 논의된 것으로 보인다. 특히 마리안네 베버와의 관계를 중심으로 "승화된 에로틱"을 주장하는 초루지의 의견을 수용하는 입장인 것으로 보인다. 이 글에서는 따라서 2005년 라트카우가 쓴 《막스 베버(Max Weber)》나 2012년에 발간된 《베버 총서(Max Weber Gesammtausgabe)》 가운데 1918~1920년 사이의 편지들에 대한 내용은 반영될 수 없었을 것이다(전성우, 2013 : 547~566 ; Treiber, Sauerland 엮음 ; Opladen, 1995). 특히 '하이델베르크에서의 막스 베버'에 대한 네 편의 논문들이 실린 III장을 볼 것.

경험은 〈중간 고찰〉에 의미 있게 표현되었으며 또 그렇게 표현된 생각은 그의 개인 행적에 반영됐을 것으로 보이기 때문이다. 따라서 〈중간 고찰〉에 언급된 에로틱과 그의 개인 행적은 결코 무관할 수 없을 것이다. 또한 이것은 거의 100여 년 전 베버가 삶과 연구에서 직면했던 에로틱이 과연 오늘을 사는 우리에게 시사하는 바가 무엇인지를 성찰해 보도록 할 것임에 틀림없다. 그런 의미에서 이 글이 다루고자 하는 주제는 베버에 대한 연구라는 일차적 의미를 넘어 당대와 오늘날의 인간의 삶에 대한 이해의 지평을 넓히는 것이기도 하다.

2. 〈중간 고찰〉에 나타난 에로틱의 기원과 의미

막스 베버의 세 권으로 구성된 《종교사회학》 전집은 1권은 부인이었던 마리안네 베버, 2권은 미나 토블러(Mina Tobler), 3권은 엘제 야페 리히트호펜(Else Jaffe-Richthoffen)에게 헌정된다. 그 유명한 《경제와 사회》는 어머니 헬레네 베버에게 헌사한다. 헌정 문제는 베버가 임종 일주일 전 엘제 야페 리히트호펜과 논의한 결과이기도 하다(Fügen, 1985 : 123). 그의 임종은 집이 있던 하이델베르크가 아닌 뮌헨에서였으며 엘제 야페 리히트호펜과 마리안네 베버가 곁을 지킨 사실도 잘 알려져 있다.

이런 장면은 베버가 특별한 여성 지향성을 가졌거나, 아니면 뭔가 심상치 않은 이성 관계를 가졌던 것이 아닌가 하는 의문이 생겨나도록 한다. 그러나 그가 어머니에게서 정신적 영향을 많이 받았으며, 마리안네 베버 외에 위의 두 여인과 친밀한 관계였던 것도 사실이지만 소위 여성 관계 자체를 문란하게 즐기는 인물은 분명 아니었던 것으로 보인다.[6] 다만 그의 시대를 광풍같이 휩쓸던 뮌헨 슈바빙에서 시작된 성애추구운동(Die erotische Bewegung)[7]에 베버가 직간접적으로 관련됐으며, 그 시대의 하나의 실험적 삶의 방식으로 에로틱운동에 학문적으로 또 인간적으로 관심을 가졌던 것은 분명하다. 이에 대해서는 마리안네 베버의 자서전에서도 비교적 자세히 언급된다. 자유로운 성의 추구가 당시 지식인 사회에서 하나의 삶의 방식으로 퍼져나가기 시작했던 시절이었던 만큼 이에 대한 그의 관심은—합리화에 맞서 대안의 삶을 찾는 그에게—어떤 의미에서 당연한 것일 수 있다. 그런 맥락에서 본다면 〈중간 고찰〉에서 예사롭지 않게 에로틱을 언급하는 것은 단

6 1914년 에로틱운동의 본거지 가운데 하나였던 스위스 아스코나를 방문했을 때 베버가 마리안네 베버에게 보낸 편지에서 그가 에로틱한 여성들과 특별한 관계를 갖지 않음을 언급한다. "(…) 나도 상황에 따라서는 특별히 에로틱한 여성들을 기꺼이 사귀고 싶기는 하지만 내적으로 친해지고 싶다든지 우호적 관계를 맺는다든지 하는 일은 결코 없다. 왜냐하면 나는 그런 여성들이 원하는 에로틱한 남성이 갖는 가치가 없으며, 그런 여성들에게 합당한 친구가 아니기 때문이다. (…)"(Marianne Weber, 1989 : 499)

7 흔히 '에로틱운동'이라 부르는 이 사회현상은 1890년에서 1910년 사이에 전 유럽에 걸쳐 발생했다. 가부장적 문명에 저항하는 하나의 이념적 혁명으로서의 의미를 갖는 이 현상은 문학, 예술, 그리고 철학 등에 반영됐음은 물론 무정부주의운동 같은 정치운동과도 궤를 같이한다. 이 현상이 사회학적 의미에서 하나의 '운동'인지에 대해 논란의 여지가 있을 수 있다. 이 어휘는 엄밀한 사회학적 개념으로서보다는 지성사에서 발생한 하나의 현상을 일컫는 어휘로서의 성격이 강하다. 하지만 가부장적 부르주아 사회의 파괴, 결혼 같은 원초적 제도의 파괴를 통한 사회혁명 등과 같은 지향 목표가 있으며 프로이트와 무정부주의 같은 이론적 바탕도 있고, 소수의 지식인들이기는 하지만 동원 자원도 있었다는 점에서 사회운동으로서의 외형도 갖췄던 것이 사실이다. '에로틱운동'은 20세기 초반 뮌헨의 슈바빙을 중심으로 벌어진 독일에서의 문화사적·예술사적 영향이 매우 컸다. 이 글에서는 엄밀한 사회학적 개념으로서 '에로틱운동'을 언급하기보다는 지성사에서 일반적으로 사용하는 어휘로 서술하고자 한다. Green(1974)은 '에로틱운동'에 대한 소개와 막스 베버와의 관련성을 흥미 있게 상세히 다룬다.

지 책상 앞에서 나온 이론적 연구 결과는 아닌 것이다.[8]

〈중간 고찰〉은 인도의 종교에 관한 연구를 시작하기 전에 접근을 위한 스케치와 그에 바탕을 둔 이념형적 틀과 논리적 구조를 내용으로 한다. 그래서 '종교적 세계 거부 방향과 단계이론(Theorie der Stufen und Richtungen religiöser Weltablehnung)'(Weber, 1978 : 536~573)이라는 소제목을 달면서 현세 거부를 지향하는 삶의 두 방향을 중심으로 이론을 전개한다. 금욕주의(Askese)와 명상(Komtemplation)이 현세를 거부하는 두 방법인데 이것은 애초에 주술적 환경에서 발생하고 진전되어 나왔으며, 주술사는 예언자와 구세주의 전신이었다. 그리고 예언자와 구세주의 명령을 통해 추종자들의 삶의 양식(Lebensführung)은 합리적으로 체계화된다(Weber, 1978 : 540). 이것은 구원 종교들에서 나타나는 일반적 현상인데 이런 예언이 공동체를 형성하고 합리적 윤리로 발전하면서 현세와의 갈등은 극심해진다. 발전 과정에서 혈연 공동체와의 충돌은 일차적으로 발생하며 동시에 피할 수 없는 것이기도 하다. 한편 이 과정에서 예언을 통해 현세 내적 관계는 평가절하되며, 친족 관계에서 나타나는 주술적 구속과 배타성이 타파되면서 하나의 새로운 공동체가 생겨나는데 바로 여기서 종교적 형제애 윤리(die Brüderlichkeitsethik)가 탄생한다. 주목할 것은 공동체와 구원 예언을 연결하는 본질은 공동체가 안팎으로 당면한 고통(das Leiden)[9]이며, 고통으로부터의 구원

8 미츠만은 〈중간고찰〉이 베버의 개인사와 밀접한 관련이 있음을 정확히 간파했다. 그런 의미에서 오늘날 베버 생애사와 관련된 연구에서 그는 선구자적이었다. 이에 관해서는 Mitzman(1970, 253~306)을 볼 것.

9 베버는 구원 개념이 '고통'을 피하고자 하는 데서 생긴다고 보며, 구원을 희망하는 것에서 고통의 신정론(Theodizee des Leidens)이 발생한다고 주장한다. 이에 대해서는 이

이념이 합리적이고 심정 윤리적이 될수록 궁극적으로 외적으로는 사랑의 공산주의, 그리고 내적으로는 적에 대한 사랑의 이념까지 발전한다는 것이다(Weber, 1978 : 543). 베버가 일관되게 관심을 갖는 것은 보편적 형제애 같은 윤리 생성에 관한 것이며 이는 고통으로부터 구원의 길을 모색한 결과에서 생겨난 것으로 보인다.

이렇게 생겨난 보편적 형제애는 현실에서 여러 영역과 갈등 관계를 갖는데 경제와 정치가 대표적 영역이다. 베버가 자주 표현하는 각 영역 내부의 고유 법칙성(die innere Eigengesetzlichkeit) 결과에 직면해 형제애 윤리는 청교도 같은 금욕주의자들의 경우에는 이웃 사랑으로, 신비주의자들의 경우에는 무한한 자비를 지향하면서 '현세 도피(die Weltflucht)'를 하는 경향을 보인다는 것이다.

정치의 경우에는 정치 영역의 내적 고유 법칙에 따른 발전 결과로 관료제가 출현했으며 이는 보편적 형제애와—경제 영역에서처럼—갈등이 야기된다. 그러나 금욕주의와 신비주의가 지향하는 방향은 다르다. 금욕주의는 청교도에서 보이는 것처럼 소명으로서의 직업윤리를 발전시키고 신비주의는 종말론에 기대는 등 철저히 현세와 단절을 지향한다. 경우에 따라서 이런 신비주의자의 태도는 혁명적 결과를 부르기도 한다는 것이다.[10]

미《세계종교의 경제 윤리》서론에서 자세히 언급한다(Weber, 1978 : 243~244).

10 베버는 심미적 영역과 에로틱 영역에 이어 지적 영역을 간단히 다룬다. 지적 영역은 경제, 정치와 마찬가지로 합리주의를 지향하는 내적 고유 법칙을 갖는 영역으로서 비합리주의에 근거하는 심미적, 에로틱 영역과는 다르다(Fügen, 1985 : 123). 베버가 지적 영역에서 말하고자 하는 바는 종교 영역과는 근본에서 지향하는 논리가 다르다는 것이다. 즉 경험적 인식 세계와 윤리적 계명에 바탕을 둔 세계 사이의 긴장을 말한다. 이

베버는 이어 형제애 윤리와 긴장 관계를 형성하는 심미적 영역과 에로틱 영역에 주목한다. 베버는 이 두 영역이 경제와 정치가 고유 법칙에 따라 목적 합리성을 지향하는 것과 다르게 철저히 비합리적 가치를 지향하는 것으로 파악한다. 심미적 영역의 구체적 표현인 예술의 경우 종교의 부수적 효과를 높이려는 수단으로 등장했으나 드디어 자율적인 하나의 영역으로 독립하면서 종교 윤리와 갈등 관계에 들어선다. 베버에 따르면 주지주의(Intellektualismus)의 발전과 삶의 합리화는 예술로 하여금 의식적으로 독자적 가치를 인식하고 가치의 세계를 형성해가도록 하는데, 이를 통해 예술은 현세의 내적 구원 기능을 담당하기도 한다는 것이다. 무엇보다도 이론적·실천적 합리화의 점증하는 압박에서 일상의 현세적 구원(innerweltlicher Erlösung)이라는 기능을 담당하면서 구원 종교와 경쟁 관계에 들어선다(Weber, 1978 : 555). 그러나 종교 입장에서는 예술에 의한 이런 현세 내적 비합리적 구원을 사랑이 결핍된 무책임한 향락 제국으로 보며 이에 맞서 저항한다. 무엇보다도 베버는 예술 영역이 윤리적 판단에 대해 책임지는 것을 거부하고 또 윤리 판단을 취향 판단으로 전환하는데, 구원 종교 입장에서는 이런 예술의 태도를 저급한 형태의 비형제애를 지향하는 것으로 간주한다는 것이다(Weber, 1978 : 555).

베버는 예술과 더불어 가장 비합리적 힘인 성적 사랑(die geschlechtliche Liebe)도 형제애에 바탕을 둔 구원 종교와 긴장 관계에 있는 것으로 파악한다(Weber, 1978 : 556~564). 그러나 성적인 것이 원래부터

글에서 주목하는 것은 비합리적 영역에 대한 베버의 관심인 만큼 〈중간 고찰〉에서 마지막으로 다루어지는 지적 영역 부분은 여기서 간단히 언급하고 끝내도록 한다.

종교적인 것과 긴장 관계는 아니다. 고대 주술적 광란제(die Orgie)처럼 무아지경을 신성한 것으로 간주했던 원시종교를 고려한다면 두 영역은 상당히 친화적이라고 할 수 있다. 베버가 중요하게 생각하는 것은 성행위를 포함해 무아지경과 도취같이 원시종교에서 수용되던 것들이 규제되기 시작했다는 점이다. 예언가와 사제들은 결혼 제도를 보호하려고 예외 없이 성행위에 대해 규제를 했는데, 베버는 이것을 우연이 아니라고 본다(Weber 1978 : 557). 다시 말해서 종교에 의한 합리적 규제에 의해 박카스 축제에서처럼 비합리적 도취와 무아지경에의 몰입을 종교가 적대적 제재를 가하며 에로틱이 발생하는 단초가 형성된 것으로 보는 것이다. 역사적으로는 예언 종교가 이런 역할을 수행했다. 이런 발전 과정을 통해 단순한 자연 상태로 머물렀던 성은 에로틱으로 승화되고 자연주의와는 다르게 의식적으로 가꾸고 즐기는 대상이 됐다. 즉 자연주의에서 일상적이던 존재인 성이 규제 이후에는 비일상적인 것이 되는 것이다. 그것은 순수한 자연주의를 벗어나는 것을 의미한다(Weber, 1978 : 557).

이런 성은 베버에 따르면 서구의 역사적 발전 과정을 통해 근대의 에로틱으로 나타난다. 베버는 에로틱을 역사적 과정에서 나타나는 문화적 산물로 인식한다. 실제로 고대 그리스에서는 여성과의 에로틱한 체험에 대단히 냉담했으며 그것을 미성숙하고 감상적인 것으로 간주했다. 헬레니즘 문화에서는 '동지(Kamerade)', '소년(Knabe)'이 구애 대상이었다. 뿐만 아니라 박카스적인 조절되지 않은 감정으로서의 열정 같은 것은 플라톤이 말하는 에로스에는 공식적으로 수용되지도 않았다(Weber, 1978 : 559). 이후 서구 기독교 문화권에서의 에로틱은 금욕주의가 대두하면서 더욱 가치가 상승하는데, 사랑의 대상이 미혼 여성이 아닌 기혼 여성으로 나타나는 기사문학에서의 에로틱은 성적 접촉을 의미하는 것이 아니었다. 또한 성적 접촉 없이 하룻밤을 보내는 것이 진정한 사랑의 표현일 정도로 의미가 독특했다.

이렇게 금욕주의로 더욱 가치가 상승한 에로틱은 르네상스 시대를 거치면서 성애적인 감각성(erotische Sensation)이 심화하는데, 이후 직업인간(Berufsmenschentum)의 금욕주의적 경향과 불가피하게 충돌한다. 현세 외적 윤리와 현세 내적 윤리 간에는 성애 수용에 차이가 크다. 우선 현세 외적 혹은 현세 초월적 구원 윤리는 성애에 당연히 극단적 거부반응을 보인다. 구원 윤리는 성 욕구 극복을 통해 정신이 승리한다고 보는 만큼 성생활을 '동물적인 것(animalisch)'으로 간주한다(Weber, 1978 : 560). 하지만 이런 현세 외적 구원 윤리보다 이웃 사랑과 형제애를 강조하는 현세 내적 금욕주의를 지향하는 청교도 윤리와의 갈등은 훨씬 치열하다(Weber, 1978 : 560). 형제애 윤리는 에로틱한 관계를 자기통제의 상실로 보는 반면, 에로틱 추구의 입장에서는 진정한 열정은 자체로 아름다움의 전형이며 그것을 거부하는 것은 불경스러운 것이기 때문이다. 형제애에 대한 윤리의 존재 여부에 따라 성애를 대하는 적대적 태도에 차이가 있는 것이다. 형제애를 강조하는 윤리 입장에서는 두 사람 사이를 강조하는 에로틱의 무형제애적 태도가 참을 수 없는 것이 된다. 베버는 에로틱이 갖는 두 사람 사이의 깊은 교감과 폐쇄성을 '성스러운 것(sakramental)'에 빗대며, 신비주의자들의 체험과 거의 동일한 것으로서 두 사람 사이에서 '완벽한 하나됨의 감정'을 갖는 것으로 본다. 그것은 보편적 형제애를 강조하는 구원 종교와 궁극적으로 날카로운 대립관계에 설 수 밖에 없는 이유다.

그러나 형제애의 윤리를 강조하는 구원 종교 입장에서 에로틱은 분명 적대적이지만 결혼처럼 엄연히 존재하는 현실 제도에 대해 일방적으로 적대적 태도를 취할 수는 없는 것이다. 여기에서 종교에 따라 성애를 대하는 정도의 차이가 나타난다. 가톨릭에서는 혼인을 통한 육체적 결합을 '성스러운 일(Sakrament)'로 인정하는데(Weber, 1978 : 562) 이는 에로틱 같은 비일상적 감정을 용인하는 것에 다름 아니다. 이와는 다르게 직업적 금욕주의처럼 현세 내적 합리적 금욕주의는 어린이를 낳고 기르는 것 같은 합리적 목적에 부합하는 정도에서만 신적 질서로 결혼을 용인한다. 이런 방식으로 금욕주의에서는 혼인 관계가 에로틱으로 변질되는 것을 철저히 거부한다. 그러므로 농민적 자연 상태의 승화되지 않은 성을 합리적 질서의 하나로 수용하는 것이 된다. 여기에 비일상성으로서의 에로틱이 수용될 여지는 전혀 없다. 다만 열정과 관련된 요소들을 원죄 찌꺼기로 간주하는 루터교에서는 더 나빠지는 것을 막으려고 눈감아준다(Weber, 1978 : 563). 일종의 절충적 태도를 취하는 것이다. 물론 수도승 같은 현세 외적 합리주의에서는 어림도 없다. 그러면 두 사람 사이의 완벽한 하나됨의 감정은 금욕주의에서 전혀 용인되지 않는 것인가? 다시 말해 혼인 관계에서는 에로틱한 관계에서 발생할 수 있는 '하나됨의 감정'이 보편적 형제애의 윤리에서는 어긋나는 것으로 전혀 수용될 수 없는 것인가?

3. 구원으로의 두 길

베버는 두 사람 사이에 깊은 교감과 폐쇄성에 바탕을 둔 에로틱과는 다르지만 결혼을 통해 '하나됨의 감정'을 가질 가능성을 퀘이커 윤리에서 찾는다. 그에 따르면 에로틱과는 양립할 수 없는 결혼에 대한 책임성 이념과의 연결만이 "유기적 삶의 과정에서의 모든 뉘앙스를 통해 책임을 의식하는 사랑의 감정 변화 과정에서 쇠약해지는 최고령 나이에 이를 때까지(bis zum Pianissimo des höchsten Alters), 서로를 신뢰하고(Einander-Gewähren) 서로에 책임을 지는(Einander-schuldig-werden) 과정에서 무언가 독특한 것과 최고의 것이 놓일 수 있다는 느낌을 갖도록 해준다"(Weber, 1978 : 563)는 것이다.

이런 표현은 성적 사랑을 의미하는 에로틱이 아니어도 서로에 대한 책임성을 통해 신뢰하고 책임지는 가운데 서서히 늙어가면서 최고의 감정을 갖는 것을 의미한다. 성애에 바탕을 둔 에로틱에서의 하나됨과는 다른 신뢰와 책임에 바탕을 둔 사랑을 의미하는 것이다. 따라서 앞에서 '차가운 해골 손' 같은 합리적 질서에 맞서는 것으로 표현되던 에로틱과 크게 대비되는 표현임에 틀림없다. 적어도 금욕주의 윤리에 바탕을 둔 서구 문화에서 그러나 윤리의 결과로 생겨난 합리적 질서를 대체할 힘을 찾는 베버로서는 책임성에 바탕을 둔 결혼을 찬양하면서 에로틱을 통한 구원이 아닌 다른 방식의 구원을 추구하는 것이다. 베버는 이런 방식의 사랑을 하나의 구원의 길로 인식한 것으로 보인다. 그것은 인간의 노력에 의한 것보다는 신의 선택에 의한 것으로 여겼기 때문이다. 그래서 '고령의 쇠잔해지는 나이에 이를 때까지' 책임성에 근거하는 결혼 관계를 통해 얻는 느낌에 대해 인간의 노력만으로 되는 것이 아니라 신이 선택한 것이어야 한다고 하면서 결국 '구원'과 동일한 의미를 부여한다. 이런 사랑은 연구 결과로서만이 아니라 베버 자신의 마리안네 베버와의 개인적 사랑의 감정을 반영한 것이다. 왜냐하면 베버가 〈중간 고찰〉에서 표현한 "매우 쇠약해지는 최고령 나이에 이르기까지"라는 구절이 바로 마리안네 베버에게 헌사한《종교사회학》전집 제1권에 동일하게 인용되기 때문이다. 따라서 우리는 여기서마리안네 베버에 대한 막스 베버의 사랑의 의미를 추론해볼 수 있다.

그러면 베버가 책임 윤리에 충실한 합리적 금욕주의에서의 결혼을 통한 관계만을 구원의 길로 인식했는가? 그가 앞서 언급한 '해골 손' 같은 합리적 질서에 맞서는 힘으로서 두 사람 사이의 교감성과 폐쇄성에 기인한 완벽한 하나됨의 감정은 무엇이란 말인가? 더욱이《종교사회학》전집 2권과 3권의 미나 토블러와 엘제 야페 리히트호펜에게 쓴 헌사가 의미하는 예사롭지 않은 관계를 떠올린다면 과연 베버는 책임 윤리에 입각한 금욕주의 안에서의 결혼을 통한 관계만을 구원의 길로 생각했을까 하는 의문이 제기된다. 그렇다면 베버에게 차가운 합리적 질서에서의 구원의 길은 결혼을 통해 얻어지는 책임 윤리에 입각한 사랑과 에로틱에 기인한 사랑의 길 두 가지인 셈이 된다. 그럼에도 의문은 남는다. 왜냐하면 책임성이 바탕이 되어 쇠잔한 나이에 이르기까지 지속되는 사랑에서도 합리적 질서에서 나타나는 일상성의 무미건조함과 지루함을 극복할 수 있다고 베버가 보았는가 하는 점이다. 〈중간 고찰〉에서 이에 대해 더는 베버의 언급이—에로틱을 다소 열정적이고 상세하게 언급한 것에 비해—없다. 그래서 이

민감한 부분에 절충적 자세를 견지하는 것으로 보인다. 책임에 대한 강조, 다짐, 그리고 기대가 합리적 금욕주의 안에서의 결혼을 통한 사랑에서 분명히 읽히지만 동시에 에로틱을 언급할 때 나타나는 열정의 감정이 읽혀지지 않는 까닭이다.

진부한 일상성을 극복하는 생동감을 줄 열정의 근원으로 에로틱과 책임 윤리에 입각한 사랑에 대한 찬미에서 그가 진정으로 생각한 구원의 길이 무엇인지 분명히 알아내기는 쉽지 않다. 적어도 〈중간 고찰〉에서는 그러하다. 그렇다고 에로틱에 대한 특별한 연구가 계속된 것도 아니었다. 결국 에로틱에 대한 그의 관심과 입장을 보다 잘 이해하려면 베버가 개인적으로 관심을 보였고 조언을 통해 참여하기도 했던 당시 독일 지식인 사회에 광풍처럼 몰아친 에로틱운동과 그러한 시대적 움직임에 적극 참여했을 뿐 아니라 베버의 삶에서 매우 중요한 의미를 지니는 토블러나 엘제 같은 인물들과의 관계 등을 살펴보는 것이 의미 있을 것이다. 이것은 베버의 은밀한 사생활에 대한 가십 차원의 흥미를 유발하기 위해서가 아니라 왜 베버가 에로틱에 학문적인 관심을 가졌으며, 또 그것을 합리적 질서에 반해 일상성을 극복할 수 있는 가치로 인식하려 했는가에 대한 이해의 단초를 제공할 수도 있기 때문이다. 때마침 베버 개인의 행적에 대한 여러 자료가 새롭게 제공되는 오늘날의 상황은 이런 접근을 가능하게 하기도 하다.

4. 베버의 삶과 에로틱

최근에 업적을 내는 베버의 생애사적 접근이 그를 연구하는 하나의 방법으로 떠오르기 시작한 것이 오래된 일은 아니다(Radkau, 2011).[11] 앞서 말한 대로 그의 모든 저술 및 강연은 물론 사적 편지들이 출판되면서부터 새로운 사실이 알려지기 시작하고 그에 따라 새로운 관점에서의 연구로 이어지며 알려지지 않았던 베버의 사생활, 특히 이전에 촌평 차원에서 알려진 토블러나 엘제 같은 여성들과의 관계가 새롭게 조명받는다.

1898년 이후 교수직을 더는 수행하지 못할 정도로 베버의 정신적인 병이 깊어졌음은 이미 잘 알려진 사실이다. 아버지와의 갈등 등 여러 가지 요인이 추측되지만 결정적 이유에 대해서는 알려진 바가 없다. 그렇다고 베버가 지적 생활을 완전히 포기한 것은 아니었다. 다만 분명한 것은 교수직을 사직하고 여행과 휴양을 반복하지 않으면 안 될 정도로 상태가 위중했으며 따라서 평범한 생활을 영위하지는 못했다는 것이다. 이에 대해서는 마리안네 베버의 《베버 평전》에서도 언급된다. 마리안네 베버와의 부부 관계는 당시 여느 부부들과는 달랐다. 그들의 부부 관계는 관능적이고 성적인 관계에 토대를 둔 것이 아니었으며, 그런 관계를 승화한 정신적 동반자의 관계로 알려져 있다. 결혼 초 '존경하는 동지(hochherziger Kamerade)'라는 표현을 사용했던 베버의 배우자 관계는 관능과 성애가 없는 추상적 여성상에 입각한 것이었다(Gilcher-Holtey, 1988 : 142~155). 베버는 결혼 생활에서 성적 문제가 있었으나 1911년 미나 토블러를 만나 에로틱한 관계에 빠지며 남성으로

11 과거에는 거의 다루어지지 않았던 베버의 개인사 관련 연구는 최근 흥미 있고 주목할 만한 새로운 사실들을 밝혀내고 있다. 그 가운데 Radkau(2011 ; 2005 독어판)의 베버 전기는 이전에 몰랐던 여러 사실들을 많은 논증을 통해 밝혀낸다.

서의 능력도 회복했다(Radkau, 2011 : 352~362). 이런 개인사를 보면 일찍이 에로틱은 베버의 삶에서 중요한 문제가 되어버린 것으로 보인다. 마리안네 베버와의 관계가 정신적이고 영혼적인 것이라면 미나 토블러와의 관계는 육체적이고 에로틱한 관계였다고 할 수 있다(Gilcher-Holtey, 1988 : 151). 여러 해 지속된 그녀와의 관계에서 그녀의 도움으로 베버가 음악사회학에 관한 논문을 완성한다는 것은 잘 알려진 사실이다. 마리안네 베버도 언급한 것처럼 베버는 음악, 회화, 조각 등 예술에 관심을 갖는데, 그 계기가 미나 토블러와의 만남이었던 것으로 보이며, 학문적 동기 유발 이상의 관계를 유지했던 것으로 평가된다. 그러나 미나 토블러와의 관계는 1917년 엘제와의 관계가 본격적으로 시작되면서 끝난 것으로 알려져 있다.[12] 마리안네 베버와 절친한 관계였고, 베버의 동생인 알프레드 베버(Alfred Weber)의 연인이었던 엘제는 프라이부르크 시절부터 이미 아는 사이였으며 베버에게서 박사 학위 논문을 쓴 학생이기도 했다. 그러나 엘제는 베버와의 사적인 관계에서만이 아니라 에로틱에 대한 학문적 관심을 불러일으킨 장본인으로서의 의미도 갖는다. 그린이 전기적 서술을 통해 자세히 다룬 데서 알 수 있듯 엘제는 슈바빙에서 시작된 에로틱운동의 중심인 오토 그로스(Otto Gross)와 연인 관계였으며 그의 아이를 낳았을 정도로 이 운동의 핵심 가운데 하나였다(Green : 1974). 그녀의 여동생이자 후에 로렌스

12 이 문제에 대해서도 라트카우는 가장 급진적 주장을 한다. 그에 따르면 미나 토블러와 헤어지게 되는 데는 엘제의 역할이 있었을 것으로 보인다. 실제 베버는 1910년 이후 7년 여 동안 단절된 엘제와의 관계를 청산하고 재회를 시작했으며 1919년부터 1920년은 대단히 열정적 사랑을 한 것으로 알려졌다.

(D. H. Lawrence)의 부인이 되는 그녀의 동생 프리다 리히트호펜(Frieda Richthofen)뿐 아니라 당대 저명한 문인이나 예술인 등 유명인 가운데 많은 인물이 이 운동에 직간접적으로 관련했다. 그러나 결국 실험으로 끝난 실험적 운동은 숱한 문제를 야기한다. 그중에는 에로틱운동이라는 전대미문의 성적 사랑을 추구한 결과로 태어난 아이들에 대한 양육권 문제가 있었는데 베버는 이 문제와 관련해 법률 자문을 아끼지 않았다. 이들에 대한 자문을 위해 직접 스위스의 아스코나를 방문하기도 했으며, 에로틱운동을 지켜보며 거기에 참여했던 인물들과 자연스럽게 친분 관계를 갖게 됐다.

따라서 에로틱은 현실에서 베버가 마주치는 삶의 주제가—그가 여기에 동의하든 안 하든 관계없이—됐다(Green, 1974 : 163~173 ; Radkau, 2011 : 520~524). 그리고 그 시점은 1904년 《프로테스탄티즘의 윤리와 자본주의 정신》을 발표한 지 3년이 지난 1907년에 우선 학문적으로 마주쳤다. 1907년 엘제가 베버가 살던 하이델베르크로 찾아와 당시 그녀의 연인이던 오토 그로스의 논문을 《사회과학 및 사회정책 논총》에 게재할 것을 요청했을 때 베버는 불가피하게 이론적 검토를 해야 했다. 결국 베버는 오토 그로스의 논문 게재를 강력히 거부한다. 거부 이유는 가치판단이 심하게 개입된 논문이라는 것이었다(Whimster, 2005 : 403~414).[13] 성적 억압을 개인의 병리적 증세의 주요 요인으로 파악한 프로이트를 계승한 사람들 가운데 가장 뛰어난 인물 중 하나로

13 당시 오토 그로스의 논문은 오늘날 찾아볼 수 없다. 베버가 바라본 오토 그로스의 논문은 과학적 근거에 입각한 논문이 아니라 희망 사항과 자신이 세운 윤리에 입각한 문제점이 있었다. 즉 과학이 아니라 윤리에 관한 글이라는 것이다.

꼽힌 그로스는 개인의 병리 문제를 사회의 병리와 연결하면서 개인의 치료가 아닌 사회혁명을 지향했다. 즉 심리적 갈등과 사회문제를 연결하는 것이었는데 핵심은 기존 문화의 전통적 유산인 성 윤리를 붕괴하는 것이었다. 때문에 본인이 스스로 앞장섰고 논리적 타당성을 위해 니체의 초인 사상도 수용했다. 그로스는 자본주의 사회의 규범적 강제는 예외적 방식으로 자아실현을 하려는 것이 허락되지 않기 때문에 아주 예외적 개개인들의 경우에는 그들의 인성 구조가 병리적으로 형성되며 개인과 사회 사이의 갈등을 야기한다고 봤다. 그의 목표는 부르주아 사회의 윤리 파괴와 그를 통한 혁명이었다. 수세기에 걸친 권위주의적 가족 구조와 결혼을 통해 제도로 정착된 도덕은, 사회 유지를 위한 핵심적 역할을 하는 만큼 개개인의 진정한 자유를 지키려는 시작은 성적인 영역에서 기존 윤리적 규범으로부터 개인을 자유롭게 하는 것이어야 한다고 주장했다. 끊임없이 계속되는 내적 갈등의 이유가 되는 '성'의 해방을 통해 진정한 자유를 얻으려는 실천을 위해 각성한 소수가 나서야 한다는 것이다. 이것이 뮌헨의 슈바빙에서 시작된 에로틱 운동의 핵심 논리였으며 중심에 그로스가 있었다.

마약중독자이기는 하지만 카리스마적 인물이던 그로스는 에로틱 운동 및 무정부주의운동의 중심인물이 됐으며 성 윤리의 혁명을 통해 당대 부르주아 사회의 붕괴를 꿈꾸는 인물이었다. 그의 논문에서 방법론적 문제를 지적한 베버는 그러나 에로틱이 합리화되어가는 당시 사회에서의 피폐해지는 삶에 의미를 전달해주는 하나의 가치가 될 수 있는지에 호기심을 가진 것으로 보인다. 베버에 관한 생애사 연구자들에 따르면 1907년 엘제와 함께 하이델베르크 성으로 산책을 하는 과정에서 베버는 에로틱운동에 참여하던 그녀에게 에로틱이 무슨 가치를 갖느냐고 물었다. 엘제는 '아름다움(die Schönheit)'이라 대답했고 베버는 잠시 아무 말도 하지 않았다고 한다(Green, 1974 : 171 ; Radkau, 2011 : 310). 베버는 당시 시대사조에 대해 과연 이런 행동이 개인의 사적 욕망 추구와 구분될 수 있는 것인지, 그리고 그런 맥락에서 책임성이 담보되는 것인지에 회의적이었다(Marianne, 1989 : 385).[14] 그러므로 베버가 에로틱운동이 당시 서구인의 삶에 대안 가치가 될 수 있는지 궁금해하기는 했으나 책임성 문제로 커다란 기대를 한 것으로 보이지는 않는다. 그는 비일상적 힘으로서의 에로틱에 대한 가능성을 인정하고 지켜보았으며 동시에 윤리적 가치의 결핍을 느낀 것 같다. 자유로운 성애를 통해 사회를 변화하겠다고는 하지만 사실 안에는 육체적 욕구가 숨겨져 있고, 또 누구도 책임의 가치를 갖지 않으며 책임의 근원이 되는 윤리의 결여를 본 것 같다. 즉 기존의 합리적 질서에 도전하는 힘은 있으나 지속력은 갖지 못한 것으로 생각한 것이다. 에로틱에 대한 베버의 생각은 〈중간 고찰〉에서 그리고 개인사의 궤적에서 그대로 나타난다.

그러는 가운데 이 운동의 여파는 하이델베르크에도 퍼지기 시작했으며 영향력이 엄청났다. 미나 토블러를 베버 서클에 소개한 에밀 라스크(Emil Lask)는 엘제의 배우자였으며 베버와 《사회과학 및 사회정책 논총》의 공동 편집자였던 에드가 야페(Edga Jaffe) 역시 에로틱운동

14 이 점은 마리안네 베버의 회고록에서도 나타난다. 베버는 에로틱운동을 언급하면서 "(…) X박사(베버는 오토 그로스를 그렇게 표현했다)는 어떤 육체적 욕구도 갖지 않으며 단지 인류애 때문에 일부다처를 유지한다고? 난센스야"라고 했다는 것이다.

의 동참자가 됐을 만큼 당시 독일의 대표적 지식인의 도시였던 하이델베르크도 이 운동의 열풍에서 자유로울 수 없었다.[15] 에로틱운동에 베버가 직접 참여하지는 않았지만 에로틱이라는 주제는 그의 관심을 피해갈 수 없었다. 그만큼 에로틱은 베버의 개인적 삶의 차원에서뿐 아니라 근대적 인간의 삶을 위한 새로운 대안을 찾는 학문적 관심 차원에서도 흥미 있는 것이었다.

5. 에로틱과 책임성 사이에서

베버는 에로틱이 차가운 합리적 질서에서 살아가는 삶에 열정적 생동감을 불어넣는 일종의 구원의 길이 될 가능성을 봤다. 그럼에도 그는 앞서 보았듯 근대적 인간의 삶에서 구원의 가능성으로 기꺼이 수용하지 않았을 뿐 아니라 비판적 태도를 보이기까지 한다. "'성적 사랑'은 불가피하게 고양되고 은폐된 잔혹성을 수반하며 형제애에 적대적 · 개인적 성벽(Idiosynkrasie)과 망상에 의한 공정한 균형 감각의 상실 등도 동반하는데, 이런 현상은 성적 사랑이 강력히 힘을 행사할수록 더 심해지며, 참여자들은 이것을 더 알아차리지 못하는 것은 물론 위선적으

15 베버는 이런 개인적 경험이 분명히 반영됐을 에로틱을 〈중간 고찰〉에서 다음같이 표현한다. "'너'가 사라지고 하나됨이 느껴지는 그런 공동체 가능성에서 이 관계는 나타난다. 그런데 그 느낌이 너무 강해 상징적으로 '성찬 의식'처럼 해석되는데, 어떤 수단으로도 타인에게 전달할 수 없는 고유한 체험의 근거도 없고 메마르지도 않는 가운데 사랑하는 자의 합리적 노력으로도 접근하기 어려운 참으로 살아 있는 것의 핵심에 도달했다고 믿으며, 이와 함께 '합리적 질서들의 차가운 해골 손'에서뿐만 아니라 무덤덤한 일상에서부터도 영원히 해방됐다고 믿는다."(Weber, 1978 : 561)

로 은폐한다"고 주장한다(Weber, 1978 : 569).[16]

이런 인식에 기반해 베버는 성적 사랑을 결코 현세 거부를 체계적으로 이끌 하나의 가치로서의 가능성으로 인정하지 않았다. 결국 베버는 부부 간의 사랑을 이상화한다. 초루지(Bozena Choluj)는 베버가 그의 개인적 경험으로 인해 삶에서 에로틱의 부정적 가치를 수용할 준비가 되어 있지 않았으며, 전통적 윤리 가치에도 에로틱을 대치할 수 없었는데, 비일상적 영역의 의미에서 '승화된 성애'를 의식적으로 가꾸는 동시에 합리화의 보편적 과정이라 생각했기 때문이라는 것이다(Choluj, 1995 : 257). 다시 말해 에로틱과 성적 욕구의 부정적 측면을 '승화된 성욕'이라는 개념을 통해 극복하려 했다는 것이다. 그리고 그것은 책임에 근거한 부부간의 사랑에 대한 예찬에서 그대로 드러난다. 그러면 이제 그의 에로틱에 대한 입장이 정리가 된 것일까? '차가운 해골 손' 같은 삶의 질서에 생동감을 불어넣을 유일한 구원의 길로서 베버에게 수용된 것인가?

〈중간 고찰〉에 나타난 그의 이론적 선택은 분명하지만, 고뇌와 망설임의 흔적 또한 나타나 있다. 분명 베버는 합리적 일상과의 긴장 관계에서, 모든 삶의 자연적 원천을 연결하는 결혼 생활에서의 '자유로운 성생활'이 합리화에 맞서는 특별한 비일상성의 힘이 될 수 있음을 인

---

16 이 구절은 다분히 에로틱운동 집단에 대한 베버의 경험에 영향을 받은 것으로 보인다. 법률 자문을 통해 그들을 옆에서 지켜본 베버는 에로틱 가치로서의 가능성과 에로틱을 추구하는 집단의 문제를 누구보다 잘 알고 있었다. 베버는 에로틱 추구를 통해 사회 변화를 주장하는 공동체가 결코 윤리나 가치를 창출할 수 없다고 본 것 같다. 베버는 거기서 사회적 변화를 가능하게 하는 가치 창출 가능성보다는 개인 욕망이 가치로 위장될 가능성을 더 크게 봤으며 이런 의미 역시 〈중간 고찰〉에 나타나 있다.

지한 것으로 보인다(Weber, 1978 : 560). 그것은 베버가 구원의 힘을 가졌다고 생각한 사랑, 즉 '너와 나'가 사라지고 하나가 되는 강한 일체감으로서의 성적 욕구에서 해방되는 것 이상을 의미한다. 베버는 합리화에 직면한 근대 인간의 운명 앞에 현세적 구원에 이르는 하나의 길인 에로틱으로 이해한 것이다. 그리고 그는 삶의 마지막 시기에 연인 관계였던 엘제를 에로틱이 구현된 인물로 믿었다(Kaesler, 2011 : 100). 문제는 〈중간 고찰〉에서 언급했듯 결혼을 통해 인생을 함께하며 서로에 대한 책임감에 충만해 무언가 최고의 것을 느끼며 공존할 수 있는가 하는 것이다. 다시 말해서 책임 윤리와 그에 바탕을 둔 승화된 사랑의 지속성 여부였다. 그러면 에로틱의 가능성과 한계를 분명히 인식한 베버가 선택한 길은 무엇이었나?

베버의 생애사적 기록, 특히 세상을 뜨기 전 수년간의 행적은 그가 개인적으로 에로틱의 길을 절대적으로 추종하지는 않았지만 완전히 포기한 것으로도 보이지 않는다. 마리안네 베버 외에 삶에 등장한 여인들인 미나 토블러와 엘제 리히트호펜과의 연인 관계는(특히 엘제와의 관계) 에로틱운동에서 에로틱에 일정한 거리를 유지했으며—〈중간 고찰〉에서 에로틱에 커다란 기대를 보여줬지만—결국 합리적 제도인 결혼을 통한 승화된 에로틱을 찬양하는 것과는 전혀 다른 사실을 보여주기 때문이다. 따라서 베버가 〈중간 고찰〉에서 보여준 승화된 에로틱에 대한 언급은 확신과 신념보다는 기대와 소망 차원이라고 볼 수 있다.

그렇다면 그의 계속된 개인적 행적이 이해될 수도 있다. 밝혀진 여러 사실에 따르면 1915년 〈중간 고찰〉 발표 이후 베버는 활발한 정치적·학문적 활동과 함께 엘제와의 관계도 다시 회복한다. 1910년 엘제가 동생인 알프레드 베버와 동거에 들어가면서 소원해진 베버와의 관계는 그 후 7년이나 계속됐다.[17] 그러나 엘제가 1916년 베버를 뮌헨에서 만나면서 회복되기 시작한 관계는 사랑하는 사이로 급속히 바뀌며 1919년에서 1920년 베버가 생을 마감할 때까지 열정적으로 지속된다.[18] 점증하는 합리화 과정에 직면한 인간의 숙명적 삶에서 비일상성을 통해 삶의 역동성을 얻기 위한 선택과 관련된 마지막이자 최고의 가치 영역은 선험적으로 확실하게 존재하는 것이 아니라 개인의 신중한 결정과 선택을 요구하는 것임에 틀림없다. 그러나 막스 베버는 그런 그의 결정이 무엇인지 우리에게 알리지 않았다. 그는 계속 마리안네 베버와 엘제 사이에 있었다. 책임과 열정 사이에서 끊임없는 고민을 했던 것일까? 그리고 1920년, 그는 갑자기 세상을 떴다.

---

17 베버와 엘제의 관계는 1910~1911년 겨울에 깨지기 시작했다. 1911년 6월 7일 마리안네 베버에게 보낸 막스 베버의 편지에서 "당신이 엘제를 보면 가능하면 나에 대해 아무것도 말하지 마시오. 나는 엘제에게 친절하게 또 기꺼이 편지할 것이오. 그러나 나는 엘제와 아무것도 함께할 생각이 없소"라고 엘제와의 관계를 단절하겠다는 의지를 표명한다. 두 사람의 관계는 다음 편지에서 알 수 있다(MWG II/7 1. Halbband, 1998 : 227~228). 이런 베버와 엘제의 관계는 1916년 10월 26일 뮌헨에서 개최된 베버의 진보민족당의 공개회의에서 '세계 정치에서 독일의 위치'라는 강연에 엘제가 참석하면서 회복되기 시작한다. 이 시기에 어떻게 그들의 관계가 진전됐는지는 다음의 편지에 나타나 있다(MWG II/10, 2012 : 23~35).

18 1919년 1월부터 3월까지 보낸 69통의 편지 가운데 29통이 엘제에게 보낸 편지였으며 여기서 베버는 엘제에 대한 짙은 애정을 표현한다. 미나 토블러와 마리안네 베버에게 보낸 편지는 빈도에 있어 엘제에 보낸 편지에 훨씬 못 미친다(MWG II/10 1. Halbband, 2012).

6. 맺으면서

막스 베버의 학문적 관심과 업적은 워낙 넓고도 심원해서 그의 학문적 성과에 대한 동의와 관계없이 오늘날 사회과학 논의의 대부분은 그의 영향을 비켜가기가 쉽지 않다. 그런 만큼 학문적 입장에 따라 베버는 다양한 모습으로 나타나며 또 해석된다. 베버를 진정으로 올바르게 인식하는 길은 무엇인가에 대한 논의와 주장도 있는데 여기서도 베버는 여러 얼굴로 등장한다. 아마도 계속되는 베버를 더 바르게 이해하고 찾으려는 노력은 새로운 주제, 이론 그리고 발굴되는 자료에 따라 더 다양한 모습으로 나타날 것이다. 그럼에도 그가 생애 동안 학문적 작업을 비롯한 다양한 활동을 통해 일관되게 추구하고자 한 것은 20세기 안팎을 살던 지식인으로서 그 시대의 인간의 삶에 대한 끝없는 위기의식과 위기를 극복할 수 있는 길에 대한 모색이었음에는 이의가 없을 것이다. 이미 《프로테스탄티즘의 윤리와 자본주의 정신》에서 보여준 바 있는 그의 시대 진단은 평생의 연구에서 일관되게 나타나지만 〈중간 고찰〉에서 에로틱을 다루는 데서도 나타난다. 비록 주제는 전혀 다른 것이지만 제기하는 문제의 본질은 동일한 것이었다.

합리화 과정에 직면하는 인간 삶의 위험성에 대한 베버의 진단은 늘 그렇듯 명확한 답을 동반하지 않는다. 이것은 《프로테스탄티즘의 윤리와 자본주의 정신》에서의 진단에서 그러했듯 에로틱을 다룬 〈중간 고찰〉에서도 동일하다. 더욱이 개인사에 관련된 사실들은 이런 문제 제기에 대한 베버의 입장을 찾으려는 우리를 더욱 혼란스럽게 만든다. 그러나 분명한 것은 에로틱을 통해 베버가 찾으려 한 것은 책임 가치가 비일상성을 추구하는 열정 감정과 결합될 수 있는 가능성이라는 사실이다. 베버는 상반되는 두 가치의 본질을 잘 알고 있었다. 책임 가치의 근원인 윤리는 우리 삶을 지속적으로 인도할 수 있는 반면, 비일상성을 경험하게 하는 열정의 느낌 자체는 지속적이지 못하다는 사실을 말이다. 서로 양립하기 어려운 것으로 보이는 두 길을 모두 추구했던 베버는 책임과 열정을 어떻게 조화할 수 있는지는 보여주지 못했다. 예기치 못한 그의 죽음이 없었다면 가능했을까? 베버 시대와는 다르게 책임 가치에 입각한 결혼 제도가 근본적으로 흔들리며 에로틱이 산업과 결합해 일상을 지배하는 오늘날, 계속되지 못한 베버의 연구와 그의 때 이른 죽음이 더욱 안타깝게 우리에게 다가온다.

| 참고 문헌 |

박영신,《현대사회의 구조와 이론》, 일지사, 1978.

전성우,《막스 베버 사회학》, 나남, 2013.

베버, 막스,《종교사회학 선집》, 전성우 옮김, 나남, 2008.

퓨겐, N. H.,《막스 베버》, 박미애 옮김, 서광사, 1994.

Baumgarten, Eduard, *Max Weber : Werk und Person* (Tübingen, 1964).

Bellah, N. Robert, "Max Weber and World-Denying Love : A Look at the Historical Sociology of Religion 1", *The Journal of the American Academy of Religion*, 67권 2호(1999).

Bormuth, Matthias, "Grenze der Sublimierung. Max Webers "Zwischenbetrachtung" und Otto Gross' Kulturtheorie", 6. Internationaler Otto Gross Kongress (Marburg, 2006).

Choluj, Bozena, "Max Weber und Erotik", Huber Treuber (엮음), *Heidelberger im Schnittpunkt intellektueller Kreise* (Opladen, 1995).

Dehmlow, Raimund and Rother Ralf, Springer Alfred (엮음), *Die Rebellion des Otto Gross, 6. Internationaler Otto Gross Kongress* (Marburg, 2006).

Demm, Eberhard, *Eine Sexbombe der Jahrhundertwende. Else Jaffe-von Richthofen und ihre Liebhaber*, 6. Internationaler Otto Gross Kongress (Marburg, 2006), pp. 381~403.

Fuegen, N. Hans, *Max Weber* (Hamburg, 1985).

Gilcher-Holtey, Ingrid, "Max Weber und die Frauen", Christian Gneuss and Juergrn Kocka (엮음), *Max Weber Ein Symposium* (München : dtv, 1988).

Gerth, H. H. and C. Wright Mills (엮음), *From Max Weber* (London : Routledge

& Kegan Paul, 1974).

Gneuss, Christian and Juergen Kocka (엮음), *Max Weber : Ein Symposium* (Muenchen : dtv, 1988).

Green, Martin, *The von Richthofen Sisters : The Triumphant and Tragic Mode of Love* (University of New Mexico, 1988).

Heins Volker, *Max Weber* (Hamburg, 1990).

Jaspers, Karl, *Max Weber* (Muenchen : Piper, 1988).

Kaesler, Dirk, *Max Weber* (Muenchen : C. H. Beck, 2011).

Krueger Christa, *Max & Marianne Weber* (Zuerich : Pendo, 2001).

Krumeich, Gerd and M. Rainer Lepsius (엮음), *Max Weber Briefe 1918~1920, Max Weber Gesammtausgabe*, II/10 1. halbband (Tuebingen : J. C. B. Mohr, 2012).

Lepsius, M. Rainer and J. Wolfgang Mommsen (엮음), *Max Weber Briefe 1911~1912, Max Weber Gesammtausgabe*, II and 7 1. Halbband (Tuebingen : J. C. B. Mohr, 1998).

Mitzman, Arthur, *The Iron Cage* (New York : Knopf, 1970)

Mommsen, Wolfgang, *Max Weber and German Politics 1890-1920* (Chicago : Chicago University Press, 1984).

Mommsen, J. Wolfgang and Juergen Oesterhammel, *Max Weber and his Contemporaries* (London : Unwin Hyman, 1987).

Radkau, Joachim, *Max Weber* (Cambridge : Polity, 2011).

Schwentker, Wolfgang, "Passion as a Mode of Life : Max Weber, the Otto gross Circle and Eroticism", J. Wolfgang Mommsen and Juergen Oesterhammel (엮음), *Max Weber and his Contemporaries* (London : Unwin Hyman, 1987).

Treiber, Hubert and Karol Sauerland (엮음), *Heidelberg im Schnittpunkt intellektueller Kreise* (Opladen, 1995).

Weber, Max, *Gesammelte Aufsaetze zur Religionssoziologie I* (Tübingen : J. C. B. Mohr, 1978).

——, *Wirtschaft und Gesellschaft* (Tübingen : J. C. B. Mohr, 1980).

Weber, Marianne, *Max Weber, Ein Lebensbild* (Muenchen : Piper, 1989).

Whimster, Sam, "Ethics and Science in Max Weber and Otto Gross", *Die Gesetz des Vaters*, 4. International Otto Gross Kongress (Marburg, 2005).

Whimster, Sam and Scott Lash (엮음), *Weber, Rationality and Modernity* (London & New York : Routledge, 2006).

| 필자 소개 |

외국어대와 연세대 대학원 사회학과를 거쳐 독일 튀빙겐대학에서 사회학 박사 학위를 받았다. 한국문화관광연구원에서 오랫동안 문화 정책을 다뤘으며 문화관광연구원 원장을 거쳐 청운대 초빙교수를 지냈다. 현재 안양대 교양대학 교수로 재직 중이다. 문화 정책과 더불어 막스 베버의 연구 주제를 그의 생애사적 그리고 문화사적 측면에서 되돌아보는 데 관심을 갖고 연구하고 있다.

E-mail : weber9197@naver.com

카프카의 소설《성》과 베버

편영수
(전주대 독어독문학과)

1. 들어가는 말

어떤 목적에서든 학문적으로 '관료제' 현상을 연구하는 사람은 언제나 막스 베버와 만나게 된다. 사회학을 전공하지 않은 사람도 베버와 특정한 전문용어를 즉시 연결하게 되는데, '가치의 자유'와 '학문의 객관성', '이념형', '합리성', '자본주의', '관료제' 등이 그것이다. 지난 50년 동안 중요한 학문적 '관료제' 연구는 베버에서 출발하거나 결국 베버에게로 귀결한다(Dornemann, 1984 : 21). 우리는 근대 요소로서 '관료제'에 대한 베버와 카프카의 지각과 평가에서 놀라운 유사점을 발견할 수 있다. 19세기 말에서 20세기 초라는 동시대를 살던 베버와 카프카는 독일과 오스트리아-헝가리 이중 제국이라는 공간에서 관료제 지배의 폐해를 뼈저리게 경험했다. 베버는 개인의 삶이 규제와 억압이라는 관료제 지배의 '쇠우리' 속에서 이루어진다고 분석하고, 카프카는 그런 관료제의 지배에서 인간 소외를 날카롭게 묘사한다. 베버가 관료제의 지배를 이론적으로 고찰했다면 카프카는 관료제의 지배를 문학적으로 형상화했다. 무질(Robert Musil), 되블린(Alfred Döblin), 투홀스키(Kurt Tucholsky)와 브레히트(Bertolt Brecht) 같은 '좌파' 작가들은 1930년대에 이미 카프카 작품에서 관료제와 관련된 내용을 읽어냈다(Derlien, 1994 : 53).

베버의 근대와의 과학적 논쟁이 적어도 베버의 동생이며 카프카의 법학 박사 수여자(Promotor) 알프레드 베버를 거쳐 법률가 카프카에게 영향을 끼쳤을 것이라는 사실은 증명하기 어려운 일이다. 그러나 베버와 카프카의 비교가 적어도 새로운 인식을 얻을 수 있는 가치를 갖는다는 사실을 부인하지는 못할 것이다. 베버의 분석적 범주들을 카프카에게 적용하는 것은 카프카의 묘사가 지닌 경험적 신뢰성이나 베버 모형의 이론적 안정성을 검사하려는 의도에서 나온 것이 아니다. 왜냐하면 만약 그런 의도라면 그것은 분석적 범주들을 현실 요소들보다 강조하려는 베버의 의도를 무시하는 것이며 동시에 아이러니로 현실을 초월하려는 카프카에게 부당한 일을 하는 것이기 때문이다(윗글 : 46).

카프카는 형식상 합리적인 체계들이 실제로 비합리적일 수 있다는 역설을 베버와 공유했다. 카프카의 소설 《성(城)》은 베버의 작품, 특히 《경제와 사회》의 문학적 등가물이다. 이 글은 막스 베버와 카프카의 전기적 연관성과 지적 연관성을 찾아내고, 카프카의 소설 《성》에 내재한 초현실적 느낌을 불러일으키는 관료제의 지배 메타포를 분석하면서 이 관료제의 지배 메타포를 우선 베버의 관료제 이론으로 해명하고 그의 견해의 다른 중요한 진술들과 비교하면서 《성》에 묘사된 관료제와 베버 관료제의 유사점과 차이점을 알아보려고 한다. 이를 통해 카프카가 관료제의 지배를 깊이 있게 분석하면서 전체주의를 예견하고 묘사한 작가이며 그의 작품이 형식상 합리적이지만 실제로는 비합리적인 근대 관료제의 현실에 대한 증언이라는 사실을 밝히게 될 것이다. 그러나 이 글은 여기에 머물지 않고 베버와 카프카가 관료제의 강제에 맞서 저항하는 개인 투쟁을 촉구한다는 점을 강조하려고 한다.

2. 막스 베버와 카프카의 전기적 연관성과 지적 연관성

나이 차이 때문에 이론적으로 막스 베버가 카프카의 선생이 될 가능성도 없지는 않다. 카프카와 막스 베버는 개인적으로 서로 만난 적이 없다. 그러나 이 두 사람은 그들이 잘 아는 한 인물을 통해 간접적인 관계를 맺는다. 그 인물은 막스 베버의 동생인 알프레드 베버다(윗글 : 58). 알프레드 베버는 프라하대학교의 초청을 받아들여 1904년에서 1907년까지 프라하대학교에서 가르쳤고, 1906년에는 카프카에게 법학 박사 학위를 수여했다. 이 학위 과정은 논문을 작성하지 않는 박사 과정이었기 때문에 알프레드 베버를 카프카의 학문적 스승이나 보호자로 볼 수는 없다. 카프카 역시 알프레드 베버의 강의를 듣지 않았다. 카프카가 국가시험을 준비해야 했기 때문이다. 그러나 알프레드 베버가 카프카에게 끼친 영향은 무시할 수 없다. 카프카는 막스 브로트(Max Brod)처럼 알프레드 베버의 열렬한 숭배자였기 때문이다. 그는 알프레드 베버의 몇몇 강의 노트를 읽었으며(Wagenbach, 1984 : 47), 특히 알프레드 베버 사상의 산물인 '관료제'에 대한 평가를 잘 알고 있었다

(Derlien, 1994 : 59).

물론 법률가 카프카가 당시 법실증주의 그리고 법제사와 행정 이론에서의 통상 교육을 반론 없이 받아들여야만 했다는 것을 우리는 고려해야 한다. 획기적인 베버의 '관료제'에 대한 상세한 이론이 당시에는 출판되지 않았지만, 카프카는 베버 형제들이 지적으로 공급을 받았던 것과 동일한 원천에서 지적 공급을 받았다. 지적 원천에는 카프카가 수강했던 국민경제학이라는 부전공도 있었다. 이 분야에서 막스 베버는 이미 베르너 좀바르트(Werner Sombart)와 함께 기업가 정신과 자본주의에 관한 지침이 될 만한 논문들로 두각을 나타냈다. 알프레드 베버가 1907년에 하이델베르크대학교로 자리를 옮긴 후에도 알프레드 베버와 카프카의 관계는 끊어지지 않는다. 알프레드 베버가 반교권주의의 수업료가 없는 학교운동에 적극적으로 참여하기 위해 자주 프라하를 방문했고 카프카는 이 운동의 회원이었기 때문이다. 막스 브로트를 통해 카프카는 막스 베버의 종교사회학을 잘 알았다. 또한 카프카가 알프레드 베버의 논문 〈관료(Der Beamte)〉를 알고 있던 것은 분명하다. 이 논문은 1910년에 문학잡지 《신비평》에 실렸고, 카프카는 이 잡지를 규칙적으로 읽었다. 그의 논문은 카프카에게 '기계(Apparat)로서 관료제'의 메타포를 제공해준 것처럼 보인다(윗글 : 59~60).

3. 막스 베버와 카프카의 '관료제'에 대한 평가의 유사점과 차이점

'지배의 유형'에 관한 연구에서 베버는 지배의 세 가지 순수 유형을

'합리적 지배', '전통적 지배' 그리고 '카리스마적 지배'로 파악한다. 합리적 지배의 전형은 관료제에서, 전통적 지배 전형은 가부장주의에서 볼 수 있으며, 카리스마적 지배는 합리적이거나 전통적이지 않으며 '초일상적'이라고 한다. 그는 이 세 가지 '순수한' 지배 유형들을 공동체 사회의 역사적 발전에 따라, 그리고 이해관계 상태가 상이함에 따라 갖가지 '조합과 혼합, 동화, 변형'도 가능하다고 봤다(송두율, 1988 : 161).

'관료제'는 현대사회의 본질적 구성 요소다. 관할 영역에서 전문교육을 받은 관리들이 규정에 따라 문서로 작업하는 조직들은 정치적으로는 절대주의 시대에 발전됐고 정신사적으로는 근대의 시작인 계몽주의와 연관되어 있다. 1900년부터 1920년까지 영향을 끼친 국가학의 뛰어난 학자들 가운데 한 사람인 막스 베버에게 학문에서 시작해서 자본주의 경제, 종교, 법 그리고 미학을 넘어 삶의 모든 영역에 영향을 미친 서양의 합리화 과정은 국가라는 사회에서도 표출된다. 더 자세히 말하면 관리들을 수단으로 전통적 지배 형태에서 법적이며 합리적 지배로 이행하는 과정에서 나타난다(Derlien, 1994 : 44). 법적이며 합리적인 지배는 특별한 전문교육을 받은, 주업으로 종사하고, 화폐로 보수를 받고, 객관적 기준에 따라 채용되고 경력이 쌓이는 인물에 토대를 둔다. 따라서 막스 베버는 근대 관료제 지배의 형태들을 역사적으로 낡은 봉건적 형태들과 분명히 구분한다. 역사적으로 낡은 봉건적 형태들에서는 인물이 자주 전문교육을 받지 않고 단지 부업으로 종사하며, 현물로 보수를 받고, 사회적 신분과 정실 인사로 공직에 진출한다(윗글 : 45).

한편 카프카의 소설 《성》에 묘사된 관료제는 법치국가에서 실행되어야 하는 법적이며 합리적인 지배의 유형과 일치하지 않는다. 카프카에게 문제가 되는 것은 여전히 봉건적 지배의 전통적 요소들을 내포하는 관료제임이 분명하다. 따라서 형식적으로 구속력 있는 결정 규칙들이 없다. 또 관료제의 외부 통제와 행정재판에 의한 통제가 존재하지 않는다. 그러나 무엇보다 절차의 전형적 비인격성이 없다. 즉 신분에 관계없이, 특히 사회적 신분, 인종과 종교에 관계없이 시민을 대우하지 않는다. 카프카의 《성》에서는 법치국가의 이런 본질적 요소를 찾아볼 수 없다. 카프카가 경험한 관료제의 현실이 합스부르크 왕국의 관료제를, 사실 여전히 역사적으로 증명할 수 있는 근대 이전의 봉건적 관료제 특성 때문에 발생한 것이기 때문이다(윗글 : 52). 이것이 카프카 관료제와 베버 관료제의 차이점이다. 그렇다고 해서 카프카가 막스 베버와 정반대 입장을 취한다는 주장은 카프카와 막스 베버를 지나치게 단순 평가하는 것이다. 왜냐하면 카프카와 막스 베버에게서 관료제에 대한 비판과 '상반하는 감정 공존'이 확인되기 때문이다(윗글 : 55).

카프카는 관료제 행위의 의미, 관료제의 실질적 합리성을 의심한다. 당시 법률가들 사이에서 잘 알려진 '기계-메타포'와 관련해 형식적 합리성과 실질적 합리성의 모순에 시선이 쏠린다. 형식적으로 합리적 제도들이 본질적으로 비합리적 결과들을 만들어낼 수 있다는 점을 카프카는 촌장이 측량사에게 '성'에서의 업무 진행을 말하면서 마지막에 다음과 같은 대화를 시도할 때 분명히 밝힌다(윗글 : 56).

"이야기가 지루하지 않아요?" 촌장이 물었다.

"아니요. 재미있는데요."

K의 이 말을 받아, 촌장은 이렇게 말했다.

"재미있으라고 하는 이야기는 아닙니다."

"제가 재미있다고 한 것은, 하찮게 꼬인 일이 사정에 따라서는 한 인간의 삶을 결정한다는 사실을 통찰했기 때문입니다." K가 말했다. (Kafka, 1982 : 102)

베버 역시 서양의 합리화 과정의 결과로 모든 삶의 영역에서 점증하는 형식적 합리화를 비판적으로 규명했고, '세계의 탈주술화'를 확인했을 뿐 아니라, 잘 알려져 있듯 관료제 세계의 '쇠우리'가 근대인의 개성을 사로잡는 것을 목격했다. '세계의 탈주술화'는 다름 아닌 합리주의의 멈추지 않는 전진을 의미한다. 삶의 합리화, 삶의 관료주의화와 관료주의 합리화는 서로 긴밀하게 결합된다. 관료제라는 커다란 기계가 비합리적 계기들로 인해 정지하는 않는 이유는 관료제의 절대적 객관성과 관리들의 훈련받은 전문 지식 때문이다. 관료제는 '합리적' 성격을 지닌다. 규칙, 목적, 수단, '객관적인' 비인격성이 관료제 가동을 지배한다. 베버는 극단적으로 강화된 합리성이 언제나 비합리성으로 바뀔 위험이 있다는 것을, 따라서 엄격하고 합리적이며 관료주의적 행위 결과가 종종 본래 의미와 역설적 관계를 맺는다는 것을 철저히 의식했다(Dornemann, 1984 : 29). 1909년에 빈에서 열린 사회정책학회에서 동생 알프레드 베버와 함께 제출해 논쟁을 불러일으킨 논문에서 막스 베버는 관료제의 인적 자원 충원의 필요성이 근대의 '직업 인간과 자격증 인간'을 생산했다고 신랄히 비판했다(Derlien, 1994 : 57). "우리가 순전히 기술적으로 흠잡을 데 없는 행정이, 전문적 과제들을 정확하고 자세하고 객관적으로 처리하는 것이 최고의 유일한 이상이라고 생각한다면, 이런 관점에서 유감스럽게도 우리는 다음같이 말할 수 있다. 즉 다른 모든 것을 쫓아버리고 다름 아닌 관료 집단을 거기에 앉히는 것이다. 관료 집단은 이 일들을 기계처럼 객관적으로, 정확히 감정 없이 처리한다. 우리는 우리의 관료 집단 꼭대기에 존경할 만하고 재능 있는 사람들이 자리를 잡고 있다는 사실을 기꺼이 인정한다. 이것은 예를 들면 대학들이 예외가 있음에도 재능 있는 사람들을 위해 기회를, 최상의 것을 형성하기를 스스로 요구하는 것과 정확히 일치한다. 그러나 세계가 오직 교수들로 가득하게 될지도 모른다는 생각은 끔찍하다. 만약 그런 일이 발생한다면, 우리는 사막으로 도망칠 것이다. 더욱 끔찍한 것은 세계가 그런 작은 톱니바퀴들로, 즉 하찮은 자리에 달라붙어 있다가 조금 더 중요한 자리로 옮겨가려고 애쓰는 사람들로 가득하게 될지도 모른다는 것이다. 이것은 여러분들이 오늘날 관료 집단 정신에서 그리고 무엇보다 관료 집단 후손의 정신에서, 우리 대학생들의 정신에서 다시금 점점 더 많이 발견하게 되는 상황이다. 따라서 중요한 문제는 우리가 이 상황을 계속해서 진척하고 가속화하는 것이 아니라, 이런 영혼의 분할에서 관료제라는 삶의 이상 독재권에서부터 나머지 인간들을 벗어나게 해주는 것이다."(Schriften des Vereins für Socialpolitik 132, 1910 : 284)

베버는 근대적 제도들의 행정 기구에서 진행되는 형식적 합리화가 '예속의 틀' 또는 '쇠같이 단단한 철장' 안에서 '주인 없는 노예제도'로 전화하는 근대 관료제의 불가피한 운명을 봤다(송두율, 168). 관료제의 지배 아래에서 각 개인은 이 기계의 바퀴가 되고 내적으로는 그런 바퀴로 느끼며 오직 이 작은 바퀴에서 더 큰 바퀴가 될 수 없는가만 묻도록 조율된다. 때문에 자유로운 인간은 주체성과 자율성 및 인격성을 박탈당한 채 외적으로 주어진 질서에 적응하고 순종하는 인간, 즉 질서 인간으로 전락한다. 이 유형의 인간은 오로지 '질서'만을 필요로 하는 인간이며, 질서가 한순간이라도 동요하면 신경질을 내고 겁을 내는 인간 그리고 오로지 질서에 적응하며 일단 그 적응 상태에서 벗어나게 되면 어찌할 바 모르는 인간이다. 이 세상은 그런 질서 인간밖에 모른다. 베버에 따르면, 질서 인간은 관료제 독재 아래 철저히 기능화되고 전문화된 규율적 인간 유형으로서 비자율성과 예속성을 근본적 특징으로 하는, 분할된 영혼을 가진 인간이다(김덕영, 2012 : 733~734).

직업 인간과 자격증 인간이 문화 인간을 대체하게 될지도 모른다고 베버가 걱정했다면, 카프카는 직업 인간으로서의 자기 역할과 작가로서 그리고 문화 인간으로서의 자기 정체성과 충돌을 체험했다. 카프카는 직업에서 생활비를 벌어야만 했고, 다른 한편으로는 예술가가 되기를 원했다. 비록 생의 후반에 카프카가 개인적으로 관료 조직에서 생활비를 벌었지만, 사무실의 틀에 박힌 일에서 벗어나기를 원했고 자신이 노동자재해보험공사의 관리인 것을 싫어했다(Derlien, 1994 : 57).

4. 막스 베버의 시각에서 본 카프카의 《성》

카프카의 소설들은 사회학에 의해 '관료제'를 소개하기 위해 사용될 뿐 아니라, 그 자체가 학문적 관료제 연구로 여겨지고 취급된다. 카프카의 소설들은 관료제 연구의 고전으로 올라섰고 미국에서는 사회학을 전공하는 학생들의 필독서로 자리 잡았다. 아마 어떤 개별 학문이 한 작가에게 이토록 존경을 표시한 적은 없었을 것이다. 관료제에 관한 문헌 가운데 탁월한 문학작품이 존재한다. 학문적이기 때문이 아니라, 문학작품이기 때문에 탁월할지도 모른다. 바로 카프카의 장편소설 《성》이다. 카프카의 《성》은 관료제 소설이다. 따라서 관료제 문제를 다루는 누구도 카프카의 《성》을 읽지 않으면 안 될 것이다(Dornemann, 1984 : 34~36). 특히 카프카는 관료제의 권력 중심으로 '법정'과 '성'이라는 기관들을 주제로 삼았다. 이 기관들에서는 베버의 말로 표현하면 사회에 대한 통치로서 일상에서의 정치적 지배가 분명히 드러난다(Derlien, 1994 : 45). (카프카의 《성》은 개인과 관료제의 충돌을 문학적으로 형상화한 것이며, 관료제에 저항하는 개인 투쟁을 표현한다)

카프카는 소설 《성》 1장을 창작한 동일한 시기에 산문 소품 〈출발〉을 창작했다. 소품 내용은 다음과 같다.

> 나는 말을 마구간에서 끌어내오라고 명령했다. 하인은 내 명령을 이해하지 못했다. 그래서 나는 몸소 마구간으로 가서 안장을 얹고 말에 올라탔다. 멀리서 트럼펫 소리가 들려 하인에게 무슨 일이냐고 물었다. 그는 아무것도 몰랐고 아무것도 듣지 못했다. 문에서 그가 나를 멈추어 세우고는 물었다. "주인 나리, 어디로 가시나요?" "모른다"하고 나는 말했다. "단지 여기에서 떠나는 거야, 단지 여기에서 떠나는 거야. 끊임없이 여기에서 떠나는 거야. 그래야 내 목적지에 도착할 수 있어." "그러시다면 나리께서는 목적지를 아신단 말씀인가요?" 그가 물었다. "그렇다네." 내가 대답했다. "내가 이미 말했잖아. '여기-에서-떠나는 것' 그것이 내

목표야." "나리께서는 예비 양식도 지니고 있지 않잖아요." 그가 말했다. "난 아무것도 필요 없네." 내가 말했다. "여행이 길어서 도중에 아무것도 얻지 못하면 난 필경 굶어 죽고 말걸세. 예비 양식은 날 구할 수 없을 거라네. 다행히 그것은 정말 엄청난 여행이야."(Kafka, 1992 : 374~375)

출발 원형을 표현하는 이 작품은 장편소설 《성》의 전사(前史)일지 모른다. 출발과 출발의 뒤를 잇는 방랑은 카프카 문학에서 주요 모티프다. '영원히 방랑하는 사람'(Müller, 1994 : 237)의 욕망은 세력을 떨치는 삶의 조건에 역행하는 것이다. 방랑은 인간 지식과 열망의 근본적 표현을 포함한다. 카프카의 경우에도 마찬가지다. 어디에도 속하지 않은 K는 저녁 늦게 숙소를 찾으려고 마을에 들어선다. 여기에서 K는 이런 종류의 손님을 필요로 하지 않는 사회와 부딪치게 된다. 기피 인물(Persona non grata)로 K는 마을에 도착한다(Dornemann, 1984 : 101). 측량사 K의 토지측량은 '성'이라는 권력 영역의 측량이기 때문이다. K의 토지측량은 엄격히 준수되는 토지대장과 각자가 재산 소유자, 노예 혹은 관리로서 매인 소유 세계 질서와 안정을 근본에서 동요하는 혁명적 행위이며, 고통에 짓눌린 마을 주민들에게 혁명 의지를 일깨우는 행위이기도 하다.

K는 체류 허가를 받지 못한, 측량사의 작업을 수행할 수 있는 분명히 확정된 명확한 권리를 갖지 못한 이방인이다. 그는 처자식을 떠났고, 고향을 떠나는 큰 희생을 치렀고, 길고도 힘든 여행을 떠났다. 그리고 이제는 무일푼이며 다시 고향에 돌아와서 또 다른 적당한 직업을 구할 가능성을 찾지 못한다. 즉 그는 시작부터 사회적 기반이 없는 존

재로 생활한다. K가 직무를 신고하고 '성'의 직무에 채용된 것은 성-관청에 저항하는 투쟁을 시작하려는 대담한 행동이다. K는 모든 총체적 삶의 관계에 독자적으로 저항하고 싸움을 걸기 위해 자발적으로 사회적 기반을 포기한다(엠리히, 2011 : 551~553). 관료화된 세계가 지시한 길을 걷지 않는 사람, 개별 행동을 하면서 관료제 사회가 지지하는 길에서 벗어나려는 사람은 영원히 '성'에 도착하지 못하고, '성'을 향해 걸을 수밖에 없다.

> K는 성을 쳐다보면서 계속 걸어갔다. 그 밖에는 어떤 것도 신경 쓰지 않았다. (…) 그는 다시 앞으로 걸어갔지만, 길은 길게 뻗어 있었다. 도로, 즉 마을의 큰길은 성이 있는 산으로 나 있지 않았다. 성이 있는 산에 가까이 다가가는 듯하다가, 마치 일부러 그런 듯 구부러져버렸다. 성에서 멀어지는 것도 아니면서 그렇다고 가까워지는 것도 아니었다. K는 이 길이 결국에는 성으로 접어들 거라는 기대를 계속 버리지 않았다. 이런 기대를 갖고 있었기에 그는 계속 앞으로 나아갔다. 그가 좀처럼 이 길을 단념하지 않은 건 피로 때문임이 분명했다. 그는 또한 마을이 한없이 기다랗게 뻗어 있는 것을 보고 놀라워하기도 했다. 가도 가도 작은 집들과 얼어붙은 유리창들과 눈뿐, 사람이라곤 눈을 씻고 봐도 없었다. 드디어 그는 자꾸 자신을 끌어당기는 큰길에서 벗어나 좁은 골목으로 접어들었다. 눈이 더 깊이 쌓여 있어서, 쑥쑥 빠져드는 발을 빼내기가 쉬운 일이 아니었고, 몸에선 땀이 솟아났으며, 갑자기 걸음을 멈췄더니 이제 더는 한 발짝도 내디딜 수 없었다.(Kafka, 1982 : 17, 21)

카프카는 육체적 무기력과 눈에 갇힌 상태라는 악몽 상황을 주관적 의지와 객관적 여건 사이의 괴리가 얼마나 심한지를 나타내기 위해 사용했다. '관료제적 삶의 이상'의 독재를 거부하는 가치를 대표하는 사람에게 삶은 악몽으로 변한다(Dornemann, 1984 : 116).

K가 도착한 마을은 삼엄하고 슬픈 분위기로 가득 차 있는데, 가장 중요한 것은 마을에 모든 시대의 모든 인간이 갈망하는 자유가 없다는 점이다. 마을 사람들은 자유롭지 못하다. 마을 사람들은 불안에 떤다. 그들은 지속적 위협을 받는 것처럼 보인다. 심지어 '위'에서의 폭력적 간섭으로 인해 육체적으로 불구가 된 것같이 보인다. 그들의 "머리통은 얻어맞은 듯 정수리 쪽이 납작하게 찌부러져 있었고, 인상은 얻어맞은 고통에서 형성된 듯했다"(Kafka, 1982 : 39). 카프카는 마을 주민들을 '성'에 의해 억압당하고 부자유스럽게 된 희생자로 묘사한다. '성'의 하수인들은 벌을 내리지 않지만, 간접적으로 반역을 불가능하게 만들기에 충분한 권력을 가진다. 그들은 마을 사람들을 직접 억압하기보다는 스스로 파멸하도록 유도한다. 마을 사람들의 가장 큰 행복은 성-관청의 자비를 얻는 일이다. 그러나 측량사 K 눈에 비친 마을 사람들의 음울한 삶이 그의 마음을 끈다. K는 마을 사람들을 자발적 종속에서 해방시키기 위해서가 아니라, 스스로의 권리를 찾으려고 성-관청과의 투쟁에 뛰어든다(수치코프, 1986 : 192). 그런데 '성'의 지배에서 벗어나려는 시도는 바르나바스(Barnabas) 가족을 치욕적 굴종 상태로 전락시킨다. 3년 전까지만 해도 바르나바스 가족은 편안하고 넉넉하게 살았다. 그러던 어느 날 '성'의 관리인 조르티니(Sortini)가 아말리아(Amalia)에게 몸을 요구한다. 아말리아는 제안을 단호히 거절한다. 예기치 않

은 아말리아의 불순종은 마을 전체를 공포에 빠뜨린다. 고객들은 아말리아 아버지의 구둣방을 피하기 시작하고, 일꾼들은 도망치고, 친지들은 인사조차 않는다. 마침내 옛날 도제였던 사람이 구둣방을 손에 넣고 아버지와 딸들을 집에서 쫓아낸다. 가장 끔찍한 것은 모든 것이 구체적 결정 없이 배후의 보이지 않는 책동을 통해 저절로 일어나는 것처럼 보인다는 점이다.

> "우리 모두는 이렇다 할 처벌이 내리지 않을 거란 사실을 알고 있었어요. 사람들이 우리에게서 떠나갔을 따름이지요. 여기 사람들은 물론 성도요. (…) 말하자면 우리는 생전 처음 무위도식이라는 형을 선고받은 셈이었어요. (…) 아무 일도 일어나지 않았어요. 소환이나 소식, 통지나 방문객, 아무것도 없었어요."(Kafka, 1982 : 326~327)

'성'의 침묵에 질린 바르나바스 가족은 간절히 '성'의 용서를 구하기 시작한다. 아말리아의 아버지는 관리들의 썰매가 다니는 길가에서 몇 시간을 추위에 떨며 기다린다. 아말리아의 언니 올가(Olga)는 모욕을 당한 조르티니가 관청으로 가서 자취를 감추자, 조르티니의 하인들을 통해서까지 용서를 구하려고 한다. 조르티니를 찾으려고 올가는 매일 저녁 마을 여관에 가고, 그곳 마구간에서 그의 하인들에게 몸을 허락한다. 이로써 바르나바스 가족의 사건이 종결된다.

관료 장치로서의 '성'은 "유서 깊은 기사의 성이나 으리으리하게 새로 지은 건물이 아니라 옆으로 넓게 퍼진 시설물로, 서너 개의 3층 건물과 오밀조밀하게 붙어 있는 수많은 나지막한 건물로 이루어져 있었다. 이것이 성이라는 사실을 몰랐으면 조그만 도시라고 생각할 수 있을지도 모르겠다"(Kafka, 1982 : 17). 카프카는 도달 불가능성의 메타포로서 '성'을 선택했다(Glišovic, 1996 : 169). 성-관청은 '성' 자체에만 알려진 규율과 규칙에 의해 움직이기 때문에 외부 사람은 이해할 수 없다. 이 관료 장치는 무수한 촉수로 마을 생활 영역 전체를 움켜잡고 마을 주민 전체를 종속하며(수치코프, 1986 : 192), 주민들은 끝없이 또 쉼없이 노동하는 관청에 종속된다. 그리고 이 관청의 개별 기관들은 불가피하게 다른 모든 기관을 교정하고 통제한다. 왜냐하면 모든 것은 모든 것과 연결되어 있기 때문이다. 때문에 촌장은 이렇게 설명한다. "감독관청이 있느냐고요? 있느니 감독관청들뿐이지요."(Kafka, 1982 : 104) 감독관청의 기능은 최종적 결정을 내리지 못하게 하는 것이다. 그 이유는 이 관청에서 내려지는 모든 결정은 항상 잠정적일 수밖에 없으며, 다시 철회되거나 수정되지 않으면 안 되기 때문이다(엠리히, 2011 : 693). 따라서 K의 사건은 영원히 미해결로 남을 수밖에 없다. 카프카의 관료제에는 사회에 기여하거나 사회와 접촉하거나 정보를 교환하는 관리들이 존재하지 않고, 단지 감시 기관들만 존재한다. 이런 뜻에서 카프카의 관료제는 전체주의 관료제이다(McDaniel, 1971 : 148). 카프카가 관찰한 것은 비합리성으로 뒤집힌 지나치게 합리적인 관료제다. 성-관청은 실제로 K의 자발적 투쟁의 결심을 이미 알고 간파해서, K를 자신의 무한한 의식 통제장치와 기록 장치에 가둔다. 왜냐하면 어떤 사람이 생각하고 원하는 것 전부가 모든 것을 포괄하는 성-관청에 의해서 규정되고 생각되기 때문이다. 따라서 이 관청은 개인의 자유로운 사고, 행동 그리고 투쟁을 허용하지 않는다(엠리히, 2011 : 551~554).

카프카는 관료주의적 행동의 병리를 강조하면서 상징적 형태로 완벽히 합리화된 세계의 악몽을 표현한다.

카프카의 《성》에 대해 이 작품이 생산되기 20년 전, 이미 관료제라는 주제를 다뤘던 톨스토이의 소설 《부활》을 모방한 작품(Dornemann, 1984 : 202)이라고 낮게 평가하는 도르네만(Axel Dornemann)도 《성》을 개인과 관료제의 대립으로 이해한다. 도르네만에 따르면, 관료제는 측량사로 받아들이라는 과도한 요구를 하면서, 개인으로서 혹은 다른 사람들과는 다르고, 또 다르기를 원하는 누군가로 받아들이라고 한다. 이런 요구를 이행할 책임이 있는 관료제 때문에 K의 사건은 개별적 사건이 되고, 관료제는 이 개별적 사건을 해결할 수 없게 된다. 관료제와 개별적 사건은 서로를 배제하기 때문이다. 즉 관료제는 역사적 관점에서 보면 대중화 현상이고, 이 점에서 개인적 삶의 형상, 영감, 자율성과 정반대 것이다. 따라서 관료제는 "다른 전망"(Kafka, 1982 : 43)을 얻기 위해 언제나 '위'로 올라가려고 애쓰는 K 같은 개인주의자들을 위해 해줄 수 있는 것이 아무것도 없다.

베버는 지속과 예측 가능성을 위해 틀에 박힌 방식으로 사건들을 해결해야만 하는 이 관청-기계가 개인적 사건에 합당하게 해결하는 것을 방해할 수도 있고 실제로 방해하기도 한다는 점을 강조한다면, 카프카는 관료제의 결함을 강화해서 K 사건을 해결하지 못하게 한다(Dornemann, 1984 : 106~107).

5. 나오는 말

베버에 따르면 근대 관료제는 인간을 종속하지만, 개인의 자유롭고 자기 책임적 삶과 행위를 위한 조건이기도 하다. 때문에 베버는 관료제를 폐지해야 한다고 주장하지 않는데, 그 이유를 관료제가 불가피한 인간 삶의 조건이라는 사실에서 찾는다. 베버의 중심적 관심사는 바로 이런 인간 삶의 조건에도 개인은 '관료제적 삶의 이상'이라는 강제에 맞서 인간성을 지키기 위해 이 기계장치에 대항해야 한다는 것이다. 이것이 베버가 말하는 '행위 자유'의 적극적인 의미다(김덕영, 2012 : 735). 아웃사이더 관점에서 기록된 카프카의 소설 《성》도 '성'이라는 기계장치에 대항하는 개인 투쟁을 묘사한다. 아웃사이더의 경험은 카프카의 기예 마법을 통해 악몽 같은 성격을 지니게 된다. 강제로 조직과 거래해야 할 때 '조직에 속하지 못한' 개인을 무자비함과 공포에 붙잡아두는 것은 바로 이 악몽 같은 성격이다(Waldo, 1968 : 114).

카프카의 소설 《성》은 성-관청에 맞선 K의 투쟁 기록이다. 소설 《성》에 등장하는 성-관청은 삶의 모든 과정과 의식의 모든 과정을 기록하고 관리하는 거대한 관료 기구의 형상이며, 근대의 합리화 과정을 통해 무정부 상태에 이르기까지 비(非)합리화된 근대의 사회질서를 반영한다. K는 '성'에 도달하기 위해 끊임없이 투쟁한다. 동시에 '성'에 저항하려고 투쟁한다. K는 "명예롭고 평온한 생활을 하기 위해서"(Kafka, 1982 : 241) '성'에 온 것이 아니라, 성에 맞서 투쟁하기 위해 '성'에 왔다. K는 '성'으로부터 자선을 바라지 않고 '성'에게 권리를 요구한다. 성-관청에 맞선 K의 투쟁은 실패와 좌절을 동반한다. 그러나 K는 거듭된 실패에도 끊임없이 '성' 안으로 들어가려고 한다. 이런 의지는 자유로운 시민으로서의 권리를 획득하려는 K의 불굴의 노력이다. K는 '성'에서 관료제 현실에 맞서 투쟁하는 유일한 사람이다. 그리고 관료제 현실에 맞서 투쟁하는 개인의 자유를 가장 높이 평가하는 이 지점에서 베버와 카프카의 견해는 일치한다.

| 참고 문헌 |

김덕영,《막스 베버, 통합과학적 인식의 패러다임을 찾아서》, 길, 2012.

막스 베버,《관료제》, 한태연 옮김, 법문사, 1959.

——,《프로테스탄티즘의 윤리와 자본주의 정신》, 김덕영 옮김, 길, 2010.

보리스 수치코프, 〈프란츠 카프카 : 그 데카당스적 세계〉,《카프카와 마르크스주의자들》, 까치, 1986.

빌헬름 엠리히,《프란츠 카프카, 그의 문학의 구성 법칙, 허무주의와 전통을 넘어선 성숙한 인간》, 편영수 옮김, 지식을만드는지식, 2011.

송두율,《계몽과 해방》, 한길사, 1988.

Amann Jürg, *Franz Kafka*, (München, 1983), pp. 150~157.

Anz, Thomas, *Franz Kafka, Leben und Werk* (München, 2009), pp. 124~129.

Derlien, Hans Ulrich,"Bürokratie in der Literatur und Soziologie der Moderne. Über Kafka und Max Weber", Thomas Anz und Michael Stark (엮음), *Die Modernität des Expressionismus* (Stuttgart and Weimar : Metzler, 1994).

Dornemann, Axel, *Im Labyrinth der Bürokratie—Tolstojs 'Auferstehung' und Kafkas 'Schloß'* (Heidelberg : Carl Winter Universitätsverlag, 1984).

Glišovic, Dušan, *Politik im Werk Kafkas* (Tübingen : A. Francke Verlag, 1996).

Heller, Paul, *Franz Kafka. Wissenschaft und Wissenschaftskritik* (Tübingen, 1989).

Kafka, Franz, *Das Schloss*, Malcolm Pasley (엮음) (Frankfurt/M., 1982).

——, *Nachgelassene Schriften und Fragmente* Ⅱ, Jost Schillemeit (엮음) (Frankfurt/M., 1992).

McDaniel, Th. R., *Two Faces of Bureaucracy : A Study of the Bureaucratic Phenomenon in the Thought of Max Weber and Franz Kafka* (Baltimore : The

Johns Hopkins University, 1971).

Müller, Michael, "Das Schloß", Heinz Ludwig Arnold (엮음), *Text+Kritik* (München : 1994), pp. 218~237.

Neumann, Gerhard, *Franz Kafka. Experte der Macht* (München, 2012).

Rackow, Markus, *Bürokratische Herrschaft bei Franz Kafka—Prophezeiung des Totalitarismus?* (Grin Verlag, 2007).

Wagenbach, Klaus, *Franz Kafka mit Selbstzeugnissen und Bilddokumenten* (Reinbek bei Hamburg, 1984).

Waldo, D., *The Novelist on Organization & Administration* (Berkeley, 1968).

| 필자 소개 |

서울대 독문학과를 나와 동대학에서 카프카 연구로 문학박사 학위를 받았다. 독일 루드비히스부르크대학에서 수학했다. 전공은 독일 현대문학, 카프카 문학 등이며 현재 전주대 명예교수다. 주요 저서로는《프란츠 카프카》(살림출판사, 2004), 주요 역서로는《카프카의 엽서》(솔출판사, 2001),《실종자》(지식을만드는지식, 2009),《프란츠 카프카 : 그의 문학의 구성 법칙, 허무주의와 전통을 넘어선 성숙한 인간》(지식을만드는지식, 2011),《카프카와의 대화》(지식을만드는지식, 2013) 등이 있다.

E-mail : yspyeon@hanmail.net

《프로테스탄티즘의 윤리와 자본주의 정신》과 해롤드 버만

김철
(숙명여대 법학과)

1. 들어가는 말

막스 베버의 《프로테스탄티즘의 윤리와 자본주의 정신》은 역사학자, 사회학자, 신학자, 경제학자, 정치학자, 그리고 법학자에게 강력한 영향을 끼쳤다.[1] 문자 그대로 몇백 권의 책과 몇천 편의 논문이 베버의 이 주장을 논의하려고 쓰였다. 특수하고 개별적인 항목에 대한 광범위한 비판에도 베버의 주된 주장은 최근까지 세계사에서의 '서양의 출현'에는 이론이 없는 것으로 받아들여졌다.[2]

---

1 이 책은 두 부분으로 나뉘어 1904년과 1905년에 간행됐다. 파슨스가 옮긴 표준적 영어 번역본에는 'Geist'에 해당하는 'spirit'에 따옴표가 생략됐다.

2 '중국을 비롯한 인도 같은 비서양 지역에서는 왜 자본주의가 근대 이후 발달하지 못했는가?' '왜 근대 세계 이후 서양 여러 나라가 지구상의 주된 역할을 하게 됐는가?'를 베버는 개신교 윤리에서 찾는다. 한국 사회학도에게 익숙한 이 명제가 한국 법학도에게는 익숙하지 않다. 즉 근대 서양을 세계적 주도 세력으로 양육한 자본주의는 베버에

의하면 명백히 종교개혁 이후 개신교를 기초로 한다. 그렇다면, 근대 이후 지구상의 주된 문명권인 서양 문명권이 자본주의와 함께 발달시킨 법 제도도 개신교와 관계있을 것 아닌가라는 의문을 동아시아 법학도는 가질 수가 없다. 왜 그럴까? 이것은 한국 및 동아시아 법학이 해결해야 하는 자기모순이다. 필자가 받은 한국에서의 모든 전형적 법학 교육에는 근대 자본주의, 근대 이후 기독교와 서양법 제도 관계를 말해주는 바가 거의 없었다. 한국 전통법과 동아시아 전통법 견지에서, 종교와 법 관계를 중요하게 생각하지 않는다. 이것은 한국의 서양법학이 일본인에 의해 가르쳐지기 시작한 1920년대—더 정확하게는 1926년 경성제국대학 법학부 설립 때부터—1930년대 및 1940년대까지 법학을 관찰하면 알 수 있다. 이 시대 특징은 국가주의와 국가주의 아닌 사회이론에서는, 세계 대공황 전후 분위기로 마르크시즘의 세계적 영향을 특징으로 들 수 있다. 특히 초기 한국 지식인과 법학자에게 영향을 미친 일본 지식인과 법학자들은 한편으로는 메이지유신 이후의 국가주의에 경도하고 있었고, 다른 한편으로 국가주의를 극복한 일본 지식인들은 1917년 이후 세계를 풍미한 마르크시즘의 유토피아적 전망에 영향받고 있었다. 식민지 지식인들의 사상적 경향이 법학을 포함해 이상주의적 경향을 가졌다면 당시 식민지 상황에서 식민지에서의 해방을 염원했다면 사상적으로 열린 길은 사회주의적 유토피아주의 아니면 그때까지 극히 미미했던 서양 전래의 종교, 즉 기독교 전망이었다. 최근 어떤 서양 사학도의 진솔한 언급에 의하면 식민지 상황의 한국 지식 엘리트들은 마르크시즘이냐 기독교냐 라는 양자택일 기로에 놓이기가 쉬웠고, 기독교의 전망을 택한 사람들의 경우, 사회과학도나 법학도는 드물었고, 주로 신학의 길로 나간 소수였다고 한다. 다시 말하자면, 식민지 상황에서 서양법학을 한국 법학도에게 전수한 일본인들의 성향 역시, 근대 서양의 역사적 실재로서의 기독교를 주목한 사람은 거의 없었고, 대부분 당시 세계적 풍조대로 국가주의 아니면 마르크시즘 영향에 있었다고 보인다. 해방 이후 한국의 법학과 사회과학을 담당한 엘리트 지식인 대다수는, 주로 식민지 체제에서 훈련받은 사람인데 그들의 경향 역시 생애 주된 지적 수련 기간 가운데 받은 영향을 벗어날 수 없었다. 따라서 최근에 자기 고백한 어떤 대표적 한국 경제사학자의 이야기대로, 해방 이후 사회과학은—법학의 경우에는 법학자들의 현실적 처신 때문에 명백하지는 않았으나—기독교 영향보다는 마르크시즘 영향이 더 짙게 나타난 상태가 적어도 확인된 바로는 1960대까지 계속됐다고 한다. 현실적 처신을 택한 법학자들이 해방 이후에 어떤 기본적 신념 체계를 선택했는가는 썩 잘 밝혀지지 않아왔다. 약간의 예외를 제외하면 국가 형성기에 국가 필요성에 부응한다는 실용적 사고방식이었다고 추정할 수 있다. 그러나 이런 태도도 넓게 보면, 국가주의나 변형된 민족주의로 일단 넓게 규정할 수 있고, 이런 태도가 서양 세계에서 주된 조류와 거리가 있어온 것은 말할 나위 없다. 하나의 증거로 1972년 유신헌법 및 1975년 긴급조치법에 대한 한국 사법부의 태도가 약 40년간 지속되다 2013년 3월 21일 헌법재판소 판결에 의해 비로소 근대 이후 서양법 제도의 보편주의 가치를 받아들여 공식적으로 판결이 난 것을 들 수 있다.

초기 개신교, 특히 칼뱅주의 형태가 서양에서 자본주의 출현에 결정적 역할을 했다는 주제는 가장 강력하게 막스 베버에 의해 제시됐다. 베버는 20세기 사회 이론의 수호천사라고 할 수 있다.

이 글은 베버의 기본 명제를 종교사와 법제사 관점에서, 베버의 기본 테마를 긍정하면서도 여러 중요한 요점에서 반론을 제기한 버만[3]의 논점을 정리한 것이다. 버만은 37년간 하버드 로스쿨의 가장 중요한 업적을 내는 교수에게 주어지는 스토리 교수직(Story Professor of Law)과 에임즈 교수직(Ames Professor of Law)에 있었다. 이후 남에모리 로스쿨의 가장 우수한 교수에게 주어지는 우드랖 교수직(Woodruff Professor of Law)을 역임해, 89세로 영면할 때까지 60년 동안 현역 교수로 활약했다.

2. 초기 프로테스탄트 신앙 체계들과 서양의 '흥기' — 16세기와 17세기 프로테스탄트 신앙 체계들에 대한 해롤드 버만의 연구

20세기와 21세기의 유럽 역사 학술 문헌은 일관되지 않은 혼합된 모습을 가진다.

16세기와 17세기의 개신교 신앙 체계는 민족주의 내지 전투적인

3 법과 종교의 상호관계에 대해서는 Berman(1974), 이것의 한국어판은 Berman(1992), 서양법 전통 형성에 미친 종교의 영향에 대해서는 Berman(1983), 이것의 한국어판은 Berman(2013), 프로테스탄티즘이 서양법 전통에 미친 영향에 대해서는 Berman(2003)을 참조할 것.

민족주의, 개인주의, 자본주의 그리고 합리적 세속주의가 일어나는 것을 예비했다고 평가된다. 16세기와 17세기 서양 세계의 정치적이고 경제적인 '흥기'와, 20세기와 21세기에서의 서양의 종교적인 그리고 도덕적인 '쇠퇴'는, 다음과 같은 것으로 원인을 돌릴 수 있다. 즉 국가주의자, 민족주의자, 개인인격주의자, 자본주의자, 그리고 합리적 세속주의 세력의 역사적 기원은 이미 말한 바 16세기와 17세기 루터주의와 칼뱅주의의 개신교와 연결된다고 간주됐다.

다른 한편으로 프로테스탄트 기독교 자체가 법사상과 법 제도의 발달에 미친 적극적 공헌은 대체로 무시되어왔다(Berman, 2003 : 23~24). 독일과 영국에서 초기 프로테스탄트 기독교가 법에 미친 영향에 대한 연구나 초기 개신교 기독교 모두가 서양법 전통에 미친 영향 연구는 지금까지 잘못된 견해를 고치는 데에도 도움이 될 수 있다. 지금까지는 이들의 믿음이 후기에 가서 완화 조정된 경위를 초기의 창립자들과 초기 신봉자들에게만 돌리고 있었기 때문이다.

정의나 공의, 질서에 프로테스탄트 전망이 양립한 것은 흔히 생각하는 것처럼 민족주의, 개인주의, 자본주의, 세속주의 같은 주의에 의해서가 아니라 오히려 국가적 또는 민족적 이익, 개인적 책임과 기회, 시장경제, 그리고 공공 정신에 의한 것이었다. 또한 여러 가지 이념을 대체하는 데까지 인도한 것은 — 즉 국가에 대한 압도적인 믿음(국가주의) 또는 개인 인격에 대한 믿음(개인주의), 부를 개인적으로 축적하는 것, 합리적 계산의 우위성까지 인도한 것은 — 16세기와 17세기 개신교 기독교라기보다는, 19세기와 초기 20세기 개신교의 쇠퇴와 가톨릭의 쇠퇴 때문이었다고 볼 수 있다.

3. 칼뱅주의의 형태가 서양에서 자본주의 출현에 결정적 역할을 했다는 주제

베버는 20세기에 자본주의의 쇠퇴(demise of capitalism)를 예보했으며, 자본주의는 사회복지에 헌신하는 정치 및 법적 질서에 의해 대치된다고 내다봤다.

베버의 개신교 윤리와 자본주의 정신에 대한 주제는 "그의 친구나 적들에 의해 똑같이 광범위하게 오해되어졌다"라고 베버의 가장 존중받을 만한 비판자는 관찰한다. 실로 베버의 명제는 매우 복잡하기도 하고 간명하기도 하다. 베버는 '프로테스탄티즘'이 '자본주의'의 '원인(cause)'이라고는 하지 않았다. 그가 말한 것은 프로테스탄티즘의 한 가지 형태인 칼뱅주의가, 특히 17세기 영국 청교도들의 것인데 이것이 자본주의 '정신(Die Geist, the spirit)'을 지지하고, 지탱하고 일치했다는 것—베버가 그의 원래 저서에서 이 말을 쓸 때 어떤 점을 강조하려고 인용 부호인 따옴표를 넣어서 강조했는데—이다. 이것은 유럽에서 훨씬 나중에 일어난 제3계급 부르주아지의 산업혁명 '정신'을 강조하려던 것이었다. 더해 베버가, 칼뱅주의가 자본주의 정신과 일치하거나 지탱한다고 본 것은 그것 자체가 복합적이며 동시에 명백한 것으로 이율배반적 성격을 가진다고 보인다.

그는 자본주의 정신이 자본주의 기업가들 입장에서는 큰 부를 획득하려는 개인적인 압도적 욕망으로 구성된다고 밝혔다. 그러나 동시에 베버가 밝힌 것은 영국 칼뱅주의자들은 이 같은 기업가들의 압도적 갈망을 맘몬을 숭배하는 죄악에 찬 맘몬주의라고 비난했다는 것이다.[4] 이 같은 역설은 어떻게 해결될 것인가?

1) 《웨스터민스터 신앙고백》과 베버가 제시한 칼뱅주의의 예정조화설

《웨스터민스터 신앙고백(Westminster Confession)》(1647)에는 16세기 프로테스탄트들이 갖던 전례 없는 신관을 설명해주는 다음과 같은 구절이 있다.

"신은 당신의 제광을 나타내려고, 당신의 결단으로, 일부 사람을 영원한 생명으로 예정하시고, 나머지 사람은 영원한 사망으로 예정하시었다. (…) 신은 살려주기로 예정된 사람을 오로지 그들만을 신이 정하신 적절한 시기에 당신 말씀과 성령을 통해 유효하게 소명하시기를 기뻐하신다. (…) 신은 피조물에 대한 당신의 무한한 능력을 찬미하게 하려고 마음대로 은혜를 주시기로 하고 거절도 하시는 한량없는 당신 뜻을 따라 나머지 사람들을 무시하시고 그들이 저지른 죄로 말미암아 치욕과 분노를 주기로 정하시고는 당신의 거룩하신 의를 찬미시키도록 하는 것을 기뻐하신다."(Weber, 1920 : 17 ; 황산덕, 1965 : 18~20)

베버가 제시한 칼뱅주의의 예정조화설(predestinaton) 교리에 의하면 첫째, 신은 영원한 구원을 받을 대상으로 인류 가운데 지극히 적은 숫자만을 선택했다. 둘째, 개인 인격에게 마지막 심판 때 구원이냐 영원한 저주냐를 결정하는 것은 전적으로 인간 능력 밖의 일이며 이해할 수도 없고 영향을 줄 수도 없다. 궁극에서 인간 구원은 이미 예정됐고

4 정리하면 영국 칼뱅주의는 두 요소로 구성된다. 하나는 기업가들의 압도적 갈망, 또 하나는 이 갈망을 죄스럽게 규정하는 정신이다.

인간의 의지나 노력과는 관계없다는 것이다.

이 예정조화설은 서양 근대인에게 극도의 불안감과 소외감을 줘서 그 불안감과 소외감에서 벗어나려고 구원의 작은 표징을 현세에서의 열렬한 천직과 소명 추구로 나아가게 했다고 설명됐다(황산덕, 1970).

베버가 파악하기를, 이 같은 칼뱅주의 교리에 의해 한 인격이 지옥에 떨어지게끔 선택됐는지 구원될 소수로 선택됐는지에 끔찍이 불확실한 상태에 놓이게 됐다. 그런 상황에서 인간에게 남은 마지막 희망은 다음 사실로 구성된다.

2) 칼뱅주의에서의 소명과 직업

만약 한 인격이 그가 믿는 바대로 신이 불러준(berufen, call) 어떤 직업을 양심적으로 수행한다면 신은 그 소명(Beruf, calling) 또는 직업으로 큰 성공을 주실 것이고 이렇게 신이 한 인격에게 직업상 큰 성공으로 축복했다면 그다음에는 신이 그 인격을 구원받을 소수의 선민으로 택했다는 약간의 증거나 증표(sign)가 될 수 있을 것이다.

베버가 정리하기를 기업 활동에 종사하기로 소명을 받은 칼뱅주의 기업가들이 거대한 부를 획득하려고 노력하게끔 내적 동기를 불붙인 것은 이 같은 칼뱅주의 교리에서 나온 믿음 때문이다. 또한 비교해볼 때 로마 가톨리시즘은 이 같은 세속적 욕망을 별로 평가하지 않고, 무엇보다 "세속적이 아닌 금욕주의(other worldly asceticism, ausserweltliche Askese)"를 추구했다(Berman, 2003 : 25).

3) 베버의 비교 : 루터주의와 칼뱅주의에서의 세속적 금욕주의

베버가 비교할 때 루터주의가 무엇보다도 세상적이 아닌 신앙을 통해 구원을 추구하는 데 비해 칼뱅주의만은 베버가 명명한 대로 "세속적 금욕주의(this worldly asceticism, innerweltliche Askese)"라고 부른 것을 높이 평가했으며, 이것은 개인 인격이 그가 세상 안에서 영위할 소명으로서의 직업에 헌신하는 것을 의미한다. 따라서 자본주의자 기업가의 경우에, 이 같은 세상에서의 소명은 "모든 생이 줄 수 있는 향락을 엄격히 기피하며 더욱 많은 돈을 버는 것이었다"(Weber, 1978 : 53, Berman, 2003 : 25 각주 34).

한 인격이 이 같은 노력을 할 때 신의 측량할 바 없는 의지가 개인 인격을 축복하고 세상에서의 성공으로 그를 보상한다는 희망에서이며, 이 같은 축복과 보상은 그 개인 인격이 아마도 신이 선택한 영원한 구원으로 선택된 소수라는 징조가 될 수 있다는 것이다.[5]

---

5 그렇다면, 한국 법학도의 의문은 다음과 같다. 만약 어떤 성공한 기독인 실업가가 스스로 금욕하지 않는다면 어떤가? 세속적 금욕주의라는 칼뱅주의 교리에는 어긋난다고 판단된다.
또 다른 의문은 한국에서 신이 부여했다고 믿어지는 천직에 헌신했으면서도 신의 축복이나 이 세상에서 보상을 받지 못한 인격은 어떻게 판단될 것인가. 이 경우에 한국 기독교의 어떤 가르침 — 아마도 루터주의 교리에 접근할 것인데 — 이 세상에서 보상을 바라지 말라고 한다. 그러나 칼뱅주의의 '이 세상에서의 금욕주의 교리'에 의하면 천직에 헌신했으나 보상을 받지 못한 인격은 신의 축복을 받지 못한 것이 되고 더 나아가서 내세에서도 구원받으리라는 최소한의 징표를 못 받은 것이 된다.
이 모순을 어떻게 해결할 것인가. 칼뱅주의는 분명히 근대 서양 세계에서 개인의 금욕주의와 직업 헌신이 양립하는 정신적 기반이 됐다. 근대 서양 세계는 기독교 전통이 사회에 압도적인 사회였다. 거기에 비해서 21세기 한국 사회는, 아직도 서양 근대처럼 프로테스탄티즘이 지배하는 사회라고 볼 수 없다. 이 같은 사회에 대한 비교 연구가 한 대답이 될 수 있다. "신의 축복이 세속적 보상을 동반한다"라는 믿음은 실로 서양 근대사회를 융성하게 한 자본주의 기본 정신으로 칼뱅주의 교조였다. 그러나 '만약

4. 베버 명제에 대한 구체적인 역사적 검토 : 해롤드 버만

이론적으로 베버의 명제가 곤란한 것은 다음 같은 역사적 사실 때문이다. 즉 부를 추구하라고 설교한 것은 17세기 중반 영국 청교도 칼뱅주의자가 아니라 18세기 합리주의자들로 18세기 합리주의자들은 자유기업 찬성자였다는 사실이다.

그 증거를 들면, 베버가 그의 '자본주의 정신'의 살아 있는 예로 지적한 미국독립혁명 당시 벤자민 프랭클린은 칼뱅주의자라기보다는 이신론자(deist)였으며, 물질적 부유를 위해 절제를 변호한 사람이었다(Berman, 2006 : 25 각주 35).[6, 7] 더욱이 베버의 명제 키워드 가운데 하나

한국에서 그 같은 봉사와 헌신에 신이 주는 이 세상에서의 보상을 받지 못한 경우를, 칼뱅주의 교리에 의해 신의 선택을 받지 못한 자라고 할 수 있겠는가', '반대로 이 세상에서의 보상에서 성공한 모든 인격을 신이 주는 축복을 받았다고 해야 할 것인가'라는 윤리적 판단의 문제가 남는다.

6 버만은 프랭클린의 좌우명으로 "시간은 돈이다. 명예와 신용은 가치 있는 것이다"를 소개한다.

7 벤자민 프랭클린이 쓴 자서전에 나타난 종교적 태도는 칼뱅주의라든가 이신론자 같은 이름표로는 나타나지 않는다(Franklin, 2003). 그의 기독교적 신조는 매우 간단히 표기됐다. 하나님이 존재하신다. 하나님은 인간이 선한 일을 행하고 악한 일을 피하기를 원하신다. 인간이 열심히 일하고 절약하는 것은 생활을 좋게 만든다. 그는 특정 교파 교리에 집착하지 않았으며 당시 명설교라면 어떤 것이라도 듣기를 원했다. 그러나 그는 좋지 않은 환경에서 십대를 보냈기 때문에 일요일 전부를 교회에 바칠 수 없었고 스스로의 생활 기록에 의하면 주중 점심시간과 일요일 전부는 그가 공식 학교(Boston Latin School)를 2년밖에 수료하지 못한 학교교육을 스스로 충당하는 시간이 됐다. 따라서 일요일은 원칙적으로 그에게 공부하는 시간이었다. 아마도 이런 태도가 저자로 하여금 그가 당시 전형적 청교도 칼뱅주의가 아니라고 판단하게 만든 것 같다. 그는 당시로는 드물게 과학적 탐구 열정을 갖고 있었고, 이 점은 당대 신학자들과 다를 수도 있다. 과학적 탐구를 존중하는 그의 이런 지적 경향이 그로 하여금 이신론자로 판단하게 한 듯하다. 그러나 그가 인간 이성과 지식을 존중했다고 경건하지 않은 사람은 아니었고, 스스로 기도로 시작되는 하루와 하나님 앞에서 하루와 일주일을 반성, 기록하는 생활 습관을 거의 일생 동안 계속했다. 어쨌든 그는 'American Philosophical Society'의

인 "자본주의(Kapitlaismus, capitalism)"는 '신흥 계급인 부르주아지의 산업자본주의'를 의미하는 것으로 이런 자본주의가 존재하게 된 것은 단지 19세기에 와서의 일이었다. 그러나 베버가 보기에 이 19세기 산업자본주의의 동기가 된 것은 18세기 "정신"이었으며 이 18세기의 자본주의 정신의 토대는 역사적 순서에 따라 17세기의 '프로테스탄트 윤리'라는 것이다.[8]

그런데 범위를 넓혀, 사상사의 맥락을 연결해 18세기 계몽주의 사상 역시 1789년의 프랑스대혁명과 영국의 공리주의가 18세기 신흥계급에 의한 자본주의와 직접적 관계가 있다는 견해를 받아들인다면 막스 베버의 대명제인 '프로테스탄티즘의 윤리와 자본주의 정신'과의 관계는 어디에 위치하는 것일까? 그래서 순전히 이런 사상사적 맥락에서는 그의 대주제인 '프로테스탄티즘의 윤리와 자본주의 정신'은 다소 현학적이고 냉소적으로 '프로테스탄티즘의 윤리의 쇠퇴와 자본주의 정신'이라고 제목 붙일 만하다는 점을 해롤드 버만은 소극적으로 인정한다.

1) 베버의 이론은 예정 조화론이 자본주의 기업가의 내적 동기에 미친 영향에 관한 것이다

그럼에도—베버의 이론 없이도—칼뱅주의가 사실상 자본주의 정신에 공헌했다는 것을 동의할 수 있다. 베버의 이론이라는 것은 예정

초대 회장이 됐다(Franklin, 2003).

8 17세기 개신교 윤리는 역사상 근대 청교도 윤리가 처음으로 나타난 1640년 시작된 영국 청교도혁명이기 때문이다.

조화론이 자본주의 기업가의 내적 동기에 미친 영향에 관한 것이다. 또한 기업가 입장에서 이윤 극대화 노력이 실로 자본주의 정신의 중요한 측면이라는 것은 쉽게 동의할 수 있다. 이때 베버의 설명 방식은 이윤 극대화의 일차적 동기는 거대한 부를 획득하려는 개인의 압도적 욕망이라는 것이었다.

2) 칼뱅주의 구원론이 아니라 칼뱅주의 교회학이 자본주의 정신을 양육한 것 같다 : 버만의 견해

실로 17세기와 18세기에 기업가적 활동 정신을 양육한 것은 칼뱅주의 교리라기보다 기독교 공동체 성질에 대한 칼뱅주의 교리라고 볼 수 있는데—전문적인 신학 용어로는 칼뱅주의 구원론이 아니라 칼뱅주의 교회학이 자본주의 정신을 양육한 것 같다는 이야기다—믿는 자의 회중들 일치와 동지에 대한 칼뱅주의—그리고 루터주의—믿음은 하나님 중심의 공동체에 밀접하게 짜인 약속의 커뮤니티 형성을 지탱하고 도왔다. 실로 루터주의와 칼뱅주의는 현대사회 이론가들의 관행적 견해와는 달리 강력히 공동체 중심적(communitarian)이었다. 루터(Martin Luther)에 의하면, 개인 인격은 신에 대한 관계에서 '개인적 사적 인격(private person)'이나—가족 공동체, 교회 공동체, 그리고 지배하는 정부의 관료층(Obrigkeit)이라는—'3개 영역'에서 개별인이 아니라 사회적 인격(social person)이 된다. 목회자에 의해 대표되는, 루터 교회의 회중이나 장로들(seniors)에 의해서 인도되는 칼뱅 교회 회중들, 모두 밀접하게 짜이고 자율적으로 규율하는 '언약에 의해 맺어진' 동지애 세계다. 신과 신의 백성 사이의 엄숙한 약속인 신적 언약이라는 기독교 교리는 한편으로는 신과 백성의 관계지만, 다른 한편으로는 기독교 커뮤니티 구성원들 간에서, 다양한 소명으로 직업(profession)에 의해, 루터주의와 칼뱅주의에 의해 공유되는 관계다. 그러나 이 같은 공동체 내부 관계는, 특별히 칼뱅주의에 의해 강조된다. 비슷하게 16세기와 17세기에 경제적 기업은—아직도 부르주아에 의한 것이 아니었고 산업화까지 가지 않았으며—그 성질은 기본적으로는 개인주의적이 아니고 공동체 중심적이었으며 실로 '향욕적'이 아니었다(Berman, 2003 : 26 각주 36 ; Walzer, 1982 : 303~304).[9]

3) 17세기 자본주의 공동체 중심주의

17세기 자본주의 공동체 중심주의의 현저한 예는, 주식회사(joint stock company)의 발명이다(Scott, 1968). 주식회사는 공통된 목적과 활동에 같이 종사할 투자자들을 모으는 방법이었으며, 경제적 중요성과 함께 정치적 중요성을 자주 가지고 있었다(Evans, 1908). 1692년 영국 의회 법령은 런던의 상인회사에 법인 자격을 주는 허가장을 수여했는데, 이때 런던 상인회사는 그린란드와 교역을 수행하려 했다(Williston, 1888). 이때 의회 법령은 원거리 교역의 중요성을 강조하고 그것이 다른 나라 손에 떨어진다 하더라도 많은 사람들이 참여하는 공통 노력으로 교역권을 다시 찾을 중요성을 강조했다(Berman, 2003 : 26 각주 37).

---

9 이 대목에서 버만은 지금까지 통설이었던 막스 베버의 개신교와 자본주의 정신 관계에 일대 전환을 보여준다. 그는 베버의 설명보다 훨씬 더 자세하고 풍부하게 17세기 이후의 시대상에 접근하는 듯하다. 버만은 막스 베버의 '이념형'이 범위가 너무 좁게 획정됐다고 역자에게 답변한 적이 있다. 이 책(Berman, 1992 : 311~312) 제8장 '대화편', 두 번째 질문은 막스 베버에 대한 질문과 대답을 볼 것.

4) 17세기 주식회사의 공공적 목적

주식회사의 공공적 목적을 강조하는 것은 다른 주식회사의 법인 자격을 수여하는 법령에 의한 허가장에서도 보인다. 실로 이것들이, 주식 소유자들에게 이윤이 돌아가도록 의도된 기업적 활동이라는 것이다. 동시에 기업은 공공적 목적에 봉사하는 조인트 벤처에서 다른 사람들에게 참여하려는 욕구에 의해 부분적으로 동기가 만들어진 비슷한 마음을 가진 많은 사람들의 밀접한 협조에 의존했다. 17세기 말 영국에서 1694년 의회제정법에 의해 주로 프랑스에 대한 정부의 전쟁을 재정적으로 뒷받침하려고 설립된 잉글랜드은행이라고 불리는 주식회사의 창조보다 "자본주의 정신(spirit of capitalism)"을 더 상징화하는 것은 없었다(Giuseppi, 1966). 영란은행법에 의하면(Giuseppi, 1968) 국왕에 의해 임원진이 임명되고, 임원진은 기여금을 받도록 했다. 또한 국왕은 "현금 기여자들과 주식 참여자들 그리고 그들의 자손과 계승자들이나 특정화된 지명을 함께 모아 몸체를 만들고, 정치적으로 하나의 몸체이며, 즉 법인이 성립되도록 하는 권한을 가지고 있었다"(Berman, 2003 : 26 각주 38). 주주들은 그들의 집합적 이익을 영국 경제의 복지와 동일시하도록 요구됐다. 현금 기여자들은 의회의 많은 멤버들을 포함했다. 최초의 26명 합의체를 구성하는 이사 가운데 여섯 사람이 런던시장 경의 귀족으로 서훈됐다(Lord Mayors of London). 영란은행법의 부수되는 법은 이사로 구성되는 합의체 기관(court)이 매주 열리게끔 요구했고, 주주들의 일반 합의체는 일 년에 두 번 열어 "이 기업 법인의 전반적 상태와 상황을 고려해 주주들의 여러 지분에 따라 배당을 결정하도록 했다"(Berman, 2003 : 27 각주 39).

5) 17세기에 만들어진 신탁 제도

17세기 말 공동체 중심적 목적뿐 아니라, 개인의 목적에도 맞는 다른 중요한 법 제도가 만들어졌는데, 즉 신탁(trust) 제도라는 근대적인 영국과 미국 법 제도다(윗글 : 343). 주식회사와 마찬가지로 신탁 제도 장치는 자본 소유자가 투자한 것의 용도가 위탁을 받은 사람, 즉 수탁자(trustee)에 의해 컨트롤되는데 수탁자는 투자가 행해진 목적을 형평 원칙으로 수행하도록 하는 일에 헌신했다. 이 신탁 장치는 많은 구성원들을 공통적 목적에서 포용할 수 있는 영리기업과 자선단체 양자 모두를 형성하는 제도적 장치가 됐다.

6) 만약 막스 베버가 17세기 잉글랜드에서 법적 발전을 고려했더라면, 그의 주장은 달라졌을 것이라는 관점

만약 막스 베버가 17세기 잉글랜드에서 법적 발전을 고려했더라면, 그의 주장은 달라졌을 것이라는 사실을 확정하는 데 이런 예들은 충분할 것이다.[10] 우리가 법률가들과 법률가들이 창조하는 법 제도를 볼 때, 관찰할 수 있는 것은 막스 베버가 《프로테스탄티즘의 윤리와 자본주의 정신》에서 설명한 바 같은 금욕적 칼뱅주의 추종자인 개인 인격이 궁극적 저주나 구원의 전망 앞에서—예정조화설이나 웨스트민스터 신앙고백서에 쓰인 것처럼 구원의 불확실성 앞에서—전율하며 떠는

---

10 막스 베버의 법의 형식성과 형식법 지배는 1871년 프로이센을 중심으로 한 독일 맹방의 통일 제국 이후에 법조 관료를 포함한 관료 제도와 강력한 군사 제도를 중심으로 한 명목적 신성로마제국 이후 게르만 민족 국가 성립 다음의 사정을 종합한 것이라 보는 것이 필자의 관점이다.

사실이 아니다. 차라리 역사에서 우리가 관찰할 수 있는 실상은—그들이 영향받은 공동체 지향의 교회 생활에서 영향받은—공동체 지향적 근대인이 주식회사나 신용을 주고받는 은행이나 이미 설명한 신탁 장치 같은 공동체 중심적 법 제도들을 만드는 것이 보일 뿐이다. 근대인들은 시장경제의 성공은 신탁 제도나 신탁이 근거하는 신뢰, 은행 제도 또는 은행이 근거하는 신용(credit)의 신뢰와 공통적 목적을 가진 기업에 승패가 달린 것을 이해했고, 훨씬 나중에 믿게 되는 것처럼 시장경제의 성공이 개인적 능력이나 탐욕에 놓여 있다고 보지 않았다. 땅을 소유한 향사(landed gentry)와 상인 엘리트들 간의 대규모 협동을 포함하는 공동체주의는 그것 자체가 심층에서 칼뱅주의에 뿌리를 가졌다. 17세기와 18세기 초 베버가 말한 자본주의 정신은 베버가 생각한 대로 "세속적 또는 이 세상의 금욕주의(secular asceticism)"가 아니라 그 시대에 공공정신(public spirit)이라고 불리는 것의 산물이었으며 따라서 17세기와 18세기 초 자본주의 정신은 예정조화설과 신이 명한 직업적 소명이라는 개인주의에 입각한 독트린을 반영한다기보다 성서에 나타난 언약의 독트린과 언약에 의한 공동체의 독트린이라는 집합주의적 칼뱅 교리를 반영하는 것이다(Berman, 2003 : 27).

7) 프로테스탄티즘과 자본주의 양자 분석에서 막스 베버의 단점 : 버만의 견해

프로테스탄티즘과 자본주의 양자 분석에서 막스 베버의 단점은 단체나 법인 구조에 내재하는 법적 가치를 고려하지 않은 것이며 이때의 법인이라 함은 이미 설명한 바대로 신탁 장치에서 나타나는 것이며 자선 조직을 설립하거나 규제하려는 법에서 나타나는 것이고, 실로 종교 단체나 상업 목적의 단체 모두를 지배하는 헌법에서 나타나는 것이다.

이 같은 베버의 실패는 다음 같은 사실에 기인한다. 베버는 그의 모든 저술에서 사실과 가치를 날카롭게 구분한다. 또한 베버는 사실과 가치를 구분하는 것과 병행해 법을 사실 영역으로 배치해 격하했다. 그의 법사회학에 관한 저작에서 베버는 법을 정의하기를 국가에 의해 정립된 규칙과 절차로 국가 의지에 복종하려고 국가에 의해서 강제되는 것이라고 했다. 베버는 되풀이해서 법적 제도 도출을 정치적 지배에 연원을 둔다고 추적했다.

베버가 여러 문명과 역사적 시기에서 감지하고 추출한 법체계의 "이념(상)형"은 그에게는 강제가 더 유효하게 작용할 수 있는 정치적 권위의 정당성 원천으로 생각됐다. 베버는 17세기와 18세기 영국 보통법을 분류하는 데 사법 선례에 중점을 두고, 일종의 "전통주의자" 법의 유형으로 분류했다. 이때 그는 19세기 프랑스(1805년의 나폴레옹 민법)와 독일의 특징으로 "형식적-합리적(formal-rational)" 유형의 법(김철, 1989 : 결론)으로 대비했는데, 이때 그의 중점은 법전(code)을 만들었느냐의 여부, 즉 법전화(codification)에 있었다. 그러나 여기서 주의할 점이 있다. 그것은 베버가 똑같은 시대의 칼뱅주의를 "반전통주의"로 분류하고 '자본주의 정신'과 함께 동위에 놓은 합리주의를 지지하고 이웃한 것으로 설명했지만 칼뱅주의 청교도들 자체가 전통주의와 깊은 연관을 맺고 있다는, 어쩌면 역설적으로 보이는 사실이 숨어 있다는 것이다. 버만(2003 : 28)은 베버가 바로 이 점, 즉 영국의 칼뱅주의 청교도들이 1640년부터 시작된 내전(청교도혁명)을 통해 투쟁한 부분적인 이유가 다름 아닌 당시의 상황적 맥락에서(찰스 왕정) "전통적인 것으로 불리거나 전통주의자의 것"으로 불리던 영국 보통법(common law of england)이 지고의 것이라는 사실을 확인하려 들었다는 점을 간과하고 있다고 주장한다.

8) 베버의 "이념(상)형"과 종교적 감수성

베버는 정치체제와 법적 체제를 "이상형"으로 분류하는 데 천재적 역량을 보였다. 그러나 그는 부인이었던 마리안느 베버(Marianne Weber)가 그에 대해 말한 것처럼 "종교적으로는 감수성이 없었다".[11] 종교를 잘못 이해했으며, 특히 16세기와 17세기 게르만과 잉글랜드에서 루터주의와 칼뱅주의, 프로테스탄트에 그러했으며 이런 오해가 같은 시대 독일과 영국에서 일어난 법의 발전을 잘못 이해한 것과 병행한다. 16세기와 17세기 영국과 독일에서 프로테스탄티즘에 대한 오해와 같은 시기 같은 나라에서 법 제도의 전개에 대한 오해는 다음에 유래한다. 즉 사실과 가치를 엄격히 분리하는 방식과 여기에 더해 법을 사실의 영역에만 속하는 것으로 보는 경직된 실증주의자의 견해 그래서 법을 1차적으로 정치적 강제 수단으로 보는 견해에서 유래한다.

5. 막스 베버의 사회 이론과 대비한 해롤드 버만의 두 혁명론

해롤드 버만은 16세기 게르만 종교개혁과 17세기 영국 청교도혁명

---

11 베버의 양친 가계는 가톨릭 박해를 피해 망명한 프로테스탄트였다. 그는 성공적 기업가가 된 가계력을 갖고 있다(Coser, 1971 : 235).

역사[12]에서 경제적 변화를 일으킨 법에서 변화를 진술한다(윗글 : 58). 이때 그 같은 경제적 변화와 법적 변화가 로마가톨릭에서 개신교 기독교로 변화와 어떤 관계가 있는지를 포함한다. 막스 베버가 개진한 사회 이론에 대비해 버만은 게르만과 잉글랜드에서 두 개의 큰 혁명들—독일 종교개혁과 청교도혁명 및 명예혁명—이 마침내는 그 혁명에서 유래한 질서 체계와 정의 체계에 어떤 영향을 미쳤는가에 보다 적극적 견해가 피력된다. 실로 여기서 얘기한 두 혁명은 각각 폭력, 심한 편견, 파괴, 처형, 억압과 전반적 부정이라는 것에 의해서 특징 지어진다. 그러나 두 혁명은 두 세대 이후에 끝났다. 끝났음의 상태는 원래 시작했던 혁명가들의 유토피아적 비전이 애초에 혁명가들이 그것에 반대해서 반란을 일으킨 전통의 어떤 것과 화해하고 균형을 이루는 결말을 보여준다. 각각의 혁명은 서양법 전통을 변형했으나 이윽고 각각의 혁명은 서양법 전통에서 그 모습을 가진다(윗글 : 28). 이하에서 독일 종교개혁과 루터의 교리를 논하는 것은 이 논문 주제인 프로테스탄티즘 윤리가 형성된 주된 동력이 흔히 종교개혁으로 불리는 루터에 의한 독일 종교개혁에 출발점을 갖기 때문이다.

12 "루터주의가 게르만 영역에서 주로 중부 유럽과 동부 유럽으로 퍼져나간 데 비해 루터주의의 친척 격인 칼뱅주의는 주로 프랑스, 폴란드, 스코틀랜드, 잉글랜드로 퍼져나갔다. 장 칼뱅은 출생과 교육에서 프랑스인이었는데, 일찍부터 루터주의 교리의 추종자가 됐다가 26세 나이였던 1535년 왕권 처벌을 피해 프랑스에서 스위스로 도망쳤다. 뛰어난 신학자이자 법률학자였던 칼뱅은 1536년에 잘 알려진 그의 저서《기독교 종교의 제도》첫 번째 판을 발행했다."(Berman, 2003 : 58) 중요한 것은 칼뱅주의의 창시자 칼뱅이 루터주의 교리의 초기 추종자였다는 점이다.

1) 게르만인의 16세기 혁명 : 독일 종교개혁 시대의 루터 교리 1

표면적으로만 이해하면 루터의 교리는 지상 왕국에 전적으로 부정적 견해를 취하는 것같이 보인다. 지상 왕국은 죄와 죽음의 영역이며 (인간이) 의지나 이성을 행사해서는 죄와 죽음에서 탈출할 방법이 없다. (이런 상황에서) 정치와 법은 은총과 신앙에 이르는 길은 아니다. (그러나 다시 생각하면) 은총과 신앙은 올바른 정치와 올곧은 법에 이르는 길이 정말 아닌가. 이 대목에서 루터의 두 믿음은 분열된 것처럼 보이는데 첫 번째는 인간의 본성상 사악함에 대한 믿음이며, 두 번째 믿음은 사악함 자체와 사악함을 감싸는 지상 영역 자체가 신에 의해 만들어졌다는 믿음이다(Luther, 1883 : 390). 죄 많은 인간은 신이 창조한 것이라는 교리가 루터주의의 창조 교리이며 보이지 않지만, 이 지상 영역에 신이 임하고 존재한다는 것 역시 루터의 교리이다. 루터주의에 의한 개혁가들은 다음같이 가르쳤다(Berman, 2003 : 42).

2) 게르만인의 16세기 혁명 : 독일 종교개혁 시대의 루터 교리 2 — 크리스천의 임무는 '이 세상에서 신의 일을 근로하는 것'이다

크리스천의 임무는 '이 세상에서 신의 일을 근로하는 것이며'—아무리 결점이 있더라도—의지와 이성을 사용해 되도록 많은 선한 일을 할 것이며 가능한 많은 (지적인) 이해를 얻는 것이다. 죄로 가득 찬 인간성 내부에도 죄악이 많은 인간 사회에서도 나타나지 않고 숨어 있는 하나님이 실존한다는 루터주의 교리는 표면적으로는 도덕적 비관주의로 보일 수 있었던 루터주의 종교 사상에서 필수적 부분이다. "이 같은 지상에서 속된 영역을 미리 정하고, 세속 특징을 준 것은 신 자신이다.” 그래서 “우리 인간은 지구상에 있는 한 임시적이고 세속적인 영역에서 잔류하며 일하지 않으면 안 된다”(윗글 : 42 각주 27). 이 같은 루터의 두 왕국론이라는 교리와 밀접히 연결된 것이 다음 같은 쌍둥이 교리다. 즉 모든 신자가 사제라는 만인사제설과 천직에 대한 기독교적 보편주의 교리다. (우선 이전에 존재하던) 사제가 갖는 특별한 지배권과 재판 관할권을 폐지하고 높은 사닥다리에 있는 고위 성직자와 낮은 사닥다리에 있는 평민들 사이에 존재해온 로마가톨릭에서 전통적 구별과 차별을 폐지하고 나서 루터주의의 개혁가들은 한 사람 한 사람 인격체로 신자에게 다음 같은 의무를 지웠다. 즉 다른 사람에게 봉사할 책임—이것은 타인을 위해 기도함—이며 그들을 훈계함이며 봉사함이다. 이런 의미에서 모든 루터주의 신봉자는 성직자, 사제 또는 사목자라고 불린다(Luther, 1956 : 108).

3) 게르만인의 16세기 혁명 : 독일 종교개혁 시대의 루터 교리 3 — 모든 직업은 신이 준 소명으로서의 천직으로 취급되어야 한다

비슷한 방법으로 루터주의 개혁자들은 이전에 있었던 직업, 생업 또는 천직에 대한 로마가톨릭 식의 교리를 교체했다. 즉 당시 로마가톨릭 교리에 의하면 천직이나 소명은 정신적으로 또는 신앙적으로 완벽한 성질은 일차적으로는 군주를 중심으로 한 직업과 이와 병행한 성직이나 사제직에 부여됐다. 여기에 대해 루터주의는 기독교도가 종사하는 직업 전부가 상하 귀천 구별 없이 신이 준 소명으로서의 천직으로 취급돼야 한다는 교리다. 따라서 목수와 왕의 아들, 가정주부와 판사는 다 같이 그들의 업무를 양심적으로 수행하고 다른 사람을 위해 봉사할 기독교도의 책임을 받아들여야 한다(윗글). 특히 공직자들은 공동체에 봉사할 특별한 소명을 가진다고 말해졌다. 이 같은 신이 불러서 한 특별한 공직은 공직자로 하여금 기독교도의 개인윤리와 구별되는 사회윤리를 요구할 수도 있다(윗글 : 108). 한사람의 개인 인격으로, 자신 그대로의 개인 인격으로 신에 대한 직접 관계에 크리스천의 의무는 그의 적이라도 미워하지 않고 미워하는 것이며 가까운 이웃에서 오는 부정의와 불법 및 부패라도 직접적 저항이나 보호 없이 감내하는 것이다.[13] 여기에 비해 군대(Luther, 1974 : 1~5), 사법부 또는 법에 관련된 직업과 같은 때 봉사하는 공적인 일을 하는 사람으로서 기독교도는 그의 이웃에 불법이나 제약에 저항할 것이 요구되며 심지어는 불법과 부정의에 폭력이나 유혈의 지정까지라도 감수하며 복수되어야 할 것이 요구된다(Berman, 2003 : 42 각주 28).

4) 게르만인의 16세기 혁명 : 독일 종교개혁 시대의 루터의 공격 4 — "나에게 진실을 발견하고자 연구하는 법률가를 보여다오."

루터의 종교개혁 시초에서 종교개혁 지도자 다수가 낡은 법에 신랄한 공격을 개시했을 뿐 아니라 더 나아가 법 자체에 공격을 개시했다

13 16세기 유럽 문학에서도 이런 예가 많지는 않다. 그림 형제가 수집한 게르만인들의 오래된 민화에는 타인에게서 행해지는 불법, 부정의 및 부패를 무장 비폭력으로 극복하는 종교적 행동형보다는 게르만 부족법 시대의 집단적 제재 및 복수의 신성함 같은 잔해가 발견된다. 루터주의의 이 같은 무장 비폭력의 악에 대한 태도는 오히려 훨씬 후기의 북유럽 동화 모음인 안데르센 동화집에서 나타나고 그 주인공은 사회적 약자이다. 무장 비폭력으로 악한 이웃을 대적하지 아니하는 수동적 생활 방식의 극치는 러시아의 톨스토이가 쓴 창작에서 나타나는데 대표적인 예는 동화 〈바보 이반〉이다. 또한 안톤 체호프의 희곡 5부작 가운데 〈바냐 아저씨〉에서도 특징적으로 나타난다.

(Strauss, 1986 : 14). 종교 지도자의 법에 대한 공격은 이때뿐이 아니고 이후에도 이른바 기독교의 반법적 성향으로 자주 나타난다. 요약하면 종교는 사랑만으로 족할 뿐 어떤 제도나 규범도 무용하다는 근본적 리얼리즘 태도다. 이런 태도는, 특히 혁명기에 이전 법 제도나 질서 또는 규범의 효력을 잃었을 때 나타나는 것이지만 이런 태도의 영향은 제도, 법 그리고 규범 자체를 허무주의적으로 보면서 혼란에 빠지는 경향으로 있어왔다. 이런 태도가 나타나는 시기는 혁명의 종말론적 또는 묵시록적(apocalyptic) 단계였다. 이때 루터와 다른 개혁자들은 로마가톨릭교회의 눈에 보이며 법 제도와 관계해 상하 계층의 질서를 이루는 질서를 신앙만으로 살고자하는 신자들의 눈에 보이지 않은 평등주의적 우애로 대치하려고 원하는 것처럼 보였다. 처음에는 빈도수가 아주 높게 그리고 후기에서는 가끔, 루터는 천상 왕국(天上王國, heavenly kingdom)이라는 거의 신학적 독트린—천상 왕국에서 법은 은혜에 의해 대치되는 것인데—을 독일 군주 영역과 신성로마제국에서 그때까지 지배적이었던 법질서에 광범위한 공격과 병행했다(윗글 : 14). 루터는 이 시기에 일반적으로 법률가나 법학자에 공격도 행했다. "진리와 법은 항상 적이다"라고 루터는 썼다. "나에게 진실을 발견하고자 연구하는 법률가를 보여다오(Show me the jurist who studies to discover truth). 진실 발견이라고? 아니다. 법률가와 법학자는 그들에게 돌아오는 이득을 얻고자 법을 연구할 뿐이다."(Berman, 2003 : 63 각주 89)

역사의 이 시점에서 종교개혁 왼편 날개인 (대단히 삼가야 할 표현이지만) 좌파에 속했던 재침례교도(Anabaptists)들은 프로테스탄티즘의 이런 경향을 더 밀고 나가 복음 가르침만으로 지배되는 공동체 설립을 변화했다. 따라서 로마가톨릭교회 교회법만 공격된 것이 아니라—당시에 통용되던 세속법, 즉 당시까지 자유도시나 개별 군주들의 영역, 그리고 1495년 이후에는 신성로마제국 전체에 걸쳐서 침투하던 상당히 완화되고 근대화된—로마법도 공격했다(윗글 : 63).[14]

5) 게르만인의 16세기 혁명 : 독일 종교개혁 시대의 루터의 주장 5 — 고전 철학자들과 로마 자연법론자들도 이 세상 삶을 위한 사도들이라 할 수 있다.

루터는 다음과 같이 썼다(Gerish, 1962). "정치와 경제는 이성에 종속되어야 한다."(WA, 40 : 305) 거기에서 이성이 첫 번째 자리를 차지하고(Lohse, 1958), 사람은 세속 정부법과 올바름, 정의를 발견한다(Berman, 2003 : 74 각주 11).[15] 이런 이성은 단지 기독교도 문헌에서만 발견되는 것은 아니다(루터의 입장은 독선적이거나 기독교 문명만을 모든 원천으로 고집하지는 않는다). 루터는 다음과 같이 썼다. "이교도들의 책들도 덕과 법도와 지상 생활을 위한 지혜를 가르친다. 이것은 신약과 구약성경이 하늘에서 영원한 삶을 위한 신앙과 선행을 가르친 것과 같다." 루터는 이어서 "이런 뜻에서 호메로스, 플라톤, 데모스테네스, 비르길리우스,

---

14 재침례교도들의 로마법 공격은 아마 재산법 위주의 로마법이 당시 격동기에 일부 계층에만 유효하다고 생각됐기 때문인 것 같다. 한국의 혁명적 변동기에 한국 대학생이나 일부 법학도들도 사회 실정을 들면서, 특히 재산법 체계에 강한 불신을 표현하는 일시적 태도가 있어왔다.

15 여러 관점이 있을 수 있다. 그러나 한국 문화에 똑같은 명제를 적용할 수 있다. 한국 정치와 경제가 이성에 종속되어 있는가. 정치와 경제에서 이성이 첫 번째 자리인가. 한국의 입법과 사법은 이성에 종속되는 자리에 서 있는가. 짧은 대답은 한국인의 문화에서 정치와 경제는 이성에 종속되기보다는 이익에 종속되어 있다.

키케로 그리고 로마의 자연법론자 울피아누스는 천상의 것이 아닌 이 세상 삶을 위한 공동체 생활을 위한 정부를 위해서는 기독교 사도들이며, 예언자이며, 신학자이며 설교자들이라 할 수 있다"(Berman, 2003 : 74 각주 12).[16]

6) 16세기 루터주의와 칼뱅주의(1536~)의 지역적 전파

루터주의가 게르만 영역에서 주로 중부 유럽과 동부 유럽으로 퍼져나간 데 비해 루터주의의 친척 격인 칼뱅주의는 프랑스, 폴란드, 스코틀랜드, 잉글랜드로 퍼져나갔다. 장 칼뱅은 출생과 교육에서 프랑스인이었는데 일찍부터 루터주의 교리의 추종자가 됐다가 26세였던 1535년 왕권의 처벌을 피해 프랑스에서 스위스로 도망쳤다. 뛰어난 신학자이자 법률학자였던 칼뱅은 1536년 잘 알려진 저서인 《기독교 종교의 제도》의 첫 번째 판을 발행했다. 칼뱅은 이윽고 제네바에 정착했고, 거기서 프로테스탄트 공동체를 인도했다. 그 개신교 공동체는 한편에서는 구원과 성찬에 대한 교리에 집착했는데, 루터 추종자들의 교리와 부분적으로 차이가 날 뿐이었다(윗글 : 58).

16 흔히 루터에 대한 잘못된 인상은 후일 뉴잉글랜드의 초기 청교도 공동체 생활에서 발견되듯 신정주의나—너대니얼 호손(Nathaniel Hawthorne)의 《주홍글씨》에서 나타나는—기독교 교리에 의한 독재정치의 느낌이 있었다. 그러나 이것은 역사의 훨씬 다른 맥락에서의 사실일 뿐 루터 자신은 적어도 지상 공동체를 위한 덕과 지혜, 법 제도를 성서 이외에 그리스 이후 모든 서양 고전 문명을 그대로 포용하고 수용한 것으로 확인된다. 이런 점에서 루터의 가르침은 그때까지의 서양 문명 주류를 계승한다고 볼 수 있다.

7) 루터와 동행한 멜란히톤의 크리스천 소명으로서의 직업 이론[17]

멜란히톤(Philip Melanchton)의 신학적 글쓰기가 루터와 비교해 덜 매섭고 더 체계적이며 형태적으로 더 논리적이지만 두 사람은 실질적으로 크게 다르지 않았다(Berman, 2003 : 78 각주 30). 그들의 강조점에서 스펙트럼 상의 차이가 후에 후계자들로 하여금 두 그룹의 라이벌로 분리되기는 했지만, 어떤 시기에도 루터와 멜란히톤은 서로가 주된 포인트에서 반대한 적은 없었는데 그것은 신학에서 그러했고, 도덕 철학, 정치철학, 그리고 법철학에서도 그러했다(윗글 : 78 각주 31). 서양법철학의 일관된 전통을 멜란히톤은 자유롭게 섭렵, 인용했으며 특히 그리스-로마 원천에서 그러했음에도 그 서양 법철학 전통을 새로운 방식으로 다시 말하고 개정했다(Kusukawa, 1995). 그 방식은 서양 법철학의 모든 전통과, 특히 그리스-로마의 원천을 루터가 주장한 두 왕국 이론과 화해를 시키고 더 나아가서 서양 법철학의 모든 전통을 루터의 독트린에 갖다 붙여서 종속한 것이다(Rogness, 1969). 두 왕국 이론과 인간의 전적인 타락설 그리고 신앙만으로 정당화할 수 있다는 이론, 성서만이 절대자가 계시한 유일한 원천이라는 이론, 크리스천의 소명으로서 직업에 대한 이론 그리고 모든 믿는 자들이 다 같이 그리스도의 사제가 된다는 만인사제설 같은 것이다(Berman, 2003 : 78 각주 32).

8) 루터주의 법학자 올덴도르프와 불공정한 계약

올덴도르프(Johan Oldendorf)에 의하면, 계약법이 존재하게 된 것은

---

17 Sperl(1959), Hildebrandt(1946), Hammer(1967) 참조.

다음과 같은 사실의 결과다(Oldendorf, Opera, 2 : 286~288 ; Berman, 2003 : 90). 즉 창조주는 인류 모두를 형제로 창조했다. 그래서 인류의 자연적 이성을 통해 서로가 계약을 체결할 기회를 부여했으며 그 목적은 인류의 상호적 혜택이며 "다른 당사자를 압박함 없이(sine ullo gravamine)" 정직하고 공정하게 계약을 체결할 기회를 주었다.[18] 계약법의 "물질적 원인이나 이유"는 계약법이 엄청난 범위의 인간의 여러 가지 일을 공통적 질서로 묶는 방식이다. 올덴도르프가 사용한 개념인 계약의 "형식적 원인이나 이유(formal cause)"는 계약법이 영위하는 형식 및 형태를 의미하는 것인데 올덴도르프에 의하면 사는 것과 파는 것(매매), 빌려주는 것, 그냥 주는 것(증여)과 그 밖에 부를 서로 간에 나누는 다른 방식을 포함한다. 이 대목에서 올덴도르프는 다시 (아리스토텔레스의 분류법으로서의) 자유의사 존중 형식을 강조했으며, 가난한 자를 이용해 이익을 도모하는 데 계약 방식을 사용하는 것을 통렬하게 비난했다 (Berman, 2003 : 89).[19]

---

18 고대 로마제국에서 만민법 개념은 이미 광대한 로마제국에 혼재하던 여러 인종과 민족을 똑같이 대할 것을 전제로 했다. 이것은 물론 로마 시민권자에게만 통용되던 시민법과는 범위가 다른 것이었다. 어쨌든 만민평등주의는 기독교가 서유럽과 유럽 전역에서 지배적 에토스가 되기 훨씬 이전부터 로마제국 판도에서는 '로마의 평화'를 위해 널리 용인됐다. 종교개혁기에 올덴도르프는 계약법 연원을 성경의 일반 원칙인 8계명에서, 그리고 더 나아가 창조주가 모든 인종과 국민을 형제로 창조했다는 기독교 원리에서 찾는다. 만민법 개념을 자연법으로 이해하고 성서 상 자연법을 구체적 모세 십계명과 황금률에서 찾은 것이다.

19 가난한 자(indigent)를 부추겨 그들에게 불리한 계약을 체결하게 해 이익을 취하는 것과 거의 마찬가지인 것은 사정을 잘 모르거나 무지한 자를 부추겨 계약을 체결하게 하고, 계약 형식에 의해 이득을 취하는 것의 문제다. 1543년경 루터주의 법학자 올덴도르프가 제기한 자유계약 방식의 악용은 2008년 9월 세계 금융 위기를 초래한 중요 원인의 하나로 복잡하고 이해할 수 없는 금융상품을 고수익이라는 미끼로 내용을 잘 모

9) 프로테스탄트 윤리와 로마가톨릭 윤리의 정당한 가격 : 막스 베버의 사회 이론과 비교

널리 알려진 막스 베버의 사회 이론과 정반대로 루터주의와 칼뱅주의를 포함한 프로테스탄트 윤리는 정당한 가격과 고리채 금지라는 문제에서 로마가톨릭과 본질적으로 같았다(윗글 : 162 각주 20).[20] 그래서 루터가 1524년 상업과 고리대금에 대한 논문에서 강한 어조로 정도가 넘는 지나친 물품 가격이나 이자율을 비난하면서도 어떤 조건에서 물품 매매나 신용을 공여하면서 이득을 보는 것이 도덕적으로 정당한가에 여러 조건을 세련했다. 루터는 탐욕을 비난했다. 그러나 동시에 정상적으로 이윤을 만드는 상업 활동을 옹호했다. 즉 "한 상인이 그때까지 쓴 경비를 보전하고 감당한 어려움과 근로와 그가 감당해야 했던 위험을 보상할 이윤을 취하는 것은 공평하고 정당한 것이다." 루터가 말하기를 물품은 그것들이 보통 시장에서 사고파는 가격이나 일반적으로 어떤 곳에서 사고파는 가격으로 정해져야 하고—이런 방법으로 만들어진—어떤 이윤도 나는 정직하고 적당하다고 간주한다(윗글 : 162 각주 21). 루터가 계속 쓴 것은 다음과 같다. 그러나 가격을 밀어 올리려

르는 금융 소비자에게 팔아넘긴 것을 들 수 있다. 2008년 9월에 그치지 않는다. 2013년 7월 9일 유로존 위기의 현장인 스페인 금융계의 최대 문제는 역시 계약 자유의 형식으로 내용을 잘 모르는 소시민이나 경제적 약자로 하여금 평생 모은 저축예금을 은행 직원들이 은행이 주체가 된 위험한 금융상품으로 인도한 데 있다. 《뉴욕타임스》의 보도에 의하면 이런 경제적 약자인 투자자들의 현황은 그들의 정기예금 1달러 당 88센트를 날리는 결과로 귀착됐다.

20 널리 알려진 사회학이론에 의하면 막스 베버가 《프로테스탄티즘의 윤리와 자본주의 정신》에서 제시한 것은 프로테스탄트 윤리가 자본주의 정신의 주요한 핵심을 제공했다는 내용이다. 여기에 로마가톨릭은 포함되지 않았다(Weber, 1968 ; Tanner, 1990 참조).

는 목적으로 생산품을 독점하거나 축적하는 것은 부적절할 뿐 아니라 법으로 금지해야 한다. 비슷하게 고리대금을 비난하면서도 루터는 금전 대출에 합당하고 합리적인 이자율은 옹호했다.

| 참고 문헌 |

막스 베버, 《프로테스탄티즘의 倫理와 資本主義의 精神》, 권세원·강명규 옮김, 일조각, 1958.

——, 《프로테스탄티즘의 윤리와 자본주의 정신》, 박종선 옮김, 고려원, 1987.

——, 《프로테스탄티즘의 윤리와 자본주의 정신》, 박성수 옮김, 문예출판사, 1988.

——, 《프로테스탄티즘의 윤리와 자본주의 정신》, 김덕영 옮김, 길, 2010.

——, 《프로테스탄트 윤리와 자본주의 정신—금욕과 탐욕 속에 숨겨진 역사적 진실》, 김상희 옮김, 풀빛, 2012.

해롤드 버만, 《종교와 제도—문명과 역사적 법이론》, 김철 옮김, 민영사, 1992.

——, 《종교와 사회제도—문화적 위기의 법사회학》, 김철 옮김, 민영사, 1992.

——, 《법과 혁명—서양법 전통의 형성》, 김철 옮김, 한국학술정보, 2013.

김광기, 《뒤르켐 & 베버》, 김영사, 2007.

——, 〈칼뱅, 베버, 파슨스, 그리고 미국 자본주의의 위기〉, 《현상과 인식》, 33(3) 가을 2009, 한국인문사회과학회, 2009.

박영신, 〈'프로테스탄트 윤리'의 재인식〉, 《현상과 인식》, 4(4) 겨울 1980, 한국인문사회과학회, 1980.

김철, 《러시아 소비에트 법—비교 법 문화론적 연구》, 민음사, 1989.

——, 〈현대 중국의 법문화 : 전통 법문화와의 관계와 분쟁해결 방법을 중심으로〉, 《사회이론》, 통권(26) 가을/겨울 2004, 한국사회이론학회, 2005.

——, 〈중국 유교 영향의 동아시아 문화에서의 법과 종교(Religion & Law in East-Asian Culture of Chinese Confucian Influence until Early 1990's)〉, 《한국 법학의 반성》, 한국학술정보, 2009.

——, 〈칼뱅주의와 법에 대한 사상사—로저 윌리암스의 교회와 국가에 대한 분리주의 원칙〉, 《칼뱅주의 논쟁 : 인문사회과학에서》, 한국인문사회과학회 엮음, 북코리아, 2010.

——, 〈해롤드 버만의 통합 법학〉, 《금랑 김철수 교수 팔순 논문집》, 경인문화사, 2012.

정갑영, 〈갈등과 변동에 대한 이론적 틀의 비교—베버, 파아슨스, 다렌도르프를 중심으로〉, 《현상과 인식》, 4(2/3) 여름/가을 1980, 한국인문사회과학회, 1980.

황산덕, 《막스 웨버》, 현대사상총서, 1960.

——, 《법철학 입문》, 박영사, 1965.

Berman, Harold, *The Interaction of Law and Religion* (New York : Abingdon, 1974).

——, *Law and Revolution—the Formation of Western Legal Tradition* (Cambridge : Harvard Univ. Press, 1983).

——, *Law and RevolutionII—the Impact of the Protestant Reformation on the Western Legal Tradition* (Cambridge : Harvard Univ. Press, 2003).

Coser, Lewis A., *Masters of Sociological Thought* (New York : Harcourt Brace Jovanovich, 1971).

Evans, Frank, "The Evolution of the English Joint-Stock Limited Trading Company", *Columbia Law Review 8*(1908).

Franklin, Benjamin, *Autobiogrphy of Benjamin Franklin 1903* (Whitefish : Kessinger Publishing, 2003).

Gerrish, Brian Albert, *Grace and Reason : A Study in the Theology of Luther* (Oxford : Clarendon Press, 1962).

Giuseppi, John, *The Bank of England : A History from Its Foundation in 1694* (London : Evans Brothers, 1966).

Kusukawa, Sachiko, *The Transformation of Natural Philosophy : The Case of Philip Melanchthon* (Cambridge : Cambridge Univ. Press, 1995).

Luther, Martin, D., *Martin Luthers Werke : Kritische Gesamtausgabe* (hereafter WA) (Weimar : Ulan Press, 1883).

——, "The Sermon on the Mount", *Luther's Works*(hereafter LW), Jaroslav Pelikan, ed., 55 Vols. (St. Louis, 1956), Vol. 21.

——, "Whether Soldiers, Too, Can Be Saved", in *Luther : Selected Political Writings*, J. M. Porter (엮음) (Lanham : Wipf and Stock Publishers, 1974).

Luthy, Herbert, "Variations on a Theme by Weber", in *International Calvinism, 1541~1715*, Menna Prestwich (엮음) (Oxford : Oxford University Press, 1985).

Rogness, Michael, *Philip Melanchthon : Reformer without Honor* (Minneapolis, 1969).

Scott, William Robert, *The Constitution and Finance of English, Scottish, and Irish Joint-Stock Companies to 1720*, 3 Vols. (1912 reprint, Gloucester : HardPress Publishing, 1968).

Strauss, Gerald, *Law, Resistance, and the State : The Opposition to Roman Law in Reformation Germany* (Princeton : Princeton Univ. Press, 1986).

Tanner, Norman P., S. J., *Decrees of the Ecumenical Councils*, Vol. 1 (Washington D. C. : Geogetown Univ. Press, 1990).

Walzer, Michael, *The Revolution of the Saints : A Study in the Origins of Radical Politics*(Cambridge : Harvard Univ. Press, 1982).

Weber, Max, *Economy and Society : An Outline of Interpretive Sociology*,

Guenther Roth and Claus Wittich (엮음) (New York, 1968).

——, *The Protestant Ethic and the Spirit of Capitalism*, Talgott Parsons and Anthony Giddens (엮음) (London : Routledge, 2001).

Williston, Samuel, "History of the Law of Business Corporations before 1800", *Harvard Law Review 2*(1888).

Hammer, Wilhelm, *Die Melanchthonforschung im Wandel Jahrhunderte : Ein Beschriebendes Verzeichnis(*Gütersloh, 1967).

Hildebrandt, Franz, *Melanchthon : Alien or Ally?*(Cambridge : Cambridge Univ. Press, 1946) Lohse, Bernhard, *Ratio und Fides : Eine Untersuchung über die ratio in der Theologie Luthers*(Göttingen, 1958).

Oldendorf, Johan, Opera, 2.

Sperl, Adolf, *Melanchthon zwischen Humanismus und Reformation*(Munich, 1959).

Weber, Max, *Gesammelte Aufsätze zur Religionssoziologie*. erscheinen in drei Bänden, enthalten neue und überarbeitete bereits erschienene Schriften, Band 1 : Die protestantische Ethik und der Geist des Kapitalismus, *Die protestantischen Sekten und der Geist des Kapitalismus,* sowie Die Wirtscha-ftsethik der Weltreligionen(Teil 1 : Konfuzianismus und Taoismus), Tübingen 1920, 9. Auflage(1988).

——, *Die Protestantische Ethik und der "Geist" des Kapitalismus*(German Edition) (CreateSpace Independent Publishing Platform, 2013).

| 배경 사항 |

Dickson, P. G. M., *The Financial Revolution in England : A Study in the Development of Public Credit, 1688~1756* (New York : St. Mar-tiu's Press, 1967).

Glaeser, Edward L. and Jose Scheinkman, "Neither a Borrower nor a Lender Be : An Economic Analysis of Interest Restrictions and Usury Laws", *Journal of Law and Economics 41*(1998).

——, *By-Laws for the Good Government of the Corporation of the Governor and Company of the Bank of England, reprinted in Bank of England : Selected Tracts, 1694~1804* (Farmborough, Hants., 1968).

Melton, Frank T., *Sir Robert Clayton and the Origins of English Deposit Banking, 1658~1685* (Cambridge : Cambridge University Press, 1986).

Nelson, Benjamin, *The Idea of Usury : From Tribal Otherhood to Universal Brotherhood*, 2nd, ed. enl. (Chicago : Univ. of Chicago Press, 1969).

Rogers, James Steven, *The Early History of Bills and Notes : A Study of the Origins of Anglo-American Commercial Law* (Cambridge : Cambridge University Press, 1995).

Stupperich, Robert, *Melanchthon*, Robert H. Fischer (옮김) (Cambridge : James Clarke & Co, 1965).

Ritschl, Otto, *Dogmengeschichte des Protestantismus : Grundlagen und Grundzüge der theologischen Gedenken—und Lehrbildung in den protestantischen Kirchen*, Vols. 4 (Leipzig, 1908~1927).

| 필자 소개 |

서울대 법과대학과 사회과학 대학원을 졸업하고 법학과 대학원 박사과정을 수료했다. 미국 미시간대학 대학원을 졸업했으며 전공은 공법(헌법, 행정법, 경제공법)과 기초법(법철학, 법제사, 법사회학, 법경제학, 법심리학, 비교법) 등이다. 주된 관심은 법학에 사회과학을 접목해 통합적 방식으로 접근하는 것이다. 숙명여대 법학과 창설 교수이자 현재 명예교수로 서울대 등에도 출강하고 있다. 대표 저서로는《경제 위기와 치유의 법학》(한국학술정보, 2014),《법과 경제 질서 : 21세기의 시대정신》(한국학술정보, 2010),《한국 법학의 반성》(한국학술정보, 2009),《경제 위기 때의 법학 : 뉴딜 법학의 회귀 가능성》(한국학술정보, 2009),《종교와 제도 : 문명과 역사적 법 이론》(민영사, 공저, 1992) 등이 있고《법과 혁명 I—서양법 전통의 형성》(한국학술정보, 2013)과《법과 혁명—근대 프로테스탄트 개혁이 서양법 전통에 미친 영향》(출간 예정) 등의 역서가 있다.

E-Mail : chullkim715@hanmail.net

2부

베버와
우리 사회

베버의 정치사회학과 현실 정치

정원
(연세대 사회발전연구소)

향유고래의 경우에는 이마에 본래 갖추어진 고귀하고 위대한 신 같은 위엄이 너무 크게 확대되어 있기 때문에, 그것을 정면에서 바라보면 자연계의 어떤 생물을 볼 때보다 훨씬 강력하게 '신성'과 그 무서운 힘을 느끼게 된다. (…) 향유고래에는 진정한 의미의 얼굴이 없다. 주름투성이 이마가 넓은 하늘처럼 펼쳐져 있을 뿐이다. (…) 하지만 옆에서 보면 그 웅장함이 보는 사람을 그렇게 압도하지는 않는다. 옆모습에서 분명히 식별할 수 있는 것은 이마 한가운데에 수평으로 뻗어 있는 반달 모양의 홈이며, 이것은 사람으로 치면 라바터가 말한 천재의 표시다.

- 허먼 멜빌, 《모비딕》

한국 민주주의는 위기에 처해 있다. 80년대 민주화 투쟁의 승리와 정치권력의 안정된 이행을 자부하던 한국 민주주의의 역사적 성과는 중층적으로 출현하는 사회 갈등 속에 외면당하고, 극단적으로 수행되는 정치 투쟁의 와중에 너무도 쉽게 과거의 기억으로 저물어간다. 일상에서 경험하는 권력 일탈이 시민 주체의 발전을 억압하고, 선거 결과로 모든 것을 압도하는 현실 정치가 민주주의의 제도적 성숙을 방해하는 상황에서 민주공화국은 대중 집회의 구호로만 거리에서 살아남았다. 결국 합법적 절차를 통한 심의는 이념 대결의 장으로 변질되고 합리적 결정을 위한 타협은 또 다른 정쟁의 대상으로 전락하며, '탈-정치 혹은 반-정치의 정치'가 유일한 대안이 되어버린 듯하다. 그러나 과연 민주주의의 전면적 위기가 우리 정치만의 문제인 것인가?

이런 정치적 퇴행에 직면한 심정적 자괴감과 권위주의 체제의 회귀에 직면한 사회적 공포는 오히려 민주주의에 대한 본질적 질문을 새롭게 던진다. '정치(la politique, the politics)'를 넘어 '정치적인 것(le politique, the political)'[1]에 대한 근본적 성찰을 요구하는 것이다. 지나간 성공에 안주하는 낡은 전통과 단절하고 현실의 변화를 체화하려는 여

---

1 한 사회의 제도적 유형이자 객관적 체계 영역으로 '정치'에 대립해 '정치적인 것'은 인간의 존재론적 조건이자 관계를 규정하는 실체로서 그리고 사회 자체 공간을 구성하는 원리로 제시된다. 이런 개념화는 "적과 동지의 구별"(슈미트, 1992 : 31)에서 '정치적인 것'을 사유한 칼 슈미트에서 출발하지만, 이를 엄밀히 정식하고 정치하게 이론화한 것은 클로드 르포르(Claude Lefort)의 성과다. 그의 제자 로장발롱(Pierre Rosanvallon)은 '콜레쥬 드 프랑스(Collège de France)'의 '정치적인 것의 근현대사' 강좌 교수로 취임하면서 강연한 '정치적인 것의 개념사에 대하여'에서 '정치적인 것'과 '정치'의 역사를 사회사와 사회학 그리고 정치 이론과 관련해 설명한다. 여기서 아렌트뿐 아니라 르포르가 전체주의의 역사적 경험에 대한 성찰 속에서 분석한 '정치적인 것'의 개념을 자신의 주요한 이론적 전거로 제시하고 있다. 이에 대해서는 Rosanvallon(2002, 특히 15~22쪽과 30~34쪽 참조) 그리고 르포르의 '정치적인 것'에 대해서는 Lefort(1986)를 참조할 것.

러 정치적 기획들은 이제 잊힌 이론 자산과 실천 경험을 창조적으로 재구성하면서 새로운 대안들을 모색하고자 한다.[2]

그동안 보수적인 사회학자로 폄하되거나 부르주아 이데올로그(idéologues)로 외면받던 베버가 마르크스주의 쇠퇴와 현실 사회주의 종언 이래 비전을 상실한 좌파의 정치적 구원자로 등장하는 아이러니한 현상은 이런 도전의 반영일 것이다. 하지만 신자유주의 개혁의 위세에서 방어적이고 수동적인 역할에서 벗어나지 못하던 진보주의가 베버의 정치사회학적 논설들을 새삼스레 현실 정치 분석의 도구이자 민주주의의 전략적 자원으로 의미 있게 수용하는 것도 특이한 사건임에는 분명하다.[3]

그러기에 우리는 민주주의 공고화 혹은 제도 정치와 사회운동의 이분법을 둘러싸고 실질적 민주화를 실현하려는 치열한 논쟁에서 베버가 사용되는 과정과 그 결과가 단지 긍정적이기만 한 것인지를 묻지 않을 수 없다. "정치의 이념은 편협한 이데올로기에 묶여 있고, 정치에

2 위기의 시대는 새로운 비판적 감성과 사유적 실험을 산출한다. 이전 것이 사라지고 새것은 아직 도달하지 않은 현실적 시간을 이론적으로 지양하려는 사상의 실천들 속에 위기는 역으로 변화의 기회로 전환된다. 근대 사회로의 이행 과정이 가져온 위기 속에 출현하는 비판의 재구성과 이를 통한 시대의 사상적 전유에 대해서는 Koselleck(1988)를 참조할 것.

3 최장집의 《베버 해설》(2011)은 한국 민주주의의 제도적 완성과 강한 정당정치를 대안으로 생각하는 이론가들 사이에 일종의 시금석이 됐다. 진보 진영 일부에서 그동안의 정치적 대안이었던 유럽 정치체제보다는 미국식 정치제도를 한국 민주주의의 롤 모델로 전환하려는 실천적 노력들, 그리하여 달(Robert A. Dahl)과 헬드(David Held) 그리고 샤트슈나이더(E. E. Schattschneider) 등의 미국 정치 이론가들과 연관해 베버 정치사회학의 현실적 적합성을 설명하려는 이론적 시도들이 최장집을 중심으로 주도적으로 진행되고 있다.

대한 이해는 부정적이고 경직적이어서 민주주의의 가치와 작동 원리에 상응하지 못"(최장집, 2011 : 101)한 한국 사회에서 과연 베버의 정치사회학이 아무런 전제 없이 민주적 대안 프로그램으로 설정될 수 있는지는 의문이다. 오히려 베버의 자유주의를 일방적으로 정당화하거나 부정했던 과거를 역편향에서 베버의 '정치적인 것'을 규정하는 사회적 맥락과 이념적 지향을 무시한 채 자의적으로 독해한 결과는 아닌지 의심하게 된다. 베버의 정치사회학과 정치 실천 사이에서 위태롭게 실재하는 균형, 그의 삶과 사상을 관통하는 보수주의와 자유주의의 긴장들이 배태하는 풍요로움을 현재적 관점으로 범속화해 맹목적으로 추종하지는 않았는지 반성하고자 한다.

이는 베버의 성찰 모두를 거부하려는 것이 아니다. 베버에 못지않은 '예외 상태'[4]를 살아가는 우리로서는 오히려 더 진지하게 '정치적인 것'의 역동적 의미를 베버와 함께 고민하고자 한다. 비틀거리는 한국 민주주의 현실을 지나칠 수 없다면 베버의 결론을 훈고학적으로 정리하거나 새삼스럽게 신성시하는 것이 아니라, 치열한 지적 투쟁의 실천 자체로 돌아가는 것이 무엇보다 필요하기 때문일 것이다. 그러므로 우리는 민주주의의 가능성과 제도적 완성을 제시할 탈출구를 찾기 위해 베버와 함께 그리고 베버의 정치적 기획에 대한 심층적 비판을 통해 우리 자신을 문제화하려 한다.

---

4 정치사상과 정치 이론에서 '예외상태' 개념과 그 역사, 그리고 현실 정치에서의 일상화 과정은 Monod(2006, 71~120)를 그리고 베버의 정치사회학, 특히 카리스마적 정치학 역시 '정치적인 것'의 보편 과학이 아니라 '예외 상태'에 직면한 현실 정치의 구체적 해결책으로 인식될 수 있다는 것에 대해서는 Kalyvas(2008, 46~64) 참조.

상식적 질문과 상투적 대답을 넘어 베버는 오늘 우리에게 누구인가? 그리고 여기 지금의 현실에서 우리는 왜 그리고 어떻게 베버를 호명해야 하는가?

1. 이론과 실천의 이중성

무엇보다도 당위적 연역이나 이념적 정당화에서가 아니라 현실 정치의 가능성과 실제 정책 결과에서 출발하는 베버의 정치사회학은 동시대 정치 현실과 관련해 처음부터 논란의 대상이었다. 베버의 지적 권위의 자장에서 성장했던 좌우 지식사회 모두에서 '정치적인 것'에 대한 베버의 창조적 접근은 경탄 대상이자 극복해야 할 목표가 됐다.[5] 그러므로 베버 사회학이 전체주의 출현에 끼친 영향들과 정치적 지향을 둘러싼 오랜 논쟁을 제대로 이해하고 정치사회학이 내포하는 가능성을 충분히 숙지하려면 베버 시대와 그의 사회학적 연구 관계를 치밀하게 고찰하는 계보학적 작업이 무엇보다 우선되어야 할 것이다. 또한 구체적 상황에 대한 직접적 선택의 표명이었던 베버의 정치사회학이 단지 일탈적 결과물이 아니라 그의 전체 사회학적 기획과 동시성의 산물이자 일관된 성찰의 성과였음이 숙고되어야 한다.

그러나 베버 사회학 비평에서 정치사회학은 아직 주변적 범주를 벗

5 베버의 지적 영향에서 성장했던 두 제자, 루카치와 슈미트가 세속적 프로테스탄티즘의 자본주의에 대한 베버적 공리화를 왜 메시아적 사회주의나 정치적 가톨릭주의에 의해 극복하려 노력했으며, 이들의 논쟁에서 20세기 '정치적인 것'의 지성사가 어떻게 전개되는지에 대해서는 다음을 참조할 것. McCormick(1997, 31~82)

어나지 못한다. 베버의 정치 참여가 그의 정치사회학적 연구들과 통합되어 유기적으로 설명되지 못한 채, 한갓 전기적 일화나 돌출적 취향 정도로 간주되는 한계도 여전하다.[6] "베버 정치사회학의 현실주의적 특성을 결정"하는 것은 "질서·복종의 관계"(Sintomer, 2013 : 25)이기에 '지배 사회학'의 하위 분야에 불과하다고 성급히 단정하거나[7] '법사회학'을 예비하는 작업이나 미처 완성되지 못한 '국가사회학'의 미완결된 보충으로 폄하될 뿐이다.[8]

베버의 정치적 영향력과 지적 권위를 지속하려는 의도에서 사후에 너무 일찍 분리되어 출판된 《정치학저술집(Gesammelte politische schriften)》(1921)에 실린 논문들, 그리고 그 글들과 동시에 준비됐던 미완의 대작 《경제와 사회》가 어떻게 체계적으로 연결되어 하나의 이론적 패러다임으로 구조화될 수 있는지에 대한 지속적 무관심이 이를 잘 설명한다.[9] 여전히 베버의 "《직업으로서의 정치(Politik als Beruf)》나 《직

---

6 베버에 관한 1,000여 페이지에 달하는 기념비적 해설서(김덕영, 2012)에서도 정치사회학 분량은 고작 10여 페이지로 처리되고 베버의 정치적 활동분석과 평가는 단지 각주에서만 제시된다. 베버에 관한 전기(김덕영, 2008)도 베버의 정치 실천을 단지 지적 작업의 부차적 부분으로 설명하는 것은 이런 한계를 예증한다.

7 한케(Edith Hanke)의 지도 아래 새로 편집된 2005년 판 《경제와 사회》 4권의 일부를 번역한 프랑스어판 《La Domination》의 서문(Sintomer, 2013)에서뿐 아니라, 레노(Philippe Raynaud) 역시 일찍이 "베버 정치사회학의 중심 문제는 정당한 지배"(Raynaud, 1987 : 160)라고 파악하면서 베버의 정치사회학을 지배사회학의 하위 범주로 인식한다.

8 안테르(Andreas Anter)는 베버의 국가사회학 연구에서 "정치와 역사적 사상, 지배와 법사회학, 행위 이론과 인식론, 그리고 윤리학은 직접적으로 연관"되며, 특히 국가사회학이 "그의 작업의 핵심은 아니더라도 다른 모든 부분을 통합하는 관점을 제공"(Anter, 2014 : 217)함을 강조한다.

9 베버의 후기 저작, 특히 《경제와 사회》 출판본을 둘러싼 논쟁에서 정치조직, 국가, 정당 등의 정치사회학적 주제의 미완결성과 편집 오류에 대해서는 《베버》(몸젠, 마이어

업으로서의 학문(Wissenschaft als Beruf)》 같은 사회정치적 관계 형성과 탐구에 대한 공헌이나 《경제와 사회》의 범주론에서 주장된 가치중립성"에 대한 이론 작업을 "한 사회적 공간에서의 다양한 경로로, 다른 장르와 타협을 통해 적용되는 복수적 전략"(Ricoeur, 2001 : 171)으로 파악하는 것은 힘들어 보인다. 신념 갈등이나 이론적 차이와 상관없이 정중한 지적 논쟁으로 채워지는 우정의 관계들[10]에서 드러나는 베버의 공적 실천을 정치사회학과 하나로 통합하는 일은 영원히 논쟁 중일지 모르겠다. 꼭 반세기 전 "베버의 이론적 작업을 그의 '사적' 정치적 주장들과 구분하는 관점은 내가 보기에는 잘못"(Stammer, 1971 : 112)이라는 몸젠의 테제가 아직도 새로운 까닭이 여기에 있다.

그러기에 급격히 촉발되는 정치 정세에 숨 가쁘게 개입하려 했던 정치 논평들이나 구체적 청중들을 향한 강연들에서 분산된 베버의 정치사회학을 일관된 틀로 감히 종합하고자 한다.

비스마르크의 유산을 청산하지 못한 신생 독일제국의 비극적 운명과 1차 세계대전 패배와 새로운 민주주의 체제의 수립 과정이 낳은 혼란을 생애 마지막 순간까지 감당하면서, 지식인의 책무와 정치가의 야망을 동시에 구현하고자 애썼던 베버에게 '직업으로서의 학문'과 '소명으로서의 정치' 사이의 배타적 선택은 분명 모순이었음에 틀림없기

편집, 2009), '《경제와 사회》 편집에 부쳐'와 '옮긴이 해제'를 참조할 것.

10 이념적 차이와 이론적 갈등에서도 지속된 미헬스(Robert Michels)와의 관계는 베버의 정치사회학적 관심과 연관된다. 양자의 이론적 배경과 사상적 발전의 상이한 궤적에서도 계속된 우정을 통해 우리는 이념 대결을 둘러싼 당시 독일 사상계의 동향과 정치적 갈등의 진면목을 엿볼 수 있다. Mommsen(1989, 6장 'Robert Michels and Max Weber : Moral Conviction versus the Politics of Responsibility') 참조.

때문이다.[11]

당대 정치 위기에 대한 냉정한 분석가이자 현실 정치에 대한 단호한 비판자로서 베버는 우리에게 여전히 유의미한 사회학적 통찰을 제공해주고 있음이 분명하다. 그러나 더는 정치사회학의 마지막 경로를 외면한 채 베버의 미로를 탐구하는 일이, 더구나 정치 실천과 연관 없이 베버의 사회학적 업적을 평가하는 것이 가능할 수 없다. 때 이른 죽음까지 쉴 새 없이 공론화된 정치적 유언들과 무의식적으로 투사된 행동의 유산들이 보여주듯, 학문적 담론과 비평적 실천 사이의 전형적 이분법에서 벗어날 때 우리는 진정으로 자신의 시대를 치열히 살아간 한 지식인의 실체에 다가설 수 있을 것이다.[12]

2. 자유주의와 전체주의 사이에서

베버의 정치사회학은 한 세대 후 나치즘의 흔적을 지우고 이를 대체하려는 서독 보수 정치사상가들에 의해 논쟁의 중심에 다시 등장하게 됐다. 베버 사회학을 자신들의 정신적 기원으로 자리매김하려는 시도들에 의해 일면적으로 강조되거나 이념적으로 왜곡된 상이 제도적

11 Mommsen(1989, 특히 1장 'Politics and Scholarship')

12 몸젠은 '베버 100주년 학술 대회' 5년 전(1959)에 출간된 자신의 박사 학위 논문 Mommsen(1990)에서 베버의 정치사회학에 내포된 이념적 성격을 그의 공간된 사회학적 저작들과 정치 논평의 연계를 통해, 편지들과 유고들의 파편 속에 흩어진 정치 활동에의 유기적 분석으로 드러내줬다. 베버의 자유주의 신화를 둘러싼 논쟁의 시발점이었던 이 선구적 저서는 현재 시점에서도 베버 시대의 현실 정치적 맥락에서 베버의 사회학을 개관하는 독보적 위상을 지닌다.

권위에 힘입어 역사적 캐논화의 길로 들어선 것이다. 근대적 통일 국민국가를 수립하려는 베버의 정치 기획은 인종적 민족주의 족쇄에서 벗어나 동독과의 진영 대립과 내부의 좌우 갈등에서 자유주의 국가와 자본주의 체제를 재구성하려는 서독 보수 세력의 정치적 목적에 적절히 이용될 수 있었기 때문이다.[13]

1964년 하이델베르크에서 열린 '베버 탄생 100주년'을 기념하는 '15회 독일 사회학 대회'는 베버의 사회학적 유산을 둘러싼 논쟁이 내포하는 폭발성을 여실히 드러낸 장이었다. 위대한 스승의 업적을 찬양하고 정신을 계승하는 관례적 과정이 아니라 베버 사회학의 정치적 해석, 특히 정치사회학의 수용을 둘러싸고 유럽과 미국을 대표하는 신·구세대 사회학자들 간의 타협 없는 격렬한 대결이 시작되는 순간이었다.

사회과학 방법론에서 출발해 이데올로기론에 이르기까지 일관해 베버를 자유주의 입장에서 회고하는 파슨스의 논의(Parsons, 1971)는 예상과는 달리 의례적 동의를 거부당했다. 젊은 하버마스의 "막스 베버의 그렇게 관대한 자유주의 해석을 허용하는 우리 미국인 동료들의 정치적 전통이 부럽다. (…) 그러나 베버의 정치사회학은 여기서 다른 역사를 갖는다"(Stammer, 1971 : 66)[14]라는 냉소적 평가는 베버의 상속

13 므쥐르(Sylvie Mesure)는 2차 세계대전 후의 독일 정치철학을 합리주의와 결단주의 사이의 대결을 중심으로 개관하면서 베버 정치사회학의 계승과 비판을 둘러싼 논쟁이 사회학의 영역을 넘어 어떻게 전후의 독일 지성계를 구성하는지를, 그리고 베버-슈미트 정치사상 유산이 왜 지적 담론 세계를 벗어나 정치 논쟁으로 전화하는지를 보여준다(Mesure, 1999 : 150~184).

14 나치즘의 출현 이전에 벌어진 현실 정치에 대한 베버의 직접적 개입을 자유주의의 옹호로 설명하려는 파슨스를 향한 논평에서 하버마스는 베버-슈미트의 계보를 명시적으로 주창한다. "베버의 정당한 제자"를 넘어 "베버의 자연스러운 아들로서 슈미트"

자로서 파슨스의 해설적 권위에 대한 부정이자 역사적 맥락을 벗어나 추상화된 베버 사회학에 대한 전면적 재해석의 필요성을 요구하는 것이었다.

더욱이 니힐리즘의 영향을 상대화해 니체주의-나치즘의 계보에서 베버를 구출하고, 의회민주주자이자 자유주의적 국민국가의 옹호자로서 그의 정치사상을 상찬하는 레이몽 아롱(Raymond Aron)에 대해서도 젊은 몸젠 역시 도발적 언설을 아끼지 않았다(Aron, 1971). "나는 베버의 전체 사회학 저작들의 결과에 더 정확한 평가 없이, 그의 사상의 그런 역사적 상대화에 우리가 만족할 수 있는지 의심"(Stammer, 1971 : 112)한다는 몸젠의 부정적 논평에 맞닥뜨리자 아롱은 위대한 베버의 지적 성취를 강조하며 직접적 대결을 에둘러 회피할 수밖에 없었다.

물론 베버 사회학의 평가를 둘러싼 이런 논란은 2차 세계대전 후 미국 대학이 주도하는 사회학과의 구성, 베버를 고전 사회학의 정점으로 규정하는 사회학의 제도화[15]와 그의 이론적 주제와 성과를 중심으로

(Stammer, 1971 : 66)에 대한 언급은 베버리안들에게는 외면하고 싶은 논란일 것이다. 베버의 자유주의에 대한 하버마스의 부정과 정치사회학에 대한 비판은 그의 후기 대표작《사실성과 타당성》의 법치국가 논의에서도 역시 계속된다.

15 "내가 보기에는 막스 베버야말로 사회학자 가운데 가장 위대한 사회학자이다. 심지어 나는 그야말로 '진정한' '유일한' 사회학자라고 말하고 싶다"(아롱, 1983 : 540)라는 아롱의 단정적 서술이 그의 말대로 "전 세계의 대다수 사회학자들이 긍정하는 의견"(같은 곳)으로 수용되는 영향사나 전후 사회학의 대학 내 제도화에 끼친 파슨스의 역할과 그 주도 아래에서 베버 사회학이 권위를 획득하는 과정에 대한 지식사회학적 논의는 또 다른 문제가 될 것이다. 이에 대해서는 2차 세계대전 후 미국 대학을 중심으로 한 주류 경제학과 주류 사회학 영역 분화와 교과 내용의 합의 과정(소위 파슨스 협약)에 내재한 문제를 제도-진화주의 경제학 입장에서 비판하는 다음을 참조할 것. Hodgson(2001)의 특히 13장 'Talcott Parsons and the Ascent of Ahistorical Sociology'.

채워진 사회학 텍스트들의 출간 과정에서 어쩌면 에피소드에 불과했을지 모르겠다. 그러나 반세기 전 논쟁들은 단지 베버에 대한 이론적 대립이나 단순한 세대 갈등을 넘어 현재도 진행 중인 공식화된 베버 사회학의 탄생과 평가에 잠재된 긴장을 여실히 표상한다.

프랑스에서도 베버 사회학의 수용은 정치 현실과 교차하며 만만치 않은 진통을 겪을 수밖에 없었다. 일찍이 아롱을 통해 베버의 역사사회학은 30년대에 소개됐다. 하지만 냉전 체제라는 엄혹한 현실과 프랑스 정치 상황에서 베버의 정치사회학만이 우선적으로 선택적 번역이 되거나 이념 진영에 따라 상이하게 전개되는 비평들의 대립이 생긴 것은 단지 우연의 결과만이 아니었다.[16] 전후 독일 소장 세대들의 베버에 대한 재평가 못지않게 프랑스 지식사회에서 자신들의 정치 논쟁과 연루된 베버 사회학의 인식 역시 계속해서 문제될 수밖에 없었다. 80년대 인문사회과학 전반에 걸쳐 불어닥친 소위 '구조에서 행위로'의 패러다임의 전환 시기까지 베버 사회학은 프랑스 지성계에서 걸맞은 지적 위상을 성취하지 못했다.[17] 이는 구조주의를 둘러싼 이론적 소란과

16 1958년 일종의 궁중 쿠데타로 집권한 드골의 제5공화국 출범 직후에 출간된 베버의 《직업으로서의 학문·직업으로서의 정치》의 최초 불역본 서문에서 레이몽 아롱은 강력한 지도자가 통치하는 민주주의의 안정과 국가 질서 수립을 긍정적으로 역설한다. 그러나 반세기 후 재번역된 베버의 같은 저서 서문에서 콜리오-테랜느(Catherine Colliot-Thélène)는 베버의 자유민주주의 신화를 해체해 보수적 성격을 개진한다. 이 두 번역본 서문의 대립점은 베버의 사회학이론이 어떻게 구체적 현실 정치의 상황 변화에 따라 다르게 수용될 수 있는지를, 베버의 정치사회학이 프랑스 지성계에서 이해되는 이념적·세대적 차이를 여실하게 드러낸다. 이에 대해서는 〈Préface〉(Aron, 1959)와 〈Préface〉(Colliot-Thélène, 2003)를 비교할 것.

17 베버 사회학이 인문사회과학 전반의 패러다임 전환에 끼친 영향과 이후의 수용에 대해서는 Dosse(1995, 114~116) 참조.

더불어 베버 사회학을 뒤따르는 정치적 함의들이 진지한 소통을 가로막았기 때문일 것이다.

그러므로 우리는 베버 정치사회학의 긍정성만을 전면적으로 강조하거나 정식화된 이해에 따른 대칭선을 의심 없이 반복하는 것에 만족할 수 없다. 자유주의자 베버가 마르크스주의 대립자나 사회학의 일반적 전범이 되는 상황에서 사라져버린 그의 실체적 사유의 결과들, 그리고 베버의 정치사회학과 정치 참여를 결합하는 양가성은 우선 구성된 신화 해체를 통해서만 제대로 전달될 수 있을 것이다. 베버 사회학의 지성사적 맥락과 그가 적극적으로 개입하려 했던 현실 정치 상황의 규정을 더 깊이 이해할 때, 우리는 비로소 베버 정치사회학이 전제하는 독일적 특수성과 '정치적인 것'을 사유하는 그의 이론적 보편성을 총체적으로 포착할 수 있을 것이다. 베버의 성과들을 매개 없이 성급히 일반화하려는 시대착오적 오류를 교정하기 위해서 아니 제도의 생산물로서 베버를 무비판적으로 소비하는 것에 만족하는 지적 유행이 불러올 난국을 돌파하기 위해서라도, 베버 정치사회학을 1차 세계대전 전후의 독일 현실에서 그리고 베버 사회학의 전체 기획과 관련해 살펴보는 것은 무엇보다 우선되어야 할 과제일 것이다.

3. 국가의 운명과 지식인의 어긋난 사명

시민혁명의 실패와 민족국가로의 완성이 지체된 후발국 독일 지식인들에게 민족 운명에 대한 자각과 국가적 이상 실현은 절대적 요청이었다. 독일의 사회학도 역사적 과제를 외면할 수 없었다.[18] 군중 정서에서 배태된 민족주의의 감정적 호소력과 문화적 파급력은 점차 지적 영역으로 확산됐다. 통일 국가의 건국 과정에서 억압된 정치 갈등이 '문화투쟁'과 '사회주의 억압' 시대를 거치면서 폭발한 것은 이를 더욱 촉진할 뿐이었다. 1차 세계대전의 충격과 패배의 분노에서 군국주의의 영향력은 오히려 높아져갔고 보수주의의 우경화는 사태를 더욱 악화했다. 집단적 트라우마가 낳은 이른바 '1914년 사상'은 독일 사회 공론장을 지배했고, 이 질풍노도 시기는 급진화된 '보수혁명'을 이끌었다.[19] 서부 유럽의 문명과 러시아적 야만과 대결하는 게르만 문화에 대한 낭만주의적 찬양이 패전의 악몽을 폭력적으로 치유하려는 정치적 야망으로 이용되는 것은 그리 어려운 일이 아니었다. 여기에서 지식인들과 정치인들은 전체주의를 향한 다리를 자발적으로 놓았고, 일반 국민들은 강력한 통치자가 군림하는 평화를 간절히 염원했다.

하지만 단순한 사후적 해석들과 달리 1920년대와 1930년대 격랑에서 독일 사회가 나치즘 체제로 전환하는 과정은 누구도 예측하지 못했던 그러나 필연적 결과였다. 전근대적 군주제의 몰락과 바이마르공화국 성립이 자유민주주의의 성공으로 이행되기보다는 공화국 자신의 급격한 붕괴로 돌변하는 역전은 자유주의가 얼마나 연약하고 민주주의의 발전이 얼마나 조심스러운지를 보여줬다.[20] 근대 교양 시민을 탄

18 독일 사회학의 출현과 발전에서의 민족의 운명과 그 대안에 대한 집단적인 자의식의 영향력은 Liebersohn(1990) 분석에서 명확히 드러난다.

19 '1914년의 사상'으로 대표되는 독일 보수 혁명에 대해서는 전진성(2001) 참조.

20 이 과정은 물론 독일만의 상황이 아니라 유럽 전체의 자유주의 이념과 체제 위기의 결과물이었다. 1차 세계대전 이후의 유럽 자유주의 이념과 정치의 몰락에 대해서는 Gauchet(2007)를 참조.

생시킨 성숙한 사회가 일거에 전체주의의 벼랑으로 돌진하는 역사의 원죄를 누구에게 물어야 하는가? 경제 상황과 정치 갈등의 손쉬운 인과론으로 명료하게 설명하기 이전에 점차 파국으로 치닫는 사태를 외면하며 마지막 시간까지 낙관하던 모두가 책임자일 것이다. 정치 지도자들의 오류와 대중의 왜곡된 열정이 만든 드라마, 우발적 사건들의 결합과 미시적 과정들의 결정이 낳은 필연 사슬에 아마 누구도 자유롭지 못할 것이다.[21]

베버 역시 마찬가지였다. 그는 독일 지식인으로서 자기 역할을 처음부터 충실히 받아들였다. 그에게 근대 민족국가로서 독일의 국가적 목표와 지식인으로서의 과제는 결단코 분리될 수 없는 일이었다. 베버가 교수 취임 강연에서 동부 독일의 불안한 사회경제적 상황을 단지 경제사가나 법제학자로서 분석하기보다 국가적 결단을 요청하는 정치적 판단으로 매듭지었던 것은 단지 수사적 결론을 위해서만은 아니었다. "독일 국가의 경제정책은 독일 경제 이론가에 의해 사용된 가치 기준과 동일하게 단지 독일 정책이자 기준일 뿐"(Weber, 1994 : 15)이라는 베버에게 "경제 발전 과정은 권력투쟁이며, 경제정책이 복무해야 하는 최종적이고 결정적인 관심은 민족 권력의 이해"(같은 책 : 16)에 불과하기 때문이었다.[22]

---

21 보수주의 사관의 입장에서이기는 하지만 바이마르공화국 해체의 전 과정을 역사적 사건과 주요한 주제를 통해 다루면서, 그 중심인물과 정치 세력의 행태와 상호 경쟁을 체계적으로 분석한 것은 브라허(2011), 특히 1권을 참조할 것.

22 비스마르크의 소독일주의를 넘어 오스트리아를 포괄하는 대독일주의 정서가 당시 지식인 사회와 문화 예술계로 얼마나 확산되어 있는지에 대한 분석을 통해 베버의 취임 강연이 단지 동부 독일의 농업 경제와 경제 정책에 관한 고찰을 넘어 어떻게 이 공세

이처럼 유럽 대륙의 서부와 동부 세력 사이에 붙잡힌 독일 사회에서 중부 유럽을 중심으로 하는 지정학적 상황이 지식인의 현실 인식에 결정적이었던 점은 베버에게도 분명히 나타난다.[23] 서구 자유주의와 러시아 사회주의의 두 근대화의 결과에 맞서 독일 민족국가의 독자적 발전을 이론적으로 정당화하고 절대성을 정치적으로 실현하는 것을 목적으로 삼았던 베버에게 이런 민족적 책무 고려는 주변적인 것만이 아니었다. 서부 유럽과의 경쟁에서 영토적 통일과 산업화를 완수함과 동시에, 전통적 적대자 러시아에 정치·군사적 우위를 실현하는 것이 신생국 독일의 목적이자 베버의 사명이 됐던 것은 어찌 보면 자연스러운 결과였다.[24] 러시아혁명에 대한 그의 관심뿐 아니라 영국과 미국의 정치제도와 자본주의 발전에 관한 그의 이론적 분석들까지도 지정학적 국가 전략의 영향 없이는 설명하기 어렵다. 비록 제국주의적 패권까지는 아니더라도 경제적 영향권의 확대를 통해 장기적으로 지역적 헤게

적 대독일의 민족주의를 대변하는지 그리고 베버의 논설들이 지역 패권 기회를 놓친 독일 통일의 실질적 의미를 비판하는지에 대해서는 휴즈(1995, 196~201) 참조.

23 베버의 현실 정치에 대한 감각과 국제정치 인식에 지속적으로 영향을 미친 나우만(Joseph F. Naumann)의 '중부 유럽(Mitteleuropa)주의'는 사실 당시 독일 지식 사회의 지배 이념이었다(나우만의 베버에 대한 이념적 영향과 현실 정치에서의 동지적 활동에 대해서는 Theiner(1987)를 볼 것). 그러나 아이러니하게도 1차 세계대전 동안에 적극적으로 개진되고 강력한 이념적 정치적 영향을 행사한 나우만의 '중부 유럽주의'는 독일 '보수혁명'의 극우화 속에서 역풍을 맞는다. 지정학적 목적에 치우친 나머지 다른 민족과 가톨릭을 포괄하는 오류를 범했다는 극우 집단의 비난 앞에서 결국 전제주의적 국제정치 전략으로 변형됐다. 휴즈(1995, 245~247) 참조.

24 앨런의 베버 해설에서 제국주의자로서 베버의 모습이 지나치게 극단적으로 제시되고 있음은 분명하다. 그러나 비담(David Beetham)이 분석하듯 베버의 민족주의가 중도적이고 자유주의적 것만은 분명 아니었다. 앨런(2011)의 2장 '제국의 사회학자'와 Beetham(1985)의 5장 'Nationalism and the Nation State'을 참조할 것.

모니를 획득하려는 정치 노선을 베버는 개인적으로 지지했을 뿐 아니라 사회정치 개혁 수단을 통해 적극적으로 달성하기를 희망했다.[25]

그러므로 베버는 국가적 의무를 망각한 채 단기적 이해와 근시안적 목표에 휘둘리는 정치 세력들에 경멸적이었다. 자신의 이익을 보전하려고 근대국가로의 개혁을 방기한 전근대적 지배 권력에 대한 반감은 봉건적 융커 계급의 권력망과 유기체 국가론에 대한 비판으로 확대되었다.[26] 또한 계급적 이분법에 근거해 민족의 전체적 이해를 위한 책임 있는 정치 주체로서의 역할을 포기한 채 구호로만 프롤레타리아혁명을 강조하는 보편주의적 좌파에 대한 비난이 지적 활동 내내 지속됐다.[27] 베버의 근대 민족국가의 실질적 완성을 향한 열망이 나치즘의 정

---

25 지역 패권 국가로서 독일의 국가 전략에 대한 의구심은 2차 세계대전 이후에도 여전히 유럽 지식인과 정치인에게는 현실적 공포로 작용했다. 1947년, 종전 직후에 코제브(Alexandre Kojéve)가 드골에게 제출한 〈Outline of a Doctrine of French Policy〉(*Policy Review*, Aug. & Sep. 2004)는 이를 잘 보여주며, 유럽공동체 성립 과정도 이와 연관됨을 부정할 수는 없다. 더욱이 2008년 경제 위기 이후에 확대되는 독일의 경제·정치적 헤게모니에 대한 반발 역시 유럽 공동체의 현재적 분열의 원인으로 작동하고 있다. 독일을 유럽정치질서에서 배제하거나 순치하기 위해 문화와 가치에 기반한 '라틴제국'을 구성하자는 코제브의 논의를 부활한 아감벤(Giorgio Agamben)의 기사('Que l'Empire latin contre-attaque!', *Liberation* 24 mai 2013)는 지정학적 문제의 폭발성을 여실히 드러낸다.

26 베버는 당시 지배 권력의 이데올로기였던 '유기체 국가론'에 대해 지극히 비판적이었다. 근대사회에 대한 과학적 분석과 역사적 설명 없이 사회진화론 입장에서 정치적 갈등과 이견들을 봉쇄한 채 지배 권력의 이해관계를 유지하는 것을 근대 민족국가의 완성으로 동일시한 어용 지식인들의 행태를 경멸했다. 'Parliament and Government in Germany under a New Political Order'는 이를 잘 보여준다(Weber, 1994 : 130~271).

27 전기 기록들에서 보여주듯 사회민주당의 지도적 정치인들에 대한 베버의 존경이나 사회민주당 전당대회에 참여하는 등의 좌파 정치에 관한 베버의 관심들은 생디칼리즘적 사회주의 혁명 노선에 대한 이론적 비판이나 실천적 거부와는 다른 지점에 서 있다. 노동계급이나 사회주의에 대한 베버의 부정적 판단을 둘러싼 논쟁은 지속될 것임

당화로, '중부 유럽주의' 지지가 '광역권'적 질서[28]에 대한 전체주의적 광기로 변모하기에는 단지 한 걸음의 차이가 있을 뿐이었다.

물론 열강의 지위를 회복하려는 독일 국민의 집합적 욕구가 국가의 공식적 폭력으로, 민족 통일체의 이해가 인종의 인류적 사명으로 전도되는 것에 대해 베버에게 직접적 책임을 묻기는 불가능할 것이다. 그러나 이 반동 전야에 베버가 남겨놓은 미완의 기획, 정치 질서를 완성하는 내적 개혁과 패권적 위상을 달성하려는 국가 정책에 독일 민족주의는 자신들의 막다른 길을 스스로 준비했다. 베버의 그늘 아래에서 전체주의 이데올로그들은 정신적 위안을 쉽게 발견할 수 있었다. 아마도 베버 정치사회학의 핵심에 그 이후의 파국을 예견하는 전조가 이미 실재했음을 완전히 부인하기는 힘들 것이다.

4. '정치적인 것'의 귀환과 지도자 민주주의

독일 사회가 대면해야 했던 이념 갈등과 권력투쟁을 해결하려면 정치 체계에 대한 탐구나 정치 기능의 혁신에 대한 논의를 넘어 보다 본질적 영역에서 '정치적인 것'의 전면적 재구성이 절실히 필요했다. 그

에 분명하지만, 패전 뒤의 위기 상황에서 사회주의에 대한 단정적 비난이 베버 정치사회학의 중요한 부분을 이루고 있음을 부정할 수 없다. "프롤레타리아 독재라는 하나의 거대한 실험"이란 "전선에서 귀환한 전쟁에 지친 병사들이 농업 공산주의에 익숙한 땅에서 굶주린 농부들과 힘을 합했거나, 병사들이 그들의 무력으로 마을의 소유물을 약탈하거나 강제로 군세를 거두며 그들에게 저항하는 이들을 사살"(Weber, 1994 : 299)하는 것을 통해 성공했다는 베버의 1918년 강연 'Socialism'은 이를 분명히 알려준다.

28 나치즘의 국제정치 전략의 정당화로서 '광역권' 질서에 대해서는 슈미트(1988)를 참조할 것.

러나 베버 사회학에서 관료제의 일반화 모델이나 지배의 정당성 유형을 벗어나는 근대화의 과정은 중요한 연구 대상이 아니었다. 그에게는 자유주의와 공화주의 사이의 사상 논쟁과 유혈 투쟁의 결과도, 스코틀랜드 계몽주의에서 제시된 이해관계의 윤리적 정당화나 시장의 경제적 합리성도, 미국혁명과 프랑스혁명에서 출현하는 자율적 사회질서의 분화와 일반의지의 통합 원리도 모두 '정치적인 것'의 실재를 담보해내기에는 너무 추상적이었다. 단지 지배의 정당성이 관료제를 통해 합리적으로 출현하고 합법성의 지위를 확보할 때 근대 정치 질서와 민주정이 구체적으로 현실화되는 것이었다.[29]

그러므로 근대적 통치 기구의 제도화와 자본주의 발전의 역사적 변화를 결정하는 관료제에 의한 지배를 부정하거나 간과하는 어떤 이론적 비판이나 정치적 변혁도 베버에게는 한갓 유아기적 부정에 불과했다. 그에게는 자유주의가 주장하는 근대 개인의 자율성이나 경제 관계의 지배도, 사회주의가 강조하는 계급 정당과 사회주의 혁명의 결과도 미헬스와의 논쟁에서 보여주듯 결국은 관료제의 숙명을 벗어나지 못하기 때문이었다.[30] 실제적으로 베버의 정치적 기획은 비스마르크 실각 이후 독일 정치 난국을 반영해 관료제를 우회함 없이 현실에서 가

29 덕의 상실이 가져온 도덕적 불안의 심화와 계몽주의적 기획의 실패가 역설적으로 관료제적 질서와 그 지배의 정당성을 가져왔다는 매킨타이어(Alasdair MacIntyre)의 보수적 공동체주의는 베버의 정치사회학적 입장을 철학적으로 보완하고 있다(매킨타이어, 1997 : 163~167).

30 러시아혁명의 결과로 진행되는 관료제의 발전에 대한 베버의 예견은 소비에트 민주주의 체제에 관한 좌파적 이상화에 대한 선구적 비판이었다. "러시아에서 입헌 민주주의의 상황에 대하여"는 이를 잘 보여준다(Weber, 1994 : 29~74).

능한 개혁의 길, 관료제의 발전을 인정함과 동시에 이 지배가 낳은 폐해를 극복할 수 있는 단지 기술적 대안을 찾는 것이었다. 목전의 패전 책임을 정치 지도자의 개인적 오류로 귀결 짓는 문필가 집단과는 달리, 정치가들의 무분별한 관료화와 더불어 관료주의의 파행을 방치하고 확산한 정치기구의 제도적 한계에서 발견했던 베버에게 근대성의 사회학적 분석과 정치 현상의 비판은 동일한 작업의 양면이었다.[31]

그러나 피치자의 동의를 의문시하지 않는 지배의 정당성과 폭력의 독점에 기반한 국가의 합법성에서 출발하는 베버의 정치사회학에서 '정치적인 것'의 재구성은 민주주의의 창발성을 포착하는 데 무력하기만 했다. 그리스 민주정이 지닌 "보편성의 뿌리는 인간 '합리성'이 아니라 비범한 사유의 핵심 내용으로서 창조적 상상력"(Castoriadis, 1997 : 270)임을 베버는 결코 인식할 수 없었다. 그러므로 근대사회로 이행하려는 사회적 결사체들의 역사적 투쟁과 근대 주체들의 정치적이고 도덕적 성숙에 대한 진지한 고찰 없이, 중세도시의 경제 발전에서 도시 시민계급의 정치적 자율성으로 자연스레 전화됨을 강조하는 베버 도시사회학의 결론을 근대 시민사회 기원이나 민주주의 혁명의 단초와 연결하려는 시도 또한 지나친 과잉 해석으로 보일 뿐이다.[32] 민주주의

---

31 "탈신화라는 세계의 합리화 과정"은 "인간 실존에 본질적 행위의 두 체계, 필요를 만족하기 위해 자연과 대결하는 질서와 권력의 정당성 주변에서 개인들 사이의 관계 질서"를 재조직하는 역사적 과정이며, 이는 "자본주의 경제의 합리성과 정치에 의한 지배의 합리화"를 통해 근대 구조를 형성한다는 보레츠(Pierre Bouretz)의 설명에서 베버의 근대성 논의는 정치사회학적 결론과 직접적으로 연관됨을 살펴볼 수 있다(Bouretz, 1996 : 199~200).

32 베버의 도시사회학에 대한 분석에서 고대 도시국가의 민주정이나 중세도시에서의 결사체에서 민주주의가 출현하거나 시민사회가 발전(베버, 1998 : 472~504)함을 강조하

원리를 단지 대중의 감정적 지지와 지도자 선출 문제로 제한하며 고대 그리스 민주정과 현대 민주주의 사이의 차이를 간과하는, 시민사회의 정치적 자율성을 근대성 합리화 과정으로 환원하는 베버에게서 '예외 상태'에 대한 현실적이고 민주적인 대안을 발견하기란 불가능한 까닭이다. 공론장의 분열과 갈등을 치유하는 시민사회의 정치적 역량과 민주주의의 윤리적 힘을 통해 아래로부터 '정치적인 것'이 형성될 가능성을 그는 의도적으로 포기하거나 현실 정치에 영합하는 손쉬운 해답으로 너무 빨리 다가갔다.[33]

베버는 "선출 과정을 통해 데마고그가 아닌 진정한 정치적 리더십

면서 베버의 정치사회학과 현대 민주주의론과 시민 사회론을 직접적으로 연관하려는 연구들이 있다(전성우, 1996, 특히 133~232쪽 ; Kim, 2004, 특히, 6장 'Max Weber's Politics of Civil Society'). 그러나 이런 베버의 단편적 언명들은 역사적 자료의 오독과 남용에 대한 역사학계 내부의 비판을 피할 수 없다. 대표적인 것으로 Finley(2008, 88~103)가 있다. 자유주의 정치철학자 오크쇼트(Michael Oakeshott)는 중세 후기에 등장하는 새로운 인간 결사체를 치밀하게 탐구해, 공적인 관심을 추구하는 도덕적 자율성에 기반한 '시민 결사체(civil association)'와 실제적 공동 이익과 참여자의 번영을 목적으로 하는 '기업 결사체(entreprise association)'의 분화 과정을 설명한다. 나아가 오크쇼트는 '시민 결사체'의 발전에 내재하는 치열한 갈등과 정치적 혁신에서 자유주의 정치 원리가 출현함과 근대 시민사회가 형성됨을 보여준다. 이에 비해 베버의 도시사회학은 중세 말기에서 근대로의 이행 과정에서 도시 시민혁명의 역사적 성과를 독립적으로 추적하거나 정치 결사체의 성장을 담보하는 정치투쟁에 주목하기보다는 자본주의 합리화과정으로 환원해 이해하는 역사 철학적 한계를 벗어나지 못하고 있다(오크쇼트의 '시민 결사체'에 대해서는, Oakeshott(1990), 특히 2장 'On the Civil Condition'을 참조할 것). 그러므로 민주주의론이나 시민사회론의 선구로서 인용되는 베버의 단편들은 전체 이론체계, 특히 정치사회학의 실제적 목표와의 관련 하에서 그리고 그가 사용했던 사료들에 대한 더 치밀한 역사적 비평을 통해 비판적으로 이해할 필요가 있다.

33 베버가 비록 'Parliament and Government in Germany under a New Political Order' 첫 절을 비스마르크의 통치와 그 유산에 대한 비판에서 시작하지만, 여전히 난쟁이 정치가들에 의해 자의적으로 수행된 군사 외교정책 실패에 대한 개탄 속에 거인 비스마르크에 대한 향수를 회고하는 점은 그의 정치사회학 전체적인 지향점을 드러낸다.

의 자질이 성장하는" 일하는 의회제와 "지속적으로 정부 작업을 분담하고, 행정을 통제하는" 의회 민주주의 실현을 통해서만이 새로운 정치 질서를 구성할 수 있다고 서슴없이 주장했다(Weber, 1994 : 176~177). 그에게는 '예외 상태'에 직면한 독일의 정치 상황에서 의회 민주주의를 작동할 실질적 대안은 오로지 카리스마적 지도자의 리더십뿐이었다. 베버가 바울신학에서 차용한 '카리스마' 논의를 보편화해, 전근대적 지배의 한 역사적 유형으로서가 아니라 혼란에 빠진 독일 상황에서의 정치적 해결책이자 일반적 정치의 이념형으로 제시한 이유도 여기에 있다.[34]

하지만 반성 없이 맹종하는 관료 집단과 열정에 취한 비이성적 군중들이 야기하는 혼란에 절망한 베버의 입장을 십분 이해하더라도, 카리스마적 정치가가 새 질서의 유일한 담지자가 될 수 있을지는 여전히 의문이다. 관료제의 머신을 지배하는 지도자에 의한 통치가 대의제 민주주의에 내재하는 근본적 모순을 지양할 수 있는 민주적 리더십을 수행하기보다는, 오히려 비스마르크 없는 새로운 비스마르크 체제의 부활이자 베버 자신의 정치적 선호 표명에 불과한 것이 아닌가 하는 정당한 의혹을 피하지 못하기 때문이다. 현실에서 가능성을 찾으려는 베버의 정치 분석이 자연스럽게 후계자 칼 슈미트의 '주권론'으로 계승되는 것은 단지 우발적이고 개인적인 귀결만은 아니었다. 베버 자신이 "국가의 대통령(The President of the Reich)"에서 의회의 간접 선거가 아

34 베버의 카리스마 개념에 대한 연구로는, 박영신(1976)을 볼 것. 베버의 지배사회학에서 카리스마 개념의 신학에서의 차용과 변용에 대해서는 Schluchter(1989, 392~408)를 참조할 것.

니라 "행정부의 수장이자 유예된 거부권과 의회 해산권 소유자로서 대중에 의해 선출된 대통령이 진정한 민주 정의 수호신"(Weber, 1994 : 308)이 되어야 함을 이미 강변하지 않았던가?

"베버가 '카리스마적'이라고 정의한 권력이 1930년대에 권위(auctoritas) 개념과 연결되고 나아가 지도자에서 기인하는 인격적 권력으로서의 총통 체제(Führertum)의 독트린으로 정교화"(Agemben, 2003 : 141)되는 과정은 어쩌면 그의 이론적 전개가 도달한 논리적 필연이었다. 현실 정치에서도 베버가 의도하지 않은 그러나 어쩌면 무의식적 요구대로 정당 사이의 대립과 이념 교착상태에 빠진 정치 개혁의 난맥을 일거에 해결하고 대중의 열광적 지지를 이끌어내는 카리스마적인 지도자가 헌법의 절차에서 합법적으로 등장할 수 있었다. 그의 낙관과는 반대로 대중의 동의와 국민투표 절차가 승인하는 실정법적 과정은 "도덕적 열정에 의해 지배된 자유주의적 개인주의와 본질적으로 정치적 이상에 의해 지배된 민주주의적 국가 감정 사이의 대립"(슈미트, 2012 : 38)을 해결하기는커녕 단지 전체주의 지배의 정당성을 확고히 하는 도구에 불과했다. 자의적으로 선언된 헌법이 중지되는 비상사태에서 헌법의 정당성을 스스로 구성하고 합법성을 규정하는 최종 심급이 카리스마 지도자로 귀결하는 순간, "예외 상태를 결정하는 자"로서 "주권자"(슈미트, 2010 : 16)는 민주주의의 이름으로 민주주의를 파괴하는 것을 우리는 목도했다. 베버 입장에서는 절망적이게도 지도자 민주주의는 민주주의의 자기 해체를 방어할 수 없었다.

완숙기 베버의 마지막 사회학 연구는 몸젠의 주장처럼 "좌절된 자유주의자"의 운명에서 벗어나기 힘들었다. 베버가 제안했던 자유주의적 대안이 전체주의를 향한 전주곡으로 전락하는 아이러니는 한 지식인이 짊어져야 할 업보라기보다 시대가 만들어낸 비극일 것이다. 하지만 자유주의적 의회제에 대한 이상이 "대중 투표제적 지도자 민주주의"를 향한 정치적 현실주의로 변형되는 과정으로 단지 한 개인인 베버만의 이념적 전향이 아니라 독일 국민 모두의 집단 정서를 대변했다는 것에서 위로를 받기에는 거인의 그림자가 현실 위에 너무 거대하게 드리워져 있다(Mommsen, 1990 : 390~414).

결국 베버는 극단적 정치 대결을 규율할 홉스주의적 질서의 순수한 희망, 그 아래 모든 혁신적 경쟁과 정당한 갈등을 질식하는 위험을 간과한 책임에서 완전히 자유로울 수는 없으리라. 그런 의미에서 '정치적인 것'을 새롭게 포착하려는 칼 슈미트의 '정치 신학'은 이론적 가능성을 정치적으로 현실화하며 베버의 정치사회학에 정당한 계승으로 등장했다.[35]

5. 책임 윤리와 정치적 현실주의

베버의 방법론 연구가 제시한 결론과는 달리 근대 합리성의 전개가 펼쳐내는 '가치의 문제화'는 정치에 관한 논란에서 완전히 벗어나기

35 칼 슈미트에 대한 베버의 직접적 영향과 지적 자극에 대한 분석들은 칼 슈미트의 저작뿐 아니라 여러 해설서들의 체계적 논증에서 분명히 보여진다. 슈미트의 저서 속에 베버에 대한 직접적 인용이 상대적으로 많지 않더라도 연구 주제의 선정과 이론의 내재적 발전 과정 그리고 결론의 도출에 이르기까지 베버의 역할은 긍정적이든 비판적이든 너무도 명확하다. 특히 '정치적인 것'을 둘러싼 베버와 슈미트의 연관성에 대해서는 Kelly(2003)를 참조할 것.

힘들었다. 니힐리즘이 가져온 가치들의 혼란과 다원주의의 일상적 경험에 출현하는 신념들의 타협 없는 경쟁은 인식론적 대립뿐 아니라 사회질서의 안정을 흔드는 정치투쟁으로 전환되기에 충분했다. 그런 의미에서 베버의 정치사회학은 '가치중립'의 과학적 설명으로 해결될 수 없는 위기 시대에 대한 지적 대응이자 실천적 기획에 다름 아니었다.[36]

'정치적인 것'을 둘러싼 대립은 개념적 해결을 넘어 정치적 실천과 윤리적 비판 사이의 역동적 관계 설정을 요구했다. "우리가 삶에 취할 수 있는 가능한 궁극적 입장들의 상호 합치 불가능성 및 이 입장들 간의 투쟁 중재 불가능성이라는 기본 상황, 따라서 우리는 필연적으로 이 입장들 가운데 하나를 위해 결단을 내려야만 한다는 기본 상황"(베버, 2013 : 80)에서 베버는 철학과 과학 사이의 진리관 문제를 넘어 정치 판단의 이성적 정당성과 정치 행위의 실제적 합리성에 대한 오랜 이율배반을 해결해야 했다.

선험적 요청으로서가 아니라 "특유한 의미에서 정치적 행동이 모두 거기에 귀착될 수 있는, 거기에 고유한 궁극적인 구별에서"(슈미트, 1992 : 31) '정치적인 것'이 규정되어야 한다면, 이는 단지 정치의 자율성을 주장하는 것 이상이어야 했다. 정치와 윤리의 분리를 요구하는 마키아벨리적 정치 이성이 공리주의적 해결책을 찾거나 결과주의적 평가로 만족하는 것을 넘어 정치에 내재하는 윤리적 물음에 더 깊이

36 베버의 정치사회학은 근대성의 역설에 직면해 새로이 질서의 정당성을 구성하려는 기획으로 이해될 수 있다. 그러나 가치중립과 가치판단의 사회과학 방법론의 딜레마는 자연히 가치 자체와 정치 관계의 문제로 이행하기 때문에, 베버의 니체주의적 가치관이 지배의 정당성과의 화해할 수 없는 갈등에 머무르는 것도 그 기획의 피할 수 없는 결과다(Raynaud, 1987 : 특히 166~205).

있는 반성이 의식적으로 수행되어야 했다.

그러므로 정치에 수반하는 '윤리적 역설'은, "'선한' 목적을 달성하기 위해 수많은 경우에 도덕적으로 의심스럽거나 위태로운 수단을 사용하지 않을 수 없으며 (…) 어떤 경우에 그리고 어느 선까지, 윤리적으로 선한 목적이 윤리적으로 위태로운 수단과 부작용을 '정당화'할 수 있는지는 세계의 그 어떤 윤리도 말해줄 수 없"(베버, 2012 : 121)다는 인정만으로는 쉽사리 해결될 수 없었다. "자기에게 무엇이 신이고 무엇이 악마인지를 결정"(베버, 2013 : 71~72)해야 하는 '예외 상태'는 행위하는 주체의 진정성에 호소하는 것만으로는 극복할 수 없기 때문이다.[37]

그러나 베버에게 청년 시절부터 정치와 윤리 사이의 갈등은 국가이성의 우선권과 그 선택에 의해 해소되는 문제일 뿐이었다. 국가이성이 객관화와 탈인격화를 거쳐 합리적이고 법적인 정당성을 획득하면서 마침내 정치적 수단과 목적 사이에 내재하는 윤리적 긴장이 제도적으로 극복됐다고 스스로 자신했다. 말년의 베버가 과학 객관성을 넘어 정치와 윤리의 균열에 개입하는 '가치 논쟁'에 '책임 윤리'와 '심정윤리'의 분화로 대답함과 동시에, '책임 윤리'의 실용성과 유연성으로 논증을 섣불리 마무리하는 것 역시 정치 윤리적 역설이 담보하는 심각성

37 레오 스트라우스(Leo Strauss)가 보기에 베버는 여전히 "윤리와 정치 간의 갈등이 해결될 수 없다는 달리 표현해 정치 행동이 도덕적 죄를 초래하지 않은 채 때로는 이루어질 수 없다"는 오래된 견해를 반복할 뿐이며, "인간 생활을 본질적으로 불가피한 갈등으로 규정하는 포괄적 견해의 일부"에 불과할 뿐이었다. 그러므로 베버의 '정치사회학'에서 윤리 사이, 그리고 정치와 윤리 사이의 갈등은 여전히 해결 불가능하다(스트라우스, 2001 : 81).

을 무시한 일관된 결과였을 뿐이다.[38]

하지만 우리는 합법적 국가이성에 대한 순전한 신뢰는 차치하고서라도, 직업정치가의 자질로서 '균형 감각'을 강조하는 베버에게 '심정 윤리'와 '책임 윤리'의 분절이 내포하는 윤리적 이분법 자체가 과연 '정치적인 것'의 재구성을 위한 적절한 해법인지 묻지 않을 수 없다. 의회민주주의 제도가 단지 효과적 결과를 생산하는 도구로서만 가치가 주어질 때, 정치가의 '책임 윤리'는 쉽사리 대중의 단기적 이해와 타협하거나 선동 정치를 추구하리라는 것을 베버는 간과하는 것처럼 보이기 때문이다. 정치적 책임성은 단지 "우리 행동의 (예견 가능한) 결과에 책임을 져야 한다는 원칙"(베버, 2012 : 119)에 그치는 것이 아니라, 정치와 윤리의 이율배반 앞에서의 더 절실한 요구는 "환원될 수 없는 가치 갈등의 근원에서 선택해야 한다는 긴급사태와 연결되어 (…) 궁극의 운명에 관해 의미를 잃어버린 세상에 참여하는 행위 자체를 목표"(Bouretz, 1996 : 415)로 삼는 것이 필수적임을 그가 지나쳤기에 더욱 그럴 것이다.[39]

따라서 베버가 연구에서 "가치적 사고를 환영한 것은 그것이 순수하게 인과적 사고에서 나오는 장벽이나 한계에도 역사적·사회학적 통찰을 추진하는 가능성을 부여하는 것"에 기인할 뿐이며, "그에게 가치

---

38 베버 사회학에서 국가 이성의 윤리적 정당화와 가치 투쟁을 해결하는 근대국가의 제도적 완성 과정에 대한 이론적 확신이 청년 시절에서 말년에 이르기까지 어떻게 일관되는지에 대해서는 Anter(2014, 133~146)를 참조할 것.

39 베버의 정치사회학에서 심정 윤리와 책임 윤리의 구별이 "사회학적 계획이건 논리적이고 규범적인 계획이건 유지될 수 없는" 것은 결국 "책임성의 선택 자체가 하나의 신념에서 유래하기" 때문이다(Castoriadis, 1990 : 62~63).

는 무엇보다도 학문적 작업의 보조 수단이며, 이념형적 길을 여는 도구"(슈미트, 1994 : 271)에 불과했다. 결정적으로 베버의 정치사회학은 정치 행위에 내재하는 '더러운 손'의 위험이 "인간적 현실이 얼마나 복합적이고 다원적인 것인가, 그리고 얼마나 이중적이고 모호한 것인가"에 대한 각성에서 출현하는 "균형적 판단, 절제, 나아가서는 겸허함"(최장집, 2011 : 101)만으로 극복할 수 없다는 것을 인지하지 못했다. 실천이성에 대한 신념이 정치의 장에서 얼마나 나약할 수 있는지, 삶의 일상을 거부하는 도덕적 진정성이 현실 정치에서 얼마나 쉽게 조롱당하는지를 그는 외면했다. 그러므로 베버에게서 악마적 정치 행위가 "고통을 느낄 수 있는 우리의 능력에 의해 제한되는 게 아니라, 단지 고통을 느낄 수 있는 그의 능력에 의해서만 제한"(왈저, 2009 : 552)되는 한에 '정치적인 것'의 윤리적 딜레마는 우리에게 여전히 반복되고, 인식론적 '가치중립성'과 정치적 '책임 윤리'에 관한 논쟁은 그의 확신과는 반대로 현실에서 끊임없이 계속될 것이다.

우리는 리쾨르의 문제의식을 따라 '정치적인 것'과 윤리의 관계를 비극적으로 낭만화하거나 비관적으로 체념하지도 않는 길을 찾고자 한다(리쾨르, 2006 : 316~335). '정치적인 것'의 주체인 시민들이 공론장에서 후퇴하고 피동적 객체에 머무르는 한국 사회에서 베버의 정치 이성이 정치적 현실주의의 이름으로 정당화되는 현실을 순순히 받아들일 수만은 없기 때문이다.[40] 파편화된 시민사회의 영역을 매개하려고

40 베버의 '비판적 합리주의'로 과학과 정치, 정치적 인지와 실천적 결정 사이 관계를 논리적으로 해결할 수 있을까? 슐룩터가 논의하듯 이는 이론적 관점이든 제도적 관점에서든 결과론적이고 실용적인 합리화에 그칠 따름이다. 그러므로 슐룩터의 낙관적 결

도입된 여론 매체나 필요한 능력을 보완하기 위해 시작된 전문가의 개입이 오히려 공중을 유령화하는 사태를 정치의 현대화 과정이자 비가역적 발전으로 합리화하는 것은, 절대적 인민주권 신화나 제한 없는 민주주의 이상만큼이나 '정치'를 타락시킨다. 도처에서 정치적 열정이 폭발하고 극단적 대립이 격화하는 시대에 대한 절망이 현실주의의 가면 아래 손쉬운 영합으로 귀결되는 것이야말로 다름 아닌 '정치적인 것'의 근원적 위기일 따름이다.[41]

과연 베버는 경제적 자유주의 가치만이 정치 행위의 준거가 되고 '책임 윤리'의 결과적 효율성으로 정치 판단이 환원되는 또 다른 '예외 상태', 위기에 처한 민주주의를 아무런 유보 없이 긍정할 수 있을까? 자유주의적 정치 이론들이 '신들의 전쟁'을 외면하거나 권리들의 대립을 실정법 틀에서 해소하려는 정치 사법화, 통치의 문제를 협치로 축소하려는 '정치'의 현재적 흐름에 베버는 어떻게 대응하려 할까? 기업이 국가처럼 조직화되는 것이 아니라 거꾸로 국가가 기업처럼 경영되는 시대, 시장주의적 개혁이 새로운 정치적 혁신으로 찬양되는 신자유

론과는 반대로 베버의 '비판적 합리주의'에서 정치와 윤리 사이의 갈등이 완전히 극복되리라고 인정되기는 힘들 것이다(Schluchter, 1984 : 106~112).

41 민주주의의 이상이자 원리로서 '공중(public)'이 리프만의 분석처럼 단지 상상의 인공물이거나 이념적 당위에 불과할 때, 이해관계와 인지적 한계를 벗어날 수 없는 '유령 공중(the phantom public)'의 실체에서 출발하는 현실 민주주의론에 관한 논쟁들은 생산적이다. 그러나 주어진 객관적 실재로서의 '정치'에 사로잡힌 민주주의는 결국 '과정'으로서의 민주주의를 경직된 제도로 실체화하고 '공중'의 창발적 출현을 외면하게 된다. 우리는 '유령 공중'의 현실성과 중요성을 적극적으로 평가하려는 라투르(Bruno Latour)의 시도에는 동의하지만, 듀이(John Dewey)의 '공중론과 민주주의론'을 섣불리 기각하고 리프만의 정치적 현실주의를 현재의 민주주의 위기 상황에서 더욱 적실하다고 강조하는 라투르의 단정적 결론에는 찬성할 수 없다(Latour, 2008 : 5~44 참조).

주의 시대에 베버의 정치사회학은 진정으로 '정치적인 것'을 구원할 수 있을 것인가? [42]

6. 베버와 미완의 현재성

'정치적인 것'을 둘러싼 베버의 마지막 지적 노력의 결과들과 실천적 싸움의 교훈들을 당시 독일 사회의 예외성으로만 국한할 수는 없을 것이다. 동질적 위기의 순간을 살아가는 우리에게 '정치적인 것'의 본질로 돌아가려는 베버의 정치사회학이 이론적 탐구 대상만이 아니라 실체적 기획의 준거점으로 깊은 반향을 주거나, 베버의 현실 정치에의 참여가 지식인의 한 전형으로 제시되는 것은 어찌 보면 당연한 일일지 모르겠다.

그러기에 베버 정치사상의 의의는 자유민주주의 이념과 정치적 현실주의에 단순한 찬성과 비판 대결을 넘어선다. 의회제 민주주의의 옹호자나 정당정치의 제도화를 주창하는 정치 이론가로서만 베버를 한정하는 것이 아니라, 자유주의의 내재적 비판가이자 새로운 민주주의의 기획자로서 그의 지향점을 적극적으로 평가할 필요가 있다. "상대방의 저항에 거슬러서 자신의 의지를 관철하려는 의도에 지향된 한에서의 사회적 관계"로서 "싸움"(베버, 1997 : 166)을 기본 개념으로 하는

42 월린은 현재의 민주주의를 탈진 상태로 진단하고 기업의 정치화가 비용효과라는 이데올로기와 물질적인 이해관계를 통해 일종의 '전도된 전체주의'를 만들어냈음을 논증한다. 베버의 정치사회학이 전제하는 전제주의 전야의 악몽은 현재의 '예외상태'에서 여전히 현실의 위협으로 작동한다(월린, 2013 : 358~369).

베버의 정치사회학에서 '정치적인 것'의 성찰들은 절차적 법치주의와 개인주의적 다원주의를 넘어 현실 '정치'를 다르게 구성할 다양한 잠재성을 제시해주기 때문이다.[43]

그러므로 베버가 독일 정치 지도자들에게 던지는 질문들로 우리 스스로를 돌아봐야 한다. 민족적 이해관계의 충돌이 고조되는 지정학적 정세를 벗어날 수 없는 한국 사회에서 베버의 국가적 소명 의식과 국제적 현실감각이 무엇보다 절실하기에 그렇다. 동북아 체제의 하위 변수로서 지구적 권력 체제의 변환에 수동적으로 끌려다닐 것만이 아니라, 한반도 문제의 당사자로서 더 적극적이고 능동적 책무를 감당하기 위해 한국 사회는 도대체 얼마나 많은 사회적 희생을 감당해야 하는 것일까? 한국의 정치가들에게 이념 진영이나 권력투쟁을 뛰어넘은 정치적 상상력을 요구하고 '책임 윤리'를 실질적으로 수행하도록 단호히 명령하려면 우리는 어떻게 정치 역량을 동원해야 하는 것일까?

민족의 미래를 가를 근본적 관심과 민주주의의 위기를 극복하기 위한 긴급한 문제들은 베버의 정치사회학을 다시 불러낸다. 그러나 이론적 빈곤과 실천적 지체로 말미암아, 베버의 정당한 상속은 탁월한 현

43 베버의 정치사회학적 이론화에서 정치적 갈등과 경쟁을 시장적 교환관계에서 결말짓거나 자연법의 당위론을 통해 메타적으로 해결하려는 낡은 자유주의 원리에 대한 실질적 거부를 발견할 수 있다. 다원주의적 권력 투쟁을 긍정하는 자유주의에 대한 베버의 비판적 관점에 따라, 오히려 '적과 동지'의 본질적 이분법을 제시하는 칼 슈미트의 극단화에 이르지 않고서도, 인민 주권의 기본 원리의 토대 위에서 상대방(adversary)과의 쟁투를 통해서만 작동되는 '정치적인 것'의 민주적 모델을 베버 정치사회학의 다른 독해에서 구성할 수 있을 것이다. 우리는 다양한 급진 민주주의론의 흐름에서 칼 슈미트를 매개로 베버의 정치사회학적 문제화를 재구성할 수 있는 길, 자유주의에 대한 이념적 부정이 아니라 이를 창조적으로 재해석함으로서 민주주의를 진보적으로 모델화할 수 있는 이론적 전략들을 발견할 수 있다. 특히 Mouffe(2013)를 참조할 것.

자의 해답을 무조건적으로 수용하는 것에서가 아니라 그의 문제화를 우리의 '예외 상태'에서 창조적으로 재실행하는 것에 있음은 쉽사리 실종된다. 결국 우리는 전체주의화의 위험을 동반할지 모르는 베버의 정치적 기획, '위로부터의 정치적인 것'을 거꾸로 뒤집어 민주주의 위기를 근본적으로 지양할 수 있는 '아래로부터의 정치적인 것'을 구성하고자 한다. 하지만 이 또한 불안정한 현실을 전면적 파국으로 전복하려는 메시아주의적 변혁이나 자유주의를 거부하는 급진 민주주의의 기획만큼이나 무책임할 수도 반동적일 수도 있기에[44] '아래로부터의 정치적인 것'을 실현하는 일은 사뭇 조심스럽다.

여기서 베버의 정치사회학을 관통하는 '정치적인 것'과 '정치'에 대한 역설이 진정으로 등장한다.[45] 위기 시대에 '정치적인 것'은 통치 과정으로서 '메타-정치'를 넘어 해방의 '정치'를, '정치적인 것'을 실재적으로 구성하는 것으로서 민주주의를 요청한다. 순수한 '정치적인 것'에 만족하는 이념적 과잉에 맞서 역으로 '정치'를 제도화하는 것, 삶의 방식들에 내장된 불일치를 가시화하고 배제된 타자들을 주체화하는 실질적인 과정으로 민주주의를 현실화할 것을 우리에게 결정적으로

---

44 급진주의적 좌파 진영에서 제기되는 극단적 주장들이 현실 정치에서 어떤 결과를 산출할 것인지에 우리는 유보적이다. 그러므로 자본주의 체제의 전면적 파국과 도래할 혁명의 유토피아를 절대적으로 긍정하는 모든 혁명적 낭만주의에 대한 베버의 비판은 여전히 의미가 있다.

45 1920년대 독일에서 칼 슈미트의 등장과 1980년대 후반에 시작된 이른바 '칼 슈미트 르네상스' 역시 민주주의 위기의 산물이자 극복을 위한 이론투쟁의 반영이었듯, '정치적인 것'에 대한 새로운 개념화와 이론화의 출현은 모두 현재적 정치 위기와 관련된다. 로장발롱이 오늘날의 "민주주의의 배반" 현상을 이해하기 위해서라도 "정치적인 것"을 탐구해야 한다고 주장하는 것도 이런 맥락에서 수용될 수 있다(Rosanvallon, 2003 : 34~37 참조).

주문하는 것이다.[46]

그러므로 정권 교체의 희망과 환멸이 반복되는 시절, 민주주의에 환호와 혐오가 점멸하는 시간에 거꾸로 도래할 미래 징후를 읽는다. 권력의 정당성이 생명들과 함께 사라진 이 자리에서 '정치적인 것'은 지도자의 카리스마를 통해서가 아니라 시민들의 집합 열정에서 사회적 사건으로 현실화할 수 있음을 일상의 공통 감각이 증명하지 않는가? 공중들이 출현하고 '공동-내-존재(être-en-commun)'로 성숙하는 과정에서 민주주의 '정치'가 버림받은 삶들과 더불어 부활하고 있음을 우리는 무엇보다 오늘 경험의 장에서 목격하고 있지 않은가?[47]

정치가로서 베버의 희망이 너무도 빨리 끝나는 지금, 그러나 정치사회학자로서의 베버의 마지막 도전이 시작되는 여기에서.

---

46 정치적 현실주의에 대한 비판으로 '정치적인 것'의 순수한 이론화에 머무르는 위험을 극복함으로서, 현실에서의 정치적 행위의 긍정적 효과들과 진정한 해방의 과정들인 '정치적인 것'이 '정치'로 전화되는 변증법적 역설에서 이름도 몫도 없는 이들을 위한 민주주의가 실현될 수 있음을 랑시에르는 웅변적으로 성찰하고 있다(랑시에르, 2013 : 207~235 참조).

47 보수주의의 극우화와 더불어 진보주의의 중도화, 그리고 자기 배반이 유럽 정치 지형을 근본적으로 보수화하는 시대에 "존 듀이가 프래그머티즘적 영감의 분석에서 전개하는 것처럼 사회적 행위자들이 그들의 역량을 시험 속에서 발전하고, 그들의 경험 기초에서 요구를 정련하는 것", "이런 비판적 역량을 일상생활의 집합적 심급에서 말과 행위로 포착해 실행하고 증명하면서 스스로 구성하거나 오히려 그 자신을 자각"하라는 제언은 한국 사회에도 역시 적실한 가르침이 될 것이다(Boltanski and Esquerre, 2014 : 65 참조).

| 참고 문헌 |

기든스, 앤서니, 《막스 베버의 정치 사회학》, 김성건 옮김, 대영사, 1981.

김광기, 〈막스 베버와 알프레드 슈츠 : '이념형'과 '전형'의 비교분석〉, 《현상과 인식》, 제38권 3호 통권 123호 가을, 2014, 61~88쪽.

김덕영, 《막스 베버, 이 사람을 보라》, 인물과 사상, 2008.

——, 《막스 베버. 통합과학적 인식의 패러다임을 찾아서》, 나남, 2012.

김성호, 〈주객의 저편 : 막스 베버에게 있어서 신념과 책임의 문제〉, 《한국정치학회보》, 37집 2호 여름, 2003, 173~196쪽.

랑시에르, 자크, 《정치적인 것의 가장자리에서》, 양창렬 옮김, 길, 2013.

리쾨르, 폴, 〈정치적 모순〉, 《역사와 진리》, 솔로몬, 2006, 316~346쪽.

매킨타이어, 알래스데어, 《덕의 상실》, 이진우 옮김, 문예출판사, 1997.

문상석, 〈베버의 합리적 지배와 관료제의 목적전치〉, 《사회이론》, 제46호 가을/겨울, 2014, 163~202쪽.

박영신, 〈Max Weber의 Charisma—사회운동 연구의 분석적 개념으로〉, 《인문과학》 35집 6월호, 1976, 185~207쪽.

——, 〈베버의 '쇠우리' : '삶의 모순' 역사에서〉, 《사회이론》, 제46호 가을/겨울, 2014, 105~141쪽.

박정신, 〈우리 역사쓰기 되새김 : 베버의 역사사회 인식에 기대어〉, 《사회이론》, 제46호 가을/겨울, 2014, 143~161쪽.

박창호, 〈베버의 합리화, 인터넷 공간에서 어떻게 볼 것인가?〉, 《사회이론》, 제46호 가을/겨울, 2014, 235~257쪽.

베버, 막스(몸젠, 마이어 편집), 《경제와 사회1. 공동체들》, 박성환 옮김, 나남, 1997.

——,《사회과학논총》, 양회수 옮김, 을유문화사, 1998.
——,《직업으로서의 정치》, 전성우 옮김, 나남, 2012.
——,《직업으로서의 학문》, 전성우 옮김, 나남, 2013.
브라허, 칼 디트리히,《바이마르 공화국의 해체》, 이병련 외 옮김, 나남, 2011.
슈미트, 칼, 〈역외열강의 간섭을 허용하지 않는 국제법적 광역질서〉,《정치신학 외》, 김효전 역고 옮김, 법문사, 1988, 297~376쪽.
——,《정치적인 것의 개념》, 김효전 옮김, 법문사, 1992.
——, 〈가치의 전제〉,《유럽 법학의 상태 : 구원은 옥중에서》, 김효전 옮김, 교육과학사, 1994, 255~303쪽.
——,《정치신학. 주권론에 관한 네 개의 장》, 김항 옮김, 그린비, 2010.
——,《현대 의회주의의 정신사적 상황》, 나종석 옮김, 길, 2012.
스트라우스, 레오, "자연권, 그리고 사실, 가치 간의 차이",《자연권과 역사》, 홍원표 옮김, 인간사랑, 2001, 51~102쪽.
아롱, 레이몽,《사회사상의 흐름》, 이종수 옮김, 홍성사, 1983.
앨런, 키어런,《막스 베버의 오만과 편견》, 박인용 옮김, 삼인, 2011.
월린, 셸던,《정치와 비전 3》, 강정인 외 옮김, 후마니타스, 2013.
왈저, 마이클, 〈정치 행위 : 더러운 손의 문제〉,《마이클 왈저. 정치철학 에세이》, 최홍주 옮김, 모티브북, 2009, 521~554쪽.
임운택 외,《현대 사회와 베버 패러다임》, 나남, 2013.
전성우,《막스 베버 역사사회학 연구 : 서양의 도시시민계층 발전사를 중심으로》, 사회비평, 1996.
——,《막스 베버 사회학 : 연구 논문집》, 나남, 2013.
전진성,《보수혁명—독일 지식인들의 허무주의적 이상》, 책세상, 2001.
정갑영, 〈막스 베버의 에로틱 이해와 삶 : 중간고찰(Zwischenbetrachtung)과 생애사를 중심으로〉, 《현상과 인식》, 제38권 3호 통권 123호 가을, 2014., 39~60쪽.
최장집, 〈정치가는 누구인가〉, 《막스 베버 소명으로서의 정치》, 박상훈 옮김, 폴리테이아, 2011, 13~101쪽.
휴즈, 마이클, 《독일 민족주의 : 1800~1945》, 강철구 옮김, 명경, 1995.
Agamben, Giorgio, *Etat d'Exception* (Paris : Seuil, 2003).
Anter, Andreas, *Max Weber's Theory of the Modern State : Origins, Structure and Significance* (New York : Palgrave Macmillan, 2014).
Aron, Raymond, "Préface", M. Weber, *Le Savant et le politique* (Paris : 10/18, 1959).
——, "Max Weber and Power-politics", O. Stammer (엮음), *Max Weber and Sociology Today* (New York : Harper & Low, 1971), pp. 83~100.
Beetham, David, *Max Weber and the Theory of Modern Politics* (Cambridge : Polity, 1985).
Boltanski, Luc. and Esquerre, Arnaud., *Vers L'extrême. Extension des domaines de la droite* (Paris : Edition Dehors, 2014).
Bouretz Pierre, *Les Promesses du monde : philosophie de Max Weber* (Paris : Gallimard, 1996).
Castoriadis, Cornelius, "Individu, société, rationalité, histoire", *Le Monde Morcelé* (Paris : Seuil, 1990), pp. 39~69.
——, "The Greek Polis and the Creation of Democracy", D. A. Curtis (엮음), *The Castoriadis Reader* (Oxford : Blackwell, 1997), pp. 267~289.
Colliot-Thélène, Catherine, "Carl Schmitt versus Max Weber : Juridical Rationality and Economic Rationality", C. Mouffe (엮음), *The Challenge of*

Carl Schmitt(London : Verso, 1999), pp. 138~154.

——, "Préface", M. Weber, *Le Savant et le politique : Une nouvelle traducion* (Paris : La Découverte, 2003).

Dosse, François, *L'Empire du sens : L'Humanisation des sciences humaines* (Paris : La Découverte, 1995).

Eliaeson, Sven, "Constitutional Caesarism : Weber's Politics in their German Context" S. Turner (엮음), *The Cambridge Companion to Weber* (Cambridge : Cambridge Univ. Press, 2000), pp. 131~149.

Finley, Moses, I., "Max Weber and the Greek City-State", *Ancient History : Evidence and Models* (New York : ACLS Humanities, 2008), pp. 88~103.

Gauchet, Marcel, *L'Avènement de la démocratie II : La Crise du libéralisme* (Paris : Gallimard, 2007).

Hodgson, Geoffry, M., *How Economics Forgot History : the Problem of Historical Specificity in Social Science* (London : Routledge, 2001).

Kalyvas, Andreas, *Democracy and the Politics of the Extraodinary : Max Weber, Carl Schmitt and Hanna Arendt* (Cambridge : Cambridge Univ. Press, 2008).

Kelly, Duncan, *The State of the Political : Conceptions of Politics and the State in the Thought of Max Weber, Carl Schmitt and Franz Neumann* (Oxford : Oxford Univ. Press, 2003).

Kim, Sung Ho, *Max Weber's Politics of Civil Society* (Cambridge : Cambridge Univ. Press, 2004).

Koselleck, Reinhart, *Critique and Crisis : Enlightenment and the Pathogenesis of Modern Society* (Cambridge : The MIT Press, 1988).

Latour, Bruno, "Le Fantôme de l'esprit public : Des Illusions de la démocratie aux réalités de ses apparitions", W. Lippmann, *Le Public fantôme* (Paris : Demopolis, 2008), pp. 5~44.

Lefort, Claude, *Essais sur le politique. XIXe-XXe siècles* (Paris : Esprit/Seuil, 1986).

Liebersohn, Harry, *Fate and Utopia in German Sociology* (Cambridge : The MIT Press, 1990).

McCormick, John, *Carl Schmitt's Critique of Liberalism : Against Politics as Technology* (Cambridge : Cambridge Univ. Press, 1997).

Mesure, Sylvie, "Rationalism et Faillibilisme", A. Renaut (엮음), *Histoire de la philosophie politique 5 : Les philosophies politiques contemporaines* (Paris : Calmann-Lévy, 1999), pp. 149~184.

Mommsen, Wolfgang, J., *The Politics and Social Theory of Max Weber* (Chicago : The University of Chicago Press, 1989).

——, *Max Weber and German Politics, 1890~1920* (Chicago : The University of Chicago Press, 1990).

Monod, Jean-Claud, *Penser l'enemi, affronter l'exception. Réflexion critiquees sur l'actualité de Carl Schmitt* (Paris : La Découverte, 2006).

Mouffe, Chantal, *Agonistics : Thinking the World Politically* (London : Verso, 2013).

Oakeshott, Michael, *On Human Conduct* (Oxford : Oxford Univ. Press, 1990).

Parsons, Talcott, "Value-freedom and Objectivity", O. Stammer (엮음), *Max Weber and Sociology Today* (New York : Harper & Low, 1971), pp. 27~50.

Raynaud, Philippe, *Max Weber et les dilemmes de la raison modern* (Paris : PUF, 1987).

Ricoeur, Paul, "Les Catégories fondamentales de la sociologie de Max Weber",

Le Just 2 (Paris : Edition Esprit, 2001), pp. 155~171.

Rosanvallon, Pierre, *Pour une histoire conceptuelle du politique* (Paris : Seuil, 2003).

Schluchter, Wolfgang, "Value-Neutrality and the Ethic of Responsibility", G. Roth and W. Schluchter, *Max Weber's Vision of History : Ethics & Methods* (Berkeley : Univ. of California Press, 1984), pp. 65~116.

——, *Rationalism, Religion and Domination : a Weberian Perspective* (Berkeley : Univ. of California Press, 1989).

Sintomer, Yves, "Introduction", M. Weber, *La Domination* (Paris : La Découverte, 2013), pp. 11~39.

Stammer, Otto (엮음), *Max Weber and Sociology Today* (New York : Harper & Low, 1971).

Theiner, Peter, "Friedrich Nauman and Max Weber : Aspects of a Political Partnership", W. J. Mommsen and J. Osterhammel (엮음)(1987), *Max Weber and His Contempories* (London : Unwin Hyman, 1987), pp. 299~310.

Weber, Max, *Poitical Writings* (Cambridge : Cambridge Univ. Press, 1994).

| 필자 소개 |

연세대 사회학과를 졸업하고 프랑스 파리 사회과학고등연구원에서 사회학 박사 과정을 수료했다. 현재 연세대, 가톨릭대 사회학과 등에서 강의하고 있으며 연세대 사회발전연구소 연구원으로 재직하고 있다. 관심은 사회연대 경제학과 유럽경제사회학, 현대사회 사상과 사회학이론 등이다.

E-mail : onecircle01@gmail.com

베버의 법사회학과 의미의 문제

신동준
(국민대 사회학과)

1. 머리말

베버에게 사회학은 타인의 행동을 고려하고 지향하는, 주관적 의미가 부여된 행동인 '사회 행위'를 해석적으로 이해하고 그 과정과 결과를 인과적으로 설명하는 과학이다(Weber, 1978ㄱ : 4). 그래서 사회학적 분석의 출발점이자 초점은 사회 행위가 된다. 사회 행위는 베버의 정의에서도 드러나듯 고립된 개인의 독립된 활동이 아니다. 모든 사회 행위는 행위자들 사이의 관계에서, 그리고 '질서'와 '조직' 등 행위자를 둘러싼 사회 환경의 영향 아래에서 이루어진다. 그런 행위들이 모여 사회 환경의 모습과 성격이 변할 수도 있으며, 변화된 환경은 행위자들에게 새로운 의미의 맥락으로 다가오게 된다.[1]

---

1 부동(Raymond Boudon)은 베버의 행위 패러다임을 M=M{m[S(M′)]}이라는 수식으로 설명한다(2011 : 132). 여기서 M은 설명 대상인 사회현상, m은 개인 행위들, S는 상황

베버에 따르면 행위자는 외부 조건들을 합리적 방식으로 고려하고 행위의 가능한 경로들이 이 조건과 결합해 어떤 결과를 낳게 될지를 생각하면서 행위를 선택한다(Weber, 1978ㄴ : 112 ; Swedberg, 2001 : 325, 재인용). 방법론적으로 개인주의를 지향함에도 베버는 개인의 행위와 사회구조 사이의 연결점을 명확히 고려했다(Kalberg, 1994 : 24). 이렇게 볼 때 베버의 사회학에서 사회 환경이 행위자의 주관적 의미에 어떤 영향을 미치는지를 이해하는 것과 그런 사회 행위가 특정 사회 환경의 맥락에서 어떤 결과를 낳는지 설명하는 것이 의미 있는 작업이 된다.

이 글은 베버 이론을 통해 사회 행위와 사회 환경 사이의 관계와 각각이 서로에게 갖는 함의를 지금 우리 사회의 맥락에서 살펴보려고 한다. 여기서 사회 환경은 사회학적으로는 사실상 사회구조, 혹은 구조적 속성을 갖는 사회적인 것을 의미할 것이다. 사회와 인간에 대한 이해를 위해서는 사회 환경과 인간 행위가 어떤 특징을 가지며 어떠한 인과 관계를 형성하는지를 이해해야 한다. 예를 들어, 현대사회와 전통 사회의 차이를 이해하려면 두 사회의 구성원들이 처한 환경의 특징, 그러한 환경에서 두 사회의 구성원들이 하는 행위의 특징, 그리고 환경과 행위를 둘러싼 인과관계 양태 등에서 어떤 결정적 차이를 보이는지를 파악해야 할 것이다.

베버는 전통과 현대의 결정적 차이를 합리성에서 찾았다. 그의 "필생의 지적 과제"는 근대 서구에서 나타난 "특유한 근대적 합리성이 역

의 구조, M′은 거시 사회적 요인이다. 부동에 따르면, M은 행위들 m의 함수이며, 이 행위들은 행위자가 처한 상황인 S에 따라 달라지고, 다시 이 상황은 거시 사회적 요인 M′의 영향을 받는다. 베버는 여기서 행위 m이 **이해될 수 있다**고 봤다.(강조는 본문)

사적으로 전개되어나온 뿌리를 찾아보는 것"이었다고도 할 수 있다(박영신, 1995 : 44). 그리고 그의 연구들은 서구 문명 특유의 합리성이 발달한 과정과 특징을 설명하려는 근본 목표에 수렴하며(Brubaker, 1984 : 1), 이 광범위하고 중대한 주제는 베버 사회학의 중심에 위치한다(Kalberg, 1994 : 18). 베버는 합리성을 미시-행위 수준과 거시-제도 수준에서 동시에 다뤘다. 서구의 근대화 과정은 결국 미시 수준에서 행위의 합리화와 거시 수준에서 제도의 합리화가 동시에 진행되어온 과정이며, 두 수준의 과정은 영향을 주고받으면서 상호 강화되어간다고 베버는 이해한 것으로 보인다.

베버는 원시인일지라도 나름대로 도구 합리적 행위를 할 수 있으며, 동양 사회에서도 분명히 합리성에 근거한 행위와 합리화 과정이 발견된다고 봤다(Kalberg, 1980 : 1148, 1150). 따라서 베버가 어떤 '단일하고 특수한' 합리화 과정을 개인과 사회에 대한 이해와 설명에 일반화한 것은 아니다. 합리화는 인간 사회의 보편적 현상이며 "인간이라는 종에 특유한 인간학적 범주"이지만, 동시에 "사회학적 특수성"을 갖는다는 것이 베버의 입장이었다고 볼 수 있다(김덕영, 2012 : 662). 베버가 서구 근대의 합리화 과정에 특히 주목한 것은 사실이기 때문에 다른 많은 연구들과 마찬가지로 이 글도 서구 근대의 합리화와 합리성에 초점을 둔다.

베버에 따르면 "우리 시대의 운명은 합리화와 지식화(intellectualization), 그리고 무엇보다도 '세상의 탈주술화'로 특징 지어진다"(Weber, 1946 : 155). 이는 현대사회 전체에 대한 진단으로 들릴 수도 있지만, 아마 여기서의 '우리'는 독일인, 혹은 넓게는 서구인을 칭했을 것이다. 베버는 서구의 근대화 과정에서 발견되는 특수성과 중요성에 주로 주목했지만, 또한 문명의 발전 과정에서 그 "**보편적** 중요성과 가치"(강조는 원문)를 염두에 뒀다(Weber, 1958 : 13). 그리고 서구 사회의 특수성이 우리 사회를 비롯한 비서구 사회로 빠르게, 하지만 물론 같지 않은 방식으로 번져간 것 또한 부인하기 어려울 것이다. 따라서 근대 서구 사회의 합리화에 대한 베버의 개념과 이론이 갖는 일반적 유용성을 인정할 수 있다.

이런 입장에서 이 글은 행위의 합리성과 함께 행위가 일어나는 환경 혹은 사회구조의 요소 가운데 특히 합리적 법에 초점을 둔다. 베버의 행위 이론과 법사회학을 통해 지금 우리 사회에 대한 논의를 해보려 한다.[2] 행위자 수준에서의 "주관적 합리성"과 제도적 수준에서의 "객관적 합리성" 간의 조응을 살펴보는 시도인 것이다(김동노, 1994). 사회 행위 유형 가운데 목적 합리적 행위와 가치 합리적 행위가 형식 합리적 법과 실질 합리적 법이라는 구조적 맥락에서 어떤 사회적 결과를 낳는지를 살펴봄으로써, 베버의 사회학이 우리 사회의 현재와 미래에 대한 비판적 이해와 전망에 기여하는 바를 생각해볼 것이다.

---

2 베버는 학부 때부터 법학을 전공했고 법학 박사 학위를 받았으며, 법의 의미에서 본 고대 로마 농업사에 대한 연구로 하빌리타치온(Habilitation : 독일 대학교수 자격)을 취득한 후 베를린대학에서 법을 강의했다(김덕영, 2008 : 26~28). 이런 그의 경력은 법에 대한 베버의 학문적 관심과 깊이를 잘 말해주며 법에 주목해 베버의 사회학을 살펴봐야 할 필요성의 근거가 된다. 베버는 학문으로서의 법학 자체에 대해서는 부정적이었고 사회과학의 관점에서 법을 연구했는데, 이것이 바로 그의 법사회학이다(윗글 : 85~86).

2. 개인의 합리성과 집합의 비합리성

베버는 방법론적 개인주의 입장에서 개인 행위자를 분석의 출발점으로 삼는다. 특정 사회 맥락에서 행위자들이 어떤 의도와 목적을 갖고 행위 하는지, 그리고 그 행위의 의미와 집합적 결과가 무엇인지 파악하는 것이 베버 사회학의 방법론에서 핵심이다. 유사한 방법론적 접근을 취하는 입장으로 합리적 선택이론이 있다. 행위의 합리성에 대한 베버의 이론을 합리적 선택이론과 연결하는 것은 경솔한 시도일 수 있다. 하지만 행위의 합리성은 주관적 속성을 갖고 있어 행위자의 가치에 따라 다양한 합리성이 가능하다(Kalberg, 1980 : 1156).[3] 또한 행위에 대한 설명 모형으로 두 이론 사이의 부분적 관련성이 지적되기도 하는 것이 사실이며(Boudon, 1998 ; 2003 ; Swedberg, 2003),[4] 베버의 행위 이론이 갖는 사회학적 의미를 뚜렷이 드러내려는 분석적 도구로 유용하게 쓰일 수 있다고 본다. 베버는 합리적 행위라는 이념형이 주관적 의미의 명확하고 정확한 이해를 위한 방법론적 도구로 유용함을 주장했다(Weber, 1978ㄱ : 4~7). 합리성에 근거한 주관적 의미와 그에 따르는 합리적 행위를 이론 수준에서 구성하며 감정적이거나 비합리적 행위 요

---

3 최소한 도구 합리적 행위에서는 기술적·과학적 기준에 따라 '수단'에 대한 객관적 합리성을 어느 정도 수준에서 이야기할 수도 있지만 이마저도 기술 합리성에 제한되는 것으로 보인다(Brubaker, 1984 : 53~60).

4 물론 부동은 합리적 선택이론의 합리성 개념과 베버의 도구 합리성 개념과의 관련성만을 제시하면서, 베버의 행위 이론을 주로 합리적 선택이론의 한계와 문제점을 파헤치기 위한 자원으로 활용한다. 스웨드버그(Richard Swedberg)는 훨씬 더 적극적인 입장으로 베버의 이론과 경제학 이론 사이에 밀접한 관련이 있다는 점을 주장한다. 여기에서 베버가 32세 나이에 프라이부르크대학 정교수로 처음 초빙된 분야가 경제학 및 재정학이었다는 사실과 오스트리아 한계효용학파의 영향을 크게 받았다는 평가도 참고할 필요가 있다(김덕영, 2012 : 325~331).

소들에 대한 이해와 설명도 이와의 비교를 통해 명확하고 정확히 할 수 있다. 행위에 대한 설명적 이해를 위해서는 의도된 목적이나 동기로 행위의 주관적 의미를 파악해야 하는데, 합리성이라는 이념형은 이를 위한 명확한 기준점을 제공해준다는 것이다.

마찬가지 논리로 베버는 경제 이론에서 가정하는 "순전히 합리적이고 경제적 목적만을 지향하는" 행위 양상을 사회 행위의 이념형 가운데 하나로 간주한다면 방법론적으로 유용할 수 있다고 봤다(Weber, 1978ㄱ : 21). 목적(도구) 합리적 행위에 해당하는 이 이념형적 행위는 비현실적이고 추상적이지만, 고도의 명확성과 이해 가능성으로 인해 이와의 비교를 통한 다른 행위들의 분석을 용이하게 해주기 때문이다. 따라서 합리적 선택이론에서 가정하는 행위 모형은 현실 타당성과는 별개로 사회 행위를 이해하는 일종의 비교 기준점으로 활용할 수 있다. 게임이론이 반사실적(counterfactual) 탐구를 위한 도구로 유용할 수 있다는 입장은 이런 맥락에서 이해할 수 있다(Swedberg, 2001 : 324).[5]

죄수의 딜레마 게임은 합리적 선택이론 틀에서 구성된 널리 알려진 인간 행위 설명 모형이다(김용학, 1992 : 115~117). 여기서 개인 행위자는 자신의 이익을 극대화한다는, 즉 형량을 최소화한다는 명확한 목표가 있다. 그런데 죄수의 딜레마 게임 모형에 따르면 개인 행위자의 목표 달성을 위한 행위는 결과적으로 이익 극대화에 실패한다. 두 범죄자가 격리되는 상태에서 게임 규칙은 다음과 같다. 내가 범죄자 가운

5 이처럼 방법론적 도구로 게임이론을 활용해보면 인간 행위에 대한 설명에 베버의 이해사회학을 활용해야 할 필요성이 오히려 뚜렷이 부각될 수 있다(Swedberg, 2001 : 325).

데 한 명이라 할 때, 내가 자백을 하고 공범이 자백하지 않으면 나는 풀려난다. 반대로 내가 자백을 하지 않고 공범이 자백을 하면 나의 형량은 최대가 된다. 모두 자백을 하지 않으면 둘 다 형량이 낮은 수준에서 정해진다. 모두 자백을 하면 둘 다 최대 형량은 아니지만 약간 무거운 형을 받는다.

게임이론에 따르면 합리적 행위자는 자백을 택할 것이다. 상대방이 자백을 할 때, 나도 자백을 하면 약간 무거운 형을 받는 반면 자백을 하지 않으면 가장 무거운 형을 받는다. 따라서 이 경우 나는 자백을 하는 것이 낫다. 반대로 상대방이 자백을 하지 않을 때, 내가 자백을 한다면 풀려나는 반면 자백을 하지 않으면 가벼운 형을 받는다. 따라서 이 경우에도 나는 자백을 하는 것이 낫다. 이는 공범 입장에서도 마찬가지이며, 따라서 나와 공범은 모두 자백을 하는 합리적 선택을 하게 된다. 둘 다 자백을 하지 않으면 모두 가벼운 형에 그칠 수 있었음에도 합리적 선택에 따라 둘 다 자백을 함으로써 모두 무거운 형을 받는 것이다. 이는 개인의 합리성 추구가 집합의 비합리성을 낳는 예로 흔히 제시된다.

죄수의 딜레마 게임 같은 형식을 취하면서 내용은 약간 다른 또 하나의 예를 살펴보자(이원재, 2006). 여기서 행위자는 두 기업이다. 그리고 연구 개발비 투자와 연구 개발에 투자하지 않음, 이렇게 두 행위 전략이 있다. 게임 규칙은 다음과 같다. 두 기업 가운데 한 기업은 연구 개발에 투자하고 다른 기업은 연구 개발에 투자하지 않는다면, 연구 개발에 투자한 기업은 매우 큰 이득을 얻는 반면, 연구 개발에 투자하지 않은 기업은 손해를 본다. 두 기업이 다 연구 개발에 투자를 하면 두 기업 모두 낮은 수준의 이득을 본다. 두 기업 다 연구 개발에 투자하지 않는다면 둘 다 중간 수준의 이득을 본다. 두 기업이 이익을 극대화하려면 어떤 행위 전략을 택하는 것이 합리적일까? 집합의 합리성을 위해서는 두 기업 모두 연구 개발비에 투자하지 않는 전략을 택하는 것이 좋다. 하지만 앞서 죄수들같이 두 기업이 합리적 선택을 한다면 둘 다 연구 개발에 투자할 것이다. 그래서 결국 두 기업 모두 연구 개발에 투자하지 않는 경우보다 더 낮은 이득을 얻는다.

죄수의 딜레마 게임은 행위자의 합리적 선택이 결국 집합적으로는 비합리적 결과를 낳는 과정을 예시하는 행위 모형이다. 그런데 여기서는 개인적으로도 비합리적 결과를 낳는다고 볼 수 있는데, 각 행위자는 가장 좋은 결과를 얻는 데 실패하기 때문이다. 따라서 이 모형은 개인 이익의 합이 집합 이익이라는 공리주의 원칙을 따른다고 볼 수 있다. 이 게임은 행위자가 합리적이라면 협력과 배신이라는 두 전략 가운데 어떤 전략을 취하게 되며 결과는 무엇인지에 대한 모형이다. 협력을 해야 집합적으로 합리적 결과를 낳지만 협력 자체가 개인적으로는 비합리적 선택이라는 점에서 딜레마가 있다.

두 게임의 예에서 우리는 '집합적으로 합리적'이라는 의미가 갖는 문제를 생각해보게 된다. 먼저 예에서는 두 범죄자 모두 낮은 형량을 받는 것이 집합적으로 가장 합리적 결과라고 본다. 물론 이 게임에서 행위자는 범죄자이기 때문에 이것이 행위자에게 합리적 결과가 된다. 하지만 게임에 관련된 다른 행위자들을 고려하게 되면 이야기가 달라진다. 이것이 형사 사법기관에도 전체 사회에도 과연 합리적 결과라고 할 수 있을까? 두 번째 예에서는 이 문제가 더 명확해진다. 연구 개발에 투자하지 않는 것이 행위자인 기업에게는 합리적 결과를 낳지만 소비자에게는 그렇지 않다. 다행히 여기에서는 기업의 집합적 · 비합리적 결과가 소비자에게 합리적 결과가 된다. 그래서 이는 기업에게도 어느 정도의 이득이 되고 소비자에게도 이득이 되는 자유시장경제 체제의 합리성을 보여주는 예가 된다. 이른바 '보이지 않는 손'이 작동함을 단순한 행위 모형을 통해 확인할 수 있는 것이다. 그러나 과연 그러한가?

합리적 선택이론을 지지하는 입장에서도 인정하는 현실 타당성의 한계를 고려해서 좀 더 깊이 생각해볼 필요가 있다. 그리고 현실 타당성의 한계와 관련된 지점은 사회학적으로 매우 핵심적 사항이다. 개인 행위자 측면에서는 가치, 신념, 의미, 그리고 사회 환경적 측면에서는 제도적 제약이 그것이다. 이는 '사회학적' 합리적 선택이론이 지향해야 될 주제로 거론되기도 한다(Hechter · Kanazawa, 1997).

합리적 선택이론에서는 개인 행위자를 명료하고 단순하게 가정한다. 즉 행위자는 ① 자신의 이익을 극대화하는 것이 목표이고, ② 타인의 이익에는 관심이 없으며, ③ 자신의 행위로 인한 이득과 손해를 정확히 계산할 수 있다는 가정이다. 가치, 신념, 의미 측면은 여기서 고려되지 않거나 매우 제한된 수준에서 정의된다.[6]

제도적 제약과 관련한 부분은 게임이론 모형에서 가정하는 '게임 규칙'에 있다. 게임 규칙은 ① 행위자는 서로 고립되어 있고, ② 협력보다 배신이 이득이며 ③ 제3 행위자가 개입하지 않는다는 것이다. 여기서, 특히 세 번째 사항이 제도적 제약과 직접적으로 관련된다. 그리고

6 예를 들어 선호(preference) 개념이 이에 해당할 수 있다. 합리적 선택이론 모형에서 선호는 가치나 효용을 의미하는데, 이 모형은 행위자가 선호를 가진다는 점을 전제할 뿐 이런 선호 자체와 출처에는 관심이 없다(Ritzer, 1996 : 401).

이는 첫 번째 사항과 연결된다. 두 기업이 모두 연구 개발에 투자하는 집합적으로 비합리적인 선택을 하려면 두 기업 간의 소통이 없다는 전제가 필요하다. 즉 첫 번째 규칙이 전제가 되어야 두 기업에게는 비합리적이지만 소비자와 전체사회로서는 합리적 결과가 나온다는 것이다. 그러나 현실적으로 첫 번째 규칙은 적용되지 않을 가능성이 크다. 시장을 지배하는 소수 기업이 담합해 그들에게 집합적으로 합리적 전략인 '연구 개발에 투자하지 않음'을 얼마든지 택할 수 있다.[7]

첫 번째 규칙이 작동하지 않고 담합이 일어난다면, 기업의 합리적 행위는 소비자에게 결국 피해가 된다. 양질 제품을 낮은 가격에 구입할 기회를 박탈당하기 때문이다. 이를 방지하려고 제3행위자인 국가는 담합을 금하는 법을 제정해 집행한다. 따라서 법은 개인 행위자의 합리적 행위가 집합의 비합리성을 낳는 경향을 방지하는 중요한 역할을 할 수 있다. 법은 행위 모형에서 제도적 제약의 가장 중요하고도 대표적인 예다. 게임이론에서는 특정한 제도적 틀에서 행위자의 전략적 상호작용으로 확대 적용할 수 있다. 이때 전통 경제학적 분석에서는 법이라는 게임의 공식 규칙에 주목한다(Nee·Strang, 1998 : 708).

따라서 합리적 선택이론 행위 설명 모형은 유용한 분석 도구가 될 수 있는데, 행위자의 가치, 신념, 의미 같은 내부적 요인과 법, 규범 같은 외부적 요인들이 매우 중요하게 고려되어야 함을 반사실적 설명을

7 물론 행위자(기업) 수가 많아질수록 집합행동의 제약으로 이런 담합이 어려울 것이다. 이것이 바로 자유시장 경제체제를 옹호하는 입장에서 '공정하고 열린' 경쟁을 강조하는 이유다. 하지만 현실은 이상과는 다소 괴리가 있음을 우리는 자주 발견한다. 결국 소수의 큰 기업이 시장을 장악하기 때문이다. 이 상황에서 '공정하고 열린' 경쟁은 늘 시장을 선점한 기업에게 유리하게 작동하며, 담합의 구조적 여건은 충분히 마련된다.

통해 보여주기 때문이다. 그리고 행위자의 집합행동 가능성도 중요한 고려 사항이 되어야 함을 보여준다. 특히 법은 제도적 제약의 중요한 요소로서, 그리고 가장 명확하고 엄격한 게임의 규칙으로 현대사회를 사는 개인 행위에 중요한 맥락이자 환경이 된다. 베버는 이 점에 주목하고 법의 사회학적 함의를 강조한 대표적 학자다.

베버에 따르면 사회 행위는 "정당성이 있는 질서 존재에 대한 믿음에 따라" 이루어질 수가 있으며(Weber, 1978ㄱ : 31), 이 질서에 대한 "순응을 유도하고 위반을 벌하려는 관련 조직 구성원(staff)들이 물리적 혹은 심리적 강제를 가할 가능성이 외부적으로 보장된다면" 이를 법이라고 할 수 있다(윗글 : 34). 따라서 행위자에게 법은 일반적으로 가장 강력한 게임 규칙이자 행위 맥락이 된다.

다음으로 베버의 네 가지 법 유형에서 가장 합리적 형태인 형식적-합리적 법의 특징과 한계를 법의 실질 합리화 경향과 관련지어 살펴보고, 형식적-합리적 법의 틀에서 사회 행위 유형이 갖는 주관적 의미와 집합적 함의를 베버의 합리성 개념을 통해 논의한 후, 합리적 법의 한계 내지는 문제점을 집합행동 가능성과 연결해 생각해보겠다.

3. 합리적 법의 특징과 한계

법은 베버의 사회학에서 매우 중요한 위치를 차지한다.[8] 베버에 따

8 파슨스는 베버 탄생 100주년을 기념해 하이델베르크에서 열린 세미나에서 "베버의 실질적 사회학 핵심"은 법사회학에 있음을 강하게 주장했다(Parsons, 1971 : 40). 그리고 베버의 법사회학에서 형식 합리성 개념이 핵심이라고 했는데(윗글 : 41), 이에 대해서

르면 서구의 합리적 법은 자본주의 탄생에 핵심적 역할을 했을 뿐 아니라, 관료제라는 합리적 조직 원리와 합리적 지배 양식에 가장 중심적 요소다(Weber, 1958 : 25). 따라서 서구 근대의 합리화 과정과 현대사회의 합리성을 설명할 때 법에 반드시 주목할 필요가 있다. 현대사회를 사는 개인들의 사회 행위를 이해하고 설명하려면 법은 특히 중요하게 고려해야 할 외부 요인이며 환경이다. 법의 성격에 따라 사회 행위의 양상이 달라질 것이며 사회 행위의 집합적 결과로 나타나는 구조적 현상 역시 차이를 보일 것이다.

베버는 법 창조(lawmaking)와 법 발견(lawfinding)이 어떻게 이루어지는지에 따라 법의 유형을 네 가지 이념형으로 제시했다(Weber, 1978ㄱ : 654~658). '형식성'과 '합리성'이라는 두 차원으로 '형식-실질'과 '합리-비합리'의 구분에 따라 형식적-비합리적 법, 실질적-비합리적 법, 실질적-합리적 법, 형식적-합리적 법, 이렇게 네 가지 법의 이념형을 제시한 것이다. 형식성과 합리성이라는 개념은 의미가 다소 겹치는 측면이 있기는 하다(Kronman, 1983 : 73~80). 하지만 형식성은 법적 결정이 법 외부 기준이 아닌 법 내부 기준에 따라 이루어짐을, 합리성은 법적 결정이 예측 가능함을 의미한다고 개념 구분을 할 수 있겠다. 따라서 법 외부 기준에 따라 법적 결정이 이루어진다면 실질적 법이 되며, 법적 결정이 미리 예측이 되지 않는다면 비합리적 법이 된다.

법의 네 가지 유형 가운데 먼저 '형식적-비합리적' 법은 법 창조와 법 발견이 법 내부의 고정된 규칙과 절차를 따른다는 면에서 '형식적'

는 아래에서 자세히 다룰 것이다.

이지만, 이 규칙과 절차가 주술이나 신탁을 통한 예언과 계시 같은 신비적 방법을 따르기 때문에 '비합리적'이다. 나름대로는 미리 정해진 법 내부 기준에 근거하지만 결정의 정당한 이유가 제시될 수 없고 어떤 결정이 내려질지 전혀 예측이 불가능하기 때문이다. 다음으로 '실질적-비합리적' 법은 법과 무관한 법의 외부 기준에서 개별적 규칙에 따르기 때문에 '실질적'이며, 임의에 따라 법적 결정이 내려지기 때문에 역시 '비합리적'이다. 예를 들어 법 행위 주체가 미리 명시된 보편적 규칙이나 절차에 따르는 것이 아니라 개인적 느낌과 재량에 따라 결정하는 경우가 이에 해당한다(Treviño, 1996 : 176). 이 두 법의 유형은 전통 사회에서 흔히 발견되는 법 창조와 법 발견의 특징을 담는다.

한편 '실질적-합리적' 법은 일반적 규칙에서 연역해 법적 결정이 이루어지기 때문에 예측 가능하다는 점에서 '합리적'이지만, 규칙이 법과는 무관한 출처에 근거하기 때문에 '실질적'이다. 즉 법적 결정에서 법의 외적인 요인이 고려된다는 것이다. 마지막으로 베버가 가장 합리적인 법 형태라고 본 '형식적-합리적' 법은 법 내부 기준에 따라 예측 가능한 법적 결정이 이루어진다. 베버는 이런 법의 합리성이 "일반화"와 "체계화"에 의해 달성된다고 봤다(Weber, 1978ㄱ : 655~656). 일반화는 구체적 개별 사건에 일반적 법 원칙을 적용해 법적 결정이 내려짐을 의미한다. 체계화는 법 명제들이 논리적으로 명확하고 일관되게 통합되어 규칙들의 틈새 없는 체계를 이루고 있음을 의미한다. 이 두 법의 유형은 현대사회 법이 갖는 주요한 특성을 잘 보여주며, 특히 형식적-합리적 법은 서구 근대화 과정에 핵심적 역할을 했을 뿐 아니라 현대 법체계의 전형으로 자리매김한다.

베버의 형식적-합리적 법은 일반화와 체계화를 통해 고도의 계산 가능성과 예측 가능성을 담보한다. 따라서 가장 합리적 형태의 법이라고 할 수 있는데, 베버는 이런 법 유형이 오로지 서구 근대사회에서만 발견된다는 점에 주목한다. 베버의 법사회학은 결국 "형식적-합리적 법이 어떻게 근대 서구사회에서만 나타나게 됐는지, 다른 사회에서는 왜 나타나지 않았는지"를 탐구하려는 시도에 그 핵심이 있다고 볼 수 있다(Treviño, 1996 : 180). 그리고 이를 위해 베버는 여느 연구 주제와 마찬가지로 종교, 정치, 경제 영역을 넘나들었다. 그중, 특히 흥미로운 부분은 서구 근대 자본주의와 형식적-합리적 법 사이의 관계에 대한 베버의 설명이다.

베버는 형식적-합리적 법과 근대 서구 자본주의가 합리성이라는 공통 속성으로 인해 강한 친화력을 갖는다고 보았다. 근대 서구 자본주의는 예측 가능성과 계산 가능성에 근거한 효율적 경제행위 체계인데, 형식적-합리적 법은 이런 경제행위가 가능하게 해주는 제도적 토대가 된다(Weber, 1978ㄱ : 883). 형식적-합리적 법은 사회의 구조적 개입을 배제하고 교환 경제의 안정된 토대와 법적 안정성을 제공한다(Savelsberg, 1992 : 1348). 생산과정의 계산 가능성은 생산수단과 노동에 대한 기업가의 통제를 보장해주는 형식적-합리적 법의 제도적 기초가 있기 때문에 가능하다(Brubaker, 1984 : 12). 따라서 근대 서구에서 등장한 형식적-합리적 법은 근대 서구 자본주의 발전에 결정적 역할을 한 셈이 된다.[9]

---

9 베버는 실질적이고 때로는 비합리적인 성격의 관습법(common law)을 갖는 영국에서 자본주의가 먼저 발생해 크게 발전했다는 사실을 논의하고 그 요인을 자세히 분석했

근대 역사를 돌이켜볼 때 형식적-합리적 법은 인류 역사상 가장 효율적인 경제체제 등장에 기여하기도 했지만, 무엇보다 법의 지배(rule of law)를 통해 인간의 기본 권리가 보장되는 정치체제가 수립되는 데 큰 공헌을 했다. 가장 근대적 권위 형태인 합리적-법적 권위와 가장 합리적 조직 원리인 관료제는 바로 형식적-합리적 법이 있기 때문에 가능하다(Weber, 1978ㄱ : 217~223). 그리고 사회관계의 구성 원칙을 '신분에서 계약으로' 전환하면서 근대 시민사회 출발에 기여했다(김철, 2010 : 16 각주 7).

자유와 평등의 가치에 기초한 개인 권리가 보장될 수 있는 것은 법의 형식성과 합리성으로 인해 법의 자율성(autonomy)이 확보되기 때문이다. 형식적-합리적 법에서는 법 행위가 법 내부 기준만을 고려해 이뤄지고 기존에 확립된 규칙만을 따르기 때문에 자율적인 법이 된다. 법체계가 외부 영향에서 독립적일 수 있게 되기 때문이다. 법의 자율성이 가능하려면 법체계가 법 밖의 영향, 즉 모든 사회·경제·정치 영역의 권력과 권위에서 자유로워야 하며, 심지어 사회규범과 윤리로부터도 자유로워야 한다(신동준, 2003 : 203~204). 법의 형식성과 합리성은 사회에서의 영향력을 차단해 스스로 자율적 체계가 될 수 있도록 한다. 그리고 바로 이 점이 고도의 예측 가능성과 계산 가능성을 확보할 수 있는 이유다.

다(Weber, 1978ㄱ, 890~892, 977). 자본주의와 법의 관계에 대한 베버의 이론과 맞지 않아 보이는 이른바 "영국 문제(England problem)"는 많은 학자들의 논쟁 대상이 됐다(예를 들어, Trubek, 1972 ; Treiber, 1985 ; Ewing, 1987). 이는 베버의 법사회학에서 중요한 주제이기는 하지만 여기서는 지면의 한계와 글의 흐름을 고려해 다루지 않기로 한다.

베버는 이런 형식적-합리적 법의 특징이 중요한 한계를 낳는다는 점을 명확히 인식했다. 형식적-합리적 법은 사회적 지위나 신분에 상관없이 자발적 동의에 의해 계약을 맺을 수 있는 제도적 장치가 된다. 베버는 "(형식적으로) 자유로운 노동의 합리적 자본주의 원리에 따른 조직"을 근대 서구 자본주의를 구분 짓는 중요한 특징으로 지목했다(Weber, 1958 : 21). 근대의 합리적 자본주의를 가능하게 한 "정확한 계산 가능성은 오로지 자유노동을 기반으로 가능했다"는 것이다(윗글 : 22). 그런데 자본주의 아래 노동계약은 실질적으로 노동자가 자신의 노동조건을 결정할 자유를 박탈한다는 점을 베버는 지적한다(Weber, 1978ㄱ : 729). 즉 계약의 자유를 형식적으로 보장하지만 결과적으로 특정 집단이 실질적 이해를 추구할 자유를 침해한다는 것이다.

전통 사회 신분에 따른 차이를 법적 결정에 고려하지 않는다는 점에서 형식적-합리적 법은 큰 진전을 이뤘다고 할 수 있다. 하지만 이 합리적인 법은 부의 분배와 경제력에서의 차이 역시 고려하지 않으면서 오히려 경제력의 불평등한 분배를 보장하고 노동자를 착취하는 결과를 낳는다(Treviño, 1996 : 201). 형식적-합리적 법은 자율성을 확보하기 때문에 사회적 지위나 경제적 지위 차이는 고려 대상이 되지 않는다. 그런데 현실에서는 엄연히 불평등이 존재하기 때문에 법의 형식적 적용이 사회경제적 약자에게 불리하게 작용해 오히려 사회 정의를 위배하는 결과를 낳게 된다(Lempert·Sanders, 1986 : 425).

이 점이 베버가 파악한 형식적-합리적 법의 결정적 한계이자 문제 가운데 하나다. 베버의 이념형에 따르면 형식적-합리적 법은 외부 영향에서 완전히 자유로워야 하며 법의 내부 기준만을 고려해야 한다.

다시 말하면 법 외부의 사회·윤리·정치·경제 영역에서의 요구들이 고려되어서는 안 된다는 것이다. 이는 법의 형식성과 합리성을 담보하려면 당연히 취해야 할 원칙이다. 하지만 현실의 다양한 요구가 존재하며, 법이 사회와 완전히 괴리된 완벽히 자기 충족적 체계로 존재할 수는 없고 그래서도 안 되기 때문에, 특히 법의 형식성에서 나오는 경직성이 경험적 수준에서는 매우 중요한 쟁점이 된다.

그래서 학자들은 사회 변화에 따른 실질적 요구에 법이 신축적으로 대응할 필요성을 강조하고(Nonet and Selznick, 1978), 사회 불평등의 문제를 극복하려고 실질적 정의를 지향하는 복지국가의 법적 질서가 대두되는 경향에 주목하기도 했다(Unger, 1976). 즉 현대사회가 발전해가면서 법의 "실질 합리화" 추세가 나타난다는 것으로, 예를 들어 노동계급과 이익집단의 조직화 등이 이런 추세를 낳은 중요한 사회구조적 조건으로 거론된다(Savelsberg, 1992 : 1354~1357). 베버는 "'정의'와 '인간 존엄'같이 감정으로 채색된 윤리적 원리에 바탕을 둬야 한다는 사회법의 새로운 요구"가 당시 계급 문제와 함께 나타났다는 점을 지적했다(Weber, 1978ㄱ : 886). 사실 베버가 볼 때 이런 실질 합리화 경향은 법의 합리화 과정에서 태생적으로 존재할 수밖에 없는 현상이다. 그리고 이는 관료화와 전문화 경향과 민주화 흐름 사이의 긴장으로 볼 수도 있다(Treiber, 1985 : 839).

베버는 근대법의 발전에서 형식주의에 반대하는 경향도 분명히 존재함을 밝히면서, 법규범과 당사자들의 '의미'와 '의도'가 중요하게 고려될 수밖에 없기 때문이라는 점을 지적했다(Weber, 1978ㄱ : 884~885). 베버는 형법을 예로 들면서 법의 합리화로 형벌이 단순히 범죄자에 대한 복수가 아닌 윤리적 내지는 공리적 목적에 의거해 내려짐으로써 자연스럽게 비형식적 요소가 들어오게 됐다고 본다. 또한 법의 형식성에 대한 필요성이 법 명제의 '의미'와 실질적 결과를 지향하는 일반인들의 이해에 필연적으로 상충한다고 주장했다. 법의 합리화로 일반인들은 법에 더 무지해지고 법 전문가들에게 전적으로 의존해야만 함으로써, 자신의 삶에 대한 통제력과 자율성을 불가피하게 상실하게 된다는 형식적-합리적 법의 본질적인 문제점이 이와 관련된다(김명숙, 2003 : 136~138). 결론적으로 베버는 "특정 사회 계급 이해와 이데올로기에 따른 실질적 정의에 대한 요구, 권위적이거나 민주적 정치 권위 형태에 맞는 법의 목적에 대한 고려, 일반인들이 이해할 수 있는 사법 체계에 대한 요구, 법률가들의 권력 야망" 등이 법의 반형식적(antiformal) 경향을 낳는다고 분석했다(Weber, 1978ㄱ : 894).

서구의 합리화 과정에서 가장 합리적 법 형태인 형식적-합리적 법이 나타났지만 그 본질적인 한계로 실질적-합리적 법에 대한 요구가 끊임없이 대두된다. 베버는 형식 합리성과 실질 합리성 간의 긴장과 딜레마는 현대사회법에 상존하는 본질적인 문제라고 지적했다. 서구 근대화 과정에서 법의 형식 합리화는 법 외부 요인들이 법의 영역에 침투하지 못하게 함으로써 개인의 자유와 평등 확대에 크게 기여했다. 그리고 경제활동의 예측 가능성과 계산 가능성을 보장하면서 가장 합리적인 경제체제인 서구 자본주의의 성장과 발전에도 큰 역할을 기여했다. 형식적-합리적 법은 전통 사회 신분에 따른 불평등에서 자유로웠지만, 자본주의 발전과 함께 커져간 경제적 불평등의 영향을 배제하는 데에는 무력했다고 할 수 있다. 베버는 "형식적 '법 앞의 평등'은 특히 무산대중의 이익에 봉사하지 못하고 부르주아의 이해관계는 '계산가능'한 사법과 행정을 요구한다"는 점을 지적하면서 이런 문제점을 명확히 짚었다(윗글 : 980).

자유시장경제체제에서는 공정한 경쟁이 보장되기 때문에 개인의 경제적 위치는 개인의 노력에 따라 얻어지는 것으로 간주한다. 하지만 '공정한' 경쟁의 의미는 논쟁적일 수 있다. 현실에서는 '빈익빈 부익부' 현상과 부의 세습 경향이 뚜렷하기 때문이다. 경제적 지위는 형식적으로는 개인의 노력으로 성취하는 것으로 보이지만 출신 가정의 경제적 위치에 따라 결정되는, 실질적으로는 타고나는 지위가 되는 경향도 있음을 부정하기는 어렵다. 따라서 형식적-합리적 법은 경제적 불평등 영향에 그대로 노출이 되면서 오히려 사회경제적 불평등을 심화하는 역할을 할 수 있다. 이런 문제의식에서 법의 실질 합리화 추세가 나타났다고 볼 수도 있다. 자본주의의 문제점을 정치적으로 해결하려는 복지국가의 대두는 법의 실질 합리화와 흐름을 같이한다.

실질 합리화 경향은 어쩔 수 없이 법의 형식성을 해치는 결과를 낳는다. 법적 결정과 행위에 정치적·사회적·경제적 고려가 작용하면서 사회 불평등이 의도치 않게 법의 영역으로 스며들 수 있다. 양형 격차가 그 예로, 법의 실질 합리화 경향에 따라 형량을 정할 때 피고인의 여러 가지 사정을 고려하는 관행이 결과적으로는 인종이나 계급 등의 사회경제적 지위에 따른 양형 불평등이 발생하는 문제를 낳게 됐다(Savelsberg, 1992 : 1349). 즉 사회경제적 상층이 법정에서 상대적으로 유리한 판결을 받는 체계적 경향이 발견된다는 것이다. 결국 사회경제적 불평등이 존재하는 상황에서 법 외적인 요인을 고려하는 실질화 경향은 사회경제적 강자에게 유리하게 법이 작동하는 결과를 낳는다.

하지만 이런 실질 합리화의 명확한 경향에도 베버는 현대사회에서 법의 형식 합리화는 피할 수 없는 대세라고 봤다. 그래서 "법의 기술적 요소와 전문가 영역으로서의 특성이 중단되지 않고 성장할 것"이며, "편리주의적 고려에서 계속 변형하겠지만 결국 법이 합리적·기술적 장치라는 생각은 필연적으로 확장될 것"이고, "내용의 성스러움은 결여될 것"이라고 주장했다(Weber, 1978ㄱ : 895). 따라서 베버에 의하면 현대사회의 주요한 구조적 조건이자 제도적 맥락인 법은 형식 합리성으로 특징 지어진다고 할 수 있다. 그렇다면 형식적-합리적 법의 맥락에서 개인들은 어떤 '의미'와 '의도'에서 행위를 할 것이며 그 행위의 사회적 결과는 무엇일지를 실질 합리화 경향과의 긴장 관계를 함께 고려해 생각해보는 것이 베버의 법사회학에 입각해 현대사회를 진단하는 하나의 유용한 방식이 될 수 있을 것이다.

4. 자본주의 사회의 법과 행위 합리성

여기서 다시 게임이론 모형을 예시로 합리적 법과 합리적 행위를 생각해보자. 형식적-합리적 법은 현대사회를 사는 행위자들의 중요한 게임 규칙이자 제도적 환경으로 작동한다. 베버는 정당한 질서를 지지하는 행위자의 외적 동기 및 행위 지향에 법과 관습이 큰 역할을 한다고 봤다(Kalberg, 1994 : 37~38). 베버의 네 가지 사회 행위 이념형 가운데 가치 합리적 행위와 도구 합리적 행위는 합리적 행위 유형에 해당한다(Weber, 1978ㄱ : 24~26). 도구 합리적 행위에서는 합리적으로 추구되고 계산된 목적을 달성하려고 수단이 합리적으로 선택된다. 따라서 행위 목적과 수단이 모두 합리적으로 정해진다. 반면 가치 합리적 행위는 성공 여부와 관계없이 윤리적·미적·종교적 행동 자체의 가치에 대한 의식적 믿음에 따른다. 따라서 전형적으로 도구 합리적 행위는 수단-목적 합리성 내지는 실용 합리성에 근거하는 반면, 가치 합리적 행위는 실질 합리성에 의해 추동되는 경향이 있다(Kalberg, 1980 : 1160). 그리고 형식 합리성은 전형적으로 도구 합리적 행위로 나타난다(김덕영, 2012 : 666).

게임이론 모형에서 가정하는 행위자의 합리적 선택은 베버의 도구 합리적 행위에 해당한다고 볼 수 있다. 여기서 합리적 행위자는 이득 극대화라는 명확한 목적을 가지며, 이를 위한 가장 합리적 수단으로 전략적 행위를 선택하기 때문이다. 베버는 합리화의 큰 흐름에서 사회 행위 역시 합리적 유형의 행위가 지배적이 됐으며, 특히 자본주의 발전과 함께 도구 합리적 행위가 현대인의 전형적 행위 형태가 된다고 봤다. 따라서 현대사회는 형식적-합리적 법이라는 맥락에서 개인들의 도구 합리적 행위로 특징지어진다고 할 수 있다. 그리고 개인의 도구 합리적 행위는 형식적-합리적 법을 뒷받침하고, 형식적-합리적 법은 개인의 도구 합리성을 극대화하는 여건으로 기능한다.

앞서 살펴본 두 기업 간의 게임 모형을 예로 들어보자. 두 기업이 서로 격리되어 있다는 게임 규칙은 현실성이 적다. 분명 두 기업은 서로의 행위를 관찰하고 예측할 위치에 있으며, 직간접적으로 의사소통이 가능할 것이다. 그렇다고 하더라도 게임 모형에 따르면, 이 두 기업은 이득 극대화를 위해 시장을 지배해야 할 강력한 동기가 있기 때문에 협력 전략을 택할 가능성은 없다. 하지만 두 기업이 시장을 나눠 지배하는 상황이라면, 최소한 단기적으로는 경쟁의 적절한 조절을 통해 시장의 현재 상태(status quo)를 유지하면서 이득을 나누는 전략을 취하는 것이 그들로서는 합리적 선택일 수 있다. 지나친 출혈을 감내하면서 극단적 경쟁을 하는 것이 비효율적이면서도 위험한 전략일 수도 있기 때문이다.

따라서 행위자에 대한 규칙을 현실화해 두 기업이 서로 격리되지 않는다고 한다면 오히려 이들의 합리적 전략은 배신이 아닌 협력이 될 수 있다. 즉 기업들이 담합을 통해 연구 개발에 투자하지 않으면서 제품의 일정 가격을 유지하기로 할 수 있으며, 이는 기업들이 협력을 통해 집합적으로 합리적 결과를 낳는 예가 된다. 그리고 사회 다수를 차지하는 소비자에게는 비합리적인 결과가 되어버린다. 뿐만 아니라 자유시장경제 체제의 효율과 발전을 크게 저해하는 요인이 된다. 이 때문에 국가는 담합을 금지하는 법을 제정하고 집행하면서 기업들 간의 공정한 경쟁이 이루어지도록 한다. 따라서 담합을 금지하는 법은 게임 모형에서 행위자에게 제도적 제약으로 작동하지만 자본주의 시장경제 체제에서는 합리적-형식법의 틀에 따른다고 할 수 있다.

그런데 공정한 경쟁을 보장하려고 담합을 금지하는 법의 논리를 형식성 원칙에 따라 모든 행위자의 집합 행동에 적용한다면 어떻게 될까? 베버가 제기한 노동계약법의 문제가 이 같은 맥락에 있다고 볼 수 있다. 계약 당사자를 동등하게 보는 법의 입장은 실제 사회에서 불평등 상황을 고려하지 않음으로써 결과적으로 사회 약자에게 부당한 결과를 낳는다. 예를 들어 19세기 말에 자유주의 입장의 미국 법원이 노동쟁의를 강력히 탄압했는데, 노동자들의 단체 행동이 기업가들의 재산권을 집단의 힘으로 부당하게 침해한다고 판단했기 때문이다(Forbath, 1991). 그리고 당시 독점재벌을 규제하려는 셔먼반독점법(Sherman Antitrust Act)을 노동자 파업에 동일한 논리로 적용해 위법 판결을 내리기도 했다. 이 또한 노동자와 고용주 양자 사이의 힘의 불균형을 고려하지 않고 동등한 위치에 두는 형식적 법 적용의 사례라고 할 수 있다.

다리 밑에서 노숙하는 것을 금지하는 법이 부자에게나 가난한 사람에게나 동등하게 적용된다고 과연 이 법을 공정하다고 할 수 있는지에 대한 아나톨 프랑스(Anatole France)의 문제 제기는 법의 형식성에 대한 날카로운 비판을 함축한다(Shapiro·Hacker-Cordón, 1999 : 16). 거지뿐 아니라 부자도 똑같이 다리 밑에서 잠을 잘 수 없으니 공평한 것이라고 할 수 있겠느냐는 것이다. 법에서 보호하는 형식적 자유와 평등 개념이 반드시 '진정한 의미'의 자유와 평등을 의미하는 것은 아니다. 부의 불평등한 배분에 대한 법적 보호는 교섭력의 불평등을 낳는다(Brubaker, 1984 : 19). 따라서 현실적으로는 고용주와 노동자가 노동조건과 임금을 경쟁 시장 원칙에 준해 협상할 수 없기 때문에 개개인으로서는 약자인 노동자들의 단체 행동 권리를 인정해줘야 한다는 논리도 이런 맥락에서 이해된다(Lempert and Sanders, 1986 : 342). 약자의 집합행동은 형식적-합리적 법의 테두리에서 스스로의 이익과 권리를 보호하고 사회적으로 비합리한 결과를 예방하려는 매우 중요한 수단이 된다.

다시 게임이론 모형으로 돌아가서 형식적-합리적 법이 게임 규칙을 정하는 틀이라면 그 안에서 행위자들은 어떤 선택을 하는 것이 합리적

인지 생각해보자. 일단 행위자들이 서로 격리되어 있다는 비현실적 규칙을 바꿔 의사소통을 통한 행위 조율과 더 나아가 집합행동이 가능하다는 현실적인 가정을 하자. 앞서 제시한 단순한 형태의 게임이론 모형에서는 행위자들이 동등한 위치에 있는 것으로 상정되지만, 여기서는 현실에 맞게 행위자들의 권력이 동등하지 않다고 가정을 해보자. 사실 합리적 선택이론에서 자원 희소성과 불균등한 배분은 행위 제약 조건으로 중요하게 고려된다(Ritzer, 1996 : 401~402). 그리고 추상화 수준을 높여서 게임이론 모형의 틀에서 다수 행위자들이 다양한 행위를 지속적으로 한다고 전제해보자. 베버는 사회 행위를 이해하고 설명할 때 고립된 개인의 단발적 행위 지향보다는 행위의 규칙성과 경향성에 주목했다고 볼 수 있다(Kalberg, 1980 : 1148).[10] 따라서 게임이론 모형을 베버의 행위 모형에 가깝게 추상적 수준에서 구성해 생각해보는 것이다.

자원의 희소성과 불평등한 배분을 전제할 때 사회경제적 불평등이 행위자의 합리적 선택에 큰 영향을 미칠 것임은 자명해 보인다. 법의 형식성이 갖는 한계와 문제점에 대한 베버의 지적에서 볼 수 있듯, 법 외부에 있는 모든 사회적 요인을 배제하는 형식적-합리적 법의 규칙 아래 사회경제적 권력을 가진 행위자는 그렇지 못한 행위자에 비해 일반적으로 유리한 위치에 있을 것이다. 그래서 사회경제적 하층 집단은 실질 합리화를 원하지만, 상층 집단은 형식 합리성을 극대화할 강한

10 사실 이 점이 합리적 선택이론의 행위 모형과 베버의 행위 모형을 구분하는 결정적 차이라고 할 수 있다. 물론 게임이론 모형에서도 반복적인 게임에 주목하기는 하지만, 베버는 기본 행위 모형에서부터 매우 추상적이고 일반적 수준에서 행위의 규칙성과 경향성을 가정한다.

동기가 있다(Brubaker, 1984 : 43). 개인 이득을 극대화하는 도구 합리성을 추구하는 사회에서 가장 이득을 보는 사람들은 일반적으로 사회경제적인 강자들일 가능성이 크다. 공정한 경쟁이 반드시 정의로운 결과를 낳는 것은 아니기 때문이다. 이때 사회경제적 약자들이 취할 수 있는 전략은 집합행동이다. 서로 행위를 조율하면서 개인의 합리성이 그들에게 집합의 비합리성으로 나아가는 것을 막고 수의 우위로 권력 열세를 만회하는 것이다.

이제 이 모형을 현실에 적용해보자. 이때 신자유주의적 자본주의 체제는 추가적으로 고려해야 할 중요한 행위 맥락이자 게임 규칙이 될 것이다. 이는 사실 게임이론 모형이 전제하는 규칙에 상당히 가까워보인다. 희소한 자원이 불평등하게 분배된 상황에서 도구 합리적 행위는 늘 사회경제적 강자에게 유리하게 작용한다. 그리고 도구 합리성에 따라 개별적으로 행위할 때 사회경제적 약자는 늘 불리하다.

행위 맥락에서 희소한 자원의 불평등한 배분을 최소한 일시적으로라도 완화할 방법은 약자들의 연대다. 예를 들어 개별 노동자는 고용주가 제안하는 임금이나 노동조건을 받아들이는 것이 합리적이다. 왜냐하면 노동 유연화라는 게임 규칙에서 고용주의 제안을 거부한다면 얼마든지 다른 사람이 자신의 자리를 대체할 것이기 때문이다. 그래서 이 모형에서는 사회경제적 약자가 집합적으로 합리적 결과를 얻으려면 스스로를 조직화해 집합행동을 하는 것이 필요하다. 하지만 강자들은 약자들에게 "가만히 있으라"고 한다. 그것이 안전하고, 그렇지 않으면 경제가, 사회가, 우리 모두가 위험하다고 한다. 강자들의 집합행동은 언제나 효율적이고 강력한 반면, 약자들의 집합행동은 지극히 비효율적이고 강자들에 의해 쉽게 저지된다. 게임 규칙은 결국 강자들을 위한 규칙이 된다.

5. 나가면서

베버가 가장 합리적인 법의 유형이라고 본 형식적-합리적 법은 외부 영향에서 철저히 독립적이 됨으로써 고도의 자율성과 예측 가능성을 성취했지만, 그만큼 사회 요구에 적절히 대응하지 못하는 경직성을 보인다. 형식적-합리적 법은 전통 사회 신분에 따른 불평등의 영향을 효과적으로 차단했지만 자본주의 사회에서 갈수록 심화하는 경제적 불평등 문제는 고려하지 않으면서 오히려 경제적 불평등을 악화하는 데 기여하는 등 문제를 낳았다. 베버는 이 점을 지적하며 법의 실질 합리화 경향이 늘 존재할 수밖에 없으며, 형식 합리성과 실질 합리성 사이의 딜레마가 현대 법의 숙명임을 강조했다.

하지만 형식적-합리적 법이 현대 법의 지배적 속성이 될 것이라는 입장을 베버는 확고히 가졌다. 그리고 산업자본주의 경제체제와 형식적-합리적 법이라는 법체계 사이의 친화력을 강조했다. 실질 합리화의 경향이 물론 존재하고, 특히 복지국가 시대에는 강력한 영향력을 발휘했지만, 신자유주의 이데올로기로 무장해 '순수' 자본주의로 회귀하는 현실에서 법의 형식성은 더욱 강화될 것으로 보인다(김철, 2010).

죄수의 딜레마 게임은 행위자 개개인의 합리적 선택이 집합으로서는 비합리적 결과가 됨을 예시한다. 이 모형을 원용해 기업을 행위자로 상정한 게임에서도 개별 기업의 합리적 선택은 집합적 비합리성을 낳지만, 대상을 전체 사회로 확대해보면 오히려 합리적 결과가 됨을 봤다. 하지만 여기서는 중요한 게임의 규칙, 즉 행위자 사이의 교류가 존재하지 않는다는 가정이 전제됐을 때에만 그런 결과가 예측되며, 기업의 담합이 있을 수 있다는 현실적 상황에서 그들에게 집합적으로는 합리적이나 사회 전체로서는 비합리적 결과가 나올 수 있음을 알게 됐다. 따라서 이 경우 담합을 금지하는 법은 집합적 합리성을 확보하려는 방편으로서 큰 역할을 한다. 형식적-합리적 법 같은 게임 규칙이 게임이론의 행위 모형에서 중요하게 고려돼야 할 제도적 제약인 것이다.

하지만 베버는 형식적-합리적 법이라는 게임 규칙에서 '합리적' 행위의 집합적 결과는 결국 비합리성을 낳게 된다고 주장했다. 구체적으로 사회경제적 약자는 사회경제적 강자에 비해 늘 불리한 위치에 있게 된다는 점을 지적하고, 이것이 '실질 합리화' 요구를 낳는다고 봤다. 이런 요구가 실현되려면, 그리고 사회경제적 약자 상황을 개선하려면 약자들의 집합행동이 필요하다. 하지만 형식적-합리적 법의 규칙에서 집합행동이라는 전략은 '합리적' 행위자 개개인에게 비합리적인 선택이 되는 경향이 크다. '무임승차' 문제는, 특히 약자들의 집합행동에서 전형적으로 나타나는 반면, 강자들의 집합행동은 상대적으로 용이하며 효율적이다.

형식적-합리적 법의 실질 합리화는 법 외부 영향이 다시 법체계 안으로 스며드는 여지를 주면서 또 다른 문제를 낳는다. 예를 들어 형사재판에서 흔히 '정상을 참작'해 감형을 하기도 하며, 판사 재량은 기계적 법 적용이 정의를 해치는 경우를 보완하려는 방편이 된다. 하지만 이런 관행이 사회경제적 강자에게는 관대하고 사회경제적 약자에게는 가혹한 판결이 내려지는 부당한 양형 격차를 낳는 원인이 되기도 한다. 그래서 이런 실질 합리화의 문제점에 대한 반동으로 판사 재량권을 크게 제한하려는 법형식주의가 다시 대두되는 경향이 나타난다(Savelsberg, 1992).

따라서 베버가 오래전에 간파한 바와 같이 법의 형식화는 강하고 거대한 흐름으로 계속될 것이다. 실질 합리화의 요구와 압력은 시대에 따라 강도를 달리하며 계속될 것이지만 이런 흐름을 근본적으로 바꾸지는 못할 것이다. 자본주의라는 유사 이래 가장 합리적인 경제 운용 방식은 최근 신자유주의로 더욱 강화됐고, 따라서 형식적-합리적 법에 대한 요구는 더욱 커질 것으로 보인다. 오늘날 개인 행위는 신자유주의 시장경제체제와 형식적-합리적 법이라는 제도적 토양에서 이루어진다.

형식적-합리적 법체계는 "기술 합리적 기계"처럼 작동하며(Weber, 1978ㄱ : 811), 다소 극단적으로 이야기하면 이런 체계에서 법률가는 "사건 기록을 수임료와 함께 넣으면 의견과 함께 판결이 튀어나오는 마치 자동판매기" 같다(윗글 : 886). 그리고 법의 기술적 요소가 발달하면서 일반인들은 법률 전문가들에게 점점 더 종속되고 자신의 행동에 대한 자율성을 상실한다(윗글 : 895 ; Kronman, 1983 : 173~175). 형식 합리성이 세계를 지배하면서 이는 현대를 사는 모든 사람들이 직면하는 근본 문제가 되나 사람들은 문제로 인식조차 하지 못한다. 베버에 따르면 서구 근대 문명 합리화로 형식 합리성이 지배하면서 사회를 규제할 내용적 체계는 사라지고 형식만이 남게 됐고, 이 과정으로 사회관계가 물상화됐다(전성우, 1992 : 55). 행위의 '의미'는 실종되는 것이다.

베버의 법사회학 역시 그의 근본적인 문제의식으로 수렴한다.

베버는 개인의 세속적 이익으로 세상을 바라보는 태도를 실용 합리성이라 불렀고(Weber, 1958 : 77), 이러한 합리성은 도구 합리적 행위를 가능하게 한다(Kalberg, 1980 : 1152). 이것이 합리적 선택이론에서 가정하는 합리성 형태일 것이다. 또한 베버는 도구 합리적으로 자신의 이익을 계산하는 행위 지향도 규칙적 행위 양식과 '질서'를 낳을 수 있다고 봤다(Kalberg, 1994 : 32~35). 합리적 선택이론은 행위자의 가치, 신념, 의미를 고려하지 못한다는 점이 결정적 한계로 지적된다(Boudon, 1998 ; 2003). 하지만 자본주의가 행위의 동기와 목적을 결정하는 현실에서 합리적 선택이론의 설명력은 점점 더 커질 것으로 보인다. 게임이론 모형으로 대표되는 합리적 선택이론 문제는 개인의 합리적 선택이 집합적으로 비합리적 결과가 나오는 딜레마에 있는 것만은 아니다. 가치, 신념, 의미를 상실한 행위자를 상정한다는 본원적 문제를 안는다. 그런데 거꾸로 생각해서 만약 현실에서 실제로 대부분의 행위자가 가치, 신념, 의미를 상실한다면, 이 이론은 매우 좋은 행위 설명 모형이 되어버린다.

물론 이념형이라는 이론적 개념으로 무한히 복잡한 경험 세계를 모두 제대로 반영할 수는 없다. 하지만 이는 우리 사회 현실을 뚜렷이 드러내주는 역할을 해준다. 이제 우리 사회의 경우를 살펴보자. 먼저 우리는 과연 사회에서 법이 충분히 형식 합리적인가를 물어야 한다. 어쩌면 베버가 이야기하는 형식적-합리적 법의 폐해를 우리 사회에서 논하는 것은 경험 타당성이 떨어질 수 있다. 우리 사회에서 형식적-합리적 법은 말 그대로 '이념형'일 뿐일 수 있다. 법체계가 전통 굴레에서 자유롭지 못해 법의 합리성과 근대성이 충분히 확보되지 않은 상태에서 실질 합리화 경향은 오히려 법이 사회경제적 강자에게 체계적으로 유리하게 작동할 가능성을 한층 강화한다.[11] 우리 사회의 모든 문제와 부조리가 집약되어 일어난 세월호 대참사의 진상을 조사하려는 위원회에 수사권과 기소권을 부여할 것을 왜 그토록 요구했겠는가? 우리나라 법의 형식 합리성에 신뢰가 없기 때문일 것이다. 그리고 그런 불신은 충분한 경험 근거를 갖는다.

불완전한 형식적-합리적 법의 틀에 신자유주의적 자본주의가 지배하는 상황에서, 경제적 이득의 극대화라는 목표 외에는 모든 가치, 신념, 의미를 상실한 행위자들이 나름대로 합리적으로 행위하려고 발버둥친다. "삶 때문에 살아야 할 뜻을 잃은 것이다."(뒤르켐, 1980 : 158) 베버의 가치 정합성 논리에 따르면 가치 체계와 관련해 의미 있는 것만이 사회학 연구 대상이 된다(김동노, 1994 : 151). 그는 인간 행위의 의미를 이해하는 것이 사회학적 방법론의 핵심이자 사회학의 목적이라고 봤다. 그러나 인간 행위의 의미가 오로지 경제적 이해로 환원되는 역사적 경향과 사회적 맥락에서 사회학은 무엇을 할 수 있는가? 인간 행위의 이해와 예측에서 사회학은 불필요해지고 경제학으로 충분해진다. 그리고 예측이 되면 힘 없는 자는 순응하려 하지만 힘 있는 자는 통제하려 한다.

실용 합리성에 따른 도구 합리적 행위, 혹은 수단-목적 합리적 행위의 실질적 의미, 내용, 결과는 결국 행위자가 어떤 목적을 갖는지, 이

---

11 이와 관련해서 이 책의 박영신의 글과 문상석의 글을 참조할 것.

목적이 어떤 궁극적 목적을 지향하는지에 달렸다. 그리고 '궁극적 목적'은 결국 행위자의 궁극적 가치에 따라 정해지는 것이다. 그 가치는 세상과 삶을 행위자가 어떤 의미로 파악하는지에 달려 있다. 그래서 "세상과 삶이 의미가 있다면, 그것은 무엇이 되어야 하며 그에 따른 세상은 어떠해야 하는가?"라는 궁극적 질문은 탈주술화된 현대에서도 여전히 유효하며 오히려 더 강력한 울림으로 다가온다(Weber, 1978ㄱ: 451). "수단의 물음"이 아닌 "가치와 목적의 물음"을 던지며 살아가야 할 당위성의 근거이기도 하다(박영신, 2013).

우리 사회에서 "무엇이 공동 선이며 바람직한 사회적 행위인가, 그리고 공동체의 목표는 어떻게 설정되어야 하며 어떤 것을 우선순위로 다루어야 하는가, 이 목표를 달성하려면 어떤 통로를 거쳐 어떻게 물적 및 비물적 자원을 동원하고 배분해야 하는가 하는 물음들"이 필요하다(박영신, 1995 : 92). 하지만 이처럼 가치 합리성에서 나오는 의미 있는 목적 합리적 물음들은 예전에도 없었고, 지금도 없고, 앞으로도 한동안은 없을 것만 같다. '각자도생'의 이데올로기만이 갈수록 널리 퍼지며 사람들은 그 경험적 타당성을 현실에서 처절히 확인하고 있을 뿐이다. "궁극적 목적 윤리"에 대한 관심은 희미해졌고, 따라서 행위자에게 "책임 윤리"에 대한 고민은 무의미해 보인다(Weber, 1946ㄱ : 120~121).

하지만 베버는 "자율적 인격체로서의 인간 개개인의 자유"라는 가치에 집착했다(전성우, 1992 : 59). 원칙에 의거한 도덕적 판단과 이에 따른 실천을 가능하게 하기 때문에 자율성을 매우 중요한 가치로 주목했다는 것이다. 그리고 "주체적 삶과 행위 의지 및 능력을 지닌 주권적 개인"이 바로 베버 사회학의 기초이자 전제였다고 할 수 있다(김덕영, 2012 : 644). 베버는 합리화와 탈주술화의 산물인 '가치 다신주의' 아래에서 인간의 주관적이고 주체적인 결단과 선택이 요구된다는 점을 간파했다(김덕영, 2012 : 720~725). 그는 "모든 희망이 무너졌을지라도 이를 용감히 마주하며" 불가능을 추구할 수 있는 "굳건한 마음"을 가질 것을 우리에게 요구했다(Weber, 1946ㄱ : 128). "얇은 외투"가 "쇠우리"가 되어버린 참담한 현실과 암울한 미래에도(Weber, 1958 : 181), 인간 의식의 근본 심연에 엄연히 자리한 주체성, 그 실낱같은 희망의 끈을 놓지 말아야 함을 100여 년 전 베버는 웅변하는 것이다.

| 참고 문헌 |

김덕영, 《막스 베버, 이 사람을 보라》, 인물과사상사, 2008.

김동노, 〈현대사회 형성에 있어서 합리성의 문제 : 막스 베버의 종교—역사사회학의 이론적 재구성〉, 《연세사회학》, 14호, 1994, 149~176쪽.

김명숙, 《막스 베버의 법사회학》, 한울아카데미, 2003.

김용학, 《사회구조와 행위》, 나남, 1992.

김철, 〈공법에 있어서의 경제적 보수주의와 경제적 자유주의의 순환 : 경제공법에서의 패러다임의 재성찰〉, 《사회이론》, 37호, 2010, 3~40쪽.

뒤르켐, 에밀, 〈개인주의와 지성인〉, 박영신 옮김, 《변동의 사회학》, 학문과 사상사, 1980.

부동, 레이몽, 《사회변동과 사회학》, 민문홍 옮김, 한길사, 2011.

박영신, 〈삶의 이론 : '물음 행위'의 풀이〉, 《사회이론》, 44호, 2013, 3~34쪽.

——, 《우리 사회의 성찰적 인식—전통, 구조, 과정》, 현상과인식, 1995.

신동준, 〈양형 개혁에 대한 법체계의 반응 : 미 연방 양형지침서의 사회체계이론적 분석〉, 《한국사회학》, 37집 2호, 2003, 201~230쪽.

이원재, 〈죄수의 딜레마, 기저귀의 딜레마〉, 《한겨레21》, 제617호, 2006. 7.

전성우, 〈막스 베버의 근대사회론〉, 유석춘 엮음, 《막스 베버와 동양사회》, 나남, 1992.

Boudon, Raymond, "Limitation of Rational Choice Theory", *American Journal of Sociology*, 104권 3호(1998), pp. 817~828.

——, "Beyond Rational Choice Theory", *Annual Review of Sociology*, 29권(2003), pp. 1~21.

Brubaker, Rogers, *The Limits of Rationality : An Essay on the Social and Moral Thought of Max Weber* (London : George Allen & Unwin, 1984).

Ewing, Sally, "Formal Justice and the Spirit of Capitalism : Max Weber's Sociology of Law", *Law & Society*, 21권 3호 (1987), pp. 487~512.

Forbath, William E., *Law and the Shaping of the American Labor Movement* (Cambridge : Harvard University Press, 1991).

Hechter, Michael and Satoshi Kanazawa, "Sociological Rational Choice Theory", *Annual Review of Sociology*, 29권 (1997), pp. 191~214.

Kalberg, Stephen, "Max Weber's Types of Rationality : Cornerstones for the Analysis of Rationalization Processes in History", *American Journal of Sociology*, 85권 5호 (1980), pp. 1145~1179.

——, *Max Weber's Comparative-Historical Sociology* (Chicago, University of Chicago Press, 1994).

Kronman, Anthony T., *Max Weber* (Stanford : Stanford University Press, 1983).

Lempert, Richard and Joseph Sanders, *An Invitation to Law and Social Science : Desert, Disputes and Distribution* (White Plains : Longman, 1986).

Nee, Victor and David Strang, "The Emergence and Diffusion of Institutional Forms", *Journal of Institutional and Theoretical Economics*, 154권 (1998), pp. 706~715.

Nonet, Philippe and Philip Selznick, *Law and Society in Transition : Toward Responsive Law* (New York : Octagon, 1978).

Parsons, Talcott, "Value-freedom and Objectivity", Otto Stammer (엮음), *Max Weber and Sociology Today* (New York : Harper & Row, 1971).

Ritzer, George, *Sociological Theory, 4th edition* (New York : McGraw-Hill, 1996).

Savelsberg, Joachim J., "Law That Does Not Fit Society : Sentencing Guidelines as a Neoclassical Reaction to the Dilemmas of Substantivized Law", *American Journal of Sociology*, 97권 5호 (1992), pp. 1346~1381.

Shapiro, Ian and Casiano Hacker-Cordón, "Promises and Disappointments : reconsidering democracy's value", Ian Shapiro and Casiano Hacker-Cordón (엮음), *Democracy's Value* (Cambridge : Cambridge University Press, 1999).

Swedberg, Richard, "Sociology and Game Theory : Contemporary and Historical Perspectives", *Theory and Society*, 30권 (2001), pp. 301~335.

Treviño, A. Javier, *The Sociology of Law : Classical and Contemporary Perspectives* (New York : St. Martin's Press, 1996).

Treiber, Hubert, "'Elective Affinities' between Weber's Sociology of Religion and Sociology of Law", *Theory and Society*, 14권 6호(1985), pp. 809~861.

Trubek, David, "Max Weber on Law and the Rise of Capitalism", *Wisconsin Law Review*, 3권 (1972), pp. 720~753.

Unger, Roberto M., *Law in Modern Society : Toward a Criticism of Social Theory* (New York : Free Press, 1976).

Weber, Max, "Politics as a Vocation", Hans H. Gerth and C. Wright Mills (엮음), *From Max Weber : Essays in Sociology* (New York : Oxford University Press, 1946 ㄱ).

——, "Science as a Vocation", Hans H. Gerth and C. Wright Mills (엮음), *From Max Weber : Essays in Sociology* (New York : Oxford University Press, 1946 ㄴ).

——, *The Protestant Ethic and The Spirit of Capitalism*, Talcott Parsons (옮김) (New York : Charles Scribner's Sons, 1958).

——, *Economy and Society*, Guenther Roth and Claus Wittch (엮음) (Berkeley :

University of California Press, 1978ㄱ).

——, "Logic of Historical Explanation", W. G. Runciman (엮음), *Weber — Selections in Translation* (Cambridge : Cambridge University Press, 1978ㄴ).

| 필자 소개 |

연세대 사회학과를 나와 미국 아이오와대에서 사회학 석사와 박사 학위를 받았다. 계명대학교 경찰행정학과 조교수를 거쳐 현재 국민대학교 사회학과 교수로 재직하고 있다. 〈양형 개혁에 대한 법체계의 반응〉, 〈미연방 양형 지침서 하의 양형 격차 : 강도죄의 양형에 대한 경험적 연구〉, 〈경험적 법사회학 연구의 방향과 제도주의 이론〉 등의 논문이 있고, 최근 논문으로는 〈범죄학 이론 통합에 대한 비판적 논의〉, 〈부패의 사회적 원인에 대한 국가 간 비교 연구 : 범죄사회학적 관점에서〉 등이 있다. 저서로는 《우리 사회는 공정한가》(공저, 다산출판사, 2015), 《일탈과 범죄의 사회학》(공저, 한국경제신문, 2012) 등이 있다.

E-mail : dishin@kookmin.ac.kr

합리적 지배와 관료제의 목적 전치

문상석
(연세대 국가관리연구원)

1. 들어가며

근대 지족적 전쟁 상태의 서유럽 국가들은 전쟁에서 승리하는 길은 강한 군대를 보유하는 것임을 자각했다. 강한 군대는 많은 인적·물적 자원 추출에 의존했다. 국가에 의한 자원 추출은 경제성장을 필요로 했다. 지속적 자원 추출을 위해 국가 정책 입안자들과 지도자들은 시민사회와 타협해야 했다. 이 과정에서 정치제도와 국가기구가 시민에 의해 통제되기 시작했고 이에 따라 시민에 의한 국가 지배가 가능한 민주주의가 발전했다(Tilly, 1992).

그러나 한국에서 국가 형성과 민주주의는 다른 경로로 발전해왔다. 한국전쟁에 필요한 자원은 외부에서 수혈됐다. 특히 군부는 외국 원조 아래 성장했으며 훈련 및 교육도 외부에 의존적이었다. 국내 계급과 타협할 필요가 없었던 군부 및 국가기구는 시민에 의한 지배가 아닌 시민을 지배하는 지배 구조를 만들어냈다. 이를 정당화하려고 만들어진 것이 국가의 억압 기구들이었고 나아가 근대 법체계가 이런 지배를 정당화하려고 만들어지고 유지됐다. 법에 의한 지배는 독재 권력을 유지하려는 지배 도구로 바뀌었다.

대한민국 헌법은 주인이면서 주인인 적이 없었던 뒤바뀐 현실을 보여준다. 1조 1항 "대한민국은 민주공화국이다." 1조 2항 "대한민국의 주권은 국민에게 있고 모든 권력은 국민으로부터 나온다." 통일에 대한 조항도 마찬가지다. 4조 "대한민국은 통일을 지향하며, 자유민주적 기본 질서에 입각한 평화적 통일 정책을 수립하고 이를 추진한다." 그러나 대한민국 시민의 통일운동은 헌법에 보장은 되어 있으나 실제로 운동을 하게 되면 처벌 대상이 됐다. 통일은 한민족, 대한민국, 국민 등이 실천해야 할 지상 과제였으나 주장해서도, 운동을 해서도 안 되는 금기가 됐다(Grinko, 1998).

통일이 금기가 된 구조적 요인은 대한민국이 한민족 전체를 포함해 국가를 구성하지 못한 데 있다. 이후 한국전쟁, 남북 분단 구조화와 민주가 아닌 독재 정권이 연속하면서 통일에 대한 금기가 강해졌다. 독재 정권은 국가 수호 명분으로 반공을 정당화하면서 간첩 색출을 공안 정국과 연계해 독재 정권의 안녕을 꾀하는 일이 많아졌다.

이런 간첩 색출에 기여한 것이 경찰, 정보사, 그리고 중앙정보부 등과 같은 국가의 폭력 기구들이었다. 이들 국가기구의 출현은 국가 안보를 목적으로 조직됐다. 그러나 조직의 수장은 자신을 임명한 임명자의 의지에 따라 조직을 관리했고, 시민을 간첩으로 조작해 독재 권력에 충성했다. 조직이 만들어진 원래 목적이 아닌 권력자의 목적에 따라 움직이게 된 것이다. 스웨덴 영화《깝스》에서는 범죄가 사라지자 관료들은 직장을 잃을까 염려해 범죄를 만들려고 시도한다. 지배적인 관료들의 욕망의 모습을 보여주는 이 영화는 간첩 사건으로 많은 피해자들이 아직도 살아 숨 쉬는 한국 사회에 의미심장한 것을 제공한다.

베버는 현대 국가의 특징을 지배와 정치 개념으로 정의했다. 특정한 영토, 사회적 관계에서의 지배와 권력, 지배 조직인 행정조직, 폭력 독점과 정당성 등에 근거해 정치적 공동체인 국가를 설명했다. 베버의 국가 이론은 행위 이론, 합리성 이론과 함께 국가의 형성 과정을 설명하는 역사사회학에 큰 영향을 미쳤다. 비록 경로가 서구와 달랐음에도 한국의 국가 형성과 국가의 운영 원리는 베버가 구체화한 국가 이론과 행위 이론으로 설명이 가능하다. 이 연구는 한국 국가와 관료제에서 발견되는 목적 전치 현상을 베버가 바라본 관료제 모습, 즉 합리화를 위해서 만들어진 관료제가 쇠우리 역할을 하는 것을 찾아본다. 그리하여 목적전치에서 자유로울 수 있는 관료제를 위한 대안을 제시하고자 한다.

2. 베버와 근대국가 그리고 관료제

1) 합리성과 근대국가

베버는 국가를 기능이 아니라 제도로 정의했다. 국가는 지배, 정치, 정당성의 시각에서 이해된다. 국가의 정당성은 폭력의 독점과 연결된다. 국가가 정당성을 갖게 된 이유는 국가가 폭력의 수단을 독점하기 때문이다. 국가가 폭력을 독점할 수 있는 장소는 정해진 영토 내에서

뿐이다. 베버에 따르면, "주어진 영토 내에서 행정 기구가 피지배자들을 대상으로 물리적 폭력을 사용한다고 위협하면서 지배 조직의 존재와 질서가 지속적으로 보장되는 한 '정치적'이라고 불려야 한다. 이런 강제적 조직이 질서의 강제라는 차원에서 물리적 폭력 수단을 정당하게 독점하고 유지하는 한 이 조직은 국가라고 불릴 수 있다"(Weber, 1978 : 54). 여기서 정치라는 것은 말 그대로 채찍을 들어 시민을 강제적으로 지배 조직의 명령대로 움직이게 하는 조직 행위를 말한다. 그리고 이 조직이 정당성과 독점성을 유지하는 한 곧 국가라는 것이다. 이때 정치에는 권력의 개념이 포함된다.[1]

권력이란 어떤 사람의 저항에도 자신의 의지를 실현할 수 있는 가능성이고 지배(domination)란 어떤 특정한 내용을 갖는 명령이 주어진 집단에 복종을 강요할 수 있는 가능성이다(윗글 : 53). 지배와 권력 행사가 정치적인 이유는 바로 국가라는 특정한 정치 공동체에 의해 수행되고 꾸준히 정당하다고 인정되기 때문이다. 권력과 지배라는 국가 속성은 국가로 하여금 시민사회와 접촉점을 형성하게 한다. 국가는 권력을 유지하고 행사하려고 국가기구들을 조직해 직접적으로 시민들과 접촉한다. 국가 조직은 관료제로 이어지고 관료제 관료들은 합리적 행위자로 합리성에 근거해 행위를 한다. 국가 지배자와 관료(혹은 정책 입안자들)는 국가 합리성의 직접적 대변자라고 할 수 있다.

베버의 합리적 행위자 관점은 정치 엘리트 중심으로 근대 국민국가

1 틸리(Charles Tilly)는 권력에서 정당한 것과 정당하지 않은 것 사이에 차이가 없다고 본다(Tilly, 1985 : 171). 그리고 국가가 권력을 행사하는 행위에 정당한 것이나 폭력을 수반하는 위협, 강요가 정당한 이유는 국가가 그것을 독점하기 때문이라고 주장한다.

(nation state) 형성에 학문적 영향을 미친다. 근대 국민국가는 정치 엘리트들이 다른 사회적 권력을 소유한 이데올로기, 군사, 경제 엘리트들에게서 그들의 권력을 이양받아 지배하기에 이르는 과정에서 등장했다. 정치 엘리트는 다른 사회 엘리트와 다르게 종교, 군사, 경제 등과 같은 사회적 기반을 갖지 않는다. 그럼에도 정치 엘리트가 권력을 획득하게 된 것은 다른 세 부분의 사회 엘리트들이 지나치게 이익에 매몰되어 자신들이 필요로 하는 자원을 추출하기 어렵기 때문이다. 군사는 군대의 사기와 종교 보급을 위해 경제 영역에서 자원을 조달해야 하나 이익에 충실한 각 엘리트들은 협상에 이르지 못한다는 것이다. 그러나 정치 엘리트는 자신들이 가진 것이 없기 때문에 제3자로서 협상력을 높일 수 있고 특수한 이익에 매몰되지 않고 모든 사회적 존재가 이익을 얻게 하는 보편적 이익을 추구할 수 있다(Mann, 1988 : 22~25).[2]

사회 권력 엘리트 사이의 협상과 더불어 정치 엘리트는 시민과 협상을 해야 한다. 전쟁이 일상적이던 서유럽에서는 국가가 시민에게 자원을 추출하려고 정치 엘리트들이 독점했던 일정 양의 권력을 시민에

2 만(Mann)은 윗글에서 경제 엘리트, 종교 엘리트, 그리고 군사 엘리트들의 특징과 약점을 합리성에 근거해서 설명한다. 도구적 합리성을 가진 각 사회의 엘리트들은 자신들의 이익 극대화만을 추구하려는 경향이 있다. 그래서 합의에 이르지 못하고 서로에게 필요하지만 다른 사회 엘리트들만이 제공해줄 수 있는 것을 획득할 수 없다. 이때, 제3자인 정치 엘리트가 협상권을 갖고 서로에게 이익이 되는 방향으로 합의를 이끌어내 각 엘리트들이 필요로 하는 자원을 제공해줄 수 있다. 이런 협상권을 시작으로 정치 엘리트들이 권력을 집중할 수 있고 사회 엘리트들은 자신들의 권력을 양도한다는 것이 만의 이론이다(Mann, 1988).

게 양보해야 했다.[3] 전쟁이 장기화될 때 국가는 자원을 추출해야 한다. 전쟁이 단기간에 끝날 경우 전쟁을 수행하는 정치 엘리트들은 자원을 협상 없이 추출하려고 시도한다. 그러나 전쟁이 장기간에 걸쳐 진행될 경우 시민들의 강한 저항은 예상할 수 있다. 심할 경우 국가가 시민들에 의해 전복될 수 있다. 정치 엘리트들은 합리적 계산을 통해서 폭력에만 의존하지 않고 협상을 시작한다. 시민권과 정치적 권리들이 제공되기 시작하고 각 부처와 국가기구가 시민 통제에 서서히 들어가게 된다(Tilly, 1975, 1992). 지배 권력이 자원 추출을 하려고 자신들의 권력기반을 서서히 양보하면서 시민들에 의한 국가기구가 접수되거나 민주화됐다.

2) 베버의 합리성과 관료제

베버는 합리성을 세 가지 방식으로 사용하고 네 가지 유형(실천적, 이론적, 실질적, 형식적-합리성)으로 구성한다. 계산을 통해 사물을 지배하는 과학적·기술적 합리성, 의미를 창출하고 해석하는 능력의 형이상학적·윤리적 합리성, 마지막 방식으로 조직적 생활양식을 형성하는 능력의 실천적 합리성이다(김덕영, 2012 : 665). 이런 합리성의 특징을 통해 베버의 합리성은, 계산 가능성, 예측 가능성으로 이어진다.

베버의 관료제는 근대 시기 인간들이 추구해온 합리화 과정과 연결된다. 베버의 관료제는 국가 군대뿐 아니라 모든 기구에서 발견되고

---

3 서유럽에서 1500년대에 백 년 동안 전쟁이 없던 시기는 약 5년, 1600년대에는 6년, 그리고 1700년대에는 22년이었다. 유럽에서 전쟁이 끊임없이 일어난 것은 정치 지도자들이 시민들과 타협하면서 군비를 조달하게 만들었기 때문이다(박상섭, 1996 : 22).

사회 영역, 즉 대학, 경제 집단 등 다양한 분야까지 확산됐다. 관료제 발달은 근대화에서 합리화처럼 보편적 과정을 밟게 된 것이다. 베버는 합리화 과정으로 관료제 특징을 다음 여섯 가지로 정의했다(Weber, 1978 : 956~958).

1. 공적 관할 영역(jurisdictional area)은 법과 규칙에 의해서 정해진다.
2. 명령과 감독을 특징으로 하는 위계적 질서를 특징으로 한다.
3. 명령을 포함하는 규칙과 규제 등은 문서화된 형태로 이루어져야 한다.
4. 특성화된 사무 관리(official management)는 어떤 특성화된 분야보다 철저한 훈련을 거쳐야 한다.
5. 관청(the office)이 일단 완벽히 성장했을 때, 시간외근무를 해야 하는 상황에도 사무(official activities)는 완벽한 업무 수행 능력을 요구한다.
6. 사무 관리는 다소 안정적이며 철저하고, 교육되어야 하는 일반적 법칙을 따라야 한다. 이 법칙에 대한 지식은 매우 전문화된 기술적 전문 지식을 요구한다.

베버는 법에 의해서 명확하게 정의된 지위와 책무, 위계적 질서로 구조화된 지위, 규칙과 판례, 무인격성(impersonality)과 공평무사(impartiality), 승진 단계(career ladder), 효율성 원칙 등으로 관료제의 특징을 정의한다(Kornblum, 2010 : 144). 이 관료제는 다른 여타 조직에 비해 순수하게 기술적 차원에서 가장 효율적인 존재라고 할 수 있는데 정확성, 속도, 명확성, 업무에 대한 전문성, 신중성, 단일성, 엄격한 복종 관계, 물적·인적 비용의 최소성 차원에서 우월한 것을 보여준다(Weber, 1978 : 973). 이 관료제가 가장 합리화된 형태의 내용에는 사실상 합리적이고 전문적인 특수화 및 훈련을 가진 관료가 있기 때문이다. 이들은 외적이나 내적 상황을 고려하지 않고 자신들의 전문적 지식과 훈련 그리고 그것을 기초해 계산한 후 업무를 추진한다(김덕영, 2012 : 732).[4]

베버에 따르면, 관료 조직이 효과적인 이유는 관료제의 지속성에 있다. 관료제는 일단 만들어지면 매우 효율적이고 효과적으로 움직이고 때로는 정치와 단절되거나 거의 관계를 형성하지 않기 때문에 지도자가 바뀌거나 체제가 바뀔지라도 같은 기능을 하면서 그 조직을 유지할 수 있다(Allen, 2004 : 113). 예를 들어 레닌이 권력을 잡자마자 부활시킨 조직은 다름 아닌 차르(Czar) 시대에 악명 높던 정보기관이었다. 서구에서 사회당이 집권해도 정보기관이나 관료제 기구는 그대로 이어진다. 정권 변환기나 새롭게 등장하는 지배자는 전문적 지식과 노하우로 무장한 관료들에 의존적일 수밖에 없고 지도자들이나 통치자들은 관료들의 수장과 항상 긴밀한 협조 체제를 가져야만 하기 때문이다(Weber, 1978 : 993).

지도자가 때로는 관료에 의존적 관계를 형성하는 것은 관료들이 전문적 지식과 의도를 관료제의 구조에서 정당하게 숨길 수 있기 때문이

---

4 김덕영은 관료라는 표현을 쓰지 않지만 내용상 관료로 정의하고 이 연구를 진행하며 합리화된 관료, 이익 추구적 관료를 대상으로 하기 때문에 위와 같이 관료라는 표현을 구체적으로 사용했다.

며, 관료들은 지도자가 필요로 하는 정보와 지식을 조금씩 전달하며 지도자에 대한 자신들의 협상 권력(Bargaining power)을 향상시킬 수 있다(윗글 : 992). 베버의 관점에서 볼 때, 관료들은 매우 형식적 합리성을 갖는데 그것은 자신들의 권력을 지키고 유지하는 방향으로 관료제를 이용하기 때문이다. 합리적 행위자로서 관료들이 갖는 특징이 지도자와의 관계에서도 그대로 드러난다.

베버의 이런 관료제 비판은 주로 네 단계로 이뤄진다. 먼저 베버가 프러시아 관료제의 특징을 지나치게 일반화했다는 것이다. 둘째는 눈에 보이는 공적 특징에만 초점을 맞춰 비공식적 관계를 보지 못했다는 점이다. 셋째는 상명하복 구조가 효율적이라는 가정이다. 사실 현재 상명하복은 역기능에 가깝다. 넷째, 가장 많이 비판되는 부분으로 조직 내부의 하위 집단들에서 관료제가 어떻게 분절화되고 갈등하는지 보지 못한다는 것이다(Allen, 2004 : 114~115).

베버 이후 관료제 이론이 대다수 생산성 향상, 자율적·독자적 조직으로서 역할 수행도의 증진, 갈등 감소 등과 근대 의미에 초점이 맞추어져 왔기 때문에 조직이나 관료제 구조 자체와 문제점을 이해하는 데 부족했다는 점에서 네 번째 비판은 매우 타당하다(송복, 1991 : 20). 그러나 다수 비판은 사실상 베버 관료제의 근본적 가정인 합리적 행위자들과 구조 사이의 친화 관계를 보지 못하는 데서 출발한다. 이들 비판은 베버의 한계를 지적하는 것이 아니라 지금 시각에서 왜 베버는 미래를 예측하지 못했나? 라고 비판하는 것에 지나지 않는다. 그런 의미에서 베버의 합리화 과정으로 관료제 이론은 관료제는 통치를 위한 합리적 수단이었다는 점, 관료들이 스스로를 재생하는 기능, 즉 생존을 위한 수단으로 자신들의 조직을 이용할 수 있다는 점 등에 대한 이론적 분석 기초를 제공해준다.

3. 조직 목적 전치의 원인과 결과

19세기 후반 전 세계 보편적으로 나타난 관료제 현상에서 조직은 합리적·자연적·공개적 체계를 구성해왔다. 조직은 목적 지향적이고 잘 편성된 조직 구성원들에 의해 움직이는 특징을 갖고 있으며 정보, 효율, 성취, 최적화, 설계라는 말로 표현된다(Scott, 1998 : 34).

조직은 기본적으로 목적추구와 의도적 설립 및 권위와 조정을 요소로 "조정과 권위 체계를 통해서 특정 목적을 추구하려고 의도적으로 설립된 사회적 단위 혹은 집합체"로 정의될 수 있다(송복, 1991 : 28). 조직은 기본적으로 구성적 특징(관료적 특징)과 조정적 특징을 가진다. 관료적 특징에는 분업, 위계적 권위 구조, 인원 교체, 보수 체계가 관리적 특징에는 통합, 권위 집중화, 리더십, 기풍이 있다(윗글 : 28~33).

조직은 기본적으로 두 개의 작동 원리를 갖는다. 하나는 도구적 작동 원리라고 불리는 자기 유지의 작동 원리이며 다른 하나는 조직이 원래 태동한 이유인 목적을 수행하는 작동 원리다. 사실 자기 유지 작동 원리는 목적을 달성하려는 보조적 수단이다. 이런 보조적 작동 원리가 원래 목적을 대체하고 자기 보존을 위한 조직 운영이 주된 조직 목적이 된다. 자기 유지 목적은 이익 우선이 아니라 최소한의 움직임을 통한 보존, 조직 혁신이 아니라 조직 구조 보수성을 지향하게 만든다(송복, 1991). 이런 조직의 근거는 구성원들의 합리성에 기인하는 계산과 예측 가능성과 이런 계산 가능성을 바탕으로 어떤 막연한 미래 기대치를 보여주는 개연성을 추구하기보다 현재 일에 더 초점이 가는 확실성에 근거하도록 만든다. 그리하여 조직이 궁극적으로는 체제 안정적이고 자기 보호적 수단을 찾게 된다는 것이다(윗글 : 77).

목적 전치가 일어나는 2단계가 있는데 이는 조직에서 이익 추구를 위한 과정에서 발생한다. 목적 전치 1단계는 목적이 수단으로 수단이 목적으로 뒤집히는 과정이다. 조직의 자기 유지는 '자연적 요구(natural needs)'이며 조직의 목적 실현은 '의도된 요구'라는 구조적 요인이 목적 전치를 낳는다(윗글 : 81).[5] 의도된 요구를 실현하는 것은 멀고 시간이 오래 걸린다. 반면 자연적 요구는 지금 당장, 즉 현실 문제라는 것이다. 그렇기 때문에 조직과 구성원은 목적도 조직이 있어야 실현할 수 있다는 자기 정당화를 통해 목적 전치를 이어간다.

목적 전치의 둘째 단계는 조직 지도자나 구성원이 사적 이익을 위해 조직의 목적과 수단을 바꿈을 뜻한다. 조직은 구조적으로 최고 위치를 점한 지도자의 사적 목적에 따라 움직일 수 있는 구조로 형성돼 있다(윗글 : 82). 근대 조직은 기본적으로 피라미드 구조를 갖춘 관료제적 형태를 따른다. 베버에 따르면 피라미드 형태의 조직 구성은 효율적 명령 체계를 갖추고 업무를 빠르고 일사분란하게 처리할 수 있다. 피라미드 구조는 조직의 목표와 연결이 되어 목적 전치 현상을 일으킨다.

---

5 자연적 요구는 하나의 유기체로 스스로 유지되어야 한다는 절체절명의 것이며 불가피한 것이다. 이에 반해 목적 실현은 의도적 요구(deliberate needs)로서 어떤 미래의 바람직한 상태이며 현재가 아니기 때문에 조직은 우선 현재의 조직 유지를 하고 목적을 수행한다는 것이다(송복, 1991 : 76).

조직의 업무 성취를 위한 목적은 여러 차원의 단계로 이뤄진다. 조직 전체 목적은 추상적으로 세워진다. 하늘에서 땅을 바라보는 방식으로 모두를 만족시키는 수단으로 도덕적이거나 추상적으로 만들어지는 것이다. 목적의 추상성은 목적에 대한 설정이 너무 부정확하기 때문에 나타난다(Merton, 1968). 추상적이고 도덕적인 목표는 조직 내부의 인력들로 하여금 일반적 합의에 이르게 해 조직 구성원 자신의 사적 목적과 조직 전체 목적을 동일시하도록 한다. 그리고 동일시를 통해 조직원들에게서 조직을 위한 헌신을 유도한다.

조직의 최고 목적은 추상적이기 때문에 현실적 목적으로 치환되어야 한다. 낮은 단계에서 구체적 방식과 숫자로 측정이 가능한 목적이 세워진다. 결과를 우선시하면서 정해져야 하는 두 번째 단계 목적은 다시 구체적으로 작동할 수 있는 다른 하부 목적을 조직 각 부처에 두게 된다. 이때는 좀 더 실용적인 목적이 세워지며 구체적이고 다양한 실천적 방식을 포함한다. 마지막으로 맨 아래 단위의 조직 단위에서 수행하는 업무는 업무 성취 목적에 의해 구체적으로 세워진 목적이다. 각 조직 부처들의 작은 목적, 즉 운영상의 목적을 갖고 움직이는데 이것이 때로는 조직 부처들의 생존 전략을 위해 조직 전체 목적과 다르게 움직일 수도 있다(Hall, 1982, 275). 조직 목적의 단계별 그리고 구조별 차이가 제도적 조직의 수직 구조와 만나서 조직 전체의 지도자가 조직이 가진 추상적 목적을 재조정하거나 다시 설정하는 것은 있을 수 있다(Hall, 1982).[6]

---

6 홀(Stuart Hall)은 조직의 목적 달성이 조직의 효용성(effectiveness)을 평가하는 방식임을 인정하고 효용성의 관점을 설명할 때 조직 목적의 단계를 설명한다.

목적의 단계적 설정과 피라미드 구조에서 조직 수장은 사적 목적에 맞게 조직 운영을 하면서 정보를 독점하고 의지대로 조직의 각 부처를 움직이려는 경향을 보인다(송복, 1991, 84). 더구나 조직은 원칙적으로 전문성을 기준으로 여러 분야로 나뉘어 있고 수직적으로 각 부분들은 공적인 접촉 이외에 사적으로 조직을 구성하지 않는다. 그렇기 때문에 조직의 각 해당 부처들은 전체적인 관망(aeroview)을 할 능력을 가질 수 없다. 따라서 조직 수장의 사적 목적을 위한 조직 전체 목적의 조정이나 수정을 이해할 수 없게 된다. 그리하여 목적 전치가 조직 전체 차원에서 일어난다. 조직 전체 차원에서의 목적 전치는 사적 이익을 위한 욕구에 공적 기구가 이용당함과 동시에 형식적 합리성이 가진 근본적 한계를 보여준다.

조직 분화는 목적 달성을 위한 합리성에 근거해 기능적으로 시작됐다. 그러나 기능적으로 분화되어야 할 조직의 각 부분들 사이에 피라미드형 같은 위계적 관계가 형성되고 조직 상층부는 좀 더 많은 권력과 권위를 가지게 된다. 그런데 권위와 권력이 많아지면 조직에서 위쪽을 점한 사람의 권력이 강해지고 강해진 권력을 유지해 기득권화하려는 경향을 보인다. 자기 의지대로 조직을 움직이려고 조직을 강하게 만들어야 한다. 조직 내부를 단속하고 조직원을 효율적으로 통제하는 힘이 필요하다. 그래서 기득권을 가진 사람은 내부를 단속하면서 자신의 권력과 권위가 유지되게 만들려고 한다. 이런 이유로 조직의 목적 전치 현상이 발생한다(송복, 1991 : 87). 이 경향은 각 조직 부서에서도 끊임없이 일어나는데 파킨슨의 법칙(Parkinson's law)이 이 현상이 드러난 경우다.

파킨슨의 법칙은 목적 전치가 일어나는 원인을 조직 자체의 비합리적 욕망으로 설명한다.

파킨슨은 영국 해군성의 관료 조직이 영국 해군의 규모가 작아지고 있음에도 늘어났다는 사실에 천착하고, 관료 조직이 피라미드 형태로 성장하는 것을 분석했다(Parkinson, 1957). 그는 정치가와 시민이 필요한 관료 숫자와 일의 효율성 사이에 강한 관련이 있을 것이라고 믿는 가설을 부정한다. 파킨슨은 관료들의 업무량과 시간 사이에는 관계가 거의 없거나 아예 없으며 관료들은 주어진 시간 안에 일을 한다는 것을 밝혔다. 그러니까 많은 시간을 주면 같은 업무량이라도 시간이 많이 걸리고 바쁜 관료는 더 신속히 일을 처리한다는 것이 파킨슨의 연구 결과였다.

관료가 느끼는 시간 압박과 업무 수행 사이의 관계를 분석하면서 이 관료들의 행태에 비판을 가한다. 파킨슨은 공무원들에게 시간을 한정하고 그 한정된 시간 안에 업무를 마치기를 명령하면 그들은 그것을 그 시간 안에 마칠 수 있다는 것을 주장한다.

그가 예를 든 것은 여러 부류의 사람들이 편지를 써서 부친다고 가정한 것이다. 어떤 사람은 하루 걸릴 수도 있고 어떤 사람은 한 시간 안에 마쳐야 한다. 일을 하거나 바쁜 사람은 한 시간 안에 마칠 수 있다. 그러나 일을 하지 않는 사람은 그것을 당장 할 필요가 없기 때문에 차일피일 미루다가 하루가 지나 이틀째에 마칠 수도 있다.

파킨슨은 연구 결과를 바탕으로 관료들이 자신의 업무 분야에서 하급 관리자를 더 많이 뽑으려고 하는 이유가 수직적 구조를 만들어 자신의 업무를 줄이거나 조직 내에서 권력을 유지하는 데 이용하기 위함

임을 밝혔다.[7]

따라서 조직의 목적 전치는 조직의 피라미드 구조, 조직 전체 목적의 추상성, 전체 목적과 하위 목적 사이의 불일치, 이에 따라 발생할 수 있는 조직의 부서 사이의 경쟁과 갈등, 무엇보다도 조직 전체의 지도자와 각 부서의 부서 지도자들의 사적 이익을 추구하는 과정에서 발생한다. 목적 전치의 가장 큰 문제는 조직이 합리성에 근거해서 만들어졌음에도 조직에서 목적 전치가 발생하면 조직은 비합리적 조직이 되고 조직 전체 목적을 달성하는 데 비합리적인 조직이 된다는 것이다. 전 세계에서 조직 형태들이 관료제 형태로 수렴, 발전해왔음에도 관료조직이 베버가 예측했던 것과 반대로 강압이나 인간성 상실 문제가 아니라 효율이나 목적 달성에서도 합리적이지 않게 진행되어왔다는 것이 목적 전치의 문제점이라고 할 수 있다.

4. 대한민국의 억압적 국가기구

근대 국민국가는 선거에 의해 선출된 지도자가 통치하는 민주주의와 함께 발전해왔다. 통치자가 존중받고 조직이나 관료의 맨 꼭대기에 앉아 있는 것은 국가를 이끌기 위한 것이고 국가권력을 그에게 부여해 준 시민의 집합적 의지였다. 그러나 조직으로 국가에서 목적 전치 현

7 관료들의 일도 마찬가지로 파킨슨은 "예전에는 한 사람이 하던 일을 일곱 사람이 하고 있다. 상부 관료는 해야 할 일이 너무 많고 사인하기에도 바쁘다. 그의 마음속에는 해야 할 일들이 많아서 하나의 업무를 하기에도 시간이 없다. 그래서 그는 부하 직원을 많이 거느려야 한다. 마치 집 안에서 일을 하는 사람에게 정원사, 운전사, 청소부, 요리사, 집사 등이 필요한 것과 마찬가지다"라고 말했다.

상이 발생할 때, 지도자는 지배자가 되고 관료는 지도자의 지배를 지탱해주면서 조직을 유지했다. 민주주의의 탈을 쓴 독재 지배 체제에서 관료 조직의 수직적 구조와 지도자의 사적 이익 추구는 목적 전치의 주된 원인이었다.

관료제가 보편성을 띤 것은 그것이 합리적으로 조직되고 움직인다는 사실에 기인한다고 믿어져왔기 때문이다. 목적 전치 현상이 발생하는 관료 조직에서 비합리성이 나타났음에도 관료 조직은 확장되어왔다. 한국에서의 억압적 기구들은 비슷한 구조와 행동 양식을 보여주었는데 그것은 비슷한 역할을 하는 기구끼리 경쟁하면서 독재에 충성하도록 유도하려는 목적에서 비롯됐다. 또한 한 정보 기구가 성공적으로 조직을 구성하면 다른 조직들도 조직의 생존을 높일 수 있는 조직 구조를 형성하게 되는데 그것이 조직의 동형화(isomorphism) 이론이었고 한국의 억압적 기구들의 비슷한 조직 구조로 귀결됐다(하연섭, 2012 : 120).

독재 정권 지배 시기의 정보부, 보안사, 경찰(친안 본부) 등은 주요한 억압적 국가기구로서 독재에 이용되어왔다. 국가의 억압적 기구들은 원래 국가의 안보를 위해서 조직됐다. 그러나 이들 조직들은 만들어진 순간 독재자를 위한 정권 보호 수단으로 변화됐다. 더구나 각 기구들의 하부구조에 있었던 관료들도 승진이라는 사적 이익을 위해서 조직의 목적을 이용했다. 즉 간첩을 많이 잡으면 승진할 수 있었는데 간첩 잡기가 힘들어지면 간첩 대신 민간인을 간첩으로 만들어 승진에 이용한 것이다. 공적 조직은 독재를 위해서 시민을 탄압하고 조직 구성원들은 조직에 충성하면서 자신의 이익을 위해 움직였다. 조직의 모든 영역에서 목적 전치 현상이 발생했고 조직들은 독재에 충성하면서 조직의 세를 불려나갔다.

1) 경찰 조직의 외적 성장

경찰이 독재 정권에 협력한 것은 대한민국이라는 국가가 탄생한 이후부터 지속적으로 진행된 일이었다. 일제에 협력했던 다수가 경찰로 복귀하면서 경찰은 식민 경찰, 친일 경찰의 잔재로 인식됐다. 이들에게는 민주와 시민은 없었고 지배자만이 존재했다(조갑제, 1987). 군사 쿠데타 이후부터는 제도화된 형태로 경찰이 억압 기구로 존재의 위치를 찾았다. 5·16 군사 쿠데타 이후 군사정부는 경찰행정의 개선을 위한 주요 시책을 공포했다. 흔히 3공화국을 경찰 제도의 근대화 시기라고 하며 이때 제도적 구조 분화가 나타났다. 주민 보호를 주 업무로 하는 보안경찰, 경비를 주 업무로 하는 경비 경찰, 조사 업무를 하는 조사 경찰, 반공체제의 재정비를 위한 정보 경찰 등의 업무 중심으로 경찰 조직이 바뀌었다(경찰대학, 1988 : 335~345).

군사정부에 이은 박정희 정부가 시작되면서 학생들과 국민들의 저항이 시작돼 시위가 많아졌다. 1964년 이후 경찰은 시위 진압을 이유로 경찰 보호용인 방석 장비와 최루탄 같은 화학 장비를 개발하거나 수입하는 데 초점을 뒀다. 군사정부에 이어 3공화국 시기인 1966년 7월 12일 대통령령 제2665호 전경 운용 재가에 의해 전투경찰대가 창설된다. 1967년 9월 1일 후방 지역의 대간첩 작전 임무 수행 및 치안 유지를 위해서 23개 중대를 창설하고 해안 경비를 담당하는 전투경찰대 33개를 1970년 7월 4일 설치한다. 또한 전국 경찰서에 경사 1명 외 경찰과 8명으로 5분 타격대를 구성·운용하는 대통령령을 1968년 2월 26일 시행한다(경찰대학, 1988 : 371). 이는 무장 공비가 자주 월남한 것을 계기로 경찰의 대비 정규전 태세 확립의 일환으로 설치된 것이었다. 그러나 이들은 후에 시위 진압에 주로 활용됐다.

3공화국에서 제도화한 이후 유신 시기에 접어들면서 경찰은 더 많은 조직과 인력을 확장할 수 있었다. 유신에 저항하는 시위가 학생으로 시작해서 도시 노동자, 야당, 시민들까지 확산되며 정권은 강압력으로 시위를 진압하려고 시도했다. 경찰은 시위 진압에 필요한 인원을 상시 천 명에서 4천 명으로 늘렸다. 내무부 산하 치안국을 치안본부로 한 단계 격상했다. 경찰 총수도 본부장에서 차관급으로 격상한다. 계급별 인원 현황도 치안감이 1972년 6명이었던 것이 1980년에는 9명, 말단인 순경은 2만 6,112명에서 3만 2,774명으로 증가했다. 총 경찰관 수는 1979년 5만 명을 넘긴다. 경찰 장비는 다양하게 개선됐는데 그중 사회불안 요소 가운데 으뜸이던 간첩, 테러단 등의 출입국자 관리와 범죄수사 분야에서 경찰 업무의 전산화가 추진됐다. 조직의 기능별로 나누면 보안, 교통, 경비, 수사, 대공, 외사, 해양 등으로 구성되어 있었다. 치안본부 기구표에 의하면 치안본부장 아래 제1, 2, 3부장이 있고 그 아래, 경무과, 기획감사과, 인사교육과, 장비과, 통신과, 보안과, 교통과, 경비과, 작전과, 수사지도과, 정보과, 정보 2과, 외사과로 나뉘어 있었다(1976년 기준, 경찰청, 1995 : 294).

박정희 대통령 서거 이후 전두환을 대통령으로 하는 5공화국은 경찰 조직 역사에서 획기적으로 팽창하는 시기가 됐다. 5공화국은 더욱 발전된 국가 억압 기구를 활용해 시민사회에 국가 의지를 강력히 실현하려는 전략을 폈다. 그리하여 중앙정보부가 확대, 개편됐고 국군보안사령부와 치안본부가 시민의 저항을 억제하려고 했다. 5공화국은 출범 직후 치안본부에 4부를 설치해 경찰 조직을 4부 18과로 개편했다. 제4부는 정보 1, 2, 3과와 대공과를 흡수했으며 1982년 3월에는 치안본부 2부 경비과 산하에 대테러 부대를 신설했다. 경찰 인원도 꾸준히 증가했다(경찰청, 1995 : 343).[8] 1986년에는 경찰 조직이 더 확대됐는데 1월에 4부 19과가 4조정관(치안감), 9부 4관(경무관), 26과 5담당관(총경)으로 조직이 확대됐다. 1986년 10월에는 5조정관을 신설해 5조정관 11부 4관 32과 5담당관으로 조직이 다시 확대되는데 신설된 5조정관실은 대공 업무를 전담하게 됐다. 시위가 많았던 전남경찰국장의 직급을 그 이전 경무관에서 치안감으로 격상하고 그 아래 담당관(경무관) 1명을 두는 조직 개편이 부분적으로 이뤄졌다(윗글 : 345). 5공화국 시기의 경찰 팽창은 국가 안보와 시민 안전보다는 정권 안전과 연결되어 진행됐고 각 부처는 그 사이에서 조직 팽창을 최대한 활용했다.

2012년 현재 경찰은 1차장, 4관, 1대변인, 1심의관(정보심의관) 12담당관과 27과로 구성되어 있는 경찰청, 경찰대학, 경찰교육원, 중앙 학교, 경찰수사연수원, 경찰병원, 16개 지방청, 그리고 249개 경찰서를 소속 기관으로 하고 있다(경찰청, 2013 : 431). 경찰 정원은 치안총감

---

8 경찰청에 따르면, 경찰 인력 가운데 순경은 1982년 의무경찰 제도가 도입되면서 대폭 줄어들다가 조금씩 증가했다. 순경은 의무경찰과 업무 면에서 겹치는 부분이 많았다. 이후 업무와 인력을 통제하기 위해서도 상층부 인력이 많이 필요했다. 경정 이상은 꾸준하게 증가했다(경찰청, 1995 : 343). 산업이나 인구 증가를 고려하더라도 경찰 인력의 증대는 조직 내부의 원인이 가장 컸다. 이런 의미에서 파킨슨의 법칙이 경찰에서도 나타났다.

1명을 비롯해 순경 3만 4,239명까지 총 10만 2,386명이다. 경찰 간부의 증가는 훨씬 더 눈에 띄게 나타난다. 순경 증가율은 1969년과 2012년 비교했을 때 2만 5,253명에서 3만 4, 239명으로 증가해 증가율이 36%, 경장의 경우 6,700명에서 2만 9,884명으로 증가해 346%, 경사의 경우 5,712명에서 2만 705명으로 증가해 262%, 경위는 3,420명에서 1만 56명으로 증가해 194%를, 경감은 855명에서 5,168명으로 504%를, 경정은 227명에서 1,798명 증가해, 690%의 증가율을 보여준다. 총경은 248명에서 466명이 증가해 88%를, 경무관은 29명에서 38명으로 늘어나 31% 증가율을 보여준다. 치안감은 3명에서 26명으로 증가해 760% 증가율을, 치안정감은 1980년에 신설됐기에 1969년에는 없었으나 비율을 따진다면 400% 증가율을 보여준다(경찰청, 2013, 22).[9] 한편, 기능별 경찰 공무원 정원에서는 정보계는 2012년에 3,552명이, 보안과는 1,871명이, 외사과는 1,087명이 근무를 하고 있다(윗글 : 24).

경찰의 인력 증대는 한국의 인구 증가와 산업 변화 등을 고려할 때, 합리적으로 보이기도 한다. 그러나 경찰대학 설치 등을 비롯해 나타난 경찰 간부 숫자의 증가는 조직 피라미드 구조에 올라갈수록 더 많은 비율로 증대됐다. 또한 상부 간부의 숫자가 증가할수록 하위 간부 숫자도 증가했다. 문제는 대공 업무와 비슷한 업무를 가진 부서 또한 증대됐다는 것이다. 북한의 위협이 갑자기 증가했거나 남한에서 체포되거나 자수한 간첩 숫자가 증가해 경찰의 업무 중 간첩 잡는 업무가 증

9 증가율은 2013년 경찰청이 발간한 연감에서 경찰 정원의 역사에 나타난 기준 연도를 비교해 직접 계산한 것임을 밝힌다.

대한 것이 아니었다. 사실 1951년부터 1967년까지 사살, 자수, 체포된 간첩의 수가 1,429명으로 연평균 80명에 이르렀으나 이 숫자는 1971년 이후로 갑자기 줄어들었다(한홍구, 2005 : 207).[10]

이후 간첩은 남한과 일본에 거주해온 출신 사람들이 많아졌다. 간첩 가운데 남한과 일본 출신이 많아진 것은 간첩의 정의가 불분명하게 만들어졌기 때문인데 사실 형법, 국가보안법, 군형법에 간첩에 대한 규정이 없다고 한다. 간첩은 당시 형법 교재였던《형법학》에서 "적국에 알리기 위해서 대한민국의 국가 기밀 또는 군사상의 기밀을 탐지, 수집해 이를 적국에 누설하는 행위"라고 정의된 것을 사용했다. 그리고 기밀이란 "정부의 정책, 장기 계획뿐 아니라 국군의 편제 및 편성 인원, 작전 계획, 병기 탄약의 현황, 부대의 소재 등"에 관한 것이었다(한홍구, 윗글 : 202). 간첩에 대한 위 같은 한국적 정의가 내려지게 되면서 전 국민이 그리고 제대하고 자기 부대 위치가 어딘지 친구에게 군대 시절을 자랑할 수 있는 시민까지도 간첩의 범위에 속하게 되는 매우 임의적인 간첩 만들기가 가능해졌다. 이런 상황에서 새로운 독재에 저항이 심화되는 제5공화국 시기, 시민은 잠재적 간첩 대상일 수 있었으며, 독재에 저항했던 민주화운동 탄압을 탄압할 필요성으로 독재 정권은 경찰을 필요로 했으며 경찰은 여기에 협력해 조직 확장을 가져왔다.

10 한홍구에 따르면 북한은 1971년 이후부터 간첩을 보내지 않고 있으며 남한 사람들이 남조선혁명에서 주동이 되어야 한다고 주장했다(윗글 : 207).

2) 정보부

간첩에 대한 한국적 정의는 간첩을 잡는 것을 목표로 세워진 중앙정보부의 수사와 정보 역할을 무한대로 확장해 정보부를 통제받지 않는 무한 권력 조직으로 만들었다. 한국식 정보부의 시작은 중앙정보부에서 출발했다. 1961년 6월 10일 국가재건위원회는 '중앙정보부법'을 공표한다. 같은 날 법령 제618호에서 '국가재건회고회의법' 제5조 2항 내무위원회에서 중앙정보부 소관에 속하는 사항을 두었고, 다시 법령 제619호 '중앙정보부법'을 공포했다. 제1조는 국가 안전 보장에 관련되는 국내 외 정보 사항 및 범죄 수사와 군을 포함한 정부 각부서의 정보 수사 활동을 감독하기 위해 국가재건최고회의 직속에 둔다. 4조는 정보수사에 필요한 경우 타기관의 직원을 지휘·감독할 수 있다고 되어 있다. 5조는 협의 기관을 둘 수 있다고 되어 있으며 6조는 수사권을 갖는다고 말한다. 또한 타기관의 협력이 필요한 경우 협력을 받을 수 있다고 되어 있다(한국군사혁명사, 1963 : 610).

초창기 중앙정보부는 육군 특무대 요원 3,000명으로 시작했다. 조갑제에 따르면, 일제 시기 경찰 가운데 40%는 한인들이었다. 이중 고등계 형사들이 해방 후 반민족 행위에 대한 처벌을 피하고자 경찰, 특무대, 헌병대로 들어가 그곳을 장악했다(조갑제, 1987 : 12).[11] 일제 고등계 형사 출신들은 고문과 조작에 능숙했다고 한다. 이들이 중앙정보부의 기초가 된 것이다. 기본조직 구성은 기획조정관실, 기획조정실장

11 조갑제는 해방 당시 한반도에 2만 6,677명의 경찰이 있었고 이중 한인 경찰은 1만 619명이었다고 한다. 이들 가운데 다수는 비간부급인 순사부장과 순사였다고 한다(윗글, 12).

실, 비서실, 감찰실, 통신실, 총무국, 1국과 4국까지, 전략정보국, 수사국 그리고 각 지부가 있었다. 그러나 12월에 다시 각 국이 숫자로 1에서 8국까지로 개명됐다. 간첩 잡는 중앙정보부는 간첩뿐 아니라 정권에 대항하거나 저항하는 이들도 잡았다. 심지어 중앙정보부는 여당 의원들도 구속수사를 하곤 했는데, 대표적인 것이 1971년 10월 2일 항명 사태 때 공화당 재정위원장이던 김성곤과 길재호 등 24명을 체포하고 고문했던 사례다(한용원, 1993 : 315). 중앙정보부는 검찰, 경찰, 그리고 보안사 같은 군정보기관들을 통제하면서 독재 정권에 충성했다.

정보부장이 대통령을 시해하고 이를 처리하는 과정에서 권력을 잡은 전두환 정권은 중앙정보부를 해체하고 국가안전기획부를 창설했다. 안기부의 주요 업무로는 국외 정보 및 국내 보안 정보, 주로 대공 및 대정부 전복, 대테러 및 국제범죄 조직 및 그 정보에 대한 수집·작성 및 배포, 국가 기밀에 속하는 문서, 자료, 자재, 시설 및 지역에 대한 안보 업무, 보안시설 보호 업무, 간첩 이적 행위자 색출, 활동 적발 및 처벌, 형법 중 내란죄·외환죄, 군형법 가운데 반란의 죄·이적죄·군사기밀누설죄·암호부정사용죄, 군사기밀보호법 및 국가보안법에 규정된 범죄의 수사, 안전기획부 직원의 직무와 관련된 범죄 수사, 국가보안법에 규정된 죄 등에 대한 수사, 정보 및 보안 업무의 기획·조정 사항 등을 주관했다. 또한 선거 부정 감시와 간첩 침투, 대공 업무를 담당했다.

3) 보안사

보안사는 국군보안사령부의 준말이다. 해방 이후 "특무대, 방첩대,

그리고 보안사로 이름이 바뀐 것이다. 이 부대는 두 명의 대통령, 세 명의 정보부장, 두 명의 육군 참모총장, 두 명의 여당 대표, 두 명의 여당 사무총장 그리고 2대에 걸친 군사정권 지배층의 가장 큰 인력이었다" (조갑제, 1990 월간조선 11월호). 국군 보안사령부의 전신은 일제 시기 친일 경찰과 헌병 출신들로 주로 충원됐고 1977년 각 군의 보안부대를 합해 국군 보안사령부가 만들어졌다. 보안사는 주로 군부를 관할하려고 각 군과 본부 예하 부대에 보안대를 두게 되어 있으며 통신부대 같은 기능별 부대도 갖추게 되어 있다. 사령부의 구성 조직은 보안처, 방산처, 대공처 제5, 6, 7처 등과 행정실이 있다. 이중에서 보안처는 가장 강력한 기능을 갖는데 국방부 직할부대 및 기관과 각 급 부대에 대한 인원, 시설, 문서, 통신 자재 보안 지원 등과 군사첩보 수집 처리, 경호 경비, 보안 제도 및 교리를 연구하는 막강한 권력을 가졌기 때문이다. 보안처는 지휘권 2원화를 초래했다고 비판받기도 하는데, 각 급 부대를 관할하는 장교, 하사관들이 지휘관과 동격으로 움직여서이다.

이 보안사의 원래 목적은 군을 감시하는 것이었으나 권력에 직간접적으로 영향을 미칠 수 있는 모든 것을 사찰하고 조사하며 수사를 할 수 있었다. 심지어 민간인을 포함한 야당 의원들까지도 조사할 수 있게 됐다. 일례로 유신 직전 10월 17일 계엄령을 선포하고 이세규, 조윤형, 이종남, 최형욱, 김경인 등 야당 의원 12명을 조사한 것은 강창성 당시 육군 보안사령관이 이끌던 육군 보안사였다(한용원, 1993, 314). 그 이전 1971년 4월 대통령 선거를 코앞에 둔 시점인 4월 20일 서승·서준식 간첩단 사건은 당시 중정도 아닌 보안사령부 작품이었다(한홍구, 2005 : 208). 보안사는 1978년 '1·19 조치'로 민간인 사찰을 못 하게 됐는데 이유인즉 전방 대대장이 월북한 사건 때문이었다. 보안대가 사소한 실수를 지나치게 추궁해 대대장이 월북한 것이다. 박정희가 대로해 이를 금지하도록 김재규에게 지시해 김재규가 김기춘 당시 국장에게 명령해 조치가 내려진 것이다.

1980년대는 보안사 시대였다. 전두환이 보안사를 기반으로 자기 상관을 체포하고 대다수를 전역하게 만들고 대통령이 되면서 보안사에 정권 수호 권력이 모였다. 박정희 시해 직후 설치된 합동수사본부는 보안사 376명, 헌병 79명, 경찰 37명, 검찰 8명, 정보부 6명 출신으로 구성됐다(《월간조선》 1990년 11월호).

보안사는 사실상 정보부를 접수했다. 이후 신군부는 중앙정보부를 국가안전기획부로 바꾸는 "국가안전기획부법"을 1980년 12월 31일에 제정했다. 특이 사항은 중앙정보부가 갖던 정보수사기관에 대한 감독 권한을 배제해 보안사 조정·감독권을 기획·조정권으로 완화하는 조정을 단행했다는 점이다(정규진, 2014 : 292). 덧붙여 보안사를 1년에 1회 이상 감시하도록 하는 안전기획부법 일부분을 "보안 업무 감사는 중앙단위기관에 한하며 정책 자료 발굴에 중점을 두도록 한다"고 완화해 보안사 통제권을 약화하고 경쟁하도록 만들었다(《월간조선》 윗글). 이처럼 1980년대 국가안전기획부는 국군 보안사령부에 사실상 정보 및 수사의 힘에서 밀리고 대다수의 간첩 사건은 보안사가 수행한다.[12]

---

12 조갑제(1988 : 93)에 의하면 1985년 2월 12일 총선 직후 장세동 경호실장이 안기부 부장이 되면서 이전 보안사 출신들이 경찰과 보안사의 정보 수집 및 수사 기능을 강화했다. 하지만 국가안전기획부의 조직과 인력이 보안사나 경찰보다 더 잘 훈련되고 조직화됐기 때문에 권력자였던 전두환에 의해 보안사가 아닌 안기부가 권력의 핵심부를 차지하고 다른 정보기관을 이끌게 됐다.

간첩 조작 사건의 피해자였으면서 동시에 보안사의 회유로 보안사 직원으로 일한 김병진의 회고에 의하면 1980년대 초 안기부에서조차 혐의 유무를 두지 않던 사건까지 보안사는 간첩 사건으로 만들었다(김병진, 2013 : 280).

안전기획부처럼 보안사의 하부 조직이나 조직의 인원은 사실상 밝히기 어렵다. 그런데 1990년 9월 23일 윤석양 이병의 양심선언으로 보안사에 대한 민간사찰이 비난을 받자 당시 국방부 장관이었던 이상훈이 국회 국방위에서 "90년대 말까지 현 병력의 14%인 860명을 감원하겠다"고 발표했는데 이 숫자로 계산해보면 보안사의 당시 병력은 6,100명이 된다.

조갑제는 한국의 억압적인 고문과 고문 기술자들이 조작한 많은 간첩단 사건들의 본질을 일제 식민지 시대에 일본을 위해서 자기 동족을 고문하고 억압한 친일 경찰들과 군인들 그리고 헌병들이 주인을 계속 바꾸면서 살아남아 국가와 국민이 아닌 주인을 위해서 일하는 것을 해방, 4·19, 5·16이 단죄하지 못한 데서 기인한다고 본다(조갑제, 1987 : 12).

간첩 사건을 수사한 기관들은 독재 정권에 충성하며 조직을 늘리기 시작했고 늘어난 조직만큼 대상도 늘어나야 했다. 대한민국 전 국민은 간첩 대상자로 전락했다. 또한 공산당이 존재하고 북한을 지지하는 사람과 남한을 지지하는 사람 등이 섞여 사는 일본에서 한국에 입국한 재일 동포 출신들도 주된 간첩 조작 대상이었다.

5. 통일운동, 간첩 그리고 안보 통치

시민들에 의한 통일운동은 분단으로 이익을 누리는 권력 집단에 위협적 도전이었다. 독재정권은 통일운동을 자유민주주의와 자본주의를 뒤흔드는 간첩 행위라고 낙인 찍고 탄압했다. 강력한 탄압은 많은 희생자를 만들어냈다. 간첩 사건은 통일운동과 무관하게 진행된 경우가 많았다. 통일운동을 한 사람들의 과거 행적 가운데 간첩으로 몰릴 상황은 간첩단 사건으로 확대됐다. 간첩 사건은 남한의 정보를 간첩에게서 보호하려는 것이라기보다 남한 사람들, 즉 대한민국 국민들을 통제하려는 도덕성이 약한 정권을 보호하는 수단으로 악용됐다. 도덕성이 약한 정권을 보호하려는 국가 기구 주체는 군과 정보 그리고 검찰과 경찰 등으로 구성됐다.

1) 통일운동

한국전쟁 직후부터 평화통일운동은 금기됐고 무력 통일만이 허용됐다. 한편, 1956년 대통령 선거에서 조봉암의 진보당은 평화통일운동을 강령으로 제시하고 선거에서 200만 표라는 엄청난 득표력을 과시했다.[13] 당시 진보당의 평화통일론은 이승만의 반공 독재에 실질적인 위협을 가져왔다. 당시 정권은 진보당 사건을 만들며 대응했다. 사건 내용은 조봉암이 이중간첩이었던 사업가 양명산과 관계를 갖고 대통령 선거 때 선거 자금까지 받은 것이었다. 양명산이 먼저 처형되고

---

13 물론 당시 신익희가 선거운동 기간에 사망했기 때문에 어부지리로 얻을 수 있던 표도 포함된다. 그러나 무력 통일만이 옳다고 믿어지던 시기 평화통일을 주장한 조봉암의 득표력은 이승만을 위협하기에 충분했다.

1959년 조봉암은 대법원에서 사형 판결을 받고 집행됐다. 조봉암은 2011년 대법원 재심 판결을 통해 국가변란목적단체 결성과 간첩 혐의에 무죄가 선고됐다.

조봉암 이후 단절됐던 통일운동은 4월 혁명 이후 본격적으로 등장한다. 억압적 독재 기구가 일시적으로 붕괴되자 통일운동이 분출하기 시작한 것이다. 4월 혁명기 민족자주통일중앙협의회(이하 민자통), 민주민족청년동맹(이하 민민청), 통일민주청년동맹(이하 통민청) 등 청년 단체를 중심으로 지식인과 일반 대중들 사이에서 통일 운동이 시작됐다. 1960년 11월에는 여러 단체들이 민족통일연맹(민통연)을 결성하고 통일 운동을 시작한다. 당시 통일운동은 중립화 통일 노선, 민족 자주 원칙을 중신하는 노선, 국제 협상으로만 가능하다고 보는 노선 등 다양한 운동 노선이 있었고 1961년에는 학생 통일 운동 단체였던 민통련이 민족통일전국학생연맹 결성 준비대회를 개회하면서 서울에서 남북회담을 제안하고 서울운동장에서 남북학생회담 환영 및 민족통일촉진 궐기대회를 개회했다. 3일 뒤 군사 쿠데타가 일어난 5월 16일에도 궐기대회가 개최되었고 전국에서 호응하는 대회가 있었다(신주백·홍석률·정창현, 1995).

군사 쿠데타로 집권한 박정희는 "선경제성장 후통일"을 내세우면서 통일운동을 금지했다. 군사정부 시기 이후 통일운동은 독재와 공안통치에 정당성을 제공했으며 대중운동으로 이어지지 못한 채 탄압을 받았다. 1960년대 통일과 관련된 대표적 사건은 1964년 '리영희 기자 필화 사건' 1964년 '인민혁명당 사건(이하 인혁당)' 1967년 '서민초 반공법 위반 사건', 1968년 '통일혁명당 사건' 등이었다. 통일 논의조차도 용공으로 간주돼 심하게 탄압을 받던 시기였다. 심지어 7·4 공동성명을 발표한 이후 진행한 민간 통일 논의도 곧바로 유신에 의해서 탄압을 받았다. 결국 통일 논의는 국가가 독점·통제했고, 시민들에 의한 공개적 통일운동은 불가능한 상태가 됐다. 통일이라는 단어는 민족으로서 반드시 해야 할 궁극적 사명이었으나 "말할 수 없는" 대상이 됐다(Grinko, 1996).

12·12쿠데타로 집권한 전두환은 더 강한 억압을 가하면서 독재 정권을 유지하려 했다. 안기부와 보안사는 경찰과 검찰마저 무기력하게 만들었다. 치안본부는 보안사에서 필요한 정보를 찾아주는 역할을 했으며 검찰은 보안사에서 고문을 통해 넘긴 간첩 혐의자를 기소했다.[14] 그러나 미국의 전두환 정권 지지를 계기로 학생을 중심으로 한 운동은 반미주의로 흘러 반독재 민주화운동이 반미 자주화 의식과 연계되면서 준비기를 거쳐 서서히 시작됐다(신주백 · 홍석률 · 정창현, 1995 : 58). 1988년 서울대 총학생회 회장 선거에서 시작한 남북학생회담 논의는 그 이후 서울지역총학생연합회(서총련)와 전대협(전국 대학생 대표자 협의회)이 추진하면서 6·10 남북학생회담 제의가 시작된다. 이를 계기로 통일 논의가 촉발했으며 학생들은 남북 학생 교류를 주도하며 1989년에는 평양 축전 참가 투쟁을 해 마침내 문익환, 임수경, 문규현 등이 북한을 방문한다. 이후 민간 주도로 범민족 대회가 열리고 1991년에는

---

14 김병진에 따르면 1984년 보안사는 '재일 한국인 모국 유학생 위장 간첩 근원 발굴 계획'을 수립하고 치안본부에 출근하면서 치안본부 신원조사과에서 모든 서류를 모아 보안사가 무제한 열람하고 필요한 정보를 제공해주고 있었다(김병진, 2013 : 188). 검찰은 보안사에서 고문을 통해 받은 자백을 그대로 기소했다. 판사는 그대로 판결을 했고 보안사가 형량까지 정할 때도 있었다.

남북 및 해외 동포를 포함하는 전 민족적 연합 조직인 조국통일범민족 연합(범민련)이 결성된다.

2) 간첩단 사건과 공안 정국

독재 정권 시기마다 많은 간첩 사건이 터졌는데 특이한 점은 선거를 앞두거나 정국이 여당이나 독재자에게 불리할 때마다 일어났다는 점이다. 간첩 사건이 확대, 재생산되어 사회에까지 파장을 몰고 다수의 혐의자와 야당까지 표적의 대상이 되는 것을 공안 정국이라고 정의한다. 간첩 사건이 확대됐을 때 주요 대상으로 지목된 이들은 간첩 혹은 간첩 혐의자뿐 아니라 유력한 대선 후보자나 야당 지도자 그리고 재야 지도자를 겨냥한 것이 많았다는 점이다.

① 인민혁명당 사건

1964년 8월 14일 당시 중앙정보부장 김형욱이 인민혁명당(이하 인혁당으로 표기)은 1962년 1월 "북한에서 특수 사명을 띠고 남하한 간첩 김영춘, 민주민족청년동맹 경북도 간사장이던 도예종 등이 발기인회를 갖고, 외국군 철수와 남북의 서신·문화·경제 교류를 통한 평화통일을 골자로 한 노동당 강령 규약을 토대로 발족"했고, 3·24 학생시위가 일어나자 불꽃회 간부 등을 포섭, 배후 조종해 현 정권 타도와 국가 변란을 음모했다고 발표했다(《경향신문》 1964년 8월 14일). 중앙정보부는 47명을 송치했다. 여기에는 인혁당 부책 도예종[15]을 위시해 서울대 문

15 도예종은 후에 중앙정보부에 의해 인민혁명당 재건위 사건으로 대법원 확정 판결을 받은 지 8일 만인 1975년 4월 9일 처형된다.

리대 정치학과 재학생이 주축이 되어 만들어진 반(反)박정희와 반공화당 단체 민비연 관계 학생을 포함한 9명의 서울대 문리대생과 1명의 서울대 법대생 그리고 3명의 다른 대학생 등 13명의 대학생이 포함됐다(김형욱·박사월, 1985 : 134).[16]

그러나 체포된 학생들 대다수가 석방되고 총 26명을 기소하려고 검찰에 인계했으나 당시 서울지검 공안부 이용훈 부장검사가 최대현, 김병리, 장원찬 검사와 조사한 후 증거가 없어 기소할 수 없다고 버틴다. 기소할 요건이 충분하지 않다는 것이었다. 그러자 중앙정보부는 서울지검에 압력을 가해 검사장이 숙직 검사였던 형사 3부 정명래 검사를 시켜 기소하게 만든다. 그리고 중정에 파견되어 근무했던 서울 고등검찰청 한옥신 차장검사가 대신하게 만들어 기소하게 만들기 위해 시도했다(윗글 : 134). 그러나 한옥신[17]도 기소에 난색을 표하고 공소장 변경을 추진하는데 애초 26명에 대한 국가보안법 위반 혐의는 취소하고 13명만 반국가단체찬양고무죄를 적용했다. 그나마 1965년 1월 20일 서울지방법원 김창규 부장판사는 재판에서 도예종에게 3년, 양춘우에게만 2년 실형을 선고하고 나머지는 무죄 석방했다. 김형욱은 가장 곤란하고 다루기 어려운 사건이었다고 회고한다(윗글 : 135). 4개월 후인 1965년 6월 29일 2심 판결에서는 도예종과 양춘우, 박현채 등 6명이 징역 1년, 나머지 5명이 징역 1년에 집행유예 3년을 선고받는다(《연합

---

16 박사월은 서울대 정치학과 출신으로 1971년 대선 때 김대중 전 대통령의 선전위원을 맡아 정치에 발을 디뎠다가 미국으로 15년간 망명을 떠난 김경재의 필명이다.

17 한옥신은 1960년대와 1970년대 공안부 검사로 이름을 떨쳤고 국제 기준이 아닌 간첩을 다시 한국 기준으로 정의해야 한다고 주장했던 인물이다. 이 인물마저도 기소 의견에 매우 신중했다고 한다.

뉴스 2005년 12월 7일, 인혁당 사건 자료집). 인혁당 사건 기소를 했던 형사부 검사 정형욱은 후에 인혁당 사건과 동백림 사건 등 굵직굵직한 사건을 담당한 이용택이 근무했던 중앙정보부 5국 국장으로 채용됐다(윗글 : 136).[18]

② **동백림(동베를린) 사건**

1967년 7월 8일 당시 중앙정보부장이던 김형욱은 동베를린에 거점을 두고 활약한 명지대 교수 임석진, 경북대 교수 정하룡 등을 포함한 약 107명을 입건했으며, 이중 도주한 7명을 제외하고 70여명을 구속, 나머지는 불구속 기소했다고 발표한다(《경향신문》 1967년 7월 8일자 1면). 그런데 3일 후인 7월 11일 김형욱은 서울대 민족주의비교연구회 황성모 교수와 이종률, 박범진 등을 정부 전복 혐의로 체포했다고 발표한다. 그다음 날 12일에 독일에 있던 윤이상, 그의 처 이수자 최정길과 최창진 전북대 교수에 대한 간첩 활동을 발표한다. 13일에는 프랑크프루트대학 이론물리학 연구원 정규명과 광부 박성옥의 혐의를 발표했고, 14일에는 문필가 천상병[19]을 비롯해 국내 학자와 교수들을 체포하고 혐의 사실을 발표한다. 15일에는 화가 이응로와 처 그리고 베

---

18 김형욱의 회고록에 따르면, 그가 어려운 상황에서 인혁당 관계자를 기소한 검사 정명래를 채용한 것은 부하를 채용하는 기준이 능력 위주가 아니라 충성심 위주였다는 것을 의미한다고 한다(김형욱·박사월, 1985 : 136).

19 조갑제는 중앙정보부가 천상병 시인이 서울대학교 상대 동문인 강빈구와 술을 마시면서 강빈구가 동독 유학 중에 북한과 평양을 다녀왔다는 말을 듣고도 신고하지 않은 것과 당시 돈이 없던 그가 친구들에게 막걸리를 얻어 마신 것처럼 강빈구에게 신세를 진 것을 두고 천상병이 강빈구를 위협해서 돈을 갈취했기 때문이라 했다고 말했다.

를린대학 공대생 임석훈(임석진 교수 동생)의 혐의 사실을, 7차는 그다음 날인 16일에 고광덕에 대한 혐의를 발표한다.

사건 발단에 대해서는 많은 이야기가 오가며 아직 논란이 되는 부분이 있으나 분명한 것은 명지대 조교수로 있던 임석진이 자신과 베를린에서 친하게 지내던 《조선일보》 기자 이기양이 행방불명된 사실이 5월 14일 자 《조선일보》에 실리자 자신이 남로당에 입당하고 북한에서 자금을 받고 평양을 방문한 것 등과 북한에서 도망오다시피 서울로 귀국한 것이 걱정이 되어, 고민하던 차에 외환은행에 근무하던 홍세표(박정희 친척)에게 부탁해 5월 17일 박정희를 직접 만나 2시간 5분 동안 고백을 하면서 시작됐다(조갑제, 2005). 임석진은 "임 선생, 고심이 많았겠습니다"라고 말하면서 악수를 청한 박정희에게 감동을 받아 자신이 경험한 것을 200자 원고지 200자 분량으로 적어 홍세표에 전달했고 후에 김형욱을 다시 만나 이형택에게 조사를 받았다(조갑제, 2005 : 106, 125). 이형택은 박정희에게 직보했으며 김형욱은 박정희에게 수사를 제대로 못 한다고 질책을 받는다. 조갑제에 의하면 당시 박정희에게 철저히 수사하라는 명령을 받은 사람이 김형욱과 이형택이었는데 김형욱이 이것을 무조건 밝혀내라는 줄 알고 무자비하게 고문하고 무리하게 수사를 확장해 무고한 고문 피해자들을 만들었다고 비판하면서 이런 무식한 수사 때문에 전체 간첩단 사건이 조작으로 인식된다고 김형욱을 비판했다.[20]

---

20 김형욱의 회고록에 의하면 임석진이 자신을 방문해 고백했다고 주장하나 임석진의 회고에 의하면 임석진은 어떻게 할까 고민하다 김형욱을 믿지 못해 박정희에게 직접 고백했다고 주장한다(조갑제, 2005). 김형욱은 중정 조사 과정에서 임석진이 당시 서독

국가보안법 위반, 반공법 위반, 간첩죄 및 외환관리법 위반 혐의로 기소된 사람은 혐의자 총 203명 가운데 33명이었는데(구속 26명 불구속 7명) 이중 정규명과 정하룡이 사형, 조영수가 무기징역, 유기징역에는 어준과 임석훈이 15년, 천병희, 강빈구, 윤이상, 최정길이 10년, 김중환, 정상구 등 6명이 7년 이하, 집행유예가 7명 선고유예가 1명, 형 면제는 3명이었다. 이들은 1970년 서독과 프랑스의 외교 마찰을 우려해 사형수까지 모두 풀려난다. 그리고 민족주의비교연구회는 학술 단체로 인정받아 황성모와 김중태는 형 집행 정지로 풀려난다. 김형욱은 임석진과 이수길처럼 무고했지만 고통을 받은 사람들에게 인간적으로 용서를 빌고 싶다는 이야기를 한다(김형욱·박사월, 1985 : 206).

조갑제에 따르면, 당시 박정희는 김형욱에게 "북괴가 해외에 나가 사는 우리 동포를 활용해서 해외에서 우리를 포위하고 침투 공작을 하려는 의도인 것 같은데, 당신은 외국 정보기관에서 주는 것만 갖고 일하나? 너무 국내에만 치중해서 대남 간첩이나 지하당 간첩단 사건에만 얽매이지 말고 국제적으로 신경좀 쓰시오"라고 혼을 냈다고 한다(조갑제, 2005 : 128). 조갑제는 동백림 사건을 잘못된 수사로 실체를 밝히지 못한 사건이라고 정의한다.

대사였던 최덕신 장군에게 혐의가 있다고 이야기하자 임석진을 불러 "역공작"하는 것 아니냐고 물어 매우 불쾌했다고 이야기한다. 최덕신은 후에 부인과 월북하는데 조갑제는 김형욱이 최덕신을 "양심적 외교관"이라고 지칭한 것에 대해 왜 그러는지 모르겠다고 이야기하는데 사실 최덕신은 육사 8기생이 생도였을 때 중령 계급으로 육사 교장을 했던 인물이고 많은 장교와 장군들에게 존경을 받던 인물이기에 임석진을 의심했을 가능성이 크다고 본다.

"해외에서 무리한 구인 과정, 합리적이지 못한 수사, 도처에서 나타나는 고문 흔적들은 진범을 찾아내 엄중 처벌하는 데 실패하고 무고한 피해자에 진범들이 섞이게 만들어 종국에는 사건 자체가 조작이라는 오명을 쓰기에 이르렀다."(윗글 : 129)

조갑제는 동백림 사건을 북한 공작 기관의 전술적 변화를 재래식 간첩 수사 기법으로 대응하다 본질을 놓친 "실패한 수사"라는 말을 써가면서 동백림 사건 당시 잘못 처리한 김형욱과 중정을 비판한다.

③ 인민혁명당 재건위와 민청학련 사건

1970년대의 통일운동은 1971년 4월 27일 대선에서 김대중을 누르고 당선된 박 대통령이 1972년 5월과 6월 초에 걸쳐 평양과 서울에서 비밀리에 북한과 고위 정치 협상을 갖고 조국 통일 원칙과 긴장 완화 등에 관한 7개 항의 합의에 도달했음을 1972년 7월 4일 오전 10시 서울과 평양에서 동시에 발표하면서 서서히 등장하기 시작했다(이재오, 1984 : 271).

반민주와 통일 논의가 재야와 학생들을 중심으로 활성화되어가던 시점에 유신을 위한 계엄령이 10월 17일 선포되고 11월 국민투표를 거쳐 유신헌법이 공포됐다.

잠깐 나타난 통일운동은 강력한 유신 탄압 아래 놓이게 됐다. 1971년 재일 동포 서승서, 서준식 형제 간첩 사건 이후 뜸하던 간첩 사건들이 1974년 연속적으로 터지기 시작한다. 유신 이후 침묵하던 유신 반대 시위가 본격적으로 일어나던 해가 1974년이었고 대표적 사건이

'전국민주청년학생총연맹'이었다. 문제는 학생운동권만 처벌하려고 한 것이 아니라 학생운동 배후에 '인혁당재건위'가 포함되어 있었다고 묶음으로써 학생운동을 간첩 혐의로 격하하고 실제 과거 혐의가 있던 사람들을 동시에 제거하려고 시도했다는 점이다. 여기에 1970년대 들어오면서 남파 간첩들과 무장 공비의 출현이 뜸해지자 만들기 쉬운 재일 동포들이 간첩 혐의자로 주로 등장했고 민청학련 사건에는 재일 조총련이 배후에 있었다고 당시 중앙정보부장 신직수가 발표했다.

그리하여 민청학련 사건 주모자급 48명과 두 일본인 등 50명을 긴급조치 위반, 국가보안법 위반, 반공법 위반, 내란예비음모, 내란선동 등의 죄로 선고공판을 열고 사형 8명(1심은 9명), 12년 이상 20명을 선고했다. 문제는 1974년 4월 3일 사건 발생일에서 10개월 만인 1975년 2월 15일 민청학련 사건 관련자 가운데 인혁당 재건위 관련자 21명과 학원 관계자 148명이 출옥하고 1974년 4월 9일 인혁당 재건위 7명과 학원 관계자 1명에 대한 사형이 집행됐다(이재오, 1984 : 331, 336).

김지하나 박형규 목사 등과 같은 민청학련 관련자들이 재심을 신청한 경우 이들은 무죄판결을 받았으며 인혁당 재건위 사건은 2007년 1월 23일 무죄판결을 받았다.

④ 보안사 간첩 조작

천주교 인권위원회가 2010년 '공안 기구의 과거와 현재'라는 강연에서 나타난 보안사의 과거 간첩 사건 조사 경험은 1970년대와 1980년대에 걸쳐 966건 가운데 234건을 보안사가 수사했다. 그리고 재일동포 및 일본 관련 사건 317건 가운데 73건도 보안사가 수사했다.[21] 국방부 과거조사위원회 보고서에 따르면, 보안사는 1977년 4월 21일 일본 출신 서울대학교 학생 김정사를 중앙정보부의 승인을 받고 체포한다. 그리고 수사를 거쳐 김정사와 유성삼, 임정자 등 다른 유학생을 재일 동포 민주화운동을 하면서 김대중과 연결되어 있던 한민통 조직원으로 국내에 잠입해 국내 기밀을 조총련 단체를 통해서 북한으로 유출하려고 한 혐의가 있다고 발표했다(국방부 과거사진상조사위원회, 2007 : 4). 많은 일본 거주 한국인들이 박정희의 정적이던 김대중과 연결된 조직들에 있었기 때문에 당시 공안 기구에서 주된 공작 대상이 됐다. 그리고 일본은 공산당도 있었고 북한 국적과 조선 국적을 가진 많은 재일 한국인들이 있었기 때문에 공작 대상을 쉽게 찾아낼 수 있었다. 대한민국 국적을 가진 사람으로 일본을 자주 왕래한 사람들도 간첩 공작 대상으로 전락한 경우가 많았다.

보안사는 1981년쯤 체포한 남파 간첩에게서 전남 나주군 반남면 신촌리 781번지 故나석균 씨의 장녀 나경혜(1932년 생)가 한국전쟁 전 월북했다가 남쪽을 다녀갔다는 말을 듣고 조사를 시작한 이후, 보안사 대공처 수사관들이 근 4년간 이 가족들을 미행하다가 별 단서가 나타나지 않자 사건을 깨기로 했다. "'깬다'는 것은 혐의자들을 일단 연행해 조사를 시작한다는 말이다." 보안사는 나종인 씨를 1984년 10월 5일 영장 없이 연행했다. 그는 약 70일간 서울시 송파 분실에서 혹독한 고문을 받았다. 서울대 전기공학과를 졸업한 나 씨는 1960년과 제대 후

21 천주교 인권위원회는 2010년 갈수록 확대되는 공안 정국을 비판하면서 공안 정국에 대한 강연을 했는데 공안 기구에 대한 강연은 남상덕 국방부 과거사진상조사위원회의 조사관이 담당했고 강연 일자는 2010년 1월 19일 화요일이었다.

인 1965년 북한을 다녀왔다. 공소시효가 끝나 처벌 대상이 되지 않자 계속범으로 만들려고 나 씨가 업무 차 일본을 드나든 것을, 일본에 있는 임갑순이라는 북한 공작원에게 첩보를 제공하려고 잠입한 것으로 조작했다. 그런데 보안사는 이런 조작을 이미 5월에 마쳤는데 간첩단 일망타진 기사는 1985년 11월 1일에 나온다. 당시 《경향신문》은 "고정간첩 5개망 일망타진"을 국군 보안사령부 발표에 근거해서 보도했다. 나종린을 대표기사로 작성했는데 입북 후 간첩 교육을 받고 25년간 암약했다는 기사가 나온 것이다(《경향신문》, 1985년 11월 1일).

간첩 조작 사건의 피해자이면서 2년간 보안사에 수사관으로 채용돼 일했던 재일 동포 김병진이 일본으로 돌아가 쓴 《보안사 : 어느 조작 간첩의 보안사 근무기》에 의하면 나종인 씨를 수사한 곳은 보안사 5계로 나종인 씨에 대해서 "지독한 놈"이라고 했다고 한다(김병진, 2013).[22] 김병진에 의하면 보안사는 "대공 취약자"라는 표현을 사용했는데 의미는 '북한과 연계될 가능성이 있는 자'라는 뜻이었다. 이들은 간첩으로 조작하기 쉬운 사람들이었다.

- 월북자 : 6·25 혹은 그 후에 월북한 자로서 북에서 남파할 가능성이 있다고 본다.
- 행북자 : 월북 가능성이 있어서 월북자에 준해서 본다.

22 김병진에 의하면 당시 보안사의 5계는 가장 무능했다고 한다. 왜냐하면 간첩 검거를 많이 하지 못해서 상관이 승진을 못했기 때문이다. 그래서 승진 대상자였던 담당자들은 물불을 가리지 않고 일반인을 간첩으로 만들기를 시도했다(김병진, 2013 : 272~273).

- 납북 귀한 어부 : 납북 시 적에 포섭될 가능성이 있다고 본다.
- 부역자 : 타의든 본의든 과거 적에 협조한 경력이 있는 자로서 적과 연계 가능성이 있다고 본다.
- 밀항 도일자 : 일본 밀항 시 재일조총련 등 적에 포섭될 가능성이 있는 것으로 본다.
- 조총련 연고 가족, 월북자 연고 가족, 정보 사범 전과자 : 사상적 불순성 때문에 적과 연계될 가능성이 있는 것으로 본다.
- 반공 포로 : 6·25 휴전 후 포로 교환 시 남한 잔류를 희망한 자로 위장 잔류 혹은 그 후에도 적과 연계될 가능성을 본다.

김병진의 회고록에 의하면 보안사령부는 예하 보안부대에 유학생 본적지를 내사하라고 지시를 내려 위의 대공 취약자에 해당하는 사람을 전부 조사해서 "모국 유학생 위장 재일본조선인총연합회 간첩 중점 대상자" 명단을 만들었다(김병진, 윗글 : 27). 그리고 그 명단에 의해서 간첩이 만들어졌다.

3) 간첩단 사건과 지도자 그리고 관료

남북 분단 상황에서 그리고 남한을 적화하려는 북한의 남조선 혁명 공작이 있었던 시기에 북한 간첩을 잡거나 대한민국을 위태롭게 하는 간첩을 잡아 안보를 지켜야 했던 것은 국가기구가 해야 할 당연한 의무였다. 조직 목적이 국가를 보위하고 자신들이 감시해야 할 군대 조직, 정부 조직 등 국가 안보와 관련된 분야에 속한 이들을 당연히 감시해야 했다. 그러나 법을 위반하면서 민간인의 사찰과 수사를 담당했던 경찰, 정보부, 그리고 보안사는 조직 목적을 수행하지 못했다. 목적 수행 차원에서 봤을 때, 간첩 사건 숫자만으로는 이들 조직이 무능했다거나 효율성이 없었다고 비판할 수 없을지 모른다. 그럼에도 조직의 목적 전치 현상이 나타났다는 것은 역사적 사실이다.

대한민국 억압 기구의 목적 전치 현상의 주된 원인은 조직 이론가들이 분석한 것처럼 조직 목적의 추상성, 조직의 피라미드형인 위계적 구조, 지도자의 사적 목적 추구 등 조직 구조적 현상에서 발생했다. 정당성이 없었던 독재자들은 김대중 같은 정적을 제거하려고 일본 출신 학생들과 대한민국 시민들에게 간첩 혐의를 씌웠다. 그리고 1984년 교황 방문 이전에 전두환 대통령이 안기부, 치안본부, 보안사에 밀명을 내린다. "예산에 개의치 말라. 청와대에서 공작 자금을 낸다. 종교계에 침투한 간첩을 로마 교황 방한 전에 색출하라." 최고 권력을 가진 지도자의 명령은 각 조직 수장과 하부 조직들의 책임자들을 바쁘게 만들기 충분했다.

전두환의 밀명은 가톨릭계의 반정부운동을 염려하고 견제하려는 목적이 주였다. 가톨릭계의 반정부운동 관련자 가운데 북한과 연계된 사람을 운이 좋아 찾는다면 반군부 민주 세력에 결정타를 날릴 수 있는 것이었다(김병진, 2013 : 215). 당시 공작 이름은 역설적이게도 '평화공작'이었다. 이렇듯 공안 정국은 간첩단 사건을 만들고 확대해 정권에 비판적이던 인사들과 반독재 투쟁 민주 인사들을 탄압하려고 국가 기구가 직접 개입해 조작하고자 시작됐다. 정권의 실수 혹은 잘못된 정책은 비판 대상이 됐고 이런 정권에 대한 비판적 여론을 무마하기 위해서도 간첩 사건을 조작하고 공표했다. 언론은 철저히 보안사나 정보부가 제공해주는 대로 간첩 보도를 했고 때로는 리허설을 하면서까지 간첩 보도를 정보 기구가 원하는 대로 방송했다(김병진, 2013 : 105~107).[23]

최고 지도자부터 조직 수장 그리고 방송까지 국가기구를 사적으로 이용하는 과정에서 직접 실무를 담당했던 이들까지 진급과 금전을 사적으로 취했다. 김병진에 따르면, 보안사는 안기부에게서 이중으로 활동 자금을 지원받았을 뿐 아니라 자신들이 간첩으로 만들려고 시도했던 이들에게서 금전적 착취까지 행했다(김병진, 2013 : 323). 그리고 조직 상층부가 원하는 일을 제때 해주는 직원이 승진을 빨리 했듯이 조직 하부에 있었던 이들도 진급을 목적으로 최선을 다해서 성공한 간첩단을 만들려고 시도했다. 성공한 간첩단이라는 것은 기소까지 가서 재판에서 아무 탈 없이 유죄판결을 받게 하는 것이었다. 하부 조직에서 육사 출신이 아닌 영관장교, 고향이 전라도였던 하사관 급들은 자신이 속한 조직에서 성공하려고 더 초조하게 간첩단 사건을 만들려고 했다. 회고록으로 볼 때, 공안 조직들은 다양한 부처를 만들고 그 부처끼리 경쟁을 하도록 유도했으며 이를 통해 공안 정국을 만들려고 했다. 그러나 막대한 예산을 쓰면서 힘없는 사람만 간첩으로 만들던 이들은 자신들의 조직을 무능한 조직으로 만들었다. 무능한 책임자들이 승진하는 동안 조직이 무능하게 됐으며 이들을 지휘한 수장들과 독재자들은 대

23 김병진의 회고록에 의하면 당시 KBS, MBC는 간첩들을 면담해 한국 사회, 특히 학원가에 얼마나 많은 재일 동포 간첩단들이 활약하는지에 대한 특별 프로그램을 방송했는데 수사관들이 써준 각본과 리허설을 통해 촬영했고 제작하는 실무진들에게는 기생파티와 격려금이 지급됐다고 한다(윗글 : 105).

한민국이라는 국가를 독재국가, 간첩 조작 국가로 만들었다. 무엇보다 시민들을 잠재적 간첩으로 만들어 국가 통합 능력을 약하게 만들었다.

6. 효율적 관료제 그리고 베버로 돌아가기

근대 관료제는 기존 사회에서 부패, 비합리성, 혼란을 떼어내고 통일되고 통제된 방식으로 목적을 추구하도록 하는 합리성을 목표로 보편화됐다(Meyer, 1992 : 261).[24] 한국 사회에서 법과 관료제는 사회에서 영향력이 차단되어 스스로 자율적 법체계에 근거해 발전해야 했다(신동준, 2014 : 272). 그러나 근대의 형식적·합리적 법이라는 이념형의 합리적 법 지배는 한국 사회에서 이중적으로 발전되어왔다. 지배 집단은 법 위에 서서 권력을 행사한 반면, 국민은 법 아래에 위치해 합리적·법적 권위는 사라지고 물리적 억압 권력을 통한 지배 방식이 공안정국의 한국을 대표했다. 경찰, 정보부, 보안사 같은 국가의 억압기구는 공안통치의 주 수단으로 독재 정권에 잘 활용됐다. 독재 정권은 통일운동을 탄압하고 정권 홍위병으로서 자리매김했다.

통일운동을 이끌던 학생과 시민운동가들은 민족의 지상 과제로 통일운동을 설정했다. 분단이 외세에 의해 결정되고 한국전쟁을 기점으로 지배와 피지배 구조가 확립되면서 다수가 정치 영역에서 제외됐기

---

24 마이어(John Meyer)는 윗글에서 관료제가 합리화된 상태로 발전한 것이 아니라 사회가 가장 타당하다고 인정하는 이데올로기에 의해서 보편화됐다고 비판하며 이로 인해 관료제는 기술적 효율성이 더 떨어질 수 있다는 점을 예로 든다. 마이어의 이론에 비춰볼 때, 한국의 과거 공안 국가기구는 국가 안보를 위해 효율적으로 조직됐다기보다 그런 조직 구조가 가장 효율적이라는 믿음에 의해 만들어졌다.

때문이었다. 이런 상태에서 통일은 민족의 지상 과제로서뿐 아니라 근대화 과정에서 소외된 다수의 한국인의 정치 및 사회적 위치를 재선정하는 것이었다. 통일운동은 단순한 통일이 아니라 기존 집권 세력에게는 큰 위협이었다. 따라서 민간의 통일운동은 정권 차원에서 보면 사라져야 할 탄압 대상이었다.

전문성과 효율성을 기반으로 한 서구에서의 관료제는 한국의 상황에서는 전통적 가치와 결합해 관료제의 합목적성 대신 반쪽짜리 효율과 전문을 위한 기능을 다 했다(박영신, 2014 : 132). 한국 상황에서는 '우리'[25]라는 확대된 친족 가치 관념이 우선 작용해 국가보다는 조직 수장들의 사적 이익 추구를 위해서 봉사했다. 조직의 최고층 지도자들은 자신을 임명한 사람과 집단에게 충성하려고 수많은 간첩 사건을 조작했다. 그 과정에서 독재에 기생한 억압기구의 관료 집단은 독재자에게 충성을 하면서 조직과 조직에 기초해 자신들의 영향력을 확대했다. 이런 역사적 상황에서 베버의 합리적 관료제는 사실상 불가능한 것이었다. 지도자의 욕망, 조직 욕망이 제도화된 채로 국가의 주인인 국민은 이들의 합리적 행위에 의해서 구조적으로 소외됐다. 이런 목적 전치 현상은 각 행위자들에게는 매우 합리적인 것이었다. 그러나 국가와 국민에게는 무능과 비효율 그리고 비극을 낳았다.

유오성 서울시 공무원 간첩 사건은 국가기구가 목적 전치 현상이

---

25 박영신에 따르면 서구 종교가 보였던 초월적 가치는 동양에서 우리라는 친족 관계, 즉 인륜으로 격하되어 발전해왔다(박영신, 2014 : 133). 관료제도 국가라는 존재가 아닌 우리라는 인륜 관계가 더 우선시하게 되는 것으로 기능을 했다. 그리하여 서구 관료제의 병폐인 쇠우리에 더해 대나무로 만들어진 대우리가 우리를 이중으로 지배하는 것이다.

구조화한 상태로 지속되어 무능한 국가기구로 전락하고 국가 능력까지 의심받게 만든 치욕적 사건이었다. 박정희는 김형욱을 질책하면서 정보기관이 국내 간첩단에만 얽매이다 보면 해외에서 발생 가능한 국가 위협 요소를 다룰 정보를 제대로 처리하지 못할 것이라고 꾸짖었다. 자신의 권력욕을 위해 조직을 이용하면 조직 효율성은 떨어지고 조직은 무능해진다. 베버는 조직의 비효율성을 이유로 관료제를 폐지하라고 말하지 않았다.

베버의 관료제는 역효과가 있음에도 현대사회에서 중요하다. 베버가 말한 법적·합리적 지배를 위한 관료제를 법과 합리성에 근거해서 통제하는 제도를 만드는 것이 필요하다. 법과 제도로 관료제에서 조직 총수나 국가 통치자가 조직을 사적 목적 활용에 이용하지 못하도록 철저히 규제하는 작업 그리고 보안과 비밀이라는 이름으로 시민 통제에 두지 않는 국가의 억압 기구들을 통제하는 제도적인 장치 마련이 되어야 한다. 국가와 국가기구들은 효율적이면서도 동시에 합목적적이어야 한다. 이것이 '쇠우리'를 만들어내는, 근대의 반쪽짜리 합리성의 결과인 목적 전치를 방지할 수 있는 방법이며, 20세기를 넘어선 21세기형 새로운 형태의 합리적·법적 지배를 우리 사회에 적용할 수 있는 길이다.

| 참고 문헌 |

경우장학회,《국립 경찰 50년사》, 경우장학회, 1995.

경찰대학,《한국경찰사》, 경찰대학, 1988.

경찰청,《경찰50년사》, 경찰청, 1995.

——,《2012 경찰통계연보》, 경찰청, 2013.

국방부과거진상조사위원회,《김정사 사건 과거진상조사보고서》, 국방부, 2007.

김경순, 〈관료 기구의 형성과 정치적 역할〉,《한국현대정치론I》, 도서출판 오름, 1990.

김근세·최도림, 〈우리나라 정부 조직의 신설, 폐지, 승계〉,《한국행정학보》, 제30권 3호, 1995.

김덕영,《막스 베버 : 통합과학적 인식의 패러다임을 찾아서》, 도서출판 길, 2012.

김병진,《보안사 : 어느 조작 간첩의 보안사 근무기》, 이매진, 2013.

김형욱·박사월(김경재),《김형욱 회고록 : 제2부 한국중앙정보부》, 아침, 1985.

박상섭,《근대국가와 전쟁》, 나남출판사, 1996.

박영신,《베버의 '쇠우리' : '삶의 모순' 역사에서》, 사회이론, 46호, 2014.

송복,《조직과 권력》, 나남출판사, 1991.

신동준, 〈합리적 법과 해우이의 합리성〉,《사회이론》, 46호, 2014.

신주백 · 홍석률 · 정창현, 〈통일운동의 역사〉,《역사와 현실》, 16권, 1995.

이재오,《해방후 한국학생운동사》, 형성사, 1984.

정진,《한국정보조직》, 한울아카데미, 2014.

조갑제,《고문과 조작의 기술자들》, 한길사, 1987.

——,《국가안전기획부》, 조선일보사, 1988.

조갑제 외,《과거사의 진상을 말한다 上·下》, 월간조선사, 2005.

한용원,《한국의 군부정치》, 대왕사, 1993.

한홍구,《대한민국 사3》, 한겨레출판, 2005.

——,《특강 : 한홍구의 한국 현대사 이야기》, 한겨레출판, 2009.

Allen, Kieran, *Max Weber : A Critical Introduction* (London : Pluto Press, 2004).

Grinker, Roy Richard, *Korea and its Futures : Unification and the Unfinished War* (NY : St. Martin's Press, 1998).

Hall, Richard H., *Organizations : Structure and Process* (Englewood Cliffs, N. J. : Prentice Hall, 1982).

Merton, K. Robert., *Social Theory and Social Structure*, 1968 enlarged ediction. (London : The Free Press, 1968).

Meyer, John W., "Conclusion : Institutionalization and the Rationality of Formal Organizational Structure", *Organizational Environments*, John W. Meyer and W. Richard Scott edited (London : Sage Publications, 1992).

Parkinson, C Northcote, *Parkinson's Law* (London : Penquin Books, 1957).

Peters, Lawrence H., Edward J. O'Connor and Abdullah Pooyan, James C. Quick, "The relationship between time pressure and performance : A field test of Parkinson's Law", *Journal of Occupational Behaviour*, Vol. 5 No. 4 (Oct, 1984), pp 293~299.

Scott, W. Richard and John W. Meyer. Institutional Environments and Organizations : Structural Complexity and Individualism (New York : Sage Publication, 1994).

Tilly, Charles, "War Making and State Making as Organized Crime", *Bring in the State Back in*, edited by Peter Evans, Dietrich Rueschemeyer and Theda

Skocpol (New York : Cambridge University Press, 1985).

——, *Coercion, Capital, and European States* (Oxford, U. K. : Blackwell, 1992).

Warner, Keith and A. Eugene Havens, "Goal Displacement and the Intangibility of Organizational Goals", *Administrative Science Quarterly*, Vol. 12, No. 4, 1968, pp. 539~555.

Weber, Max, *Economy and Society*, edited by Guenther Roth and Claus Wittich Berkeley, L. A. : University of California at Berkeley Press, 1978).

| 필자 소개 |

연세대 사회학과와 미국 텍사스 오스틴대에서 사회학을 전공한 연구자다. 현재 연세대 국가관리연구원에 재직 중이다. 인간의 행동과 그 행동의 결과와 원인에 관심을 갖고 있다. 정치사회학과 역사사회학, 그리고 제도에 대해 관심이 많다. 논문으로는 〈군사 쿠데타와 국민국가 형성〉, 〈새마을운동과 정신 개조 : 탈정치화된 농민의 성장〉 등이 있다.

E-mail : sangseokm@gmail.com

베버의 합리화와 인터넷

박창호
(숭실대 정보사회학과)

1. 근대가 던져준 문제, 합리화

근대는 효율성과 합리성이라는 강박관념에 사로잡혀 이성의 가면 속에서 상처를 던져주며 진화해왔다. 이성은 선한 것이고 감성은 반대 위치에 있는 듯한 착각에 빠질 정도로 근대의 체계는 우리에게 무겁게 드리워지면서 이성만이 사회 발전의 원동력인 듯 여겨진 것이다. 베버도 근대가 발전하게 된 원인과 배경을 금욕적 강박증자로서의 근대인이 주체적 노동자로 희생하는 데서 나온 것으로 본다. 근대적 노동 윤리 인간은 쾌락이나 재화를 획득하려고 노동하는 인간이 아니라 노동 자체를 위해 노동하는 강박충동에 사로잡힌 인간이다. 때문에 일상적인 노동의 삶에서 의미를 이끌어내는 인간형의 생산이 근대의 정신적 생활양식인 프로테스탄트 윤리라는 것이다. 합리성에 기초한 서구 근대의 출현은 여기에서 나온다. 따라서 강박적 노동 윤리는 합리성이라는 최소한의 요구에 포섭된 것으로 합리화 과정은 노동에서 의미를 찾는 것이었다.

인간의 삶에서 행동 근원이 어디에 있는지에 대해 일상적으로 합리적인 행위도 있을 수 있으며, 비합리적인 행위도 있을 수 있다. 적어도 베버는 근대 자본주의의 출현이라는 배경에서 나름대로 합리적 유형을 그린다. 그러나 기든스(Anthony Giddens)는 일상적 삶의 전통을 소멸하는 데는 무엇인가에 대한 중독을 통해 일어난다고 말했다(기든스, 1994 : 112). 우리는 알코올, 약물, 커피, 일, 운동, 컴퓨터 등 여러 분야에서 중독자가 될 가능성이 있다. 중독은 자신의 삶을 성찰하고 관리하고 통제하지 못하게 될 때 일어난다. 인간은 자신의 삶의 궤도를 구성하는 다양한 상황에서 주권적인 판단을 내려야 한다. 중독은 근대성의 인간을 생각해볼 때 합리성을 배태한 행위라고 볼 수 없다. 인간 삶의 반복에서 이런 것이 합리적일 수 있는가 하는 데서 이 장은 출발한다. 일상적 삶의 중독은, 특히 인터넷에서 빈번히 일어난다.

따라서 이 장은 인터넷 공간에서 일어나는 다양한 상황을 염두에 두면서 적대적 공감을 유도하고 피해자의 피해 의식을 드러내는 사이버공간의 행위들이 어떻게 합리적인지를 보고자 한다. 베버가 본 합리화의 출발과 배경을 우선적으로 살펴보고, 인간이 근대화 과정에서 특별한 의식을 내세우며 적응력을 높이려고 개인의 행위 동기에서 나올 수밖에 없는 합리화가 인터넷에서도 가능한 것인지, 또한 인터넷의 합리화는 베버의 합리화와 다른 것인지를 조심스럽게 탐색해보고자 하는 것이다. 사이버공간의 다양한 상황을 모두 섭렵하는 데는 한계가 있다. 여기서는 최근에 논란이 되는 일간베스트 저장소, 일명 '일베'를 통해 나타나는 인터넷 공간을 대별해서 봤다. 인터넷의 개방된 자유로움이 드러나는 일베의 극보수적인 표현의 동원과 비방과 조롱을 유추하게 하는 그들만의 신조어의 난무에서 인터넷에서의 행위를 읽어내고 이를 통해 인터넷 합리화를 어떻게 생각해야 할 것인지 그려보고자 한다.

2. 베버가 말한 합리화란 무엇인가?

베버가 말하는 합리화나 합리성이 베버 사상에 핵심적이라는 것에 폭넓은 합의가 있음에도 부르베이커(Rogers Brubaker)나 쉴룩터 같은 학자들은 베버의 저작은 이런 합리성에 대한 특징을 광범위하고 체계적으로 다루지 않는다고 지적한다(Brubaker, 1984 ; Schluchter, 1981). 베버의 합리성과 합리화는 본질에 맞추어져 있다. '근대화는 곧 합리화', '자본주의는 곧 합리성에 근거한 경제활동'이라는 도식에는 그에 따른 불합리화도 동반하면서 늘 역설적인 본질을 담았다. 역설적 본질은 도덕적 방향이 결핍되고 관료제적 구조에 지배되는 본질적 의미 상실의 세계가 바로 합리화의 결과물이라는 데서 찾을 수 있다. 형식적 합리화가 실제적 합리화 측면에서 모순적 관계로 나타난 결과, 실제적 비합리성으로 이어진다는 것이다. 베버의 쇠우리화는 이런 모순을 함축적으로 나타낸다.

역설적 본질은 차치하고 베버는 합리화 문화는 곧 서구화라고 봤던 것 같다. 그는 1904년 미국 여행을 통해 큰 감명을 받은 것으로 여겨진다. 그는 미국 자본주의의 출현에서 프로테스탄트 교파가 미국 사회에서 행한 역할을 상당히 인상적으로 받아들였다. 스튜어트 휴즈(Stuart H. Hughes)의 글에 따르면 베버는 미국 여행에서 프로테스탄트 교파들의 생생하고 직접적인 인상에 담긴 괴팍한 일면을 보면서 합리화의 복합적인 면을 읽은 것으로 보인다.

> "이들 교파는 너무나 어처구니 없고 불합리한 종교 행위의 골동품 가게 같았다. 그러나 그런 어처구니 없는 행사를 종교적으로 용인하는 사람들이 미국 상인으로서의 역할에 합리적이고 질서 있는 생활의 살아 있는 축소 모양 같은 존재였음을 베버는 곧 발견했다. 여기에 프로테스탄티즘과 자본주의 간의 관계에 또 하나의 역설이 있다. 그러나 베버는 많은 점에서 미국이 생활 합리화의 극단적 사례라 봤다. 베버는 미국을 전체로서의 서구 사회가 명백히 지향하는 도정에 가장 선두적 지점에 도달한다고 생각했다. 프로테스탄트와 자본주의 윤리가 가장 완전히 융합된 곳이 미국이요, 장래 모형으로 부상하는 획일적이고 혼 없는 능률주의에 가장 가까이 접근한 사회도 미국이라고 본 것이다."(스튜어트 휴즈, 1979 : 268)

이처럼 베버의 미국 여정은 자본주의야 말로 합리화의 궁극적 실체라고 여기게 되는 전환점이 됐다. 여기에 프로테스탄트라는 종교가 갖는 동력을 생각하면서 베버는 종교에 많은 관심을 갖게 된다. 프로테스탄티즘은 전통적으로 개인이 교회 제도에 묶인 탯줄을 끊게 하는 새로운 형태의 소유적 개인주의를 형성하게 했고, 그 결과 개인은 적극적으로 자신의 환경을 변화하게 되는 새로운 문화를 나타나게 했다.

구원을 갈망하는 종교의 교리에서 의도하지 않은 결과의 과정을 통해 새로운 문화를 창출하게 된 것이다. 따라서 프로테스탄트 윤리의 금욕주의와 자본주의를 분석한 베버의 연구는 많은 해석을 낳았지만, 그의 합리화의 기원과 본질 그리고 영향에 대한 핵심이 《프로테스탄티즘의 윤리와 자본주의 정신》에 담겨 있다는 터너(Bryan S. Turner)의 주장은 크게 이견이 없어 보인다(터너, 2005 : 172). 서구 세계의 전환 과정에서 종교가 갖는 위치를 어떻게 보는가에 대한 수많은 의견이 대립한다. 하지만 일정한 수렴을 이루는 것은 합리적 문화의 확산이다.

따라서 역사 전개 과정에서 베버의 합리화는 특별한 의식의 출현으로서 개인을 고립해 신과의 순수한 관계만을 설정하고 성스러운 의례에서 마술적 미혹의 세계에 던져진 효능만을 강조하던 문화에 대한 타파이다. 이는 신 또는 종교 중심에서 철저히 인간 중심의 기반으로 전환한 것이라고 볼 수 있다. 합리화는 종교적 규제로부터 개인적인 욕망이 외적이고 세속적인 형태로 확장, 표현되는 과정이다. 여기서 합리-지향적 상업 활동의 생활을 촉진하게 된 교리에 의해 발흥된 개인 욕망의 확장에서 나온 태도는 자본주의와 연결됐다.

결국 서구에서의 근대화는 곧 합리화가 되며, 자본주의는 합리성에 근거한 경제활동이 된다. 여기서 합리화는 역사적 과정으로서의 근대화에서 찾아내는 것이지만, 합리성은 과학적인 설정으로 통제적 요소가 개입된 행위 유형에서 찾아내는 것이다. 때로는 이를 구별하는 것이 중요하지만, 통상적으로 근대화 과정을 합리화로 보게 되고, 근대화에 속한 개인의 통제된 행위 유형을 합리성에서 바라보게 된다.

개인의 행위를 합리적이라고 규정할 때, 개인 주체가 취한 특별한 행위 양식이 최적의 결과를 낳는 경우도 있지만, 때로는 비인격적인 의미의 합리성이 확대되는 경우도 있다. 베버의 관료제가 바로 그런 것을 말해준다. 베버에게 관료제는 특정한 규율에 입각한 통제를 바탕으로 하는 합리성의 구체적 제도다. 따라서 근대화에서는 통제적 요소가 개입된 행위 유형을 강요받게 되고 거기서 합리성을 도출하게 된다. 베버의 합리성 개념에는 통제 요소가 들어가는 것이다. 목적 관념에 기초해 경제적 영역에서 일어나는 근대 자본주의 아래에서 목적 합리적 행위는 개인 행위에 우연에서 벗어나는 예측 가능성의 정도를 높이는 통제 요소가 들어간다. 베버는 합리성의 정도에 따라 개인 행위를 목적 합리적 행위, 가치 합리적 행위, 감정적 행위, 전통적 행위로 구분한다.[1] 다음 표는 전통적 행위에서 목적합리적 행위로의 합리성의 정도가 증가됨에 따라 행위자가 의식적으로 고려하는 차원이 어떻게 되는지를 나타낸 것이다. 합리성 정도가 증대함에 따라 행위자가 고려해야 하는 차원들은 많아진다. 즉 목적합리적 행위는 합리성이 가장 증대된 행위지만 그에 따라 의식적으로 고려해야 하는 것들도 많다는 것이다.

1 베버는 근대 자본주의 사회의 생성과 발전을 합리화로 파악했으며, 합리화를 행위 이론적 기본 개념으로 상정했다. 행위자는 재화나 권력 같은 이익을 추구할 수 있으며 경건, 희생, 봉사, 도움 같은 가치를 추구하기도 하며 욕구의 충족, 정서적 가치를 추구하기도 한다. 이런 목표들은 행위자 자신의 목표 지향적 행동과 연결해주는 주관적 의미다. 베버는 목적론적 행위 모델에서 출발해 사회 행위 개념을 행위자의 타자에 대한 경향으로 정의하고 이런 행위 유형을 네 가지, 즉 목적 합리적 행위, 가치 합리적 행위, 감정적 행위, 전통적 행위로 구분했던 것이다.

〈베버의 행위 유형론〉

합리성의 정도가 증대됨에 따른 행위 유형론	행위자가 의식적으로 고려하는 차원			
	수단	목표	가치	결과
전통적	+	-	-	-
감정적	+	+	-	-
가치 합리적	+	+	+	-
목적 합리적	+	+	+	+

하지만 합리성의 개념 역시 단순히 볼 수 없는 부분이 있다. 하나의 행위가 자체 합리성을 지닌다고 하더라도 좀 더 합리적인 것으로 보이거나 비합리적인 것으로 보일 수도 있기 때문이다. 프로이트는 종교적 생활양식을 합리적으로 보지 않는 인물에게는 이것이 비합리적으로 보이게 되는데, 마치 합리성을 의심할 수 없는 금욕주의자의 눈에 순수 쾌락주의자들이 비합리적으로 보이는 것과 같다고 말한다. 즉 합리적인 것과 비합리적인 것의 구별이 대개 선호하는 특정 가치들을 기반으로 이루어지지만, 어떤 가치나 이념이 주관적이고 비합리적 요인에 근거를 두는 경우도 많다는 것이다(Freund, 1968 : 241~242).

이것은 폭넓고 심도 있는 합리화의 가정도 우리가 주관성을 극복하기가 힘들기 때문에 그것이 지니는 본래의 모습을 받아들이기가 쉽지 않다는 의미로 볼 수 있다. 이런 점이 베버의 합리화 설명을 어렵게 만들고 그의 합리화가 체계적이지 못하다는 주장을 하게 만드는 것이다. 베버는 미국 여행 이후 합리화 결과로서의 자본주의가 종교와 관련이 있다고 보고 종교에 대한 관심을 크게 넓혔다. 그는 중국이나 인도가 서구식 자본주의를 이루는 완전한 합리화를 갖지 못하는 원인을 종교가 갖는 가치가 무엇인지에 대한 접근에서 찾았다. 자신이 서구 사회의 합리적 가치에 관여한다는 사실을 명백히 드러낸 것이다.

베버는 생애 마지막 3년인 1918년에서 1920년까지 정치적 활동으로 분주하게 보냈다. 중요 신문 기고와 당대 정치에 관한 논문을 수없이 쓰면서 열정적으로 보낸 시기였다. 그는 새로 조직된 독일 민주당의 창당 멤버이자 핵심 운동가였다. 사실 베버가 의도한 합리화가 여러 주장과 개념들을 통해 확인되지만 합리화라는 범주에서 그는 근대적인 인간상의 역사적 태동을 그린다. 말년에 베버는 다시 합리화를 언급하는데, 그가 죽기 한 해 전에 한 유명한 연설 '직업으로서의 학문'에서 다음과 같이 함축적으로 나타난다.

"우리들이 무엇을 사고 대금을 지불하는 경우, 대체 어떤 이치로 돈이란 것으로—많게 혹은 적게—물건을 살 수 있는가? 감히 말하거니와 이 자리에 있는 여러분들이 경제학 전문가라 하더라도 대답은 모두 다를 것이다.

그러나 미개인은 그날그날의 식량을 얻으려면 어떻게 해야 하는가, 또 이 경우 어떤 옛 가르침이 유용한가를 안다. 때문에 주지화(Intellectualisation)하고 합리화(Rationalisierung)된다는 것이 반드시 그만큼 자신의 생활 조건에 관한 일반적 지식을 많이 가진다는 것은 아니다.

그것은 다른 것을 의미한다. 즉 그것을 원하기만 하면 언제나 배워서 할 수 있다는 것, 따라서 거기에는 신비적인 예측할 수 없는 힘이 작용할 이치가 없다는 것, 오히려 모든 것은—원칙상—예측에 의해 지배할 수 있다는 것을 알거나 혹은 믿는다는 것이 주지화하고 합리화되어 있다는 의미다. 그러니 이것은 주술로부터의 세계 해방(die Entzauberung der Welt)이란 것이다. 오늘날 우리들은 이미 그런 신비력을 믿었던 미개인처럼 주술에 호소해 정령을 진압한다든가 기도한다든가 할 필요는 없다. 기술과 예측이 그것을 대신하는 것이다. 그리고 이것이 바로 합리화의 의미다."(베버, 1984 : 33~34)

따라서 베버에게 근대적 인간상의 새로운 생활 태도는 바로 주지화와 합리화에 기반한 것이며, 서구 근대 자본주의의 보편사적 의의는 이런 생활 태도에서 나오는 것이다. 세계를 계산 가능한 것으로 보고 이를 예측 불가능하고 알 수 없는 신비로운 세계와 구분하게 되는 태도야말로 베버의 합리화다.

3. 인간은 근대의 합리화에 맞춰 살 수 있는가?

인간은 근대의 합리성에서 어떻게 해야 살아갈 수 있는가? 사실 베버의 합리성은 서구 근대화의 종교적 합리화 과정에서 자본주의의 태동을 간파하면서 나온 것이다. 이는 프로테스탄트 윤리인 금욕주의로 꽃핀 종교적 합리화의 과정으로 근대의 특질이 된다. 베버는 세계의 합리화를 달성한 서구가 그들의 방식으로 전 세계적 차원에서 역사의 진행 방향을 운명적으로 정하는 강력한 힘을 가진다고 봤다. 근대 자본주의가 개성적인 인간들을 압도적 힘으로 누르면서 근대 문명의 후손들이 역사적 주체로 그 힘을 상실하게 될 수도 있다는 것이다. 이런 근대성의 비관적 전망은《프로테스탄티즘의 윤리와 자본주의 정신》 마지막 부분에서 여실히 드러난다.

> "퓨리탄들은 소명에서 일하기를 원했다. 우리는 그런 인간이 되어야 한다고 생각한다. 왜냐하면 수도원에서 나온 금욕이 직업 생활로 들어와 세속 내적 도덕을 지배하기 시작하면서, 근대 경제 질서의 강력한 세계 체계 형성에 공헌했기 때문이다. 기계적 생산이 기술적·경제적 전제 조건이 된 근대적 경제 질서라는 거대한 코스모를 구축하도록 했다. 이 기계적 조정 장치 같은 경제 질서는 직접 경제적 영리 활동에 종사하는 사람들뿐 아니라, 오늘날 그런 장치에서 태어난 개개인의 생활양식을 압도적 힘으로 결정하며, 또 앞으로도 아마 화석화된 연료를 다 태워버릴 때까지 계속 결정하게 될 것이다. (…) 금욕이 세상을 개조하고 세상에서 활동을 시도하는 사이 이 세상의 외적 재화들은 증가했으며 결국 역사상 유래가 없을 정도로 인간에게 피할 수 없는 힘을 행사하게 됐다."(Weber, 1978 : 181)

근대 자본주의를 낳은 역사적 동력은 합리화를 이끌 생활 태도를 보인 주체적 인간상이지만, 자본주의에 응축된 재화들은 인간을 호시탐탐 지배하려는 가치를 생산하면서 인간은 그런 가치에 끊임없이 싸우는 숙명을 지니게 됐다. 베버를 다시 주목하는 것도 그가 이런 현실 모순을 극복하지 않으면 안 되는 인간상을 이미 예견한 듯 보이기 때문이다. 역사적 과정으로서 베버의 합리화는 특별한 의식 출현에 관한 논의이긴 하지만 동시에 새로운 규율 출현과 관련 있다는 주장도 인간에 대한 압력의 등장인 것이다. 종교적 의미와 의례에 감춰진 압력들이 근대화와 더불어 드러났고 합리화는 종교를 대신할 새로운 규율을 기대하지 않을 수 없게 됐다. 터너는 베버의 합리화를 특별한 의식 출현에 관한 논의이면서 신체에 대한 규제와 새로운 규율 형태의 출현에 관한 분석으로 본다(터너, 2005 : 173).

결국 베버가 하려고 한 것은 근대사회 속성에서 합리성을 통해 특별한 의식을 내세우며 적응력을 높이고 선택적 친화력의 배양을 위한 개인의 행위 동기를 끄집어내는 것이었다. 베버의 합리화는 주지주의적 합리화로서 계산 가능한 사회를 통해 지배가 가능하도록 하는 것이었고, 이런 지배는 사회를 통제하는 힘이 되어 개인에게는 자유의 확대를 의미했다. 그러나 이런 자유는 근대사회의 속성에서 국가에 의해 제한과 지배를 받는 사람들이 자신의 행동을 조직화하지 않고는 확보되기 어려운 것이었다. 합리적 행위를 유도하면서도 모든 구성원들에게 그에 따른 자유의 확보는 허용되지 않는다. 규제나 규율이 사회 합리화의 과정에 동전의 양면처럼 늘 따라다니는 이유가 바로 여기에 있다.

따라서 합리성이라는 테두리에서 근대 인간은 행동이나 태도에 일정한 틀에 박힌 유형을 따르도록 강요받으면서도 다른 쪽에서는 그 틀을 파괴하게 된다. 이런 파괴의 기본은 인간의 내면적 이해가 전제되어야 하는데 이것이 베버에게는 심정 윤리였다. 심정 윤리는 성스러운 심정(heilige Gesinnung)으로 상황에 따라 상이한 태도를 보이는 탄력적이고도 풍부한 순응성을 드러낸다(Weber, 1968 : 578). 레이몽 아롱은 심정 윤리를 개인이 행위 결과를 미리 고려하지 않고 오로지 심정적 명령에 따라 행위하도록 요구하는 도덕률이라고 봤다(레이몽 아롱, 1979 : 504). 종교적 구원과 유의미한 관계를 가진 개인의 심정 윤리는 때로는 일상성을 파괴할 정도의 혁명적 태도를 가져올 수 있다. 세계 질서가 고유 법칙에 따라 합리화의 이름으로 체계화될수록 원칙적으로 구제 또는 자유의 확대를 목표로 하는 개인적 윤리인 심정 윤리는 합리성에 기반한 책임 윤리와 긴장 관계를 갖게 된다.

따라서 근대성의 합리화는 궁극적으로 심정 윤리와 책임 윤리에 갈등하는 인간상을 생각하지 않을 수 없다. 신적 질서의 속박에서 벗어나 합리성에 따른 행위로 창의적인 인간의 주체적 모습을 그리지만, 결국 합리적 행위 이면에 자리 잡은 자유 선택과 규제에 대한 모호성을 베버는 지적한 것이다. 생활 세계에 직면한 근대성의 인간이 합리화라는 역사적 도정에 긴장을 갖는 것은 당연하다. 이는 그 자체의 합리화에 기인한다. 베버는 현세의 불안정성을 어떻게든 막아보려고 합리화를 끌어들였다. 외부에서 주어지는 모든 것에 운명적 상황을 스스로 성찰하고 책임지면서 의지를 관철하는 인간상을 인식 속에서 이미 발전시킨 것이다.

4. 인터넷에서의 합리화 — 일베를 보면서

우리는(적어도 근대적 방식의 사회화를 경험한 세대에서) 감성적인 것보다 '이성적'·'합리적'이라는 단어에 더 신뢰감을 갖는 경향이 있다. 감성적인 것은 소위 흥분, 비이성적인 것으로 꺼려졌으며, 차분하고 조리 있게 말하는 모습이 사회적으로 더 높은 평가를 받아왔다. 지금까지 우리가 살아온 사회는 적어도 합리성이 감성보다 우선시되는 사회라고 할 수 있다. '합리'라는 단어는 이치에 맞는 것이라는 의미를 가진다. 사회학에서 합리성 혹은 합리화에 포괄적이고 체계적인 논의를 진행한 학자는 베버였고, 때문에 인터넷의 알 수 없는 행위 양태를 합리성의 틀에서 보기 위해 베버의 혜안을 빌려보려 한다.

베버는 근대의 출현을 전통적인 것에서 합리적인 것에 의한 지배로의 변화, 즉 합리화 과정으로 본다. 베버가 바라본 합리화 과정 중심에는 프로테스탄트, 특히 칼뱅주의 교리가 있었다. 근대 자본주의가 싹트기 시작한 시점에서 중세 가톨릭이 채워주지 못한 부분을 칼뱅주의가 채워줬고, 청교도적 신앙을 가진 부르주아지에 의해 자본주의가 공고화되는 과정은 근대적 자본주의 출현에 매우 설득력 있는 설명을 제공한다. 다시 말해, 당시 사회적·경제적 지위 성장을 구가하던 부르주아들과 로마가톨릭에 맞서 새로운 종교적 질서를 만들고자 했던 칼뱅주의 교리가 상호간의 필요를 채워줬다는 것이다. 이를 가장 잘 보여주는 것이 다름 아닌 관료제다. 관료제 자체의 효율성은 제쳐두고서라도 잘 정리된 서류, 깔끔한 복장과 규율적 태도에 우리는 은연중에 바람직한 것(desirable)의 속성을 본다. 이런 점에서 적어도 근대는 효율성의 노예가 되어버린 이성을 통해 나타나게 됐다. 베버가 우려한 쇠우리는 비단 관료제의 병폐에서뿐 아니라 우리의 일상생활 그리고 이성과 효율성이라는 가면에 가리워진 억압과 구속에서도 찾아볼 수 있다.

베버가 《프로테스탄티즘의 윤리와 자본주의 정신》을 저술한 지 100여 년이 지난 현시점에서 우리는 탈근대 혹은 정보사회에 대한 논의를 진행하고 있다. 정보사회는 근대와의 연속성이라는 시각에서 볼 때 정보 기술에 의해 합리성이 극대화된 사회라고 말할 수도 있다. 울리히 벡(Ulrich Beck) 같은 후기 근대의 성찰적 근대의 필요성을 주장하는 입장에서 베버적 관료제는 그 기능을 온전히 수행할 수 없는 사회다. 탈근대라는 이른바 포스트모던 시각에서 근대성 '해체'라는 표현까지 사용하는 가운데 베버의 시각이 유용한지 의문을 제기할 수도 있다. 정보사회라는 현재를 바라보는 이런 시각들의 차이에서 아직 분명한 것은 없으며, 베버가 《프로테스탄티즘의 윤리와 자본주의 정신》을 집필한 시기와 비교해봤을 때 현재의 모습은 매우 복잡하다. 이는 마치 뒤르켐이 사회분화에 따른 아노미를 주장한 것 같은 상황적 맥락에서 볼 수 있다.

이런 복잡한 상황에서 인터넷의 사이버공간에서의 행동을 설명하는 데 베버의 '선택적 친화성' 개념에 주목해보고자 한다.[2] 선택적 친화성은 단순화된 어떤 인과적 연쇄가 아니라 사회적 의미 사이의 복잡한 '친밀성' 혹은 '적합성'을 정교화한 것으로 사회과정과 관념에 서로를 요구하는 특정한 방식이 무엇인지에 대한 설명이다. 우리가 비이성적이고 비상식적인 것으로 바라보는 일베의 행동과 사상들이 사이버라

---

2 피터 버거(Peter Berger)는 이런 부분과 관련해 베버의 일차적 관심이 '선택적 친화성(elective affinity)'에 있었다고 주장한다. 자세한 내용은 피터 버거의 《American Sociological Review》(1963) 중 'Charisma and Religious innovation : The Social Location of Israelite Prophecy'(pp. 940~950)이나 브라이언 터너의 《막스 베버 근대성과 탈근대성의 역사 사회학》(최우영 옮김, 백산서당, 2005, 71~75쪽)을 참조할 것. 선택적 친화성 개념은 베버의 다음 언급에서도 잘 드러난다. "프랭클린의 경우처럼 직업을 통해 체계적이고 합리적으로 정당하게 이윤을 추구하려는 태도에 우리가 '자본주의 정신'이라는 표현을 사용한다면 여기에는 역사적 근거가 있다. 이 정신은 근대 자본주의 기업이 자신에게 가장 적합한 형태임을 발견했으며, 반대로 자본주의 기업 역시 이 정신에서 비로소 가장 적합한 추진력을 얻을 수 있었던 것이다."(베버, 2006 : 67)

는 새로운 공간에서 합리성의 역할을 수행한다고 주장하는 근거는 무엇인가에 대한 접근인 것이다. 사실 일베는 디시인사이드에서 가장 많은 댓글과 인기를 얻은 게시물을 저장하는 자체 '일간베스트 저장소'였다. 그러다가 자체적인 게시판과 콘텐츠를 만들게 되면서 '저장하는 차원'을 넘어 개방된 자유로움에서 생길 수 있는 위험을 드러내게 된 것이다. 그 위험이라는 것은 적대에 대한 공감과 피해자의 피해 의식을 발현하는 자신들만의 유희 문화를 형성하면서 나오게 됐다. 하버마스식의 이성적 담론이 이루어지는 공론장이 인터넷을 통해 실현될 수 있다는 주장이나 "네트워크에서 충분한 수의 사람들이 충분한 인간적 정서를 갖고 가상 공동체를 형성할 수 있다"(Rheingold, 1993 : 5)는 라인골드(Howard Rheingold)의 낙관적 견해는 충분한 설득력을 갖지 못할 것으로 보인다. 사이버공간을 낙관적으로 바라보기에는 우리가 기존에 가진 이성적·합리적 시각에 위배하는 바람직하지 않은 부정적 내용과 현상들이 너무나도 많이 나타나기 때문이다.

일베는 도덕 파괴자를 자칭하며 최소한의 인간적 이성마저 저버리고 본능에 충실한 표현들이 난무하는 곳이다. 일베 웹툰 연대기에는 무자비함과 잔인성이 일베의 전선이라는 그들의 생각이 드러나며, 여성에 대한 극단적 혐오에서부터 국가에서 금기시하는 내용까지 거리낌 없는 표출이 그려진다(강정석, 2013 : 273~275 ; 윤보라, 2013). 이런 표방에서 일베 사상이 나름의 합리적 원칙을 갖는다면 어떻게 바라봐야 할 것인가? 인터넷 공간이라는 특정한 환경에서 시간과 장소를 통해 일시적으로 현실과 분리되는 장소적 행위성으로 보거나 아니면 극단적 표현을 동원하는 피해자의 피해 의식 내지는 박탈감이 깔린 행동으로 보는 것은 단순화한 접근일 수 있다(이길호, 2014 : 249~250 ; 정대훈, 2013 : 333~334). 자기표현의 근거와 논리를 들여다본다면 상황적 맥락에서 결국 두 가지 입장으로 이해하게 된다. 하나는 베버가 합리적이지 않은 것으로 본 정서적·감정적 행동(affective action)이고 다른 하나는 사이버공간 특성에서 상황적 맥락에 부합한 그들만의 합리적 행동 유형으로 보는 것이다.[3]

1) 왜 일베인가? : 위험 사회 도래와 정상 국가에 대한 열망 좌절

울리히 벡, 앤서니 기든스 등 후기 근대 내지는 성찰적 근대화를 주장하는 이론적 진영에서는 현대사회가 근대적 합리성의 부수적 효과 때문에 문제를 겪는 부분이 생긴다고 주장한다(기든스 외, 1998). 그들은 근대적 합리성을 바탕으로 주어진 문제를 해결하고자 한 이성적 접근이 환경 파괴, 핵무기 위협 같은 문제를 양산하며 이런 위험이 사회 구성원들에게 배분된다는 점(individualization)을 강조한다. 바우만(Zigmunt Bauman)은 개인화 추세에 대해 더는 사회가 개인을 책임지지 않는 상황으로 표현하며, 위험 생산이 사회적으로 이루어짐에도 문제 해결의 책임이 개인에게 돌아가는 상황이 올 수 있다는 극단주의를 경

---

3 파레토(Pareto)는 일상생활에서 대부분의 행동들은 비논리적이며 사회적으로 받아들일 수 있는 동기로 다뤄짐에 따라 점진적으로 합리화된다고 본다(Johnson, 1981 : 203). 따라서 일베 자체가 도덕적인지 아닌지에 대한 판단을 유보하고 일베 이용자들의 행동 자체가 새로운 합리성으로 접근될 수 있는가를 살펴보고자 한다. 이를 위해 일베의 주요 속성을 제시하는 자료로 '일베 연대기' 자료는 유용하다. 이 게시물은 일베 이용자들 사이에서 일종의 역사 교과서로 평가되며 일베에 참여한 지 얼마 되지 않은 '저렙 게이'들이 필수적으로 보아야 하는 규범적 속성으로 작동한다는 점에서 의미 있다고 평가할 수 있다.

고한다. 이런 주장은 일베 같은 극단주의의 출현을 88만원 세대의 좌절로 접근하는 방식과도 연결된다(강정석, 2013 ; 정대훈, 2013). 즉 바우만의 표현을 빌리자면, 무력함이라는 감정이 연예인, 정치인, 외국인 노동자에 대한 집단적 폭력으로 나타난다는 것이다(바우만, 2013 : 177). 이런 집단적 폭력은 기든스가 탈전통 사회에서 나타날 수 있는 '중독'의 개념을 제시한 것과 같은 맥락에서 이해할 수 있다. 중독은 의미 없는 행동의 반복이다. 동시에 존재론적 안전감을 보장하는 '신뢰의 보호조치'의 소멸은 이런 가능성을 더욱 키우게 된다(김홍중, 2013 : 163 ; 기든스, 1998 : 111). 일베에 대한 이런 접근은 일베의 사회적 영향력을 폄하하는 동시에 그들을 바보 취급하는 것에서 나온다.

이에 일베는 '나름의 사상을 갖고 젊은이들을 결집하는 힘을 가진' 능력을 가진 곳이라고 내세우며, '일베인'들을 무력한 개인이 아닌, 자신이 가진 생각을 기준으로 세상을 바라보고 행동하는 개인이라고 주장한다(박가분, 2013). 여기서 중요한 것은 일베 게시판 이용자들이 바라보는 현실 사회가 "정상적이 아니다"라는 점이다. 이는 그들이 가진 이른바 '정상 국가'에 대한 열망과도 연결된다. 여기서 정상 국가란 자신들의 자유로운 표현을 관용적으로 받아들이는 국가를 나타내는 것일 수 있다(박가분, 2013 : 100). 이런 부분은 잉글하트(Ronald Inglehart)가 제시하는 '조용한 혁명(silent revolution)' 개념(잉글하트, 1983)을 통해서도 파악할 수 있다. 그의 논의에 따르면 사회적·경제적 욕구가 충족된 상황에서 젊은 층들은 삶의 질과 발언의 자유 등과 같은 탈물질주의(postmaterialism)를 더 추구하게 된다는 것이다. 탈물질주의를 추구하는 개인에게 중요한 것은 안보나 경제적 위기가 아니다. 오직 자신들이 바람직하다고 생각하는 것들을 자유롭게 표현할 수 있는지가 중요하다.

특히 인터넷 공간에서의 독특한 문화들은 자유로운 표현을 나타낼 최적의 장소가 보장될 때 나온다. 실제로 그런 현상들을 쉽게 확인할 수 있다는 점에서 인터넷 공간의 문화적 의미는 크다고 할 수 있다(정대훈, 2013). 네티즌에게 사이버 세계는 오프라인과 달리 자유롭고 평등한 세계로 인식된다. 고프먼(Erring Goffman)의 주장에 비유하자면 (Goffman, 1959), 사이버공간을 역할에 따라 위계로 묶인 무대 전면이 아니라 자유롭고 탈위계적인 무대 후면으로 인식한다. 하지만 현실에서는 얌전하지만, 일베 게시판에서는 조롱과 공격적 표현을 스스럼없이 하게 된다면 진짜 모습은 무엇인가? 더구나 사이버공간 자체가 인위적 평화보다는 역동적 전쟁이 선호되는 홉스식의 세계라고 보는 것은 과연 올바른 것인가?(강정석, 2013) 네티즌들은 자신들이 바라는 정상성에 대치되는 방해물을 공격하면서 자신의 정체성을 인정받는다고 여긴다. 이런 점은 '일간베스트 저장소'나 '디시인사이드', '웃긴 대학' 등의 사이트가 아니더라도 다른 일반적 인터넷 게시물에서도 쉽게 확인할 수 있다. 그러나 가장 극단적인 표현을 동원하면서 원색적인 비난을 퍼붓는 일베에 붙은 '우파 놀이터'라는 편향된 지칭에도 수많은 방문자가 접속하는 것은 사이버공간의 익명성과 표현의 자유라는 단순화된 인과적 연쇄로 설명할 수 없는 그들만의 요구에 부합하는 사회적 의미의 친화성이 작용하기 때문일 것이다.

2) 베버가 인터넷을 경험했다면

베버가 《프로테스탄티즘의 윤리와 자본주의 정신》을 통해 말하고 싶던 사실은 자본주의의 발전은 마르크스가 제시한 것같이 단순히 생산기술의 발전에 있었던 것이 아니라, 자본주의 정신으로 표현한 부분이 중요하게 작동했기 때문이라는 사실을 보여주는 것이었다. 동시에 베버가 말하는 자본주의 정신 형성에는 칼뱅주의 교리(물론, 베버는 경건주의와 퀘이커에 대해서도 논했지만)에 의해 내면화된 금욕적 생활양식의 지대한 영향이 있었다.[4] 이런 베버의 접근을 일베에 적용한다면 어떨까? 그들이 보여주는 비상식적인 행동 양식들을 어쩌면 초창기 인터넷에서 통용됐던 '윤리'와 '일베 정신' 사이의 '선택적 친화성'으로 표현할 수 있지 않을까? 이 장에서는 인터넷 윤리라는 표현을 '네티켓'의 의미가 아니라 자유와 평등 그리고 놀이 문화의 산물로 보고자 한다. 이는, 곧 오프라인과 온라인이라는 두 공간이 존재하는 상황에서 온라인을 어떻게 인식하는가에 대한 문제인 것이다. 물론 일베의 '악동' 같은 모습이 인터넷의 본래 모습이라고 단정할 수는 없다.

그럼에도 일베에 나타나는 일종의 규율을 파괴하는 행동들은 일베 이전에 인터넷에서 활동하던 진보 논객들의 표현에서도 보였던 것이고, 디시인사이드 같은 인터넷 커뮤니티에서도 일상적으로 존재했던

4 베버가 보기에 네덜란드의 자본력과 경제력 우위는 이런 부분에서 나타난 것이었다. 이와 관련해 베버는 다음 같은 인용구들을 제시한다. "네덜란드에는 노동과 사업을 신에 대한 의무로 여기는 비국교도, 즉 칼뱅주의자와 침례교 신도들이 많았기 때문이다."(베버, 2006 : 194) "네덜란드에서는 영국과 달리 새로 벌어들인 재산을 토지에 투자하고 봉건적 생활 방식을 위해 사용하는 소위 '귀족화'가 추구되지 않았다. 그래서 자본이 생산으로 다시 투자되는 기회를 가졌다."(베버, 2006 : 186)

것이다. 혐오적 표현들을 많이 생산하고 퍼나를수록 그들만의 인터넷 윤리를 실천하는 것일 수 있고, 어쩌면 인터넷에서의 합리성에 따른 행동일 수 있다. 앞서 언급했듯 일베 게시판 이용자들은 현실이 부조리하다는 인식에서부터 그들의 '성전(聖傳)'을 시작한다. 그들은 부조리한 현실을 풍자할 자유를 원한다. 자신들의 욕구를 자유롭게 표현할 자유로운 놀이터로서의 인터넷 공간을 지키는 전사(戰士)로서의 정체성을 확립하는 것이다. 이런 점에서 일베는 카스텔(Manuel Castelles)이 표현한 네트워크 사회에서의 '정체성 정치'의 극명한 사례로도 보여진다(카스텔, 2008).

프로테스탄트 윤리와 자본주의 정신과의 선택적 친화성을 통한 자본주의의 발전은 근대적 합리성에 대한 베버의 논의를 관통하는 핵심적 주제라고 할 수 있다. 베버가《직업으로서의 학문》을 통해 언급하듯 근대적 합리성은 예측 가능한 것들, 즉 기술과 과학에 의해 주술적 전통이 대체하고 소멸하는 과정이다. 그럼에도 베버는 프로테스탄트들에 의한 탈주술화는 18세기 계몽주의와 대조적이라는 점을 분명히 밝힌다(베버, 2006 : 112~113). 베버에게 청교도에 의한 탈주술화는 감상적 환상으로는 신의 은총을 얻는 데 아무짝에도 쓸모없다는 것을 알기 때문에 나온 것이다. 프로테스탄트들은 구원을 얻는 수단으로 기도 대신 노동에 열정을 투자하게 됐고 이것이 과학과 기술 발전으로 이어진 것이다.

이런 부분은 일베 사상에서도 극명히 드러난다. 벤자민 프랭클린이 근면한 노동과 철저한 자기 관리를 통해 자본주의 정신을 보여줬던 것같이, 일베는 상호 존댓말을 금지하고, '팩트(fact, 일베에서 통용되는 고유명사 성격의 용어)'를 중시하며, 자신들의 욕망을 가감 없이 드러내는 것을 '일베 정신'으로 표현한다. 프로테스탄트들이 구원이라는 그들의 소명을 위해 생활했듯 일베는 그들만의 일베 정신을 지키려는 합리적 행동을 취한다. 적어도 그들에게는 합리적인 것이다.

5. 합리화는 자유 실현이다

베버는 합리성을 '무엇인가를 주체적으로 할 수 있다'는 의미로 파악했을 것으로 생각된다. 기술과 과학은 합리성의 산물이자 도구일 뿐 그 자체가 합리성을 대표하지는 않는다는 것이다. 관료제 역시 마찬가지다. 합리성을 인간의 능동적 산물로 본다면 베버가 우려한 쇠우리는 일종의 주객이 전도된 상황을 말하는 것이다. 이런 점에서 우리는 '우리가 알던 근대적 합리성'만이 합리적이라는 인식을 바꿔야 하지 않을까? 파레토는 일상생활에서 대부분의 행동들은 비논리적이며 사회적으로 받아들일 수 있는 동기로 다뤄짐에 따라 점진적으로 합리화된다고 본다(Johnson, 1981 : 203). 적어도 이런 관점에서 합리성이란 과학적인 것만을 뜻하지는 않게 된다. 과학적이지 않은 것도 어떻게 받아들여지는가에 따라 충분히 합리적인 것으로 여겨질 수 있는 것이다.

그렇다면 이런 점을 생각해볼 때 일베 게시판 이용자들을 프로테스탄트로 볼 수 있지는 않을까? 프로테스탄트라는 단어는 '저항'의 의미를 담는다. 베버가 살펴본 청교도들은 가톨릭 교리와 길드의 조합이라는 전통에 저항한 프로테스탄트들이었다. 동시에 마르크스적 시각에서 접근하자면 그들은 화폐와 은행 같은 자본주의와 관련된 물질적·제도적 맹아가 싹트던 시기에 살았다(여기서 다시 한 번 '선택적 친화성'의 개념이 중요하다는 점을 주장할 수 있을 것이다). 오늘날 정보사회 역시 인터넷에는 혁명가적 생각을 가진 근대 초기의 프로테스탄트들처럼 수많은 저항가들이 있다. 인터넷이라는 새로운 매체의 출현은 저항과 풍자, 새로운 공동체 형성 같은 가능성을 기술적으로 제공한다. 이론적으로는 포스트모던 또는 후기 근대 양상을 통해 이해하려 하지만 기존과는 다른 사회 원리가 작동한다는 것은 부인할 수 없는 사실이다. 즉 새로운 프로테스탄트들이 출현할 조건을 갖춘 것이다. 그리고 프로테스탄트들이 신에게서의 구원을 위해 노력했듯 일베 게시판 이용자들은 그들의 '자유'를 위해 적극적으로 혐오적 표현들을 최선을 다해 생산해내고 있으며 적어도 그들에게는 인터넷 자유를 위한 노력과 규율을 계속해서 견지하는 합리성의 원리가 작동하는 것이다.

다만 인터넷이라는 무대가 자유로운 표현을 할 수 있는 최적의 무대임과 동시에 익명성에 힘입어 무분별한 표현들이 나오게 되는 것은 베버의 통제적 요소를 담지한 합리성의 행위와는 거리가 있다. 인간 스스로의 책임 윤리의 면탈을 보장하는 인터넷 공간은 심정 윤리를 통해 자신의 자유를 확대하는 것을 뛰어넘어 모두의 자유를 표현으로서 보장받으려는 합리성이 이용자들의 행위에 배태돼 있을 수 있다는 것이다. 이런 접근이 지극히 주관적이고 비약적일 수 있다는 것은 문제다. 종교를 대신할 진정한 규율이 합리화라는 것이다. 선택적 친화성을 통해 일베 이용자들이 그들만의 사회적 의미를 정교화하는 연결 고리를 찾아볼 수 있을지 모르지만 스스로의 운명을 책임지는 성찰성을 확보하지 않는다면 베버식의 합리적 행동과는 거리가 있을 수 있다.

자신의 의지를 관철하는 인간상의 확립이 합리화이긴 하지만 배경에는 현세의 불안전성을 막아보려는 것이 있었다. 일베가 현세의 불안을 막는 것이 아니라 오히려 부추긴다면 진정한 의미의 베버의 합리화와 다를 수 있다. 규율이 따르는 자유의지의 실천이 베버식 합리화로의 접근이다.

| 참고 문헌 |

강정석, 〈'일간베스트저장소', 일베의 부상(浮上)〉, 《문화현실분석》, 75호, 2013, 273~302쪽.

기든스, 앤서니·벡, 울리히 벡·래쉬, 스콧, 《성찰적 근대화》, 임현진·정일준 옮김, 한울, 1998.

기든스, 앤서니, 〈탈전통 사회에서 산다는 것〉, 임현진·정일준 옮김, 《성찰적 근대화》, 한울, 1998, 90~162쪽.

김홍중, 〈후기근대적 전환〉, 강정한 외, 《현대사회학이론—패러다임적 구도와 전환》, 다산출판사, 2013, 152~170쪽.

바우만, 지그문트, 《방황하는 개인들의 사회》, 홍지수 옮김, 봄아필, 2013.

박가분, 〈일베의 사상〉, 오월의 봄, 2013.

박재흥·강수택, 〈한국의 세대 변화와 탈물질주의 : 코호트 분석〉, 《한국사회학》, 46권 4호, 2012, 69~95쪽.

베버, 막스, 《프로테스탄티즘의 윤리와 자본주의 정신》, 김상희 옮김, 풀빛, 2006.

아롱, 레이몽, 《사회사상의 흐름》, 이종수 옮김, 홍성사, 1979.

윤보라, 〈일베와 여성 혐오 : 일베는 어디에나 있고 어디에도 없다〉, 《진보평론》 57호, 2013, 33~56쪽.

이길호, 〈'일베'를 어떻게 인지할 것인가〉, 《시민과세계》, 25권, 2014, 244~256쪽.

잉글하트, 로널드, 《조용한 혁명》, 정성호 옮김, 종로서적, 1983.

정대훈, 〈일베에 대처하는 우리의 자세에 대하여〉, 《역사문제연구》, 30호, 2013, 331~341쪽.

카스텔, 마뉴엘, 〈정체성 권력〉, 정병순 옮김, 한울, 2008.
터너, 브라이언, 《막스 베버 근대성과 탈근대성의 역사사회학》, 최우영 옮김, 백산서당, 2005.
휴즈, H. 스튜어트, 《의식과 사회 : 현대사회사상의 전개》, 박성수 옮김, 삼양사, 1979.
Brubaker, R., *The Limits of Rationality : An Essay on the Social and Moral Thought of Max Weber* (London : Allen and Unwin, 1984).
Freund, Julien, *The Sociology of Max Weber* (New York : Random House, 1968).
Goffman, Erving, *The Presentation of Self in Everyday Life* (Garden City, NY : Anchor, 1959).
Johnson, D. P., *Sociological Theory : Classical Founders and Contemporary-Perspectives* (Wiley, 1981).
Rheingold, Howard, *Virtual Community : Homesteading on the Electronic Frontier* (Reading, MA : Addison-Wesley, 1993).
Robins, Kevin, "Cyberspace and the World We live in", Mike Featherstone and Roger Burrows (엮음), *Cyberspace Cyberbodies Cyberpunk* (London : Sage, 1995).
Schluchter, W. *The Rise of Western Rationalism : Max Weber's Development History* (Berkeley : Univ. of California Press, 1981).
Weber, Max, "Religious Rejections of the World and their Directions", H. H. Gerth and C. W. Mills (엮음), *From Max Weber : Essays in Sociology* (New York : Oxford University Press, 1958), pp. 267~301.
——, *Gesammelte Aufsatze zur Wissenschaftlehre* (Tubingen : J. C. B. Mohr, 1980), pp. 582~613. 금종우 옮김, 《직업으로서의 학문 정치》, 서문당, 1984.
——, *The Protestant Ethic and the Spirit of Capitalism* (London : George Allen &

Unwin, 1978).
——, *Economy and Society : An Outline of Interpretive Sociology Vols. 3* (New York : Bedminster Press, 1968).
Whimster, Sam and Lash, Scott (엮음), *Max Weber, Rationality and Modernity* (London : Allen & Unwin, 1987).

| 필자 소개 |

경북대 사회학과를 나와 영국 헐대학에서 사회학 박사 학위를 받았으며 현재 숭실대 정보사회학과 교수로 재직 중이다. 주요 저역서로 《사이버공간의 사회학》(정림사, 2001), 《문화사회학》(살림, 2012), 《사회학적으로 생각하기》(서울경제경영, 2011), 《사회학적 방법의 규칙들》(새물결, 2002)이 있다. 인터넷 미디어와 사이버공간에 대한 사회학적 관점을 주요 연구 주제로 삼고 있다.
E-mail : idealpark@hanmail.net

베버의 역사사회학과 우리 역사 쓰기

박정신
(숭실대 기독교학과)

1. 머리글—역사를, 우리 역사를 어떻게 읽을까

진부하기는 하지만, '역사란 무엇인가'라는 물음으로 글을 시작하자. 이는 우리 지식사회에 널리 알려진 에드워드 카의 책 제목이기도 하다. 그는 역사란 '과거와 현재의 끊임없는 대화'라고 했다. 비슷한 맥락에서 크로체(Benedetto Croce)도 '모든 역사는 현대사'라고 하지 않았던가. 잘 알려진 토인비, 슈펭글러(Oswald Spengler) 등도 자신들이 살던 시대의 문제를 끌어안고 역사를 연구했다. 그러나 여기서는 카의 말로 우리의 이야기를 풀어나가보자.

우리 학계나 지식사회에서 에드워드 카의 역사에 대한 정의를 이야기할 때, 오늘의 문제를 해결하기 위해 과거로 올라가 비슷한 문제의 해결을 시도한 선조들의 지혜를 읽고 현재의 해결책을 찾는 데 도움을 받자는 정도로 이해한다. 다시 말해, 오늘의 문제가 하늘에서 갑자기 떨어진 것이 아니라 어제 발생한 것이므로, 과거의 문제들을 연구해 현재의 문제를 해결하는 데 도움을 받자는 것으로 '과거와 현재의 끊임없는 대화'를 이해하는 것이다.

그런데 우리의 생각은 이 수준에 머물러서는 안 된다. 카가 말한 역사란 '과거와 현재의 끊임없는 대화'라는 것은 오늘의 문제 해결을 위해 과거에서 지혜를 얻자는 수준이 아니다. 여기에는 과거의 잘잘못으로 오늘의 '뒤틀린 역사'가 펼쳐진다는 자기 성찰의 뜻이 담겨 있다. 앞서 말한 크로체의 생각 역시 그렇다. 역사를 공부하는 우리 모두의 생각이 그러해야 한다. 한마디로, 역사학이란 오늘의 뒤틀린 우리 모습을 되돌아보자는 뜻을 담는 '윤리학'이라는 말이다.

여기에 막스 베버가 들어선다(Weber, 1978). 일찍이 자본(돈)을 중심에 두고 이른바 경제 관점에서만 논의했던 자본주의 연구에 문화니 종교니 가치니 하는 잣대를 들이댄 이가 베버다. 그는 오늘날 우리가 이야기하는 대로 경제를 이야기하고 자본주의의 사회화 과정, 이를테면 효율과 수치를 내세우며 현상을 분석하고 정리하는 따위의 수준, 구체적으로 말해 공장이나 학교 등 사회 기간 시설이 얼마나 들어섰고, 문맹률이 어떻게 변화했는지 따위를 논의하는 수준에서 학문을 한 이가 아니다. 자본주의의 발흥이라는 역사 사회 현상에 수치, 사건, 사실의 발굴이나 나열(실증사학)로 끝나는 것이 아니라, 나타난 현상 분석과 인식에 만족하지 않고 그 현상을 낳게 한 보이지 않는 문화나 신념 체제 같은 근본에서 질문을 던지고 새로운 해석을 시도한 이가 바로 그다(박영신, 1980).

이를테면, 그는 왜 자본주의가 인도나 중국, 메소포타미아가 아니고 하필이면 서양에서 발흥했는지를 묻는다. 사건이나 현상 너머의 '뜻'을 새기려고 질문을 던지고 대답을 모색한다. 그 결과, 자본주의가 윤리, 그래, 프로테스탄트 윤리에 잇대어 발흥했다고 그는 파악한다. 경제를 다루면서도 경제 논의에서 끝나지 않고, 가치와 정신을 끄집어낸다. 그래서 우리에게 그의 '학문'이, 학문하는 '방법'이, 학문의 '지향'이 새롭게 다가오는 것이다(Weber, 1978 : 13~31 ; 박영신, 1980).

베버의 학문하기에 잇대어 우리의 역사 연구와 역사 서술을 되새김질해보려는 이유가 여기에 있다. 우리의 역사 논의가 이념의 좌우를 통틀어 돈, 수치, 나라, 겨레에 함몰된 역사 연구와 역사 서술, 나타난 현상에 대한 분석 수준, 그래, 지극히 낮은 수준의 학문하기에 머물러 있다는 생각, 그리고 사건이나 현상 뒤나 아래에 있는 '뜻'에 대한 관심 이터없이 부족하다는 성찰 때문이다. 물론 우리 역사의 '뜻'을 헤아려 보려는 노력이 전혀 없던 것은 아니다. 이를테면, 함석헌이 쓴《성서적 입장에서 본 조선 역사》[1]같이 정신 사관 혹은 섭리 사관에 터한 역사 쓰기가 있었다. 그러나 이런 예외를 제외하면 대체로 우리 지식사회의 역사 논의와 서술은 역사학의 본뜻인 윤리나 가치 혹은 역사 흐름의 의미를 읽어보려는 고민이 턱없이 부족했음을 인정하지 않을 수 없다.

한 보기로, '식민지 근대화론'을 이야기하는 이들을 보자. 그들은 일제강점기에 학교와 공장이 몇 개 늘어났고, 생산량이 어떻게 증가했으

1 《성서적 입장에서 본 조선 역사》는 함석헌이 1933년 2월부터 1935년 12월까지《성서조선》에 연재한 글을 묶은 것이다. 성광문화사에서 1950년에 처음 출간했는데, 1961년에 세 번째 판을 찍으며 제목을《뜻으로 본 한국 역사》로 바꿨다. 이 글에서 인용한 책은 함석헌의《뜻으로 본 한국 역사 : 젊은이들을 위한 새 편집》(한길사, 2008, 제14쇄)다.

며, 철도와 도로가 얼마나 들어섰는지를 이야기하면서 자기들의 주장을 펼친다. 이른바 교학사에서 펴낸 역사 교과서의 주장들이다(박정신, 2013ㄱ). 그런가 하면, 이에 반박하는 이들도 여전히 수치 논리다. 학교와 공장이 들어선 것, 철도와 도로가 늘어난 것, 문맹률이 높아진 것 따위가 수탈과 약탈의 수치일 뿐이라며, 여전히 수치 놀음에 머문다. 어디서도 수치 '그 너머의 가치'를 살피려고 하지 않는다.

수치와 가치 사이에 칸막이를 치는 이들은 학문의 객관성 또는 전문성 등의 논리를 내세우며 자신들의 주장을 정당화하려고 하지만, 사실상 가치를 배제한 수치는 무의미할 뿐 아니라 그 자체가 객관성을 가장한 기만이라는 데 함정이 있다(박정신, 2010 : 13~21). 그리하여 경제적 풍요 너머의 행복, 자기도취 너머의 자기 성찰에 터한, 그래, 자신의 고유한 삶과 자기 겨레 및 나라의 모듬살이에 윤리적 성찰에 터한 역사 논의와 서술이 필요한 것이다. 이를 위해 베버의 정신사, 곧 윤리 지향의 역사 인식이 큰 도움이 된다고 우리는 생각한다. 이 글은 이러한 역사 연구에 갈급한 마음을 담는다.

2. 우리의 역사 쓰기, 그 시각과 방법

우리 역사학의 역사를 읽으면, '실증주의 사학',[2] 민족주의 사학, 그

2 우리의 역사 쓰기에서 주류를 이루는 '실증주의 사학'은 랑케를 내세우지만 엄밀히 말하면 이는 랑케의 실증주의 사학이 아니다. 우리의 '실증주의 사학'은 일본이 근대 제국주의 대열에 올라서면서 랑케의 《강국론》을 받아들여 일본 제국이 지향하는 바를 정당화하는 이론으로, 그의 실증주의 사학을 '비틀어' 식민 통치를 정당화하는 사학으로 변질시켰다. 그래서 나는 이 글에서 그냥 실증주의 사학이라 하지 않고 홑따옴표를

리고 사회경제 사학이라는 시각과 방법을 쉬이 짚어낼 수 있다(이기백, 1996 : 2~3장 ; 박양식, 2013 : 329~353).[3] 긴 논의를 짧게 줄여보자. 우선, 실증주의 사학부터 살펴본다. 기원은 독일의 역사학자이며 근대 역사학의 아버지라 불리는 레오폴트 폰 랑케(Leopold von Ranke)에게로 거슬러 올라간다. 랑케는 "'역사는 오직 그것이 실제로 일어났던 그대로(Wie es eigentlich gewesen)'를 보여주려 할 뿐이다"(Ranke, 1970 : 57)라는 유명한 명제를 남겼다. 이 말은 역사학이란 역사가의 주관을 배제한 객관적 사실 추구임을 강변한 것으로, 이후 근대 역사학의 지표가 됐다(Stern, 1978 : 54~62). 이기백은 이런 실증사학의 학풍을 가리켜 어떤 사관도 개입되지 않은 "순수사학"이라고 이름 붙이기까지 했다(이기백, 1997 : 37).

달아 '실증주의 사학'이라고 한다. 랑케의 실증주의 사학은 그리스나 로마가 우월 의식과 편견을 갖고 게르만 민족을 '아리안족'으로 인식한 것에 대한 반론으로, 역사란 어떤 편견이나 선입견을 갖고 서술하는 것이 아니라 '있는 그대로'의 사실을 강조하며 게르만 민족에 대한 역사를 바로잡고자 했다. 그러면서 게르만 민족의 자부심과 애족의 마음을 가지라고 일깨운다. 이런 뜻에서 우리의 '실증주의 사학'은 랑케의 실증주의 사학이 아니라 일본 제국의 식민 통치를 위해 랑케의 실증주의를 '비튼', 그 '비튼 실증주의 사학'이다. 같은 뜻에서, 그렇다면 랑케의 실증주의 사학은 사실에 입각해 주변 강대국이 '비튼' 우리 겨레의 역사를 올바로 잡고자 한 민족주의 사학에 이어져 있다고 봐야 한다(임종권, 〈랑케 텍스트〉, 한가람 역사문화 연구소 세미나 2014년 10월 22일 참조).

3 여기서 저자 박양식에 대해 한마디 남기고자 한다. 그는 출중한 역사학자로, 그야말로 '밥벌이'를 위해, '체제의 일자리'를 갖기 위해 학문한 사람이 아니다. 체제 안에 자리 잡은 '실력 없는 학인들'에 아첨하며 삶을 꾸린 역사학자가 아니었다. 이른바 대학 안의 비정규직 교원으로 끊임없이 고독하게 질문하고 자기 나름의 생각을 펼치고자 한 학인이었다. 그런 그가 그래, 내 후배 박양식이 이 논문을 마지막으로 돌연 세상을 떠났다. 마치 나에게 우리 지식사회에 '유언'을 남기듯이 말이다. 그래서 나는 이 붙임 글을 몸 글처럼 남기고 싶은 것이다.

흥미로운 것은 그렇게 말한 랑케 자신도 '실제로 일어났던 그대로를 보여주기'는커녕, 문헌 고증 및 사료 비판 등의 작업을 거쳐 독일을 비롯한 여러 유럽 나라의 역사를 '서술'했다는 점이다(박양식, 2013 ; 임종권, 2014). 여기서 서술이란 지나간 사실에 대한 객관적 나열이 아니다. 현대 역사가들은 과거 사건을 밝히는 데 머물지 않고 "해석"한다. 역사가들이 과거를 이야기하려고 "더 큰 맥락을 찾는 것은 '일어난 사건'이 아니라 그 사건의 의미를 말하려는 시도"가 있기 때문이다(아널드, 2000 : 23). 일찍이 함석헌이 지적한 것처럼, 무엇인가 역사로 적는 일은 "단순한 사실이 아니라 골라진 사실이요, 그 고르는 표준이 되는 것은 지금과의 산 관련이다"(함석헌, 2009 : 41). 이 대목에서 다시금 '모든 역사는 현대사'라는 크로체의 말을 떠올리지 않을 수 없다. 요컨대, 역사 서술 작업은 '선택'과 '재배열'의 작업이요, 그 과정에는 주관이 개입할 수밖에 없다는 뜻이다.

우리의 관심은 개개의 사실과 사건을 통해 역사란 '있는 그대로'를 복원하는 작업이므로, 사료를 고증 또는 배열 및 재배열하는 과정에 어떤 관점이나 해석을 들이대는 것은 비과학적이며 비객관적이라고 주장하는 한국 주류 역사학계로 쏠린다. 객관적 사실이라는 것이 분명히 존재하고, 또 역사가가 주관적 편견이나 선입견을 배제한 채 인식하는 것이 가능하다고 그들은 믿는다. 그런데 이 믿음은 사실상 불가능한 망상일 뿐이며, '있는 그대로의 객관적 사실'이란 존재할 수조차 없다는 철학적 논의는 접어둔다 하더라도, 그들이 그토록 추종하는 랑케 본인의 역사하기와 아무런 상관도 없다는 것이 문제다. 스스로 자기가 본 대로, 즉 자신의 한계에서 역사 서술을 하면서도 객관성의 신화에 사로잡힌 랑케의 경우는 그렇다 치고, 당장에 제자였던 야콥 부르크하르트(Jacob Burckhardt)만 해도 주어진 사료만으로 역사를 연구한다는 것이 얼토당토한 일임을 시인하지 않을 수 없었다. 그리하여 사료를 눈여겨보다가 "불현듯 떠오르는 직관"(커소이스·도커, 2013 : 126)에 가치를 부여했던 것이다. 이 대목에서 우리 역사학계, 특히 실증사학을 한다는 이들이 '근대 역사학의 아버지'라고 숭앙하는 랑케를 서구 역사학계는 오래전부터 이미 그의 "아버지 자격"을 회의하거나 부정해왔다는 사실을 적어두자(아널드, 2000 : 90~94).

이 땅의 실증사학의 계보는 일제강점기로 거슬러 올라간다. 랑케의 제자였던 루트비히 리스(Ludwig Riess)의 지도 아래 랑케 사학을 습득한 일본인 사카구치 다카시(坂口昻)가 효시다. 다카시는 1909년부터 1911년까지 유럽에서 유학하며, 독일 속령인 폴란드에서 실시한 국사교육에 매료됐다. 이를 조선 통치에 적용하면 유익할 것이라고 판단하고, 귀국 후 랑케 사학을 식민 통치를 위한 발판으로 활용했다(박양식, 2013 ; 임종권, 2014). 이런 일본 식민주의 사관이 조선사편수회로 이어져 이 땅의 실증사학을 수놓았다(이덕일, 2014). 그러므로 한국 실증사학은 서구 실증주의 사관과 구별되어야 하며, 그들의 실증주의란 역사 주체인 조선 사람들의 현재적 삶에 관심을 두지 않거나 무시하는 추상적 과학성과 객관성을 뜻한다. 현재성이 전혀 없는 추상적이고 맹목적인 그들의 생각을 우상화한, 역사학이라는 가면을 쓴 '교조주의'다.[4]

민족주의 사학은 어떤가. 구한말 역사의 소용돌이에서 청나라, 일

---

4 이들이 과학성이니 객관성이니 하며 현재성을 주관적으로 취급하는 이유에 대해서는 글을 달리하여 한 번 더 논의하겠다.

본, 러시아 등의 열강 격전지로 전락한 반도의 현실을 보며 '민족적 자각'에 눈을 뜬 이들이 있었다. 신채호와 최남선 같은 이가 대표적이다. 단재 신채호의 사관은 그가 쓴《조선상고사(朝鮮上古史)》 제1편 '총론(總論)'에 잘 나타나 있다. 그는 과거 역사 서술 방식을 "붙은 조선사요, 옳은 조선사가 아니었다"(신채호, 1948 : 9)고 잘라 말한다. 이는 그때까지 조선사를 저술한 역사학자들이 조선 입장에 서기는커녕 조선을 침략한 강대국 입장에서 역사 쓰기를 했다는 비판인 바, 그에게 역사 서술에서 무엇보다도 중요한 것은 역사를 보는 '관점'이었음이 드러난다. 이 점에서 우리는 신채호의 역사관이 위에 언급한 실증주의 사학과 뚜렷이 차별화된다는 것을 확인할 수 있다.

그렇다면 그가 생각한 역사란 무엇인가. 익히 알려진 명제가 위의 '총론' 첫머리에 나온다.

> "역사란 무엇이뇨. 인류 사회의 아(我)와 비아(非我)의 투쟁이 시간부터 발전하며 공간부터 확대하는 심적 활동(心的活動) 상태의 기록이니." (신채호, 1948 : 1)

그렇다. 신채호는 역사를 '아'와 '비아'의 투쟁 기록으로 봤다. 여기서 '아'는 물론 조선을 가리키고, '비아'는 '영국(英), 러시아(露), 프랑스(法), 미국(美)' 등 이민족을 뜻한다. 다른 말로, 그에게 조선사는 조선 민족과 이민족의 투쟁사에 다름 아니었다. 아울러 일제의 침략 야욕이 노골화되는 시점에서 그의 궁극적인 관심은 조선의 정치적 독립이었으므로, 그에게는 역사학자와 독립투사라는 정체성 사이에 전혀 모순이 없었다.

흥미로운 것은 그가 역사를 대결과 투쟁의 관점에서 봤다는 점 말고도, '아'의 시간적 발전과 공간적 확대의 내적 원리로 '심적 활동'을 꼽았다는 사실이다. 이것이야말로 뒤에 논의할 사회경제사학과 뚜렷이 구분되는 지점이 아닐 수 없다. 그는 민족 성쇠가 심적 활동, 곧 정신 또는 사상의 '추향(趨向)' 여하에 달렸다고 주장하고, 우리 민족의 고유한 사상으로 '낭가(郎家)', 곧 화랑도(花郎徒) 정신을 꼽은 것이다(신채호, 1929 : 56장).

신채호가 정치적 독립 관점에서 역사, 그것도 상고사에 관심을 쏟았다면, 정치보다 문화 측면에서 민족주의 사학을 전개한 이가 육당 최남선이다.[5] 그는 이 땅에서 역사를 펼쳐낸 근본 동인(動因)을 '조선 정신(朝鮮精神)'이라고 봤다. 그에 따르면, 조선 정신이란 금강산 같은 조선 지리에서도 구현된, 조선인의 생활, 문화, 역사와 "장구(長久)코 긴밀한 관계를 갖는 성적(聖的) 일존재(一存在)"다(최남선, 1928 : 2).

사학자로서 조선 정신의 기원을 찾으려는 그의 노력은 조선광문회(朝鮮光文會) 결성과《조선총서(朝鮮叢書)》간행에서 쉬이 엿볼 수 있다. 특히《삼국유사(三國遺事)》연구에 천착해 단군신화에 나타난 조선 정신을 발견 내지 발굴해낸 것이 그의 가장 큰 업적이라 할 터이다. 그가 단군신화에서 찾아낸 조선 정신은 바로 '밝(光明)' 또는 '밝은'으로, 그에

5 최남선은 횡보 염상섭, 춘원 이광수와 더불어 근대 개화기를 대표하는 3대 문인으로 꼽힌다. 3·1운동 당시 민족 대표 33인에 참여해 기미 독립선언서를 작성, 낭독하는 등 독립운동에 열심이었으나 투옥 및 석방 이후 조선총독부의 회유에 넘어가 조선사편수위원회에 가담하는 등 친일 행각을 벌여 오점을 남겼다.

따르면, 단군이 하늘에서 내려와 터를 잡았다는 태백산은 'ᄇᆞᆰ' 신앙의 성지(聖地)였다(최남선, 1927). 여기서 그의 역사관은 단순한 이념으로서의 민족주의를 넘어 종교적 신앙으로까지 고양되고 있음을 알 수 있다.

이처럼 민족주의 사학은 나라의 위기 상황에서 '민족'을 자각하고, 이른바 민족성 혹은 민족정신에 기대 위기를 극복하고자 한 점이 돋보인다. 요컨대, '현재성'이 이들의 역사하기의 출발점이다. 이런 점에서는 1970년대에 나온 강만길의 《분단시대의 역사인식》(강만길, 1978)도 같은 범주에 속한다고 볼 수 있다. '분단'이라는 현재 문제를 직시하고, 또 이를 극복하려고 과거 역사를 조망하는 것이 그의 역사 쓰기였다. 그런데 바로 이런 성격, 곧 현재성을 강조한다는 특징 때문에 보편사로 발돋움하기 어려운 것이 민족주의 사학의 한계이기도 하다. 물론 강만길의 경우, 한반도의 분단에 관심을 둔 것은 '평화'에 대한 지향성 때문이라고 짐작할 수 있다. 그렇다면 그는 우리 민족의 독특한 경험을 통해 인류의 보편사적 통찰을 제시하는 역사하기를 한 것이다. 하지만 이는 어디까지나 짐작일 뿐, 적어도 그의 책에서 강조되는 부분은 여전히 우리 민족의 현재 경험이다.

이런 지적은 신채호와 최남선에게도 동일하게 적용할 수 있다. 그들에게 현재성은 나라의 존망이었다. 그러자니 민족에 대한 강조가 지나쳐서, 이들의 민족은 하나의 이념이나 관념 또는 종교적 숭배 대상으로 변질되고 말았다. 요컨대, 민족주의 사학은 대결의 시대, 저항의 시대를 배경으로 깔고 있어서 역사 인식 또한 "대립과 투쟁을 지양해 보다 새로운 높은 것으로 발전하는 데 대하여는 언급이 없다"는 것이 결함이라 하겠다(이기백, 1996 : 21).

이제 사회경제사학을 살펴볼 차례다. 우리 역사학계에서 대표적으로 공인된 이가 백남운이다. 그의 책 제목이 벌써 이를 표방하고 나선다. 그는 《조선사회경제사(朝鮮社會經濟史)》와 《조선봉건사회경제사(朝鮮封建社會經濟史)》(상 권)을 남겼다. 전자는 원시 및 고대의 사회경제사로, 신라 말에서 끝나며, 후자는 고려 시대를 다룬다. 이 순서대로라면, 《조선봉건사회경제사》(하 권)는 조선 시대를 다룰 것인데, 불행히도 그 책은 없다.[6] 만약 그 책마저 나왔다면, 그의 《조선사회경제사》의 전체 구상은 다음 같았을 터이다(백남운, 1933).

제1장 원시 씨족 공산체(元始氏族共産體) 양태(樣態)
제2장 삼국(三國) 정립 시대(鼎立時代)에서의 노례 경제(奴隷經濟)
제3장 삼국시대(三國時代) 말기경(末期頃)부터 최근세(最近世)에 이르기까지 아시아적 봉건사회(封建社會) 특질
제4장 아시아적 봉건국가(封建國家) 붕괴 과정과 자본주의(資本主義) 맹아 형태
제5장 외래 자본주의(外來資本主義) 발전 일정(日程)과 국제적 관계
제6장 이데올로기 발전의 총과정(總科程)

얼핏 봐도 이 구상은 마르크스의 역사 4단계론을 그대로 따르고 있음이 명확하나 자신의 입으로 그의 사관을 확인해보자. 실증주의 사학

6 백남운은 1947년 월북해 북한 최고인민회의 대의원을 거쳐 부위원장, 의장 및 조국전선 의장 등을 역임했다.

과 민족주의 사학을 아우르는 이른바 근대 사학에 대한 그의 비판은 다음같이 요약된다. 즉 그때까지 한국사 연구는 일본에서 수입된 '특수 사관(特殊史觀)'이거나 조선이라는 특수사에 대한 '정(情)'에 함몰된 이데올로기적 특수성에 지나지 않는다는 것이다. 이 두 입장은 정치적 성향에서는 판이하게 다를지 몰라도, 본질적으로 "인류 사회 발전의 역사적 법칙의 공통성을 거부하는 점에서는 완전히 궤를 같이하며, 따라서 반동적이다"(백남운, 1933 : 6~7).

한마디로, 그는 일제가 이식한 식민주의 사관도 비판하지만 그렇다고 해서 민족주의 사관이 옳다고 보지도 않는다는 말이다. 신채호와 최남선에게서 나타나듯 단군신화에 대한 지나친 강조는 우리 역사를 '특수 문화사'로 취급하려는 시도일 뿐이기 때문이다. 이처럼 '특수 사관'을 비판하는 대신, 그는 역사 법칙에서 답을 찾는다. 이 법칙은 "세계사적인 일원론적 역사 법칙"으로, "다른 제민족과 거의 동궤적(同軌的) 발전 과정"을 보여주기에 보편사라 할 만하다(백남운, 1933 : 9). 바로 이 역사 법칙에 비춰 조선 민족 발전사를 되돌아볼 때, 그것은 한 민족의 특수한 발전사라기보다 세계사적인 것으로, '노예제사회 → 아시아적 봉건사회 → 식민 자본주의사회'로 이행하는 보편사적 특징을 보여줄 뿐이라는 말이다.

마르크스처럼 역사를 보편 법칙이나 도식으로 접근하는 것은 매우 과학적이고 체계적인 역사하기처럼 보인다(Lowith, 1949 : 33~51). 그러나 이는 사실상 유물사관의 명확한 한계, 곧 역사를 도식화해 어느 민족 역사든 그 특수성을 전혀 인정하지 않고 그대로 대입·적용하는 일반화의 오류를 낳게 한다. 백남운의 사회경제사학을 이어받아 농업경제사를 집대성한 김용섭의 경우도 마찬가지다.[7] 반공주의라는 서슬 퍼런 망령이 지배하는 분단 구조에서 유물사관을 전개한다는 것 자체가 대단히 용기 있고 또 값진 일임에도, 이런 역사하기는 역사를 '가설 법칙 또는 공식' 아래 일방적으로 복속해, 너머의 무엇, 이를테면 마르크스의 용어대로 '상부구조'를 간과하거나 무시한다는 한계가 있다.

3. 베버의 역사사회 인식

이런 역사하기를 비판적으로 지양하면서 '뜻'의 관점에서 새로운 역사 쓰기를 한 이가 함석헌이다. 그는 실증주의 사학, 민족주의 사학, 사회경제사학이 난립하던 일제강점기에 특이하게도 종교의 자리에서 "해석의 역사, 뜻의 역사"(함석헌, 2009 : 43)를 추구했다. 일본에서 유학하며 역사학을 공부했으니 실증주의를 모를 리 없다. 민족에 대한 사랑으로 치면 누구에게도 뒤지지 않을 것이다. 그러나 함석헌은 실증사관의 기만성과 민족 사관의 맹목성을 누구보다도 잘 알았다. 역사에서 '뜻'을 완전히 배제하고, 역사의 변천 과정이 오로지 사회의 '하부구조'에 의해서만 좌우된다는 식으로 보는 유물사관의 편협성도 정확히 꿰뚫었다.

그의 관심은 '사관 그 너머의 사관'이었다. 사관은 역사를 어느 자리에서 바라보느냐에 따라 유심사관, 유물사관, 민족 사관, 계급 사관, 문

7 김용섭은 《조선 후기 농업사 연구》(1970), 《한국 근대 농업사 연구》(1975), 《한국 근현대 농업사 연구》(1992, 2000), 《한국 중세 농업사 연구》(2000) 등 농업사를 집대성하는 데 평생을 바쳤다.

화 사관 등 다양한 이름으로 불릴 수 있을 것이다. 그러나 이렇게도 저렇게도 불릴 수 있다면, 무엇이 참인지 어떻게 알 수 있겠는가. 이 물음에 답으로 들어선 것이 이른바 종교사관이다. 그의 말을 빌리면, 참 역사는 "종교적 자리에 서지 않고는 안 된다"(함석헌, 2009 : 48). 아울러 '민중', 곧 '씨ᄋᆞᆯ'을 향해 "자기네 위에 일하는 하나님의 계획을 알려고 힘써야 한다는 것을"(함석헌, 2009 : 92) 가르쳐주는 것이 역사가의 임무다.

종교, 특히 기독교 자리에서 보니 한국 역사는 '고난의 역사' 이외의 다른 것이 아니더라는 말이다. 그런데 어차피 "세계 역사 전체가, 인류의 가는 길 근본이 본래 고난이라 깨달았을 때 여태껏 학대받은 계집종으로만 알았던 그〔한국의 역사—글쓴이〕가 그야말로 가시면류관의 여왕임을 알았다"(함석헌, 2009 : 96)는 것이 함석헌의 깨달음이다. 여기서 우리는 그가 우리 민족의 특수한 경험을 보편사적 관점에서 전망하고 있음을 보게 된다. 우리가 선 자리가 우리가 못나서도 아니고, 순전히 우연의 산물도 아니며, "우리가 아는 이상으로 뜻이 깊고 큰 자리"(함석헌, 2009 : 439)라면 내일의 인류를 위한 인류가 보편적으로 지향해야 할 세계관을 위해 무언가 거룩한 과업을 성취할 것이 아니겠는가. 함석헌은 그것을 '세계 평화'라고 봤다.[8] 이것이야말로 고난의 역사에서 연단을 받은 우리 민족에게 지워진 십자가요, '세계적 사명'이라는 것이 그의 주장이다.

---

8 함석헌이 무교회운동에서 퀘이커로 전향한 것도 평화에 대한 깊은 신념 때문이었다. 함석헌과 퀘이커주의와의 연관성에 주목해 박사 논문을 쓴 이가 김성수다. 다음 책은 영어로 된 그의 박사 논문을 우리말로 번역해 쉽게 풀어쓴 것이다(김성수, 《함석헌 평전 : 신의 도시와 세속 도시 사이에서》, 삼인, 2011).

그러나 함석헌 자신도 어느 정도 인정했듯(함석헌, 2009 : 50),[9] 이런 그의 섭리 사관은 지나치게 히브리 민족사에 의지한다는 한계가 있다. 요컨대 그는 우리 역사의 '뜻'을 규명하고자 할 때, 나름의 독자적 의미를 창조적으로 찾아내는 대신 성서에 나타난 히브리 민족의 '고난사'를 그대로 한국사에 대입했다. 이렇게 되니 기독교 전통과 개념에 익숙하지 않은 다른 이들의 '뜻'을 끌어안는 데 설득력이 떨어진다는 것도 문제지만 '고난'을 신비화할 우려가 있다는 더 큰 문제를 안게 됐다.

여기에 막스 베버의 역사 쓰기가 들어선다(Weber, 1978 ; Roth and Schluchter, 1979 ; 박영신, 1980 ; Hughes, 1977, 278~335). 유대인도, 중국인도 장사에 천부적 소질이 있는 것은 널리 알려진 사실이다. 그리고 일 또는 노동이라는 것이 인간의 오래된 활동이며 단순한 물질적 욕구 충족 이상의 뜻을 지닌다는 사실도 상식에 속한다. 그럼에도 왜 하필이면 서양에서 본격적인 자본주의가 잉태됐으며, 그것도 왜 가톨릭이 아니라 프로테스탄트에게서 활발히 전개됐는지를 질문하고 연구한 이가 베버다. 이를테면 그는 통계나 수치 또는 현상 너머의 어떤 '뜻'을 헤아리고 이를 종교적 특질로 해석하고자 시도했으나, 그렇다고 신앙고백스러운 차원에서 역사 쓰기를 하지는 않았다는 말이다.

이 지점에서 마르크스와 베버의 차이를 잠시 짚고 넘어갈 필요가 있다. 마르크스에 따르면 자본주의는 봉건제 이후 등장한 하나의 생산양식으로 역사의 전개 과정에서 사회주의혁명을 통해 필연적으로 소멸될 현상이었다. 즉 자본주의는 중세 봉건사회가 붕괴하고, 사회주의

9 그는《성서적 입장에서 본 조선 역사》를 개정하면서, 기독교에만 참 사관이 있는 것은 아니라고 말하며 이런 이유로 책 제목을《뜻으로 본 한국 역사》로 바꿨다고 언급했다.

가 도래할 때까지만 존재하도록 되어 있는 임시적이고 한정적인 제도였다(Lowith, 1949 : 33~51). 하지만 베버는 그렇게 생각하지 않았다. 그는 자본주의가 근대뿐 아니라 고대와 중세에도 존재했다고 파악했다. 그리고 역사적으로 서로 다른 시기에 각기 다른 지역에서 자본주의가 존재했지만 나타난 모양새가 왜 다른지를 질문했다. 바로 이 관찰과 질문이 마르크스와 베버의 차이인 것이다. 즉 베버는 사회를 이해할 때 유물론적 해석만이 아니라 관념론적 해석도 필요하다고 봤다. 달리 말하면, 정신, 문화, 종교 따위의 독자성과 자율성을 인정했다는 말이다(Weber, 1978 : 13~31).

자본주의의 여러 '유형'에 주목해보니 '합리성'이 근대와 그 이전을 가르는 특징으로 포착됐다. 이를테면 '합리적 자본주의'가 서양의 근대사회를 특징짓는 두드러진 유형이었다. 베버의 관찰에 따르면, 고대와 중세에 있던 자본주의나 아시아, 아프리카, 라틴아메리카 등에서 나타나는 '투기적 자본주의'와 달리, 합리적 자본주의는 "체계적이고 합리적으로 정당한 이윤을 추구하려는 정신적 태도"(Weber, 윗글 ; 베버, 1988 : 48)에서 나온다는 것이다. 그는 이 '정신적 태도'를 '자본주의 정신'이라고 불렀다.

이제 그의 연구는 바로 이 '자본주의 정신'을 분석하는 것으로 옮아간다. 그가 보니, 이 정신은 단순히 경제 영역뿐 아니라 삶의 모든 영역에 두루 스며들어서 개개인의 일상을 규율했다. 이 독특한 '윤리적 색채'나 '세계관'을 어떻게 설명해야 하느냐 말이다. 베버는 이것과 대비되는 낡은 세계의 그것을 '전통주의'라고 불렀다. 전통주의적 태도란 노동을 천시하고 경멸하는 태도, 노동보다도 여가를 향유하는 것이 더

고귀한 신분의 표지라고 여기는 태도, 고된 노동을 통한 부의 추구를 하찮게 여기는 태도다. 반면에 자본주의 정신은 부와 노동을 완전히 새롭게 해석했다. 일이 없어 한가한 사람을 '백수'로 취급하고, 일이 많아 늘 바쁜 사람을 '능력자'로 취급한다. 그리고 열심히 일해 돈 버는 것을 부끄러운 행동이기는커녕 선한 행동으로 간주한다.

이런 자본주의 정신은 얼핏 보기에 유물론이나 세속주의와 친화성이 있을 것 같다. 그러나 베버는 전혀 다른 방향으로 간다. 그가 보기에 자본주의 정신은 오히려 "순수한 종교적 성격"(Weber, 1978 : 2장과 4장)을 띠더라는 말이다. 게다가 이 종교적 성격은 가톨릭보다도 프로테스탄트에 가깝다는 것이 베버의 관찰이다. 근면한 노동과 금욕적 노동을 강조하기는 가톨릭도 마찬가지지만, 가톨릭의 금욕주의는 어디까지나 수도원 울타리 밖을 넘어서지 않은 데 비해, 프로테스탄트의 금욕주의는 수도원과 세속 세계 사이의, 직업 수도사와 평신도 사이의 '칸막이'를 허물었다는 것이다. 베버의 해석에 따르면 서양사에서 큰 획을 그은 종교개혁은 "수도사를 수도원의 독방에서 초기 자본주의 근대 가족의 친숙한 안방"으로 옮긴 사건이다(터너, 2004 : 175). 그러니까 루터의 종교개혁 모토 가운데 하나인 '만인사제설'은 세속 금욕주의를 신학으로 정당화하려는 시도였던 것이다(Weber, 1978 : 3장).

평범한 일반인이 가톨릭에서 프로테스탄트로 개종한다는 것은 신을 섬기려고 굳이 신학교에 들어가 성직자가 되지 않아도 된다는 뜻이었다. 세속 직업을 통해서도 얼마든 신의 뜻을 수행하며 거룩하게 구별된 삶을 살 수 있었다. 이런 면에서는 프로테스탄트의 여러 교파 가운데서도 칼뱅파가 가장 급진적이었다. 칼뱅 신학의 독특성인 '예정설'은 수동적 운명론이나 무기력한 허무주의를 낳기는커녕, 자신이 구원받도록 예정됐다는 '확신' 혹은 '증거'를 얻기 위해 더 능동적으로 일하도록 부추기는 동력이 됐다. 이를테면, 칼뱅주의자들은 노동을 "오직 신의 영광을 더하려는 노동"(Weber, 1978 : 98~128 ; 베버, 1988 : 84)으로 해석하며, '선택받은 자'에 속하려고 더 열심히 노동했다는 것이다. 결국 칼뱅주의자들은 세속적 노동을 통해 "자신의 구원—정확히 말해 구원의 확신—을 스스로 창조"했다(Weber, 윗글 ; 베버, 1988 : 90).

4. 꼬리글—현상 너머의 뜻을 읽어내는 역사 쓰기를 기리며

베버의 역사하기는 오늘 이 땅에서 펼쳐지는 자본주의의 모양새를 비판적으로 성찰하도록 돕는다. 지금 여기의 자본주의는 누구나 인식하듯 결코 '합리적'이지 않다. '재벌'과 '족벌'로 특징지어지는 소수 부자들의 축적된 부를 마냥 부러워하면서도 '부러우면 지는 거다'라며 자위하고 마는 분위기에서 읽혀지는 것은 차라리 '열패감(열등감과 패배감)'이다(김회권, 2010). 개인이 아무리 열심히 노동해도 부모에게서 물려받은 초기 자본이 없으면 절대로 부자의 반열에 오를 수 없다는 자괴감 말이다. 게다가 오랜 유교 사회의 유산 덕분에 '사농공상(士農工商)'에 따른 직업 차별이 만연한 것도 우리의 자화상이다. 직업을 '천직(天職)'으로 이해하고 노동을 귀히 여기는 '자본주의 정신'이 우리에게는 없다. 또 금욕주의를 세속화해 노동, 여가, 하다못해 개인 성생활에서까지, 이를테면 '성속일여(成俗一如)'를 구현하고자 한 '자본주의 정신'도 우리에게는 없다. 그저 있는 것이라고는 무한 경쟁과 무한 이윤 추구, '승자독식(winner takes all)'의 냉혹한 현실 논리, 끝을 모르는 부에 대한 탐닉, 쾌락과 향락 수단으로 전락한 노예노동뿐이다.

이것은 자본주의라 할 수 없다. 베버의 통찰이 갖는 현재성이 바로 이 점이다. 이 괴물 같은 사악한 자본주의는 '신자유주의'라는 수식어로도 설명이 부족하다. 그리하여 베버식 자본주의와 구분하자는 의미에서 일찍이 사회학자 박영신은 '경제주의'라는 용어를 제안했다(박영신, 1995 : 2008). 경제 문제만 해결해주면 무조건 훌륭한 지도자라고 떠받들고, 자연 그대로의 강산을 인위적으로 어떻게 '성형'하든 아무런 관심도 없다. 돈만 많이 준다면 못 할 일이 없고, 일의 성격과 내용 따위는 상관없이 일단 취업부터 해야 사람 대접을 받는다. 이웃이 어떻게 무너지든, 가난한 사람들, 힘없는 사람들, 약한 사람들이 어떻게 짓밟히든 상관없이 무조건 나(그리고 내 가족)부터 살고 보자, 나만 잘살면 된다는 심리가 팽배하다. 이것이 '경제주의'를 키우는 정신적 태도다.

한편, 역사학도로서 나는 인류가 걸어온 긴 역사 과정을 발전이니 진보니하며 일방적으로 선동하는 몰이꾼들에 반대해 '탐욕'의 관점에서 읽어내려고 시도한 바 있다(박정신, 2013ㄴ : 35~66). 인류 역사는 인간의 활동 공간이 확장되어간 역사인데, 그 내적 추동력은 바로 탐욕이어서, 고대에서 오늘에 이르기까지 제국주의와 식민주의로 표현되는 약탈 문화를 수놓았다는 말이다. 이런 탐욕 역사는 정치·경제·지식 권력을 장악한 자들, 곧 그들이 꾸린 '삼각동맹'에 의해 정당화되고 유지되며 '그들만의 리그'에서 은밀히 진행되는 부의 재분배를 통해 계속 굴러간다는 것이 나의 논지였다.

나는 이런 역사 쓰기야말로 베버가 후학들에게 준 값진 유산으로서,

역사 사회현상 너머의 '뜻'을 읽어보라는 지속적 도전이라고 생각한다. 어떤 인물도 진공상태에서 출현할 수 없고, 어디까지나 역사의 산물이며 시대의 자녀이기에,[10] 베버 역시 신화화하거나 신비화해서는 안 될 것이다. 베버가 중국과 인도, 유교와 인도 종교 같은 여러 문명권의 사회·종교현상을 두루 살폈지만 자신이 몸담던 서양 문화와 가치에 기대 사회·역사 현상을 인식할 때 객관적 자세로 자본주의 현상 너머의 뜻을 찾고자 노력했던 그의 학문적 태도를 본받으려 애쓸 뿐이다.

그렇다면, 끝 모르는 탐욕을 먹고 자라는 경제 만능주의와 경제 제일주의가 이 땅에서 이토록 번성하게 된 데는 우리 역사의 어떤 굴곡들이 작용했을까. 또 이 땅에도 개신교가, 칼뱅파가 분명히 자리할 뿐 아니라 수효 또한 적지 않은 터에 왜 자본주의가 이처럼 기형적으로 변질되어가는 데서 아무런 영향력을 발휘하지 못할까. 도대체 이 땅의 개신교는 그렇게 많은 교파와 교단으로 나뉘어 있으면서 왜 자기만의 고유한 윤리적 색채를 발휘하지 못하고 겉포장만 다를 뿐 내용은 하나같이 획일적일까. 사람보다 돈을 더 중히 여기는, 그래서 사람을 잡아먹는 이 땅의 천박한 자본주의에 왜 '광야의 외침'이 없는가. 이른바 한국 교회를 향한 수많은 사회학적 통계와 수치가 보여주는 그 너머의 '뜻'은 무엇인가. 이것을 설명하고 해석해보라고 베버는 오늘도 우리 '학인'들을 부른다.

---

10 이런 생각에서 나는 숭실대에 몸담고 있으면서도 숭실대 설립자 윌리엄 베어드(William M. Baird)를 신화화하려는 움직임에 반대하지 않을 수 없었다. 이에 대한 글로는 숭실대학교 개교 111주년을 맞아 한국기독교문화연구소가 주최한 '베어드학 학술대회'에서 발표한 다음 글을 참고할 것. 박정신, 〈역사의 베어드, 베어드의 역사〉, 한국기독교문화연구소 엮음, 《베어드와 한국 선교》, 숭실대학교출판부, 2009.

| 참고 문헌 |

강만길, 《분단시대의 역사인식》, 창작과비평사, 1978.

김성수, 《함석헌 평전》, 삼인, 2011.

김용섭, 《조선후기농업사연구》, 지식산업사, 2007.

——, 《한국근대농업사연구》, 지식산업사, 2001.

——, 《한국근현대농업사연구》, 일조각, 1995.

——, 《한국중세농업사연구》, 지식산업사, 2000.

김회권, 〈물신숭배의 또 다른 이름, 삼성숭배에 빠진 대한민국〉, 《기독교사상》, 4월호, 2010, 72~82쪽.

박양식, 〈서양사학에 비추어 본 한국실증사학〉, 《崇實史學》, 제31집, 2013, 329~353쪽.

박영신, 〈우리 사회의 성찰적 인식〉, 《현상과 인식》, 1995.

——, 〈'프로테스탄트 윤리'의 재인식〉, 《현상과인식》, 4권 4호 겨울, 1980.

——, 《현대 사회의 구조와 이론》, 일지사, 1981.

——, 〈어느 생태주의자가 보는 이명박 시대〉, 《환경과 생명》, 55호, 2008, 75~86쪽.

——, 〈베버의 '쇠우리' : '삶의 모순' 역사에서〉, 《사회이론》, 46호 가을/겨울, 2014, 105~141쪽.

박정신, 〈우리 지성사에 기대본 '역사전쟁' 역사교과서 논의를 보기 삼아〉, 한국인문사회과학회 2013년 봄 정기학술대회 자료집, 2013ㄱ.

——, 〈오늘의 우리 학문세계와 기독교학〉, 숭실대 기독교학과 학술심포지엄 자료집, 2010. 11.

——, 〈탐욕의 역사, 파멸의 역사〉, 《국제한국사학》 제1호, 2013ㄴ, 35~66쪽.

——, 〈역사의 베어드, 베어드의 역사〉, 한국기독교문화연구소, 《베어드와 한국 선교》, 숭실대학교 출판부, 2009.
백남운, 《朝鮮社會經濟史》, 가이조사, 1933.
신채호, 《朝鮮上古史》, 종로서원, 1948.
——, 《朝鮮史硏究草》, 조선도서주식회사, 1929.
아널드, 존 H., 《역사》, 이재만 옮김, 교육서가, 2000.
이기백, 《民族과 歷史》, 일조각, 1997.
이덕일, 《우리안의 식민사관》, 만권당, 2014.
임종권, 〈랑케 텍스트〉, 한가람역사문화연구소 세미나, 2014. (이 세미나는 한국학중앙연구원의 한국학연구 프로젝트 수행을 위해 정기적으로 열린다.)
최남선, 《金剛藝讚》, 1928.
——, 《白頭山觀參記》, 1927.
함석헌, 《뜻으로 본 한국역사》, 한길사, 2008.
막스 베버, 《프로테스탄티즘의 윤리와 자본주의 정신》, 박성수 옮김, 문예출판사, 1988.
브라이언 터너, 《막스 베버 근대성과 탈근대성의 역사사회학》, 최우영 옮김, 백산서당, 2004.
앤 커소이스·존 도커, 《역사, 진실에 대한 이야기의 이야기》, 김민수 옮김, 작가정신, 2013.
Lowith, Karl, *Meaning in History* (Chicago and London : University of Chicago Press, 1949).
Ranke, Leopold von., "Preface Histories Romance and Germanic Peoples", Fritz Stern (엮음), *The Varieties of History : From Voltaire to the Present* (London : MacMillan, 1970).

Roth, Guenther and Schulchter, Wolfgang, *Max Weber's Vision of History* (Berkeley and London University of California Press, 1979).

Stern Fritz, *The Varieties of History : From Voltare to the Present* (London MacMillan, 1970).

Weber, Max, *The Protestant Ethic and the Spirit of Capitalism*, Talcott Parsons (옮김) (London and Boston : George Allen and Unwin, 1978).

| 필자 소개 |

숭실대 사학과를 나와 미국 워싱턴대 역사학 박사 학위를 받았다. 전공은 역사학, 특히 한국 근현대 역사 사회 변동, 기독교와 한국 역사 변동이며 미국 오클라호마주립대 종신 교수를 거쳐 숭실대 기독교학과 교수로 있다가 지난해 은퇴하고 지금은 숭실대 법인 이사로 봉사하고 있다. 주요 저서로는 *Protestantism and Politics in Korea*(University of Washington Press, 2003), 《근대 한국과 기독교》(민영사, 1997), 《한국 기독교사 인식》(혜안, 2004), 《역사학에 기댄 우리 지성 사회 인식》(북코리아, 2008), 《한국 기독교사의 새로운 이해》(새길, 2009), 《상식의 역사학, 역사학의 상식》(북코리아, 2008), 《고쳐 쓴 한국 기독교 읽기》(여울목, 2015) 등이 있다.

E-mail : cspark@ssu.ac.kr

출처*

박영신	〈베버의 "쇠우리" : "삶의 모순" 역사에서〉,《사회이론》, 46권, 2014, 105~141쪽.
김광기	〈막스 베버와 알프레드 슈츠 : '이념형'과 '전형'의 비교 분석〉,《현상과 인식》, 38권 3호, 2014, 61~87쪽.
스테판 칼버그 (Stephen Kalberg)	〈막스 베버의 실제 방법론 : 체계적인 문명사회학의 토대 마련을 위한 예비 연구〉, 하홍규 (옮김),《사회이론》, 46권, 2014, 3~103쪽.
정갑영	〈막스 베버의 에로틱 이해와 삶 : 중간고찰(Zwischenbetrachtung)과 생애사 연구를 중심으로〉,《현상과 인식》, 38권 3호, 2014, 39~60쪽.
편영수	〈프란츠 카프카와 막스 베버의 '관료제의 지배' : 카프카의 장편소설《성(城)》을 중심으로〉,《현상과 인식》, 38권 3호, 2014, 89~102쪽.
정원	〈위기의 시대와 "정치적인 것"의 역설 : 베버의 정치 사회학과 현실 정치〉,《사회이론》, 46권, 2014, 203~23쪽.
신동준	〈합리적 법과 행위의 합리성 : 막스 베버의 법사회학과 의미의 문제〉,《사회이론》, 46권, 2014, 259~289쪽.
문상석	〈베버의 합리적 지배와 관료제의 목적전치〉,《사회이론》, 46권, 2014, 163~202쪽.
박창호	〈베버의 합리화, 인터넷 공간에서 어떻게 볼 것인가?〉,《사회이론》, 46권, 2014, 325~257쪽.
박정신	〈우리 역사쓰기 되새김 : 베버의 역사사회 인식에 기대어〉,《사회이론》, 46권, 2014, 143~161쪽.

* 이 책의 각 장은 학술지에 발표되었던 것들로 수정을 거쳐 책으로 엮었다.

다시 읽는 막스 베버

엮 음 한국사회이론학회·한국인문사회과학회
펴낸이 전준배
펴낸곳 (주)문예출판사
신고일 2004. 2. 12. 제 2013-000360호
(1966. 12. 2. 제 1-134호)
주 소 서울특별시 마포구 월드컵북로 6길 30
전 화 393-5681 팩 스 393-5685
이메일 info@moonye.com
블로그 blog.naver.com/imoonye

제1판 1쇄 펴낸날 2015년 8월 30일

ISBN 978-89-310-0972-9 93300

이 도서의 국립중앙도서관 출판시도서목록(CIP)은 e-CIP홈페이지
(http://www.nl.go.kr/ecip)와 국가자료공동목록시스템
(http://www.nl.go.kr/kolisnet)에서 이용하실 수 있습니다.
(CIP제어번호: CIP2015021015)